中國學術思想 研究輯刊

二三編

林慶彰 主編

第 1 冊

《二三編》總目

編輯部編

《周易》經傳與孔孟荀
「命」觀念思想及改命方法（上）

陳芝豪 著

花木蘭文化出版社

國家圖書館出版品預行編目資料

《周易》經傳與孔孟荀「命」觀念思想及改命方法（上）／
陳芝豪 著 — 初版 — 新北市：花木蘭文化出版社，2016〔民
105〕
目 8+222 面；19×26 公分
（中國學術思想研究輯刊 二三編；第 1 冊）
ISBN 978-986-404-552-5（精裝）
1. 易經 2. 研究考訂
030.8   105002139

中國學術思想研究輯刊
二三編　第一冊　　　　　　ISBN：978-986-404-552-5

《周易》經傳與孔孟荀「命」觀念思想及改命方法（上）

作　　者　陳芝豪
主　　編　林慶彰
總 編 輯　杜潔祥
副總編輯　楊嘉樂
編　　輯　許郁翎
出　　版　花木蘭文化出版社
社　　長　高小娟
聯絡地址　235 新北市中和區中安街七二號十三樓
　　　　　電話：02-2923-1455／傳真：02-2923-1452
網　　址　http://www.huamulan.tw 信箱 hml 810518@gmail.com
印　　刷　普羅文化出版廣告事業
封面設計　劉開工作室
初　　版　2016 年 3 月
全書字數　406348 字
定　　價　二三編 24 冊（精裝）新台幣 46,000 元

《二三編》總目

編輯部　編

《中國學術思想研究輯刊》二三編 書目

經學研究專輯

　第 一 冊　陳芝豪　《周易》經傳與孔孟荀「命」觀念思想及改命方法
　　　　　　　　　　（上）

　第 二 冊　陳芝豪　《周易》經傳與孔孟荀「命」觀念思想及改命方法
　　　　　　　　　　（下）

　第 三 冊　陳國安　清代詩經學研究

儒家思想研究專輯

　第 四 冊　鄭倩琳　先秦至魏晉孔子形象之道家化歷程——兼論儒道
　　　　　　　　　　關係（上）

　第 五 冊　鄭倩琳　先秦至魏晉孔子形象之道家化歷程——兼論儒道
　　　　　　　　　　關係（下）

　第 六 冊　聶雅婷　從「默觀」看東西文化交流與對話——十字若望與
　　　　　　　　　　莊子的對談

道家思想研究專輯

　第 七 冊　周美吟　張湛《列子注》與道家思想

法家思想研究專輯

　第 八 冊　韓廣忠　《管子》倫理思想研究

　第 九 冊　劉小剛　韓非道論思想研究

宋代學術思想研究專輯

　　第　十　冊　鄭建鐘　北宋仁學思想研究

　　第十一冊　李旭然　北宋四子的「誠」論

　　第十二冊　畢明良　王安石政治哲學研究

　　第十三冊　郭芳如　論朱熹鬼神觀之哲學與宗教向度

明代學術思想研究專輯

　　第十四冊　黃泊凱　湛若水工夫論之研究

清代學術思想研究專輯

　　第十五冊　陳孟君　藥病為喻的精神史——以錢謙益為中心的考察

　　第十六冊　白潔尹　和而不同——黃宗羲的門戶關懷與《明儒學案》的
　　　　　　　　　　　編纂

　　第十七冊　陳美吟　王夫之氣論思想研究（上）

　　第十八冊　陳美吟　王夫之氣論思想研究（下）

　　第十九冊　龍　鑫　自然與必然——戴震思想研究

　　第二十冊　楊奕成　太谷學派及其教育思想研究

民國學術思想研究專輯

　　第二一冊　萬國崔　二十世紀上半葉現代新儒家道統論研究

佛教思想研究專輯

　　第二二冊　釋正持　澄觀《華嚴經疏・十地品》之研究（上）

　　第二三冊　釋正持　澄觀《華嚴經疏・十地品》之研究（下）

　　第二四冊　簡汝恩　從煩惱到解脫——《唯識三十頌》心所與意義治療
　　　　　　　　　　　學的對話

《中國學術思想研究輯刊》二三編 各書作者簡介‧提要‧目次

第一、二冊　《周易》經傳與孔孟荀「命」觀念思想及改命方法

作者簡介

　　陳芝豪（1979～），臺灣嘉義人。國立政治大學中國文學系碩士、國立高雄師範大學國文學系博士。曾任職嘉南藥理科技大學兼任講師，開設「易經與人生」課程。研究專長爲周易、先秦儒學、中國哲學史。著有《甲骨卜辭與《周易》經傳吉凶觀念思想研究》（碩士論文）、《《周易》經傳與孔孟荀「命」觀念思想及改命方法》（博士論文），以及〈《顏氏家訓》「內聖外王」與《周易‧大象傳》之契合〉、〈王充疾虛妄精神及其文學觀〉、〈從精神分析學論嵇康「越名教而任自然」〉等數篇論文之發表。

提　要

　　各地區學者在論述《周易》「命」觀念思想時，大抵著重在《易傳》的討論，而未及或甚少觸及《易經》。在分析《周易》命的議題廣度上，較缺乏從甲骨卜辭→《易經》→孔子→孟子→荀子→《易傳》之間命觀念思想的承與衍之分析。此外就「命」的討論上，對於如何讓人「改變命」的「方法」，卻是缺乏討論。在討論策略甚少觸及環境背景因素，這就需要配合「外部研究」的分析討論，而亦可再區分「大傳統」、「小傳統」之別。在論述過程中，大

抵關注於傳世文獻的運用，然而「出土文獻」與「考古資料」，應是可多加運用。因此，本文實有再作深入探究之必要性。

因此，本文藉由分析甲骨卜辭、《易經》、《論語》、《孟子》、《荀子》、《易傳》中，哲人們對於「命」觀念的看法，以觀其之間有作出何種創造性的詮釋，並且希冀從中分析得出哲人們之改變命的方法，以為當今人類，在遇到生命困境時，能提供有效突破困難之參考依據。且企圖釐清甲骨卜辭、《易經》、《論語》、《孟子》、《荀子》、《易傳》之中「命」觀念的演變，來對照「前軸心期」與「軸心期」中的兩個「哲學突破」階段，以探究各位哲人們「命」觀念演變與時代環境之間的相互關係。

故本文將運用「經傳分觀」研究法的優點，來分別觀看《易經》、《易傳》於各所處時代中，其各自的「命」觀念，及其與時代思想文化的關聯。並且運用「以傳解經」研究法的優點，來分析《易傳》對《易經》的發展與創造性詮釋。經由此兩種研究方法的調合運用，期望能對《周易》經、傳的「命」觀念思想有更深一層的瞭解。並且結合運用「觀念史研究法」與「思想史研究法」，來引入作為研究《周易》經傳的方法策略。亦即以「命」觀念為中心的詮釋方法，來探究分析甲骨卜辭、《易經》、孔子、孟子、荀子、《易傳》之「命」觀念的形成與發展。也就是由縱向考察「命」觀念在歷史潮流中的演變發展，其對傳統的承續與創造；由橫向從歷史時代性出發，探究「命」觀念形成與發展的思想文化之外在因素，揭示出「命」觀念形成發展的外緣動因及其與環境相互關係。此外，除探究「大傳統」文化背景因素外，亦分析「小傳統」地域文化背景因素。由以上方法策略，或許較能掘發出《周易》經傳與孔孟荀「命」觀念思想及改命方法的意蘊與價值。

目　次

上　冊

第一章　緒　論 1
第二章　殷商甲骨卜辭與《易經》卦辭、爻辭「命」觀念思想及改命
　　　　方法 63
　第一節　前言 63
　第二節　大傳統與地域性：前軸心期思想文化的雙重觀察 65
　　一、殷周之際大傳統思想文化的遞衍 66

二、地域性的「先周文化」──周人思想突破的小傳統成素 ············· 88

第三節　殷商甲骨卜辭與《易經》卦辭、爻辭「命」觀念思想的天論

　　　　根據 ·· 99

　一、殷商甲骨卜辭與《易經》卦辭、爻辭中的帝、天 ················ 99

　二、殷商甲骨卜辭與《易經》卦辭、爻辭中的天人關係 ·········· 108

　三、《易經》卦辭、爻辭天論對殷商甲骨卜辭的續承和發展 ···· 116

第四節　《易經》卦辭、爻辭「命」觀念思想及其對殷商甲骨卜辭的

　　　　承續與發展 ·· 119

　一、殷商甲骨卜辭中的「命」觀念 ·· 119

　二、《易經》卦辭、爻辭中的「命」觀念思想 ························· 132

　三、《易經》卦辭、爻辭中的「命」觀念對殷商甲骨卜辭的承續與

　　　發展 ·· 147

第五節　小結 ··· 151

第三章　孔子的「命」觀念思想及改命方法 ·· 157

第一節　前言 ··· 157

第二節　大傳統與小傳統：孔子「命」觀念思想的雙重歷史性 ······· 159

　一、大傳統：軸心期前期思想文化的轉變 ······························· 160

　二、小傳統：地域性的魯思想文化 ·· 173

第三節　孔子「命」觀念思想的天論與心性論之理論根據 ············· 180

　一、孔子的天論 ··· 180

　二、性近／習遠：孔子的人性論 ·· 185

第四節　孔子的「命」觀念思想 ·· 190

　一、限制：為何有「命」？ ·· 190

　二、「命」的內容 ·· 192

　三、改變命的方法 ··· 199

　四、孔子對《易經》卦爻辭「命」觀念的承續與發展 ·············· 213

第五節　小結 ··· 219

下　冊

第四章　孟子的「命」觀念思想及改命方法 ·· 223

第一節　前言 ··· 223

第二節　大傳統與小傳統：孟子「命」觀念思想的雙重歷史性 ········ 225

一、大傳統：軸心期後期思想文化的轉變 ⋯⋯⋯⋯⋯⋯ 225

二、小傳統：地域性的鄒魯思想文化 ⋯⋯⋯⋯⋯⋯⋯ 237

第三節　孟子「命」觀念思想形成的天論與心性論之理論根據 ⋯⋯ 243

一、孟子的天論 ⋯⋯⋯⋯⋯⋯⋯⋯⋯⋯⋯⋯⋯⋯ 244

二、端／善：孟子的心性論 ⋯⋯⋯⋯⋯⋯⋯⋯⋯⋯ 248

第四節　孟子的「命」觀念思想及其對孔子之承續與發展 ⋯⋯ 253

一、得／不得：為什麼命？ ⋯⋯⋯⋯⋯⋯⋯⋯⋯⋯ 253

二、「命」的內容 ⋯⋯⋯⋯⋯⋯⋯⋯⋯⋯⋯⋯⋯ 255

三、改變命的方法 ⋯⋯⋯⋯⋯⋯⋯⋯⋯⋯⋯⋯⋯ 258

四、孟子對孔子「命」觀念思想的承續與發展 ⋯⋯⋯ 267

第五節　小結 ⋯⋯⋯⋯⋯⋯⋯⋯⋯⋯⋯⋯⋯⋯⋯⋯ 270

第五章　荀子的「命」觀念思想及改命方法 ⋯⋯⋯⋯⋯⋯⋯ 275

第一節　前言 ⋯⋯⋯⋯⋯⋯⋯⋯⋯⋯⋯⋯⋯⋯⋯⋯ 275

第二節　荀子「命」觀念思想形成的小傳統思想文化成素 ⋯⋯ 277

一、地域性的齊思想文化 ⋯⋯⋯⋯⋯⋯⋯⋯⋯⋯⋯ 278

二、地域性的楚思想文化 ⋯⋯⋯⋯⋯⋯⋯⋯⋯⋯⋯ 284

第三節　荀子「命」觀念思想形成的天論與心性之理論根據 ⋯⋯ 290

一、天有常道：荀子的天論 ⋯⋯⋯⋯⋯⋯⋯⋯⋯⋯ 290

二、縱／惡：荀子的人性論 ⋯⋯⋯⋯⋯⋯⋯⋯⋯⋯ 294

第四節　荀子的「命」觀念思想及其對孔子之承續與發展 ⋯⋯ 297

一、群與爭：「命」是怎麼產生？ ⋯⋯⋯⋯⋯⋯⋯⋯ 297

二、「命」的內容 ⋯⋯⋯⋯⋯⋯⋯⋯⋯⋯⋯⋯⋯ 300

三、改變命的方法 ⋯⋯⋯⋯⋯⋯⋯⋯⋯⋯⋯⋯⋯ 303

四、荀子對孔子「命」觀念思想的承續與發展 ⋯⋯⋯ 310

第五節　小結 ⋯⋯⋯⋯⋯⋯⋯⋯⋯⋯⋯⋯⋯⋯⋯⋯ 313

第六章　《易傳》「命」觀念思想與改命方法及其對《易經》卦爻辭之
　　　　詮釋 ⋯⋯⋯⋯⋯⋯⋯⋯⋯⋯⋯⋯⋯⋯⋯⋯⋯ 317

第一節　前言 ⋯⋯⋯⋯⋯⋯⋯⋯⋯⋯⋯⋯⋯⋯⋯⋯ 317

第二節　《易傳》「命」觀念思想形成的天論根據 ⋯⋯⋯⋯ 319

一、《易傳》「命」觀念思想形成的天論根據 ⋯⋯⋯ 320

二、天／地／人／德：《易傳》的天人關係 ⋯⋯⋯⋯ 327

第三節 《易傳》「命」觀念思想形成的人性理論根據 ……………… 336

一、道與一陰一陽 …………………………………………… 336

二、善之可能在於繼 ………………………………………… 339

三、成之者，性也 …………………………………………… 342

第四節 《易傳》的「命」觀念思想及其對《易經》卦爻辭之承續與

發展 ……………………………………………………… 344

一、化生／相生：「命」由何而生？ ……………………… 344

二、「命」的內容？ ………………………………………… 348

三、改變命的方法：融合孟、荀之模式 ………………… 352

四、《易傳》的對《易經》卦爻辭「命」觀念思想的承續與發展 …… 368

第五節 小結 …………………………………………………… 372

第七章 結 論 …………………………………………………… 377

一、有孚與正理：《易經》卦爻辭「命」觀念思想及改命方法 …… 378

二、人道天道並修：孔子「命」觀念思想及改命方法 …… 381

三、內修歸善而行正：孟子「命」觀念思想及改命方法 …… 383

四、外修順禮而心明：荀子「命」觀念思想及改命方法 …… 386

五、窮理盡性內外兼修：積善之家必有餘慶 ……………… 388

六、結束：貞下起元 ………………………………………… 391

參考文獻 …………………………………………………………… 393

第三冊 清代詩經學研究

作者簡介

陳國安，1972 年生，江蘇鎮江人。現爲蘇州大學文學院副教授，文學博士，碩士生導師。復旦大學中文系出站博士後。師從錢仲聯、楊海明、黃霖教授治古代文學與近代文學，亦兼從事中國語文教育研究與實踐。出版著作有：《南唐書校注》、《范伯子研究資料集》、《范伯子集點校》、《貝青喬集點校》和《語文教學心理學簡稿》、《語文的回歸：一個大學老師的小學課堂》等，發表學術論文六十餘篇。

提 要

詩經學至清朝一崛而中興，本文以 1644～1840 詩經學爲研討主體。下限

述論時擴展至 1976，若以上限前伸至明遺民生活時空計算，則本文所述論詩
經學史則近四百年。

本文分為緒論、上編、下編及附論四部分。

緒論述本文研究方法。本文以《詩經》存活於另一時代（清代）為論域，
以學術史視角之清代詩經學史為主體，綜合系統考察《詩經》存活於清代學
術、清代文學、文學理論發展軌跡中之情狀。本文以生態考察為基點，以心
態考察為手段，以形態考察為視角，將關涉詩經學諸命題還原至當時代作全
景式描述。

第一章概述清前詩經學發展軌跡、清代詩經學研究現狀及清代詩經學發
展概況。本章述及清前詩經學雖扼要亦或異於詩經學通史成說，以文獻綜述
方式詳述清代詩經學研究之發展，分類條析清代詩經主流派著述。

第二章論清初詩經學，以個案與總論結合之法述清初詩經學學術思想不
主一家，兼採眾說，情感上時有亡國之痛故國之思。本章特列節論清初遺民
詩經學。個案研究所論者：孫承澤、陸奎勳及姚際恒。

第三章分兩節論乾嘉詩經學，其總體特徵：詩經學成就「大」、學問「精」
者在小學文獻；漢學宋學交互影響，攻訐激烈多意氣，借鑒補足為「求真」，
在朝者或漢或宋皆由聖意出，在野者不漢不宋多獨立。個案研究所論者：戴
震、惠棟、焦循。

第四章亦分兩節論道光朝過渡期之詩經學，道光朝詩經學為傳統詩經學
中興期之「夕照」，絕絢爛極斑斕。漢學毛鄭詩經學於此間集大成，詩經學著
作之彙刻，《詩經》文字之校勘刊印普及，詩經學漢宋之融合，今文詩經學之
崛起，皆道光朝過渡特徵也。個案研究所論者：胡承珙、陳奐及陳喬樅父子。

斯為上編。

第五章將清代詩經學置於清代文學發展背景中述其發展，清代詩經學發
展之特徵為：經學發展政治需求之壓力張力消長更迭。此特徵具體體現為：
漢學宋學之交互影響，古文今文之嬗變融合。繼之研討清代詩學風氣與清代
詩經學發展之關聯。

第六章以清代各體文學中之《詩經》為論述對象，從取神至襲貌，著重
討論清代詩詞文賦用「詩三百」語典，分兩節詳論清代四言詩十家，為此領
域之新創。附論韓國中世閨閣女史三宜堂金夫人詩文中之「詩三百」，可作側
面見得「詩三百」之影響。

第七章分別自清詩話、清人論詩絕句兩端論述清代詩經學與清代文學理論發展之關係。

斯爲下編。

第八章爲附論，亦分兩節分別以個案研究方法述論晚近現代詩經學名家之著述成就，論晚近詩經學家：魏源、方玉潤、王先謙、皮錫瑞，現代詩經學家：梁啓超、聞一多及朱自清。力求雖論人即論史。

目　次

序　楊海明

緒　論 ··· 1

上編　清代詩經學綜論

第一章　清代詩經學及其研究概述 ················· 9

　第一節　清前詩經學概述 ······················· 9

　第二節　清代詩經學述略 ······················ 21

　第三節　清代詩經學研究述略 ·················· 28

第二章　清初詩經學研究 ······················· 39

　第一節　清初詩經學總體風貌 ·················· 39

　第二節　明遺民詩經學開創之功 ················ 45

　第三節　清初詩經學個案研究 ·················· 54

第三章　乾嘉詩經學研究 ······················· 63

　第一節　乾嘉詩經學總體風貌 ·················· 63

　第二節　乾嘉詩經學個案研究 ·················· 77

第四章　道光朝詩經學研究 ····················· 87

　第一節　道光朝詩經學過渡特徵 ················ 87

　第二節　道光朝詩經學個案研究 ···············

下編　清代詩經學與文學

第五章　清代文學視野中之詩經學 ·············· 109

　第一節　清代詩經學發展軌跡 ················· 109

　第二節　清代詩經學總體特徵 ················· 118

　第三節　清代文學與清代詩經學發展綜論 ······· 128

第六章　清代各體文學與詩經學 ················ 141

　第一節　襲神「詩三百」……………………………………………141
　第二節　取貌「詩三百」：清代四言詩論略（上）………………151
　第三節　取貌「詩三百」：清代四言詩論略（下）………………158
　第四節　《三宜堂詩》與《詩經》：異國一枝斜…………………169
　第五節　心際筆端「詩三百」………………………………………175
第七章　清代文學理論與詩經學……………………………………183
　第一節　清代詩話與詩經學…………………………………………183
　第二節　清人論詩絕句與詩經學……………………………………191
附　　論
第八章　晚近現代詩經學個案研究…………………………………199
　第一節　晚近詩經學個案研究………………………………………199
　第二節　現代詩經學個案研究………………………………………209
參考文獻………………………………………………………………225
附錄一：清代詩經學論著知見錄……………………………………235
附錄二：清代詩經學論著提要選錄…………………………………261
後　　記………………………………………………………………265
出版後記………………………………………………………………267

第四、五冊　先秦至魏晉孔子形象之道家化歷程——兼論儒道關係

作者簡介

　　鄭倩琳，台灣宜蘭縣人，一九七八年生，國立臺灣師大國文系博士。撰有《戰國時期道家之宇宙生成論》（碩士論文）、《先秦至魏晉孔子形象之道家化歷程——兼論儒道關係》（博士論文，該論文獲第二屆四賢博士論文獎第三名）及〈宗密難儒道元氣論探析－以《原人論》為討論中心〉、〈從《論語釋疑》之聖人論探王弼「以玄釋經」之得失〉、〈從《郭店‧老子甲》「絕智棄辯」章探析《老子》相關思想之詮釋發展〉、〈從《莊子》外雜篇中「孔子困厄」之論述探析儒道之衝突與會通——兼論孔子形象之詮釋〉等單篇論文，並參與編輯《兩漢諸子研究論著目錄》。

提　要

　　本論文以「先秦至魏晉孔子形象之道家化歷程——兼論儒道關係」爲題，旨在研討先秦到魏晉時代，孔子形象逐步道家化的現象及其思想意蘊。在《莊子》內篇中，莊子創造了「道家化的孔子」，這位「孔子」已意識到自己的侷限，他努力以心齋自修，代表著由凡人邁向聖境的追尋。莊子後學中，或據內篇之一端批評孔子，或據內篇之另一端納孔子入道家，兩者都可以在內篇中找到根源。《莊子》外雜篇中的孔子形象複雜難解、方向不一。外雜篇中的孔子有時是「求道者」，有時是「體道者」；有時被拒於道門之外，有時又與道者並駕齊驅，甚至凌駕於脩渾沌氏者之上，甚而還有法家氣味的黃老道家孔子。孔子形象隨作者的立場而改易。在《呂氏春秋》中，孔子以求治爲目標，他因順時勢、見小知大；強調盛極而衰、物極必反；將「誠」的發用，化爲統治之術；論「無爲而治」時引用老子之言，儼然成爲會通儒道之人；而在〈精論〉的塑造下，孔子與溫伯雪子同列爲與天符同的聖人。在《淮南子》中，孔子以「精誠」感動民心，他能通權達變、不化應化，強調「夫唯無知，是以不吾知」。《淮南子》承繼了《老》、《莊》之理，卻選取了孔子作爲體道應世的代表，在其詮釋下，孔子已成爲儒道共通之聖人，具有黃老道家色彩。在《列子》中，「道家化的孔子」境界更通透圓融，其「道行」也較《莊子》中的孔子略高一籌。這位孔子已上臻憂樂兩忘、有無俱遣、剬心去智、融通大道的境界，其道家至聖地位更加穩固。在「道家化孔子寓言」與「經典注釋」之間的關聯方面，王弼與《淮南子》兩者所論之孔子形象同出於《莊子》，自然有相應之處；而郭象《莊子注》與《淮南子》對《莊子》的詮釋形態固然有異，但是兩者的「孔子形象」亦有許多重疊的部分。

　　各書中的孔子形象，正反映了不同階段的儒道關係：先秦時，在《莊子》內篇中，莊子透過了孔子形象，溝通了方內與方外之間的隔閡。處於迷悟之間的孔子，似乎也象徵了儒道的關係，既有衝突的一面，亦有會通互補的可能。而《莊子》外雜篇中，〈盜跖〉、〈漁父〉等篇反映了儒道之激烈相爭；而孔門對話及孔子爲道家評論人的文字，則反映了儒道之緊密結合。秦漢時期《呂氏春秋》與《淮南子》中的儒道會通，是立基於「王治」的政治目標所作的結合。「道」必須下落爲治世之「術」，是以二書多以孔子的事例或言論來佐證黃老道家之理，這是書中常見的儒道結合模式。在魏晉時期，相較於前面所提之典籍，《列子》中「孔子」已完全是貫通儒道之玄聖，「孔子」之

人格境界已真正超越了「儒道之是非」。而在《論語釋疑》與《莊子注》中，王弼與郭象藉由「經典注釋」的方式進行儒道會通。最後，《孔子家語》中孔子的道家色彩，反映了先秦到魏晉時期儒道交融的情形。《家語》雖是歷來資料之整編，但編輯者在整理的過程中，已反映出內心預設的孔子形象，正是儒道兼融的聖人。

目　次

上　冊

第一章　緒　論 ………………………………………………………………… 1
第二章　《莊子》內篇的孔子詮釋 ……………………………………………… 23
　第一節　論處世之道的孔子 ………………………………………………… 24
　第二節　論修養工夫的孔顏 ………………………………………………… 30
　第三節　論聖人境界的孔子 ………………………………………………… 35
　第四節　論禮制的孔子 ……………………………………………………… 40
　第五節　由莊子對孔子的詮釋探析莊孔關係 ……………………………… 44
　第六節　結語 ………………………………………………………………… 50
第三章　《莊子》外雜篇的孔子詮釋（一）──〈駢拇〉至〈讓王〉的
　　　　孔子形象 ……………………………………………………………… 51
　第一節　分歧的孔子詮釋 …………………………………………………… 53
　第二節　孔老會面中的孔子 ………………………………………………… 56
　第三節　見道者的孔子 ……………………………………………………… 69
　第四節　論奇技者的孔子 …………………………………………………… 76
　第五節　身處困厄的孔子 …………………………………………………… 80
　第六節　孔門對話中的孔子 ………………………………………………… 90
　第七節　道家評論者──孔子 ……………………………………………… 98
　第八節　結語 ………………………………………………………………… 103
第四章　《莊子》外雜篇的孔子詮釋（二）──〈盜跖〉、〈漁父〉與〈列
　　　　禦寇〉的孔子形象 …………………………………………………… 105
　第一節　〈盜跖〉篇的孔子形象 …………………………………………… 106
　第二節　〈漁父〉篇的孔子形象 …………………………………………… 114
　第三節　〈列禦寇〉篇的孔子形象 ………………………………………… 117

第四節　結語 ……………………………………………………………… 122

第五章　《呂氏春秋》的孔子詮釋 …………………………………… 125

　　第一節　孔子形象的轉化——兼儒墨 …………………………… 128

　　第二節　儒道之衝突與融合 ……………………………………… 134

　　第三節　孔子形象的再轉化——合名法的黃老道家 ………… 138

　　第四節　結語 ……………………………………………………… 159

下　冊

第六章　《淮南子》的孔子詮釋 …………………………………… 161

　　第一節　儒道相爭與結合 ………………………………………… 166

　　第二節　孔子的有限性 …………………………………………… 175

　　第三節　孔子的黃老道家化 ……………………………………… 179

　　第四節　結語 ……………………………………………………… 204

第七章　《列子》的孔子詮譯 ……………………………………… 207

　　第一節　孔子的有限性 …………………………………………… 210

　　第二節　貫通儒道的玄聖孔子 …………………………………… 213

　　第三節　結語 ……………………………………………………… 251

第八章　道家化孔子寓言與經典注釋的交互影響 ……………… 253

　　第一節　王弼的孔子詮釋與道家化孔子寓言的關係 ………… 253

　　第二節　郭象的孔子詮釋與道家化孔子寓言的關係 ………… 266

　　第三節　結語 ……………………………………………………… 278

第九章　從《孔子家語》孔子的道家色彩探析儒道關係 ……… 281

　　第一節　《孔子家語》的成書 …………………………………… 281

　　第二節　由〈觀周〉探析儒道關係 …………………………… 284

　　第三節　從孔子論政探析儒道關係 …………………………… 292

　　第四節　儒道共通之聖人 ………………………………………… 306

　　第五節　結語 ……………………………………………………… 319

第十章　結　論 ……………………………………………………… 321

　　第一節　孔子形象之道家化歷程及背景 ……………………… 321

　　第二節　從道家化的孔子形象探析儒道關係 ………………… 328

參考文獻 ………………………………………………………………… 335

第六冊　從「默觀」看東西文化交流與對話——十字若望與莊子的對談

作者簡介

聶雅婷，教學十餘年，目前任教於長榮大學應用哲學系，擅長於神祕主義比較、東西文化比較、宗教哲學比較、當代文學與哲學的對談、老莊哲學、女性主義及美學等。長久以來沉浸於當代思潮與中國哲學及宗教對談的研究，已在研討會發表論文多篇。畢業於輔大哲學所博士班，受過完整士林哲學教育，先後任職於關渡基督書院、眞理大學通識及台文系、大葉大學等校。碩士論文《莊子默觀思想研究》，專書爲 2012 年出版《生命體驗的詮釋與東西文化之會通》。

提　要

本文是從「默觀」來看東西文化交流與對話，分別藉由莊子與十字若望來進行兩者的「默觀」對談。文中分別簡介密契主義的意義及分類，指出「默觀」結合面向，非一般認知。另外也指出，史坦斯、蔡納及關永中對於密契主義的分類。接著分別由中國神祕主義傳統及西方神祕主義傳統來彼此說明差異。

在莊子與十字若望的神秘知識體系，莊子的部分我將從其「內七篇」切入次來探討其「默觀」的境界；而十字若望部分我將從其最主要的四本著作——《攀登加爾默羅山》、《心靈的黑夜》、《靈魂之歌》及《愛的熾焰》——來探討其神秘知識之體系，同時比較東西方神秘知識體系之異同，試圖找出一些共通的觀念，作爲陳述「默觀」作爲融通與對話的依據。

緊接著，我們將開始讓莊子與十字若望進行對話。第一次對話的主題是讓兩人表達對「默觀」意義之理解，以便能眞正找到「跨文化」描述「默觀」的可能。在此筆者看到無論是莊子或十字若望，其使用來描述個別境界的語詞，都是屬於「象徵」的文字，因此我們針對「默想」與「默觀」之間與「象徵」關係做清楚的對話，先釐清兩者的意義，並說明詮釋的限度與問題避免混淆。

第二次對話的主題是對「默觀歷程」之各自表述。我們先讓莊子從其內七篇中提出相關文字並作解釋；再讓十字若望表達其發展出的「靈修」方式，筆者以爲兩者均是針對無自我位格的「神聖默觀位格者」在修養或靈修過程

中，針對其狀態做實況描寫。因此特別針對「神聖位格者」所展現的位格典範作探討與分析。

第三次對話的主題則是針對「默觀」境界的最高層次──「與神聖結合」進行各自表述，也就是將莊子「與道合一」與十字若望「靈性訂婚、神婚與榮福婚禮」境界的比較，展現出「神－我」之間、「我－自我」之間，「內在主體際性」之深刻交流與合一。

在討論完「默觀」之後，我將處理東西方原型思維，分析雙方之利弊，提出身心靈整合的「默觀」足以補足東西方文化交流的不足，盼能回到「默觀」身體詮釋與奧祕，進行詮釋對話，以建立全人精神向度深刻對話。在這層面同時會牽涉到「宗教對話」在「靈修」層面的困難。當然，我也盼望在陳述中能開展出一個新的視野，能真正有效地從「非語言」之「默觀」來尋得東、西方會通之途徑。

目　次

第一章　緒　論 …………………………………………………………… 1
　第一節　研究動機與目的 ……………………………………………… 1
　第二節　文獻回顧 ……………………………………………………… 8
　第三節　研究方法 ……………………………………………………… 22
第二章　密契主義體系的體證 ………………………………………… 31
　第一節　密契主義的意義與分類 …………………………………… 31
　第二節　中國密契主義傳統 ………………………………………… 37
　第三節　西方密契主義傳統 ………………………………………… 49
　總結：默觀作為融通與對話的可能性 ……………………………… 62
第三章　「默觀」的第一次對話──「默觀」意義的跨文化理解 … 65
　第一節　「默觀」作為融通與對話的基礎 ………………………… 65
　第二節　十字若望對「默觀」（Contemplation）的理解 ………… 69
　第三節　莊子對「默觀」的理解 …………………………………… 80
　第四節　「默觀」第一次對話的比較 ……………………………… 90
第四章　「默觀」的第二次對話──成為「默觀」神聖位格者及工夫修
　　　　養探討 …………………………………………………………… 95
　第一節　即工夫即本體即境界即方法 ……………………………… 96

第二節　「默觀神聖位格者」位格際性交流探討⋯⋯⋯⋯⋯⋯⋯⋯101

第三節　莊子的默觀修養工夫⋯⋯⋯⋯⋯⋯⋯⋯⋯⋯⋯⋯⋯⋯115

第四節　十字若望的「默觀」靈修工夫⋯⋯⋯⋯⋯⋯⋯⋯⋯⋯125

第五節　「默觀」第二次對話比較⋯⋯⋯⋯⋯⋯⋯⋯⋯⋯⋯⋯139

第五章　「默觀」的第三次深層對話──莊子與十字若望「結合」的
　　　　境界⋯⋯⋯⋯⋯⋯⋯⋯⋯⋯⋯⋯⋯⋯⋯⋯⋯⋯⋯⋯⋯145

第一節　「結合」的哲學性理解⋯⋯⋯⋯⋯⋯⋯⋯⋯⋯⋯⋯⋯147

第二節　十字若望的「默觀」與「結合」⋯⋯⋯⋯⋯⋯⋯⋯⋯152

第三節　莊子的「默觀」與「結合」⋯⋯⋯⋯⋯⋯⋯⋯⋯⋯⋯159

第四節　「默觀」的第三次對話比較⋯⋯⋯⋯⋯⋯⋯⋯⋯⋯⋯169

第六章　東西方文化交流與對話再思考──以「默觀」為例⋯⋯⋯175

第一節　東西方文化原型思考模式探討⋯⋯⋯⋯⋯⋯⋯⋯⋯⋯175

第二節　東西方哲學互補與交流⋯⋯⋯⋯⋯⋯⋯⋯⋯⋯⋯⋯⋯181

第三節　默觀深刻精神向度對話⋯⋯⋯⋯⋯⋯⋯⋯⋯⋯⋯⋯⋯189

總　結⋯⋯⋯⋯⋯⋯⋯⋯⋯⋯⋯⋯⋯⋯⋯⋯⋯⋯⋯⋯⋯⋯⋯196

結　論⋯⋯⋯⋯⋯⋯⋯⋯⋯⋯⋯⋯⋯⋯⋯⋯⋯⋯⋯⋯⋯⋯⋯⋯197

第一節　各章整理⋯⋯⋯⋯⋯⋯⋯⋯⋯⋯⋯⋯⋯⋯⋯⋯⋯⋯⋯197

第二節　理想對話的再思⋯⋯⋯⋯⋯⋯⋯⋯⋯⋯⋯⋯⋯⋯⋯⋯205

第三節　問題延伸與討論⋯⋯⋯⋯⋯⋯⋯⋯⋯⋯⋯⋯⋯⋯⋯⋯208

總　結⋯⋯⋯⋯⋯⋯⋯⋯⋯⋯⋯⋯⋯⋯⋯⋯⋯⋯⋯⋯⋯⋯⋯221

參考書目⋯⋯⋯⋯⋯⋯⋯⋯⋯⋯⋯⋯⋯⋯⋯⋯⋯⋯⋯⋯⋯⋯⋯⋯223

第七冊　張湛《列子注》與道家思想

作者簡介

周美吟

Ph.D. in ANU College of Asia and the Pacific, Australian National University

國立臺灣師範大學國文研究所碩士

國立臺灣師範大學國文系學士

提　要

本文第一章以張湛注《列子》的幾個特色：一、對原書內容加以修正，

不論是（一）校訂錯字、（二）指出另有版本、（三）以史實質疑原書內容年代問題、（四）指出原文內容有「重出」的現象。二、明白指出《注》文出處，不論是（一）其他書籍，或（二）他人的注解等。三、坦承未聞未解之處。四、有注解錯誤或為原書圓說者；辨《列子》一書並非張湛偽作；第二章是張湛「天道觀」與魏晉王弼、阮籍、嵇康、郭象等人的承接情形；第三章「知識論」討論張湛以為妨礙認知的因素與認知的正確態度；第四章人生論「命」與「生死」兩節分辨張湛對「命」的觀點與《列子》原文相同與相異之處；「聖人」一節以「聖人無夢」為討論中心，探究聖人須具備的涵養，亦即成其所以為「聖人」的條件；「名教」一節以為張湛並不否定「名教」，分析他不提倡名教的原因，並揭示他對「名教」所採取的態度。結論總論張湛思想，並指出其貢獻。

目　次

第一章　緒　論⋯⋯⋯⋯⋯⋯⋯⋯⋯⋯⋯⋯⋯⋯⋯⋯⋯⋯⋯⋯⋯⋯⋯⋯⋯⋯1
　第一節　辨《列子》一書之真偽⋯⋯⋯⋯⋯⋯⋯⋯⋯⋯⋯⋯⋯⋯⋯⋯1
　第二節　辯《列子》非張湛偽作⋯⋯⋯⋯⋯⋯⋯⋯⋯⋯⋯⋯⋯⋯⋯11
　第三節　張湛及其《列子注》⋯⋯⋯⋯⋯⋯⋯⋯⋯⋯⋯⋯⋯⋯⋯⋯32
第二章　天道論⋯⋯⋯⋯⋯⋯⋯⋯⋯⋯⋯⋯⋯⋯⋯⋯⋯⋯⋯⋯⋯⋯⋯⋯35
　第一節　道之性格⋯⋯⋯⋯⋯⋯⋯⋯⋯⋯⋯⋯⋯⋯⋯⋯⋯⋯⋯⋯⋯36
　　一、獨立性⋯⋯⋯⋯⋯⋯⋯⋯⋯⋯⋯⋯⋯⋯⋯⋯⋯⋯⋯⋯⋯⋯36
　　二、永恒性⋯⋯⋯⋯⋯⋯⋯⋯⋯⋯⋯⋯⋯⋯⋯⋯⋯⋯⋯⋯⋯⋯39
　　三、完整性⋯⋯⋯⋯⋯⋯⋯⋯⋯⋯⋯⋯⋯⋯⋯⋯⋯⋯⋯⋯⋯⋯41
　　四、無限性⋯⋯⋯⋯⋯⋯⋯⋯⋯⋯⋯⋯⋯⋯⋯⋯⋯⋯⋯⋯⋯⋯45
　　五、周遍性⋯⋯⋯⋯⋯⋯⋯⋯⋯⋯⋯⋯⋯⋯⋯⋯⋯⋯⋯⋯⋯⋯51
　　六、超越性⋯⋯⋯⋯⋯⋯⋯⋯⋯⋯⋯⋯⋯⋯⋯⋯⋯⋯⋯⋯⋯⋯54
　第二節　道之作用⋯⋯⋯⋯⋯⋯⋯⋯⋯⋯⋯⋯⋯⋯⋯⋯⋯⋯⋯⋯⋯57
　　一、非人格神⋯⋯⋯⋯⋯⋯⋯⋯⋯⋯⋯⋯⋯⋯⋯⋯⋯⋯⋯⋯⋯58
　　二、無意志性⋯⋯⋯⋯⋯⋯⋯⋯⋯⋯⋯⋯⋯⋯⋯⋯⋯⋯⋯⋯⋯66
　　三、無所偏私⋯⋯⋯⋯⋯⋯⋯⋯⋯⋯⋯⋯⋯⋯⋯⋯⋯⋯⋯⋯⋯68
第三章　知識論⋯⋯⋯⋯⋯⋯⋯⋯⋯⋯⋯⋯⋯⋯⋯⋯⋯⋯⋯⋯⋯⋯⋯⋯71
　第一節　認知之限制⋯⋯⋯⋯⋯⋯⋯⋯⋯⋯⋯⋯⋯⋯⋯⋯⋯⋯⋯⋯71

一、認知主體的侷限性 …………………………………… 72

二、名言的侷限性 ………………………………………… 82

三、認知對象的流變性 …………………………………… 86

四、認知標準的不穩定性 ………………………………… 87

第二節　認知的正確態度 ………………………………… 92

一、不強求知 ……………………………………………… 92

二、去除成心 ……………………………………………… 94

三、把握真知 ……………………………………………… 97

四、收拾反觀 …………………………………………… 100

五、全面觀照 …………………………………………… 102

六、化而又化 …………………………………………… 105

第四章　人生論 ………………………………………… 117

第一節　命 ……………………………………………… 117

一、「命」涵蓋的範圍 ………………………………… 117

二、「命」形成的原因 ………………………………… 122

三、因應之道 …………………………………………… 136

第二節　生死 …………………………………………… 147

第三節　聖人 …………………………………………… 165

一、去知去欲 …………………………………………… 165

二、自然無為 …………………………………………… 177

三、專一純和 …………………………………………… 187

四、恬淡寂靜 …………………………………………… 189

五、智周萬物 …………………………………………… 199

第四節　名教 …………………………………………… 206

一、貌似反仁義 ………………………………………… 207

二、非享樂主義 ………………………………………… 210

三、闡仁義之弊 ………………………………………… 216

四、行仁義之道 ………………………………………… 227

第五章　結論 …………………………………………… 237

第一節　張湛《列子注》思想概述 …………………… 237

第二節　張湛《列子注》的貢獻 ……………………… 243

第八冊　《管子》倫理思想研究

作者簡介

　　韓廣忠，1978 年生，山東濟寧人，高級經濟師，哲學博士，研究方向爲中國傳統倫理思想，大學、碩士、博士先後畢業於青島海洋大學（現名爲中國海洋大學）、南京大學、中國人民大學，現就職於中海石油氣電集團有限責任公司，任秘書兼政務經理，曾在譯林出版社、中國人民大學出版社分別出版《科學哲學》、《思維》等兩部譯著，先後發表學術論文十餘篇。

提　要

　　《管子》乃先秦子書中頗具綜合性質的一部巨著，其中圍繞「國之四維」生發出來的豐富倫理思想構成了貫穿全書始終的重要脈絡，也奠定了齊國完成「九合諸侯，一匡天下」霸業的主要思想根基。本書即是以這本先秦子集爲基本素材，借助古人的經典注疏和前輩時賢的研究成果，從道德基礎問題、德性規範、政治倫理、經濟倫理以及修養教化等方面，對《管子》中所蘊含的倫理思想作了較爲系統的梳理和分析。本書首先分析了《管子》倫理思想的基礎問題，包括「德爲道之舍、法天合德、氣水相合而生德」的道德本源論、與三晉法家不盡相同的經驗主義人性論以及「賢人出現、經濟先導」的社會條件倫；其後，介紹了《管子》倫理思想的核心——德性規範，重點剖析禮、義、廉、恥等國之四維，另外還論述了仁、智、孝等德性；《管子》倫理思想基本都是圍繞「強國」「富民」來展開的，故本書選取了政治和經濟領域來剖析《管子》應用倫理學方面的思想；本書又對《管子》的修養教化問題進行了研究，包括「長年、長心、長德」的個人修養功夫論以及小處著手、賞罰並舉的國家道德教化論兩個層面；在結語部分，本書對於《管子》倫理思想的基本特徵和現代價值作了探析。

目　次

序　肖群忠

引　言 ·· 1

第一章　道德基礎論 ··· 23

　　1.1 道德本源論 ··· 23

　　　　1.1.1 德爲道之舍 ··· 23

　　　　1.1.2 法天合德 …………………………………………………………… 27

　　　　1.1.3 氣水相合而生德 …………………………………………………… 30

　　1.2 人性基礎論 ……………………………………………………………… 33

　　　　1.2.1 趨利避害的經驗主義人性論 ……………………………………… 34

　　　　1.2.2 和合之道的追尋 …………………………………………………… 36

　　1.3 社會條件論 ……………………………………………………………… 39

　　　　1.3.1 賢人之出現 ………………………………………………………… 39

　　　　1.3.2 五害之去除 ………………………………………………………… 40

　　　　1.3.3 經濟之先導 ………………………………………………………… 42

第二章　規範德性論 …………………………………………………………… 45

　　2.1 四維之概述 ……………………………………………………………… 45

　　　　2.1.1 禮不逾節 …………………………………………………………… 46

　　　　2.1.2 義不自進 …………………………………………………………… 51

　　　　2.1.3 廉不蔽惡 …………………………………………………………… 53

　　　　2.1.4 恥不從枉 …………………………………………………………… 57

　　2.2 四維之傳承與質疑 ……………………………………………………… 59

　　　　2.2.1 四維之歷史傳承 …………………………………………………… 59

　　　　2.2.2 柳子之四維質疑 …………………………………………………… 62

　　2.3 其它德性範疇 …………………………………………………………… 64

　　　　2.3.1 仁 …………………………………………………………………… 64

　　　　2.3.2 智 …………………………………………………………………… 66

　　　　2.3.3 孝 …………………………………………………………………… 68

第三章　政治倫理論 …………………………………………………………… 73

　　3.1《管子》政治倫理發展的動因、目標及實踐方略 …………………… 73

　　　　3.1.1 經濟、政治、文化方面的歷史動因 ……………………………… 74

　　　　3.1.2 以「中正和調」為發展目標 ……………………………………… 76

　　　　3.1.3 以「予之為取」為實踐方略 ……………………………………… 76

　　3.2 政治倫理的主要關係範疇 ……………………………………………… 78

　　　　3.2.1 君臣關係論 ………………………………………………………… 78

　　　　3.2.2 君民關係論 ………………………………………………………… 82

　　　　3.2.3 德法關係論 ………………………………………………………… 87

3.2.4 邦國關係論 91

第四章　經濟倫理論 99

4.1 經濟主體的德性規範 99

4.1.1 忠於本業 100

4.1.2 以誠為本 101

4.1.3 崇尚節儉 102

4.2 產業發展的倫理思想 104

4.2.1 以農為本 105

4.2.2 整飭末業 106

4.2.3 重視工商 108

4.3 宏觀調控的倫理思想 110

4.3.1 宏觀調控的倫理目標 111

4.3.2 輕重術及其倫理考量 113

4.3.3 財政稅收的倫理思想 118

第五章　修養教化論 123

5.1 理想人格 123

5.1.1 內聖外王的人格範型 124

5.1.2 公而無私的價值取向 126

5.1.3 變而不化的主體精神 129

5.2 修養功夫論 130

5.2.1 長年 130

5.2.2 長心 130

5.2.3 長德 131

5.3 道德教化的意義和內容 132

5.3.1 道德教化的意義 133

5.3.2 道德教化的內容 135

5.4 道德教化的基本方略 139

5.4.1 營造環境 139

5.4.2 實事求是 143

5.4.3 謹小慎微 145

5.4.4 賞罰並舉 146

結語：《管子》倫理思想的基本特徵與現代價值⋯⋯⋯⋯⋯⋯⋯⋯⋯⋯149

第九冊　韓非道論思想研究

作者簡介

劉小剛，男，1977 年生。陝西寶雞人。1996～2000 年在陝西・寶雞文理學院政法系讀思想政治教育專業，獲法學學士學位。2001～2004 在蘇州大學政治與公共管理學院讀倫理學專業碩士研究生，獲哲學碩士學位。2006～2009年在蘇州大學政治與公共管理學院讀中國哲學專業博士研究生，獲哲學博士學位。現爲江蘇理工學院思想政治理論課教學部馬克思主義原理教研室教師，副教授。主要從事馬克思主義中國化、中國傳統哲學的研究。先後在《河南社會科學》、《雲南行政學院學報》、《理論探索》、《管子學刊》、《華中師範大學學報》等刊物發表多篇學術論文。

提　要

作爲先秦法家思想的集大成者，韓非面對戰國末期的政治現實，繼承和發展了老子關於「道」的哲學思想，以「道」論及趨利避害的人性好利論和歷史進化觀作爲其哲學基礎，提出了法、術、勢結合的法治論。本書通過對其「道」論中「道」、「德」、「理」等基本範疇的分析，闡明了「道」在韓非思想體系中的意義及其邏輯展開，進而探討並指出了其法治論的內在缺陷及其積極影響，以期提供一個重新審視韓非哲學思想的視角和途徑。

本書由六章構成：

第一章主要介紹了韓非和《韓非子》的相關研究狀況。從身世、求學經歷以及使秦的外交活動來簡介韓非生平；從名稱的變遷、篇目的眞認定、篇目卷數和版本等瞭解《韓非子》，並就其思想的古今研究現狀做了梳理。

第二章從先秦道家、儒家、稷下黃老之道的發展大背景出發，闡述韓非之道的歷史演變。比較而言，先秦道家的「道」論是側重於天道，重視「道」的客觀普遍性而輕視人的主體性；儒家的「道」論是側重於人道，重視闡發「道」的人倫涵義；稷下黃老的「道」則由天道推演人道，援道入法，道法結合，重視「道」的現實政治功效。它們爲韓非的「道」論提供了豐厚的思想資源。

第三章分析了韓非哲學中「道」、「德」、「理」、「性」、「情」等基本範疇

的意義。韓非繼承和發展了老子的哲學思想，對老子「自然之道」進行了改造，使之轉化爲「必然之道」。「德」是指人的精神境界，神不淫於外物而安於自身就是「德」。「德」與「道」的聯繫本質上是一種精神聯繫，「德」是人在精神上守「道」，並表現於行動上循「道」而爲。「理」是作爲萬物之所然的「道」聯繫萬物的中介，是某物之所以成爲某物的條理和規則，其與「道」的關係可以被理解爲宇宙間的普遍規律與特殊規律的關係。「德」與「理」的聯繫也是一種精神聯繫，「德」是爲了精神上跟「道」保持一致而審察事物之「理」。「性」是指作爲一個基本事實存在著的人之好利惡害的自然傾向，「情」是指這種自然傾向的具體表現。韓非主張「以法制情」。

第四章對君、道關係做了辨析，進而分析了韓非政治理想中的「明君」形象。從老子開始，先秦諸子往往將天道與人君相比附，韓非亦然。在韓非看來，人類社會「君不同於群臣」的等級秩序，根本依據就在於「道不同於萬物」的自然秩序。他從道與萬物的一多關係充分論證了君臣之間尊卑貴賤的合理性，認爲君主相對於臣民的尊貴地位，就類同於「道」相對於「萬物」的關係。

第五章重點闡明道、法之結合演進過程。「道」與「法」的關係，在先秦經過了由「道生法」到「因道全法」的發展過程。「道生法」既爲「法」提供了合理性依據，同時通過「法」也體現了「道」的社會性。韓非認爲，法必須「因道」而立，才能從「道」那裏得到各種完美的屬性。所謂「因道全法」，是得「道」之君「因人之情」而制「法」，然後用「法」來管理人民，使人民覺得「禍福生乎道法，而不出乎愛惡，榮辱之責關乎己，而不在乎人」，從而對君主無怨惡之心，由此達致「無爲而治」。

第六章探討和分析了韓非的法治論。韓非法治論是以人性好利作爲其出發點，主張君主治國應該抱法、用術、處勢；無書簡之文，棄倫常之禮，以法爲教，以吏爲師；以刑去刑，嚴刑重罰；君主要集權，獨斷。其法治論乃一政治秩序的合理性設計，唯其缺乏仁義教化和權力的合法化說明而備受指責。

餘論部分簡要回顧了「道」在中國歷史上的基本發展路徑，並對本書的主要內容作了歸納和總結。

目 次

序 言 周可眞

導 論 ……………………………………………………………… 1

第一章 韓非與《韓非子》………………………………………… 5

　第一節 韓非其人其事 ………………………………………… 5

　第二節 《韓非子》…………………………………………… 9

　第三節 韓非思想的研究現狀 ……………………………… 12

第二章 道在先秦的發展脈絡 ………………………………… 17

　第一節 先秦道家之道 ……………………………………… 17

　第二節 先秦儒家之道 ……………………………………… 30

　第三節 先秦黃老之道 ……………………………………… 38

第三章 道理論 ………………………………………………… 45

　第一節 道、德、理 ………………………………………… 45

　第二節 性與情 ……………………………………………… 53

第四章 君道論 ………………………………………………… 61

　第一節 借道釋君 …………………………………………… 61

　第二節 明君之道 …………………………………………… 65

　第三節 君之臣民 …………………………………………… 79

第五章 道法論 ………………………………………………… 95

　第一節 道生法 ……………………………………………… 95

　第二節 因道全法 …………………………………………… 99

第六章 法治論 ……………………………………………… 103

　第一節 先秦政治哲學思想的核心範疇演變 ……………… 103

　第二節 韓非法治論的人性之基 …………………………… 116

　第三節 以法爲本 …………………………………………… 127

　第四節 潛禦之術 …………………………………………… 139

　第五節 人爲之勢 …………………………………………… 148

　第六節 韓非法治論評析 …………………………………… 156

餘 論 ………………………………………………………… 163

第十冊　北宋仁學思想研究

作者簡介

　　鄭建鐘，1977 年 10 月生，福建政和人，2010 年獲西北大學歷史學博士學位；現爲重慶理工大學國學研究所所長，副教授，撰寫著作和發表各類學術論文若干，專業致力於儒學文獻與思想的研究。

提　要

　　儒學是「人」學，表現爲人際關係的道德學說。本文認爲，「仁」之本字與「人」之初文乃是同一個符號。侯外廬首言孔子將「一般人類的心理要素」賦予「仁」以一種超越時代的道德觀念。孔子以血緣爲基礎構建「仁學」思想，「仁，人心也」則揭示了思孟學派以「心性」言「仁」的特徵，荀子則從現實主義的立場確立「禮」在實現「仁」價值維度中的特殊性。中唐的韓愈以「定名」之「仁義」爲內涵來重塑儒家人倫綱常。接著，北宋前期的范仲淹、胡瑗、歐陽修、李覯、王安石等等，都紛紛開始闡述「仁學」思想，而整個北宋時期言「仁」最具創造性的，乃是「北宋五子」。邵雍以「元」爲「仁」，繼之言「仁」以「長生」；周敦頤以「愛」言「仁」、以「生」釋「仁」，將「仁」安放在「無極－太極」宇宙生成系列之中；張載由「愛」入手言「仁」，最終將「仁」置於「太虛」之中，唯有本體的確證，人文價值範疇之「仁」才將有最堅實的根基。「本體－工夫」是理解宋代理學走向的核心鑰匙，程頤開啓宋代「仁愛之辨」的端緒，他以「仁爲性，愛爲情」之論不同於「仁」思想在先秦時期的生成演變史，將「一般人類的心理要素」從「仁」之中剝離出來。程顥「仁說」之重點在於「渾然與物同體」、「萬物一體」的境界，在「天道」與「人道」論上就是「天人合一」，儒家的人文道德價值在此獲得了堅實而充分的根據。

目　次

致　謝
第一章　北宋「仁」思想先導：先秦儒家「仁」論溯源 …………………………1
　第一節　「仁」的本字與本義考釋 ……………………………………………3
　　一、「從人從二」之「仁」 ……………………………………………………5
　　二、「從心」之「仁」 ………………………………………………………13

第二節　孔子的「仁」學思想 ………………………………………… 19
　　一、血緣之「仁」：「孝悌也者，其爲仁之本與」……………… 20
　　二、禮儀之「仁」：「克己復禮爲仁」…………………………… 23
　　三、泛愛之「仁」：「仁者，愛人」……………………………… 27
　第三節　「仁」的分化：思孟與荀子 ……………………………… 31
　　一、思孟：以「心性」奠定「仁」……………………………… 31
　　二、荀子：以「禮法」成就「仁」……………………………… 37
　小結 ……………………………………………………………………… 43
第二章　北宋儒家「仁」觀念的再出發 ……………………………… 45
　第一節　宋代「仁」觀念再興之緣由 ……………………………… 46
　　一、佛道的衝擊與挑戰 …………………………………………… 47
　　二、漢唐儒學的困境 ……………………………………………… 53
　第二節　「定名－虛位」視域之「仁」：排佛與更新 …………… 60
　第三節　以「易」釋「仁」：論范仲淹、胡瑗的「仁」學 …… 70
　　一、范仲淹：宋代宇宙論「仁」學的先河 …………………… 72
　　二、胡瑗：宋代心性論「仁」學的端倪 ……………………… 79
　第四節　從「事功之學」走向「道德性命」：論李覯到王安石的「仁」
　　　　　學 ………………………………………………………………… 85
　　一、李覯：功利主義與「仁」學 ……………………………… 85
　　二、王安石：道德性命與「仁」學 …………………………… 93
　小結 ……………………………………………………………………… 101
第三章　北宋理學的「仁」思想：以「北宋五子」為中心 …… 103
　第一節　「元者，仁也」：論邵雍的「仁」學 ………………… 103
　　一、「淳一不雜」與「空中樓閣」……………………………… 104
　　二、「先天之學，心法也。」…………………………………… 105
　　三、「仁」乃「盡人之聖」……………………………………… 108
　第二節　「愛」與「生」：論周敦頤的「仁」學 ……………… 110
　第三節　由「愛」至「體」：論張載的「仁」學 ……………… 118
　　一、以「愛」釋「仁」的內涵 ………………………………… 120
　　二、「天地之心」爲「仁」論 ………………………………… 122
　　三、「虛者，仁之原」…………………………………………… 127

第四節　性理之「仁」的初步建構：論二程「仁」學……………………130

一、從「仁愛」之辨到「定性」……………………………………131

二、從「一本」到「識仁」…………………………………………142

小結……………………………………………………………………159

結　語………………………………………………………………………163

參考文獻……………………………………………………………………169

第十一冊　北宋四子的「誠」論

作者簡介

李旭然，男，出生於 1982 年 7 月，貴州貴陽人，2014 年畢業於西北大學中國思想文化研究所，獲專門史（中國思想史）專業博士學位，主要研究方向爲宋明理學史，現爲洛陽師範學院馬列主義理論教研部講師。

提　要

「誠」是中國思想史的重要範疇之一，被認爲是最難理解的概念。「誠」字最早出現在古代文獻中，在先秦時期被思想家們廣泛討論。隨著討論的不斷深入，「誠」的意義也逐漸以人爲中心而不斷發展。宋明理學是哲學化的儒學，「性與天道」是理學討論的核心問題。周敦頤、張載和二程，作爲宋明理學的奠基人，從儒學的傳統中尋找資源，他們高度重視《大學》與《中庸》中的「誠」，以「誠」爲中心，對世界的構成與發展、倫理道德的培育、封建國家學說等問題進行了系統的討論，在理論上進行了創新，形成了關於「誠」的理論，簡稱爲「誠」論。

周敦頤、張載和二程以「誠」作爲中心，圍繞著「誠」進行的一系列的論述，「誠」就成爲周敦頤、張載和二程的理論基石。通過對周敦頤、張載和二程的「誠」論進行研究，釐清四子作爲理學奠基者的思想線索，對於宋明理學的產生與發展等問題的研究，具有非常重要的意義。從中國思想史的發展來看，體現了融彙諸家學說而貫通爲獨特的思想系統的發展脈絡。

目　次

緒　論………………………………………………………………………1

第一章　理學產生以前的誠論……………………………………………13

第一節 先秦時期的誠論 ……………………………………………… 13

1. 前諸子時代的誠論 ……………………………………………… 13

2. 諸子的誠論 ……………………………………………………… 17

第二節 《大學》與《中庸》的誠論 …………………………………… 23

1. 道與誠 …………………………………………………………… 25

2. 由內聖開外王 …………………………………………………… 31

3. 神秘主義問題 …………………………………………………… 36

第三節 漢宋之間的誠論 ……………………………………………… 38

1. 董仲舒對誠的「深察」 ………………………………………… 38

2. 經學家的解釋 …………………………………………………… 41

3. 理學的前奏 ……………………………………………………… 43

小結 ……………………………………………………………………… 47

第二章 周敦頤的誠論 …………………………………………………… 49

第一節 本體論 ………………………………………………………… 49

1. 無極與太極 ……………………………………………………… 50

2.《易》與誠 ………………………………………………………… 53

第二節 心性論 ………………………………………………………… 55

1. 性的善惡與人極 ………………………………………………… 56

2. 立人極而為聖人 ………………………………………………… 58

3. 誠與復性 ………………………………………………………… 64

第三節 境界論 ………………………………………………………… 67

1. 動靜相即 ………………………………………………………… 67

2. 由動入靜與由靜入動 …………………………………………… 71

第四節 政教論 ………………………………………………………… 75

1. 人極與人倫 ……………………………………………………… 75

2. 政治上的實現 …………………………………………………… 78

3. 以誠為依據的刑罰觀 …………………………………………… 83

小結 ……………………………………………………………………… 89

第三章 張載的誠論 ……………………………………………………… 91

第一節 本體論 ………………………………………………………… 91

1. 太虛與誠 ………………………………………………………… 92

2. 批判佛老之虛妄 ………………………………………… 95

第二節　心性論 …………………………………………… 100

　1. 心性的來源 …………………………………………… 100

　2. 盡心而盡性 …………………………………………… 104

　3. 與天合德 ……………………………………………… 107

第三節　境界論 …………………………………………… 113

　1. 體物不遺 ……………………………………………… 113

　2. 誠知與神化 …………………………………………… 116

第四節　政教論 …………………………………………… 120

　1. 禮的來源 ……………………………………………… 121

　2. 自立於禮 ……………………………………………… 127

　3. 禮的統一性 …………………………………………… 131

小結 ………………………………………………………… 141

第四章　二程的誠論 ……………………………………… 143

第一節　本體論 …………………………………………… 143

　1. 理與誠 ………………………………………………… 143

　2. 誠論的展開 …………………………………………… 148

第二節　心性論 …………………………………………… 151

　1. 性命之源 ……………………………………………… 152

　2. 誠而不動心 …………………………………………… 159

　3. 敬的工夫 ……………………………………………… 164

第三節　境界論 …………………………………………… 172

　1. 與物同體之仁 ………………………………………… 173

　2. 格物而誠 ……………………………………………… 179

第四節　政教論 …………………………………………… 184

　1. 復堯舜之治 …………………………………………… 184

　2. 格君心之非 …………………………………………… 186

　3. 以誠治天下 …………………………………………… 194

小結 ………………………………………………………… 197

第五章　餘　論 …………………………………………… 199

第一節　四子誠論的特點 ………………………………… 199

第二節　四子之後的誠論 …………………………………………… 203

　　1. 理學派的誠論 …………………………………………………… 203

　　2. 心學派的誠論 …………………………………………………… 206

　小結 …………………………………………………………………… 211

參考文獻 ………………………………………………………………… 215

第十二冊　王安石政治哲學研究

作者簡介

　　畢明良，男，漢族，1976 年 1 月生，江西省彭澤縣人，哲學博士，副教授，中國哲學專業碩士研究生導師，先後求學於蘭州大學哲學系與陝西師範大學哲學系，師從王曉興、林樂昌兩位先生學習中國哲學，2012 年 6 月博士畢業於陝西師範大學，現任職於西藏民族大學哲學教研室，主要從事中國古代哲學、政治哲學、倫理學研究工作。

提　要

　　北宋儒學復興運動以重建秩序目標和內在動力，無論是古文的倡導者，還是義理之學的倡導者，都意在重建儒家理想的「三代」社會秩序。

　　王安石的「三代」理想是重建儒家理想的倫理道德社會。概括來說，王安石心中的「三代」社會有兩個主要特徵：其一，它是一個以德性基礎的等級制社會，從這一點來看，王安石具有強烈的精英政治傾向；其二，它是一個道德理想國，從這一點來看，王安石是一個道德理想主義者。

　　王安石的「成性」論不僅是一種道德修養工夫論，而且體現了一種政治理想和國家觀。在王安石看來，天賦的人性有善有惡，並不完善、完美，君主、政府和國家的作用和職責在於「輔相天地以理萬物」，即通過禮樂教化使人民「得性」、「成性」。

　　王安石變法的目標不在於致富強，而在於實現儒家「三代」理想，其所擇之術是「儒術」，其變法也是在儒家思想指導下的變法。王安石所言「立法度」，是指重建包括教育制度在內的各項「三代」制度，其「法度」絕非刑法、刑律、刑名之意。王安石理財的目的在於首先解決民生問題，進而實現「王道」，即「三代」理想。從王安石思想中天與皇權之關係的角度看，王安石不太可能向宋神宗進「天變不足畏」之言，也沒有所謂的「天變不足畏」之精神。

目 次

引 言 ……………………………………………………………… 1
第一章　王安石的「三代」理想 ………………………………… 15
　第一節　北宋中期「迴向三代」思潮 ………………………… 15
　　一、北宋儒學復興運動與「迴向三代」思潮 ……………… 15
　　二、北宋古文運動與「迴向三代」思潮 …………………… 19
　　三、北宋義理之學與「迴向三代」思潮 …………………… 28
　第二節　聖人「行命」——王安石的精英政治理想 ………… 35
　　一、聖人「行命」與理想秩序 ……………………………… 35
　　二、陶冶而成之——精英階層的培養 ……………………… 39
　第三節　「三代」道德理想國——王安石的道德理想主義 … 48
　　一、富之、善之 ……………………………………………… 49
　　二、正風俗 …………………………………………………… 55
第二章　王安石的人性論與其「三代」理想 …………………… 59
　第一節　王安石人性論之演進 ………………………………… 59
　　一、演進的內在動力 ………………………………………… 60
　　二、演進的第一階段——性歸於善而已矣 ………………… 61
　　三、演進的第二階段——性可以為惡 ……………………… 64
　　四、演進的第三階段——性有善有惡 ……………………… 65
　　五、演進的第四階段——性不可以善惡言 ………………… 67
　第二節　「成性」與「三代」理想 …………………………… 70
　　一、董仲舒的成性論 ………………………………………… 71
　　二、王安石的「成性」論 …………………………………… 74
第三章　王安石變法的指導思想 ………………………………… 83
　第一節　擇術為始、講學為先 ………………………………… 86
　第二節　變風俗 ………………………………………………… 92
　第三節　立法度 ………………………………………………… 100
　第四節　理財為先急 …………………………………………… 107
　第五節　強兵 …………………………………………………… 117
　第六節　餘論：儒法之異 ……………………………………… 125
　　一、商鞅學說的出發點和歸宿 ……………………………… 126

二、韓非學說的出發點和歸宿 …………………………………131

三、孔孟政治學說的出發點和歸宿 ……………………………135

第四章　王安石義利王霸之辨 …………………………………139

第一節　儒家義利之辨 ……………………………………………142

第二節　王安石的義利之辨 ………………………………………150

第三節　王安石的王霸之辨 ………………………………………160

一、孟子、程、朱王霸之辨 ……………………………………161

二、王安石王霸之辨與孟子、程、朱之同 ……………………164

三、王安石王霸之辨與孟子、程、朱之異 ……………………165

第四節　餘論 ………………………………………………………169

第五章　王安石的君權思想 ……………………………………173

第一節　天與君權 …………………………………………………174

一、關於「三不足」口號問題 …………………………………174

二、「天變不足畏」之政治意涵 ………………………………176

三、董仲舒的災異譴告說 ………………………………………177

四、關於「天變」之所指 ………………………………………180

五、君權與「天變不足畏」 ……………………………………182

第二節　關於「每贊上以獨斷」 …………………………………190

第三節　君臣權職 …………………………………………………194

一、同治天下 ……………………………………………………194

二、君臣分職與君主無為 ………………………………………197

三、君臣關係 ……………………………………………………200

第六章　新學與關學、洛學「三代」理想比較 ………………203

第一節　張載關學的「三代」理想 ………………………………204

一、知天與民胞物與的「大同」理想 …………………………205

二、成性與成不獨成 ……………………………………………209

三、「三代」理想與成性 ………………………………………211

四、張載的經世之志與關學 ……………………………………212

第二節　二程洛學的「三代」理想 ………………………………214

一、王霸之辨與「三代」理想 …………………………………214

二、「大同」理想的理論基礎及實現途徑 ……………………218

　　三、二程的經世之志與洛學 ………………………………… 220

　第三節　新學與理學「三代」理想之異同 …………………… 221

結　論 ……………………………………………………………… 225

參考文獻 …………………………………………………………… 227

致　謝 ……………………………………………………………… 233

第十三冊　論朱熹鬼神觀之哲學與宗教向度

作者簡介

　　郭芳如。學歷：臺灣大學哲學所博士。臺灣大學哲學所碩士。東吳大學哲學系／中文系雙學士。現職：中原大學通識教育中心兼任助理教授。德霖技術學院通識教育中心兼任助理教授。

提　要

　　本書之研究目的在於釐清朱熹對於鬼神的看法，以及化解朱熹思想中，由「鬼神」而引發之哲學與宗教不一致問題。

　　經由思想史的角度，朱熹對於鬼神的看法，引發朱熹思想上無法自圓其說的質疑，甚至產生哲學與宗教向度間不一致的關係。故本書參考傅科《知識考古學》所提供的考古學方法，由思想斷裂處進行研究，以發掘當中得以整合的關鍵，建構朱熹思想中理氣論與宗教關係的一致性。

　　本書的研究方法為著作研究法，以朱熹注疏考異之著作中《詩集傳》、《周易本義》、《周易參同契考異》、《楚辭集注》和《儀禮經傳通解》等五本著作為主要研究對象，分別探究當中的鬼神觀，發現朱熹論鬼神蘊含政治性與儒學教化的目的，一方面使用宗教，作為理氣哲學實踐的媒介，運用祭祀的儀式與鬼神的信仰，推行儒學義理教化與政治策略，另一方面以理氣作為鬼神存在的根據，使得卜筮與所有合理的宗教活動都具有正當性，某些合理的神話傳說和民俗義的鬼神，也得適存。因此，朱熹所論理氣哲學與鬼神之宗教向度，並非不一致的關係，而是緊密相連的關係。

　　本書論證朱熹論鬼神，並無違背理氣論，而為理氣論的延伸，倘若我們將哲學義理，視為朱熹「理」概念的延伸，鬼神宗教這些朱熹以哲學義理去加以規範的議題，則為「氣」概念的延伸，那麼由朱熹鬼神觀來看，朱熹的哲學與宗教思想就是一個「理在氣中」，理氣不離不雜的關係。

目 次

第一章 緒 論 ………………………………………………………………… 1

第二章 天神——以《詩集傳》為中心 …………………………………… 21

第一節 規範性意義天人關係中的天 …………………………… 21

第二節 祭祀性意義天人關係中的天 …………………………… 34

第三節 宗教性意義天人關係中的天 …………………………… 46

第四節 《詩集傳》天神觀總結 ………………………………… 52

第三章 卜筮——以《周易本義》為中心 ……………………………… 55

第一節 詮釋主軸在卜筮 ………………………………………… 55

第二節 問卜對象的鬼神存在問題 ……………………………… 66

第三節 理神論傾向的質疑 ……………………………………… 77

第四節 卜筮的人文化轉向 ……………………………………… 81

第五節 《周易本義》卜筮觀總結 ……………………………… 90

第四章 道教神仙術——以《周易參同契考異》為中心 ……………… 91

第一節 由內外丹學到涵養本原工夫 …………………………… 94

第二節 以京房易與邵雍先天易學為詮釋基調 ………………… 102

第三節 以精氣之修養觀點替代煉丹求仙 ……………………… 111

第四節 《周易參同契考異》道教神仙觀總結 ………………… 121

第五章 神話傳說與民俗義鬼神——以《楚辭集注》為中心 ………… 123

第一節 民俗義鬼神原貌之恢復 ………………………………… 124

第二節 神話傳說與民俗義鬼神問題的理氣論回應 …………… 130

第三節 魂魄與神仙修煉 ………………………………………… 139

第四節 《楚辭集注》神話傳說與民俗義鬼神觀總結 ………… 152

第六章 祭祀——以《儀禮經傳通解》為中心 ………………………… 153

第一節 祭祀與秩序建立 ………………………………………… 154

第二節 祭祀與德行教化 ………………………………………… 165

第三節 以禮化氣 ………………………………………………… 168

第四節 《儀禮經傳通解》祭祀觀總結 ………………………… 176

第七章 結 論 ……………………………………………………………… 177

第一節 對朱熹論鬼神質疑的回應 ……………………………… 177

第二節 理氣論與宗教向度的關係 ……………………………… 182

第十四冊　湛若水工夫論之研究

作者簡介

　　黃泊凱，1979 年 8 月出生於台灣省台北市，從小對於中國哲學有濃厚的興趣，於碩士就讀期間，便以三教會通爲研究方向，師承楊祖漢教授，論文爲《良知統三教的研究》，於 2010 年 10 月獲得台灣哲學學會碩士論文佳作獎，排名全國第三名，之後進入國立台灣大學哲學研究所東方組博士班就讀，研究方向便轉爲以湛甘泉爲主，進行對於陽明哲學思想的反思，研究論文爲《湛若水工夫論之研究》。

　　於 2012 年 6 月，取得國立台灣大學哲學博士學位，之後擔任國立台北科技大學、黎明技術學院、中國科技大學通識教育中心擔任生命探索與自我認同課程助理教授，專長主要爲中國哲學的現代詮釋與應用，學術研究主要範圍爲明代儒學與三教會通，同時於易經方面的象數與實占運用亦有深入研究。

　　最近研究方向爲劉伯溫《黃金策》中五行易思想的運用，即俗稱的文王卦，目前從事於易經教學工作，於 2012 年到 2015 年間，受邀擔任多所社區大學易經哲學與人生課程講師，目前正試圖將傳統的卜筮之道與五行易結合，給予理論化與現代詮釋，以賦予中國傳統的易學全新的面貌！

提　要

　　湛若水（1466～1560），字元明，號甘泉，廣東增城人，生於明憲宗成化元年，從學於明儒心學大成者陳白沙，於明孝宗弘治帝乙丑年間進士及第，於明世宗嘉靖皇帝年間擔任南京兵部、禮部、吏部三部尙書之職位，於儒學上的傳承而言，亦是陳白沙心學之大成就者，其本體工夫是以「勿忘勿助」爲主要修行的方式，其教法以「隨處體認天理」爲宗，並以此進行本體工夫之實踐，以「天理」爲其最高本體概念之設定，認爲天理本身是通天人而不二的究竟法，其本質爲「中正之氣」，其核心意義爲「仁」，就其無所安排處稱之爲「良」，就其不由於人之處稱之爲「天」，而能知之爲「良」者，便是所謂天理的本體。

　　故在此設定下，便以天理爲最高概念而能統攝「良知」與「良能」，而良能本身則是以「神」的概念形容，以代表本體自我要求道德實踐的力量，其本質爲中正之氣，故在此概念的運設定下，便認爲心之生理便是「性」，當觸物而發時便可以稱爲「情」，當發而中正之時，便是「眞情」，所以不論是「天」

或「人」之中，皆有那本具的中正之氣的存在。所以「天理」與「中正之氣」的運作範圍，便因此皆可以說是遍一切處而無限的運作，此爲湛若水對於本體運作範圍之設定，也因此而反對王陽明及其後學氣外求性的態度，故其本體概念的運作上，便針對此點，批評王陽明及其後學有流於佛老之風險，但是同時也就王陽明心學之中對於「仁體」的體證進行對於湛王二家共法上的理解與融會，也因此而產生了於王陽明之間的工夫辨義問題，其本體工夫之爭議處可以分爲三大類之爭論，即本體的自覺義、習心之對治義與境界上之自由義的討論。

以湛若水的觀點來看，其本體通工夫的運作歷程，可以分爲「學」與「覺」兩大類之系統的運作，從對於習心的對治進路來看，便是從有限的智境入手，以進行對於及欲念的初步收攝，以古訓做爲修行的參考典範，進行對於「習心」之對治，以成就其對治義，也就是「學」的工夫之成就，同時亦利用靜坐的方式，使內在本具的心之生理得以顯現其自身的力量，以完成對於本心之自覺義之修行，而成就「覺」之工夫。

就分解的角度而言，若在實修上偏於「學」，則會執著於經論之中而有偏於「外」之風險產生，故需以「勿助」法進行境界上的提昇，以化解對於有限智境之執著，而過份注重靜坐而徒守其心的方式則有偏於「內」之缺點，故以「勿忘」法之指點，使其免於理欲不分而忘失本體之情況產生，故在湛若水的本體工夫便以「勿忘勿助法」爲其求中之門，以通達內外而合一，而進入遠離利害與欲望等經驗與他律的境界，此時便可成就其本體工夫中「自由義」。

而圓具自覺義、自由義與對治義於一身的工夫，也就是湛若水所言的「隨處體認天理」之工夫，此爲湛若水本體工夫之心要，其教法雖然高明，但是卻因爲其重視學問之功的一面，而被王陽明認爲有偏於外之風險，而王陽明常就本體工夫自覺義與自由義之一處發揮，而被湛甘泉批評其教法容易使其後學有輕視學問之功而流於放縱之風險，故湛若水與王陽明便因此而引發工夫的辨義問題，而針對此類疑慮之分析，便成爲了本文討論之焦點，而筆者亦在試圖從湛若水的觀點出發，進行對於相關問題之回應。

目　次

第一章　導　論 ………………………………………………………………… 1

第二章　湛若水對於天理與心之概念的使用及界定⋯⋯⋯⋯⋯27

　第一節　湛若水對於天理的說明⋯⋯⋯⋯⋯28

　第二節　湛若水對於心之界定⋯⋯⋯⋯⋯30

　　一、湛若水對於心的理解⋯⋯⋯⋯⋯30

　　二、從心之生理而開展之本體工夫⋯⋯⋯⋯⋯34

　第三節　結論⋯⋯⋯⋯⋯40

第三章　湛若水從學與覺所談之工夫⋯⋯⋯⋯⋯43

　第一節　從學入覺之工夫歷程⋯⋯⋯⋯⋯44

　　一、從古訓之要求而成就習心對治義⋯⋯⋯⋯⋯44

　　二、從讀書之道而成就此心之自覺義⋯⋯⋯⋯⋯48

　　三、湛若水對於真我之體證歷程⋯⋯⋯⋯⋯51

　第二節　湛若水對學與覺的說明⋯⋯⋯⋯⋯59

　　一、湛若水本體工夫中的真與妄之見地⋯⋯⋯⋯⋯59

　　二、勿忘勿助法與「存真」及「破妄」的關係⋯⋯⋯⋯⋯64

　　三、圓具自覺義、自由義、與對治義於一身的真心⋯⋯⋯⋯⋯69

　　四、湛若水在實修上的指點⋯⋯⋯⋯⋯81

　第三節　錢穆對於湛若水學與覺的質疑⋯⋯⋯⋯⋯95

　　一、錢穆的質疑⋯⋯⋯⋯⋯95

　　二、湛若水對相關疑慮之回應⋯⋯⋯⋯⋯95

　　三、湛若水基於本體自覺義、自由義以及習心的對治義而產生的

　　　　工夫⋯⋯⋯⋯⋯98

　第四節　結論⋯⋯⋯⋯⋯104

第四章　湛若水與王陽明及其後學之工夫辨義⋯⋯⋯⋯⋯109

　第一節　湛若水與王陽明對於本體工夫的內外之爭⋯⋯⋯⋯⋯110

　　一、從學問之功引發的爭議⋯⋯⋯⋯⋯110

　　二、湛若水與王陽明在本體工夫的分別在於見地⋯⋯⋯⋯⋯120

　第二節　陽明後學對於湛若水本體工夫之詮釋⋯⋯⋯⋯⋯126

　　一、錢緒山對於湛若水工夫的解釋⋯⋯⋯⋯⋯128

　　二、聶雙江對於甘泉工夫之意見⋯⋯⋯⋯⋯131

　第三節　湛若水對於湛王二家教法的反思及共法上的融攝⋯⋯⋯⋯⋯132

　　一、湛王二家在本體工夫上之共法⋯⋯⋯⋯⋯133

二、湛王二家工夫運作上的不同處……………………………………134

三、湛若水對於天理與良知之理解……………………………………135

四、對於勿忘勿助法的強調……………………………………………138

五、對於王陽明批評之回應以及教法上之融攝………………………139

六、湛若水所堅持之工夫論之進路……………………………………145

第四節　湛若水與陽明後學於實修歷程上之交流……………………………156

一、湛若水與鄒守益之工夫得力處：敬……………………………156

二、湛若水與聶雙江對於寂體之體證…………………………………159

三、融攝湛王二家教法精華於一身的行者：錢緒山…………………163

四、對於勿忘勿助法的全面回顧………………………………………169

五、天理與良知學在實修中所會產生十八種本體工夫進路…………175

第五節　結論………………………………………………………………………194

第五章　結　論………………………………………………………………………197

一、湛若水本體工夫實修心要…………………………………………197

二、論文總結及各章回顧………………………………………………199

第十五冊　藥病爲喻的精神史──以錢謙益爲中心的考察

作者簡介

陳孟君，1976 年 10 月 19 日生，台灣台中市人，中央大學中國文學博士，復旦高中教師。就讀博士班時期在大學擔任兼任講師工作，曾任職於中央大學、暨南大學、銘傳大學等。也曾在逢甲大學華語文中心擔任華語教師。博士班五年級時，發現教學和學術之間，比較喜愛教學，因此，我決定將碩士時期未修畢的教育學程修畢，並投入中等教育。我喜歡旅行，也喜歡說故事給學生聽，成爲一位中學老師對我而言眞的是一件很幸福的事。

提　要

本論文以「藥」、「病」之喻爲問題意識，解釋從王陽明以降至明末清初集學問之大成者──錢謙益之間的「藥」、「病」之喻的傳承與新變，盼能提供一些新觀點來詮釋明清之際的學術議題。泰州學派、禪宗常爲東林學派眼中疾病叢生之社會亂源，然東林學派、泰州學派都常以藥、病爲喻，展露其

醫國之志，其中的藥、病之喻涉及權力的建構與解構，東林學派與泰州學派精神中的暗合之處，亦爲筆者欲討論的問題。

傳統儒、釋、道三家皆有以藥、病爲喻，闡述論點之淵源，明中葉以後三教間既融合又競爭，學者如何以藥、病爲喻，詮釋自家學說觀點，亦爲筆者研究的重點。

錢謙益在詩作、文學理論、雜著中常以藥病爲喻闡釋學問，其範圍包含：理學、政治、經典、文學、佛學、史學等領域，錢謙益欲震聾發聵的積極經世願望，從其「醫國手」之喻可見出。

目　次

第一章　前　言 ………………………………………………………… 1
　一、研究動機、目的 ………………………………………………… 1
　二、文獻回顧、章節安排、研究範圍 …………………………………… 6
　三、研究方法 ………………………………………………………… 13
　　（一）疾病的隱喻 …………………………………………………… 13
　　（二）儒家思想中的藥喻 …………………………………………… 16
　　（三）諸子思想中的藥喻 …………………………………………… 18
　　（四）道家思想中的藥喻 …………………………………………… 19
　　（五）佛家思想中的藥喻 …………………………………………… 21
第二章　從王陽明到錢謙益思想上的藥、病論述 …………………… 25
　一、王陽明的藥病論述 ……………………………………………… 25
　　（一）王陽明以「知行合一」爲藥 ………………………………… 25
　　（二）人病須「因病給藥」，「因藥而病」的法病亦須對治 ……… 26
　二、王龍溪的藥病論述——善識人病猶秦越人 …………………… 28
　三、泰州學派的藥喻 ………………………………………………… 31
　四、李卓吾的藥病論述 ……………………………………………… 35
　　（一）李卓吾論學者痼疾 …………………………………………… 35
　　（二）心滅罪亡病亦瘳——李卓吾佛學的藥 …………………… 40
　五、錢謙益爲佛門開出的藥方 ……………………………………… 44
　　（一）繼承萬曆三大師之志 ………………………………………… 44
　　（二）攻台教以治狂禪 ……………………………………………… 50

第三章　湯顯祖、錢謙益文學上的藥病之喻……………………………53
　　一、前後七子到錢謙益………………………………………………53
　　二、湯顯祖以至情為藥——論《牡丹亭》中的藥喻………………62
　　　　（一）春天的牡丹亭……………………………………………63
　　　　（二）夢與「醃贊登」…………………………………………65
　　三、湯顯祖與晚明文化的醫病隱喻…………………………………68
　　四、從錢謙益編纂《列朝詩集》談起………………………………71
　　五、高文大冊之外——《列朝詩集》〈香奩〉集之編選視域……77
　　　　（一）高文大冊之外……………………………………………77
　　　　（二）在女性身上尋找男性失落的氣質………………………78
　　　　（三）以詩存人…………………………………………………80
　　　　　　　1、不忍淹沒女性身影…………………………………80
　　　　　　　2、被吞噬的「好人」——早夭的才女………………83
　　　　（四）婦德與情觀………………………………………………84
　　　　（五）針砭男性喪志病之藥——女性出了閫域………………88
第四章　錢謙益的藥病隱喻——「醫國手」形象的建立………………91
　　一、東林學派的藥喻…………………………………………………91
　　二、文學可以救世……………………………………………………97
　　三、錢謙益醫國手形象的建立………………………………………104
第五章　結　論……………………………………………………………117
　　一、結論………………………………………………………………117
　　二、餘論——毒的世界觀……………………………………………119
參考文獻……………………………………………………………………125

第十六冊　和而不同——黃宗羲的門戶關懷與《明儒學案》的編纂

作者簡介

　　白潔尹，新加坡國立大學中文系碩士，現從事教育工作。論文〈化零為整，化整為零——陳淳《北溪字義》與《北溪大全集》中對「心」的詮釋結構〉刊於高雄師範大學經學研究所之《經學研究集刊》第十四輯。

提　要

　　《四庫》館臣及以往學者對黃宗羲（1610～1695）《明儒學案》持有「爭門戶」的總體印象，但鮮有研究明確指出《學案》回護陸、王心學的具體方法。本書以蔡清（1453～1508）和陳獻章（1428～1500）兩人的學案爲研究個案，校勘個案裡的部分原文，並究覽明儒原著的內容及參照其他相關個案，以剖析黃宗羲爲《學案》甄選和裁剪史料時的思想傾向，從而說明他如何體現極爲曲折與複雜的門戶關懷。要之，黃宗羲提倡的並非「爾是我非」的門戶相軋之見，而是欲編纂《學案》，爲當時的學術界創造一個「和而不同」的和諧氛圍，由此建立一個「門戶並存」的局面，既不排斥程、朱學脈，同時也承認陸、王爲儒學眞傳。學者明乎《學案》的諸多編纂規律，則在究鏡明儒之學宗等問題時，便自有商榷餘地，而不必盡以《學案》之說爲是。

目　次

第一章　緒　論 …………………………………………………………… 1
第二章　蔡清在《明儒學案》中的知人疑雲 …………………………… 19
　第一節　〈蔡清學案〉中評述的疑議 ………………………………… 20
　第二節　〈蔡清學案〉中節文的問題 ………………………………… 26
　第三節　蔡清對陳獻章之誤解？ …………………………………… 31
　第四節　蔡清與陳獻章學說之會通 ………………………………… 34
　第五節　從〈蔡清學案〉中看《明儒學案》對史料的剪裁 ………… 39
第三章　陳獻章在《明儒學案》中的學宗問題 ………………………… 69
　第一節　陳獻章的學宗問題 ………………………………………… 71
　第二節　〈白沙學案〉中看《明儒學案》對史料的選置 …………… 83
第四章　餘　論 …………………………………………………………… 127
參考書目 …………………………………………………………………… 137

第十七、十八冊　王夫之氣論思想研究

作者簡介

　　陳名美吟，臺灣省嘉義縣人，出生於雲林純樸小鄉村。興趣使然，因而選擇中國思想相關領域之內容爲研究範疇，2014 年 6 月取得中國文學博士學位，希冀藉由此論文之出版，能裨益於學界。

提　要

　　王夫之氣論思想承襲張載「太虛之氣」爲本體，「太虛之氣」雖名爲「虛」，實則爲「虛」中含實之「氣」。太虛之氣又稱作「太和之氣」乃因氣本體中有「乾坤並建」、「兩端一致」陰陽二氣之關係，故二元卻又統一之陰陽二氣，不相離而互相感應，並以螺旋式運行不已。此陰陽二氣渾合無間且理氣充凝，王夫之讚揚其極至而無以加，故又可稱爲「太極」。太虛之氣中有陽氣健動之理、陰氣順靜之理能制約事物的運動、變化和發展過程。太虛之氣中更有生生作用之神，因清而無形，可變化無端地凝聚於陰陽比例固定之形質中，又可不滯於形氣之礙，虛靈不斷轉化入於他物。王夫之的道爲氣化創生萬物的必經之路，故又可稱爲萬物之通理。當人創生後，其身之形質由氣所構成，而理不離氣，故身中亦有氣之理，此稱爲人之性。此外，人身具有太和之氣陰陽相生之神爲人之心。然而氣化流行日新月異，人應學思並進繼天之善；至於氣質之清濁有異，則可藉由天命不息，習與性成。由於氣化不齊之命，使人後天有得喪、窮通之別，但吉凶毀咎則非天數之本然，而是出於人之情的攻取愛惡，因此人應秉天理之德的仁義禮智之性，努力進德修業。

目　次

上　冊

第一章　緒　論 ·························· 1
第二章　王夫之時代背景與生平 ·········· 13
　　第一節　明清之際的學術風氣 ········ 13
　　第二節　王夫之生平與學思歷程 ······ 23
第三章　太虛之氣 ···················· 41
　　第一節　虛氣相涵之實有本體 ········ 41
　　第二節　太虛之神生萬變形質而不窮 ·· 50
　　第三節　太虛之氣聚散無始終 ········ 54
　　第四節　太虛之氣充周無間隙 ········ 60
第四章　太和之氣 ···················· 65
　　第一節　陰陽和合之體 ·············· 65
　　第二節　太虛之和氣必動之幾 ········ 74
　　第三節　萬象萬物必兼有陰陽 ········ 79

第四節　太和之氣貫通形器先後 ⋯⋯⋯⋯⋯⋯⋯⋯⋯⋯ 85

第五章　太極 ⋯⋯⋯⋯⋯⋯⋯⋯⋯⋯⋯⋯⋯⋯⋯⋯⋯⋯ 91

　第一節　乾坤合撰之極至 ⋯⋯⋯⋯⋯⋯⋯⋯⋯⋯⋯⋯ 91

　第二節　天地人物之通理 ⋯⋯⋯⋯⋯⋯⋯⋯⋯⋯⋯ 102

　第三節　物物有一陰陽太極 ⋯⋯⋯⋯⋯⋯⋯⋯⋯⋯ 105

　第四節　體靜用動，動靜無端 ⋯⋯⋯⋯⋯⋯⋯⋯⋯ 110

第六章　氣化健順之理 ⋯⋯⋯⋯⋯⋯⋯⋯⋯⋯⋯⋯⋯ 121

　第一節　氣外無理 ⋯⋯⋯⋯⋯⋯⋯⋯⋯⋯⋯⋯⋯⋯ 121

　第二節　理乃氣化之序 ⋯⋯⋯⋯⋯⋯⋯⋯⋯⋯⋯⋯ 124

　第三節　理善則氣無不善 ⋯⋯⋯⋯⋯⋯⋯⋯⋯⋯⋯ 131

　第四節　氣散理返於太虛 ⋯⋯⋯⋯⋯⋯⋯⋯⋯⋯⋯ 136

第七章　氣化清通之神 ⋯⋯⋯⋯⋯⋯⋯⋯⋯⋯⋯⋯⋯ 143

　第一節　在天和氣中函神妙 ⋯⋯⋯⋯⋯⋯⋯⋯⋯⋯ 143

　第二節　形氣散歸於神化 ⋯⋯⋯⋯⋯⋯⋯⋯⋯⋯⋯ 147

　第三節　善生則善死 ⋯⋯⋯⋯⋯⋯⋯⋯⋯⋯⋯⋯⋯ 154

第八章　道為神所顯之迹 ⋯⋯⋯⋯⋯⋯⋯⋯⋯⋯⋯⋯ 159

　第一節　誠為天之道 ⋯⋯⋯⋯⋯⋯⋯⋯⋯⋯⋯⋯⋯ 160

　第二節　經常不易之道 ⋯⋯⋯⋯⋯⋯⋯⋯⋯⋯⋯⋯ 169

　第三節　萬變而不易其常 ⋯⋯⋯⋯⋯⋯⋯⋯⋯⋯⋯ 176

第九章　神之理凝於人為性 ⋯⋯⋯⋯⋯⋯⋯⋯⋯⋯⋯ 187

　第一節　性者天人授受之總名 ⋯⋯⋯⋯⋯⋯⋯⋯⋯ 187

　第二節　性為生之理 ⋯⋯⋯⋯⋯⋯⋯⋯⋯⋯⋯⋯⋯ 195

　第三節　性無不善而才非有罪 ⋯⋯⋯⋯⋯⋯⋯⋯⋯ 208

下　冊

第十章　心乃太和之神 ⋯⋯⋯⋯⋯⋯⋯⋯⋯⋯⋯⋯⋯ 223

　第一節　心思即神之動幾 ⋯⋯⋯⋯⋯⋯⋯⋯⋯⋯⋯ 223

　第二節　魂魄主持形質 ⋯⋯⋯⋯⋯⋯⋯⋯⋯⋯⋯⋯ 235

　第三節　心統性情 ⋯⋯⋯⋯⋯⋯⋯⋯⋯⋯⋯⋯⋯⋯ 246

第十一章　格致相因 ⋯⋯⋯⋯⋯⋯⋯⋯⋯⋯⋯⋯⋯⋯ 275

　第一節　形神物相遇，知覺乃發 ⋯⋯⋯⋯⋯⋯⋯⋯ 276

　第二節　真知不因見聞而發 ⋯⋯⋯⋯⋯⋯⋯⋯⋯⋯ 298

第三節 學思並進 …………………………………………………… 317

第四節 習與性成 …………………………………………………… 341

第十二章 德業一致 ………………………………………………… 375

第一節 存養與省察，先後互用 ………………………………… 375

第二節 集義成浩然之氣 ………………………………………… 396

第三節 性日生日成，全生而全歸 …………………………… 427

第四節 君子不以清濁厚薄爲性 ……………………………… 445

第十三章 結 論 …………………………………………………… 463

第一節 王夫之氣論思想之總論 ……………………………… 463

第二節 王夫之氣論思想之學術地位與價值 ……………… 468

徵引書目 ……………………………………………………………… 479

第十九冊 自然與必然──戴震思想研究

作者簡介

龍鑫，1983 年生於湖南漢壽，北京大學哲學博士，主要研究領域爲明清學術思想，參與北京大學《儒藏》編審工作，著有《通經以明道如何可能》、《戴震思想分期說評議》、《〈法象論〉發微》、《自然與必然──戴震的人性論》等論文若干。

提 要

既往漢語學界對戴震思想的研究主要遵循兩條線索：按照理學的線索，將其理解爲從理學脫胎而來的反理學者；依照啓蒙主義的線索，將其視爲科學方法的先驅或「情慾主義」者。然而，戴氏不合時趨的治學方法和極具個人色彩的學術語言難以在這些標籤式的「主義」下得到解釋，更爲穩妥的理解方式是循著文本發生的歷程回到「問題」本身。

明末清初思想界致力於在經典研究中重塑時代價值，戴震「通經以明道」的治學路徑正是對此趨向的響應，其實質是貫通考據和義理，在經典所承載的經驗世界中探求普遍價值。這一治學路徑與他在「情慾」等人性的自然事實中探求普遍德性的努力具有方向上的一致性。

戴震早年的五部短篇作品呈現出其思想發展的趨勢，其中關於理氣關係、理欲關係、善惡來源的思考逐步收斂爲關於「自然」與「必然」的表述。

對二者關係的論述在《孟子字義疏證》等著作中得到充分展開，並構成其思想體系的主題。

本文試圖表明：（一）戴震關於「自然」與「必然」一致性的思考統合了其「通經以明道」的學問方法及他對理氣關係、理欲關係的思考，「歸於必然適完其自然」這一命題應被視爲其思想主題；（二）戴氏人性論因凸顯「情」、「欲」等自然人性而有別於宋明理學傳統；同時又因其堅持道德規範的嚴格性，而仍歸屬儒學範疇，不能簡單斥其爲「情慾主義」。（三）戴震對「自然」、「必然」的闡發，以及他在批評程朱理學基礎上重構儒學的努力，爲我們重審理氣關係、理欲關係，進而探究性與天道等儒學基本問題提供了新的視角。

目　次

第一章　形象重省：既有視角與新的可能 …………………………………… 1
　一、問題 ……………………………………………………………………… 1
　二、視角與形象 ……………………………………………………………… 3
　　（一）「理學」視角：從理學後裔到反理學者 ………………………… 3
　　（二）「啓蒙」視角：作爲「科學先驅」與「情慾主義者」的
　　　　　戴震 …………………………………………………………………… 11
　三、另一種可能 ……………………………………………………………… 13
第二章　治學門徑：通經以明道 …………………………………………… 15
　一、生平 ……………………………………………………………………… 15
　二、時代風氣：回歸經典與重塑價值 ……………………………………… 18
　三、問學歷程：考據、辭章、義理的貫通 ………………………………… 24
　四、治學門徑：「通經以明道」如何可能 ………………………………… 32
　　（一）「經」的語文學意義 ……………………………………………… 34
　　（二）字：事與形的表徵 ………………………………………………… 35
　　（三）詞：立言之體與典章制度 ………………………………………… 38
　　（四）道：聖人之心、道義之心、天地之心 …………………………… 40
　　（五）回應詰難：事實與價值的融會 …………………………………… 43
第三章　思想主題：自然與必然 …………………………………………… 49
　一、《詩補傳》初稿與改本：事實與規範的一致 ………………………… 49
　　（一）情與禮 ……………………………………………………………… 50

　　　（二）物與則 53

　二、《法象論》：「氣化」思想的發端 55

　　　（一）氣化與天地之道 57

　　　（二）氣化與人倫之紀 59

　　　（三）血氣與天德 61

　三、《原善》初稿：體系的雛形 66

　　　（一）善的根源與存在狀態 66

　　　（二）性：善與材 67

　　　（三）「不善」的發生及其修治 71

　四、「論性」兩篇：「自然」與「必然」的問題化 74

　　　（一）《讀易繫辭論性》：性之自然、必然、本然 75

　　　（二）《讀孟子論性》：「自然」與「必然」的主題化 83

第四章　天道：氣化與條理 91

　一、氣化之道：生生而條理 92

　　　（一）分與限：品物之性及其條理 93

　　　（二）自然而歸於必然：理氣關係的「內在目的論」結構 96

　三、理氣一本：駁理氣二分 99

　　　（一）理氣二分的原典依據：以「形而上/形而下」為中心 100

　　　（二）理氣二分的思想來源：借階佛老 110

第五章　人性：才質與理義 115

　一、才質 116

　　　（一）欲：意嚮之欲與身體之欲 119

　　　（二）情：質實之情與好惡之情 121

　　　（三）知：體知與察知 124

　　　（四）欲、情、知的關聯 126

　二、理義 127

　　　（一）天理的存在：欲情之同然 128

　　　（二）天理的彰顯：心知之思 130

　　　（三）才質中的理義：歸於必然，適完其自然 133

　三、性之一本：駁理欲二分 134

　　　（一）先秦儒家理欲之辨的兩個維度 134

（二）理學理欲二分的困難 ⋯⋯⋯⋯⋯⋯⋯⋯⋯⋯⋯ 137

（三）戴震的批評：性之二本、意見當理與絕情慾之感 ⋯⋯ 141

四、再論不善的發生與修省 ⋯⋯⋯⋯⋯⋯⋯⋯⋯⋯⋯⋯⋯ 144

（一）惡的發生：私與蔽 ⋯⋯⋯⋯⋯⋯⋯⋯⋯⋯⋯⋯ 145

（二）改過遷善：恕與學 ⋯⋯⋯⋯⋯⋯⋯⋯⋯⋯⋯⋯ 146

結　論 ⋯⋯⋯⋯⋯⋯⋯⋯⋯⋯⋯⋯⋯⋯⋯⋯⋯⋯⋯⋯⋯⋯⋯ 151

附錄：戴震思想「分期說」評議 ⋯⋯⋯⋯⋯⋯⋯⋯⋯⋯⋯⋯ 153

參考文獻 ⋯⋯⋯⋯⋯⋯⋯⋯⋯⋯⋯⋯⋯⋯⋯⋯⋯⋯⋯⋯⋯⋯ 171

後　記 ⋯⋯⋯⋯⋯⋯⋯⋯⋯⋯⋯⋯⋯⋯⋯⋯⋯⋯⋯⋯⋯⋯⋯ 181

第二十冊　太谷學派及其教育思想研究

作者簡介

　　楊奕成，1979 年生於台北市。東吳大學中文系學士、淡江大學中文所碩士、博士。研究領域爲清代義理學，撰有碩士論文《程廷祚之《易》學及其思想》、博士論文《太谷學派及其教育思想研究》。曾於《中國時報》、《人間福報》、《國語日報》發表多篇散文創作。曾任教於蘭陽技術學院、台灣警察專科學校，現爲淡江大學中國文學系、國立台北大學中國文學系兼任助理教授。

提　要

　　太谷學派乃晚清社會的一道曙光，其致力於儒學民間化可謂不遺餘力，這對於身處亂世，飽受流離之苦的人而言，彷彿一帖珍貴的安定劑，並對日後的民間講學有莫大的影響力；故而本論文從「教育思想」的角度切入，探討太谷學派的淵源以及從南宗到南北合宗的階段，如何藉由創建草堂來傳播儒學，尤其在北宗經歷黃崖山事件後，他們如何自風雨飄搖的政治氛圍中，肩負起傳承師說與明道的使命，進而就倫理教育觀、認知教育觀、詩學教育觀等面向架構其教育思想論。

　　在倫理教育觀，其對於五倫的闡揚與發揮用力甚多，更思索如何將這觀念以易知易行的方式，傳播於中、下階層的百姓。在認知教育觀，時至有清一代，形而上的思辨學風爲經驗與實證所取代，其思索著該如何將知識與道德融合，以利宣講，俾益學生吸收與實踐。在詩學教育觀，其不僅鑑賞詩篇，並藉由學人的聚會而所創作的詩篇，形成一套獨特的詩學理論。

太谷學派的傳道活動由嘉慶以降賡續至抗日戰爭爆發，方匆促結束，雖然在學術史的長河裏一直處於被漠視的狀態；但其能將教育理念落實於五育中，對於當今的教育仍深具參考的價值。其次，由於時代侷限，太谷學派各代所面對的問題亦不相同，故導致彼此教育觀點或歧異或矛盾，吾人當寬宥之。

目　次

第一章　緒　論………………………………………………………………1
第二章　太谷學派的淵源與發展……………………………………………13
　第一節　學派的淵源與宗師的生平………………………………………14
　　一、周太谷的家世與成長………………………………………………14
　　二、周太谷的學脈溯源…………………………………………………16
　　三、周太谷晚年的遺願…………………………………………………19
　第二節　北宗與南宗的承傳與開創………………………………………22
　　一、還道於北的張積中…………………………………………………23
　　二、傳道於南的李光炘…………………………………………………29
　第三節　由分而合的過渡期………………………………………………33
　　一、維繫北宗的朱淵……………………………………………………33
　　二、續南援北的蔣文田…………………………………………………34
　　三、實現合宗的黃葆年…………………………………………………36
　　四、籌措資金的劉鶚……………………………………………………39
　第四節　合宗以後的餘韻…………………………………………………40
　　一、宣揚學說的李泰階…………………………………………………40
　　二、著書立說的劉大紳…………………………………………………42
　第五節　小結………………………………………………………………43
第三章　創建草堂與儒學傳播的關係………………………………………45
　第一節　太谷學派四大草堂創建宗旨與使命……………………………46
　　一、李光炘與龍川草堂…………………………………………………46
　　二、朱淵與養蒙堂………………………………………………………50
　　三、蔣文田與龍溪草堂…………………………………………………52
　　四、黃葆年與歸群草堂…………………………………………………53
　第二節　草堂創建的時代因素與歷史意義………………………………55

一、肩負傳承師說的使命⋯⋯⋯⋯⋯⋯⋯⋯⋯⋯⋯⋯55

二、超然於功利的講學觀⋯⋯⋯⋯⋯⋯⋯⋯⋯⋯⋯56

三、儒學民間化的新面向⋯⋯⋯⋯⋯⋯⋯⋯⋯⋯⋯59

第三節　儒學傳播的型態與應用⋯⋯⋯⋯⋯⋯⋯⋯⋯63

一、教育對象與教學方式⋯⋯⋯⋯⋯⋯⋯⋯⋯⋯⋯64

二、為學真諦的闡發⋯⋯⋯⋯⋯⋯⋯⋯⋯⋯⋯⋯⋯69

三、重視師友關係的砥礪⋯⋯⋯⋯⋯⋯⋯⋯⋯⋯⋯70

第四節　小結⋯⋯⋯⋯⋯⋯⋯⋯⋯⋯⋯⋯⋯⋯⋯⋯⋯75

第四章　太谷學派的倫理教育觀⋯⋯⋯⋯⋯⋯⋯⋯⋯⋯77

第一節　據德依仁的本體論⋯⋯⋯⋯⋯⋯⋯⋯⋯⋯⋯79

一、人性中的固有與本無⋯⋯⋯⋯⋯⋯⋯⋯⋯⋯⋯80

二、修德的原則與途徑⋯⋯⋯⋯⋯⋯⋯⋯⋯⋯⋯⋯82

三、博施濟眾的汎愛說⋯⋯⋯⋯⋯⋯⋯⋯⋯⋯⋯⋯85

第二節　天理即人欲的調合論⋯⋯⋯⋯⋯⋯⋯⋯⋯⋯87

一、肯定情與欲的價值⋯⋯⋯⋯⋯⋯⋯⋯⋯⋯⋯⋯87

二、理在欲中彰顯⋯⋯⋯⋯⋯⋯⋯⋯⋯⋯⋯⋯⋯⋯89

三、如何攝欲歸理⋯⋯⋯⋯⋯⋯⋯⋯⋯⋯⋯⋯⋯⋯91

第三節　推孝而忠的實踐論⋯⋯⋯⋯⋯⋯⋯⋯⋯⋯⋯92

一、從知身到保身的體悟⋯⋯⋯⋯⋯⋯⋯⋯⋯⋯⋯93

二、體父母心達天地心⋯⋯⋯⋯⋯⋯⋯⋯⋯⋯⋯⋯96

三、教育是民本思想的實現⋯⋯⋯⋯⋯⋯⋯⋯⋯⋯98

第四節　經志合一的治學論⋯⋯⋯⋯⋯⋯⋯⋯⋯⋯100

一、學之終始關係辨⋯⋯⋯⋯⋯⋯⋯⋯⋯⋯⋯⋯101

二、從「辨志」、「立志」到「尚志」、「持志」的徑程⋯103

三、矯經志殊途之弊⋯⋯⋯⋯⋯⋯⋯⋯⋯⋯⋯⋯105

第五節　小結⋯⋯⋯⋯⋯⋯⋯⋯⋯⋯⋯⋯⋯⋯⋯⋯106

第五章　太谷學派的認知教育觀⋯⋯⋯⋯⋯⋯⋯⋯⋯109

第一節　氣本與氣質的天道論⋯⋯⋯⋯⋯⋯⋯⋯⋯111

一、宇宙萬物與生命精神的本原⋯⋯⋯⋯⋯⋯⋯112

二、氣的存養與變化⋯⋯⋯⋯⋯⋯⋯⋯⋯⋯⋯⋯115

第二節　身命合德的心性論⋯⋯⋯⋯⋯⋯⋯⋯⋯⋯120

　　一、借假修眞的進程⋯⋯⋯⋯⋯⋯⋯⋯⋯⋯⋯⋯121

　　二、心息相依臻於聖境⋯⋯⋯⋯⋯⋯⋯⋯⋯⋯126

　第三節　格物致知的工夫論⋯⋯⋯⋯⋯⋯⋯⋯⋯⋯133

　　一、外物合於內物的誠身說⋯⋯⋯⋯⋯⋯⋯⋯⋯134

　　二、感格與渾合的人事意義⋯⋯⋯⋯⋯⋯⋯⋯⋯136

　第四節　小結⋯⋯⋯⋯⋯⋯⋯⋯⋯⋯⋯⋯⋯⋯⋯⋯139

第六章　太谷學派的詩學教育觀⋯⋯⋯⋯⋯⋯⋯⋯⋯141

　第一節　寓性情於詩的本源論⋯⋯⋯⋯⋯⋯⋯⋯⋯143

　　一、探究風人的旨趣⋯⋯⋯⋯⋯⋯⋯⋯⋯⋯⋯⋯143

　　二、性體情用爲眞詩⋯⋯⋯⋯⋯⋯⋯⋯⋯⋯⋯⋯149

　　三、聲音之道通性情⋯⋯⋯⋯⋯⋯⋯⋯⋯⋯⋯⋯153

　第二節　寓感通於詩的鑑賞論⋯⋯⋯⋯⋯⋯⋯⋯⋯157

　　一、詩貴自然，直指性情⋯⋯⋯⋯⋯⋯⋯⋯⋯⋯157

　　二、神會言外之意⋯⋯⋯⋯⋯⋯⋯⋯⋯⋯⋯⋯⋯161

　第三節　寓內涵於詩的創作論⋯⋯⋯⋯⋯⋯⋯⋯⋯163

　　一、才學相合，重視切題⋯⋯⋯⋯⋯⋯⋯⋯⋯⋯164

　　二、詩無古律，自然爲宗⋯⋯⋯⋯⋯⋯⋯⋯⋯⋯166

　　三、教化爲體，詩意爲用⋯⋯⋯⋯⋯⋯⋯⋯⋯⋯167

　第四節　小結⋯⋯⋯⋯⋯⋯⋯⋯⋯⋯⋯⋯⋯⋯⋯⋯170

第七章　結　論⋯⋯⋯⋯⋯⋯⋯⋯⋯⋯⋯⋯⋯⋯⋯⋯173

　第一節　太谷學派在學界的定位⋯⋯⋯⋯⋯⋯⋯⋯174

　　一、家族性，形成學派門戶自限⋯⋯⋯⋯⋯⋯⋯174

　　二、宗教性，成就學脈不絕如縷⋯⋯⋯⋯⋯⋯⋯175

　第二節　太谷學派教育內涵的實踐⋯⋯⋯⋯⋯⋯⋯176

　　一、在德育方面的實踐⋯⋯⋯⋯⋯⋯⋯⋯⋯⋯⋯177

　　二、在智育方面的實踐⋯⋯⋯⋯⋯⋯⋯⋯⋯⋯⋯177

　　三、在體育方面的實踐⋯⋯⋯⋯⋯⋯⋯⋯⋯⋯⋯178

　　四、在群育方面的實踐⋯⋯⋯⋯⋯⋯⋯⋯⋯⋯⋯178

　　五、在美育方面的實踐⋯⋯⋯⋯⋯⋯⋯⋯⋯⋯⋯178

　第三節　太谷學派教育思想總評⋯⋯⋯⋯⋯⋯⋯⋯179

　　一、抑女權與興女教⋯⋯⋯⋯⋯⋯⋯⋯⋯⋯⋯⋯180

二、尚君權與民爲本 …………………………………………………… 181

三、講神通與重人事 …………………………………………………… 182

四、貶民謠與崇性情 …………………………………………………… 183

第四節　本文研究的意義與發展 ………………………………………… 183

第二一冊　二十世紀上半葉現代新儒家道統論研究

作者簡介

萬國崔(1971～)，漢族，湖南省辰溪縣人，歷史學博士。1993 年始在辰溪縣教育電視臺工作，2002 年任辰溪縣教育局電教館副館長，2013 年任貴州師範學院貴州教育發展研究中心副主任、副教授，中國哲學研究所研究員。曾在《孔子研究》、臺北《孔孟月刊》《學術研究》《天府新論》《湖北大學學報》等學術期刊發表論文 20 餘篇，主要從事中國哲學史、中國思想文化史、西南軍閥史的研究。

提　要

本書研究的是二十世紀上半葉現代新儒家道統論。

儒家之道是指社會人倫之總規律，闡明人之所以爲人、群之所以爲群的總根據、總原則。儒家道統論是關於儒家之道及其傳承統緒、功用的理論。

孔子創先秦儒家道統論，而爲後世之端緒。唐宋以降，儒家之道本體化、主體化，遂成理學、心學道統論。在「過渡時代」的大背景下，現代新儒家繼承傳統，汲取西學的方法、概念以及架構，而創發現代新儒家道統論。

本書大致分爲三個部分。第一部分是對儒家道統論溯源，及釐清其生發之時代背景。現代新儒家道統論是在「過渡時代」蘊釀、生發出來的；第二部分是以分派法對二十世紀上半葉現代新儒家道統論解析。將此期十位儒家道統論分爲心性派、學術傳統派、禮樂派三者，並提煉出各派的基本特徵；第三部分則是用分階段法來解讀、分析二十世紀上半葉現代新儒家道統論。此期道統論的理論發展可分爲道統復興、接續異構、分立融構、大成同構四個階段。

通過以上研究，可知：儒家道統論在近現代的發展是從「花開三朵，各表一枝」，到萬流歸宗，融彙大成。三派並行而不悖，兼重而融彙，呈現出百川競流、多元發展的景況。這是其在承受橫向「衝擊」和縱向「動力」雙重的歷史條件下，繼近代傳統政統、道統瓦崩之後的三統重組。

目 次

序　何曉明

緒　論 ··· 1

第一章　儒家道統論的歷史源流概述 ·· 17

　　第一節　原創時期——先秦儒家道統論 ····································· 17

　　　一、背景分析——「天子失官，學在四夷」 ···························· 18

　　　二、道的溯源——「文武時方泰，唐虞道可尋」 ······················ 21

　　　三、道統大成——「克己復禮」 ·· 24

　　　四、道統論初創——「如欲平治天下，當今之世，舍我其誰也？」 28

　　　五、道觀流變——易、思、孟、荀 ··· 31

　　　六、特徵——內外兼重、一源二流 ··· 37

　　第二節　流變時期——唐宋以降儒家道統論 ······························ 38

　　　一、背景分析——「道濟天下之溺」 ······································· 39

　　　二、接續道統——「明先王之道以道之」 ································· 40

　　　三、道統論發展——「道心天理」與禮樂爲道 ·························· 43

　　　四、道統論大成——「性即理」即道 ······································· 51

　　　五、道統論流變——「心即理」即性即道 ································· 55

　　　六、道統之爭 ·· 59

　　　七、特徵——狹弊叢生與內聖強而外王弱 ································ 63

第二章　二十世紀上半葉現代新儒家道統論生發的歷史背景 ··········· 67

　　第一節　「日之將息，悲風驟至」 ·· 68

　　第二節　「中國意識的危機」 ·· 73

　　　一、清末西化思潮與反傳統思想 ··· 73

　　　二、傳統政統的瓦崩及革命後的失望 ····································· 79

　　　三、「五四」反傳統主義思潮與「全盤西化」 ·························· 80

　　第三節　人文主義的回歸 ·· 84

　　　一、科學主義思潮與人本主義思潮的分裂與融合 ···················· 84

　　　二、「西方的沒落」 ··· 88

　　　三、東、西文化的交鋒 ·· 91

第三章　二十世紀上半葉現代新儒家道統論分派依據及總特徵 ········ 95

　　第一節　分派的依據 ·· 95

第二節　二十世紀上半葉現代新儒家道統論總特徵分析 ⋯⋯⋯⋯⋯ 101

　一、隱言道統 ⋯⋯⋯⋯⋯⋯⋯⋯⋯⋯⋯⋯⋯⋯⋯⋯⋯⋯⋯⋯⋯ 102

　二、道觀多元化——和而不同、百川競流 ⋯⋯⋯⋯⋯⋯⋯⋯ 104

　三、新外王構想 ⋯⋯⋯⋯⋯⋯⋯⋯⋯⋯⋯⋯⋯⋯⋯⋯⋯⋯⋯ 107

　四、形上本體的分立 ⋯⋯⋯⋯⋯⋯⋯⋯⋯⋯⋯⋯⋯⋯⋯⋯⋯ 108

第四章　心性派 ⋯⋯⋯⋯⋯⋯⋯⋯⋯⋯⋯⋯⋯⋯⋯⋯⋯⋯⋯⋯⋯ 115

第一節　心性派代表人物 ⋯⋯⋯⋯⋯⋯⋯⋯⋯⋯⋯⋯⋯⋯⋯⋯ 116

　一、熊十力——達天德而立人極 ⋯⋯⋯⋯⋯⋯⋯⋯⋯⋯⋯⋯ 116

　二、唐君毅——天人合其德 ⋯⋯⋯⋯⋯⋯⋯⋯⋯⋯⋯⋯⋯⋯ 122

　三、牟宗三——亦超越亦內在 ⋯⋯⋯⋯⋯⋯⋯⋯⋯⋯⋯⋯⋯ 126

第二節　心性派基本特徵分析 ⋯⋯⋯⋯⋯⋯⋯⋯⋯⋯⋯⋯⋯⋯ 134

　一、明言道統 ⋯⋯⋯⋯⋯⋯⋯⋯⋯⋯⋯⋯⋯⋯⋯⋯⋯⋯⋯⋯ 134

　二、整體道觀內聖宗教化 ⋯⋯⋯⋯⋯⋯⋯⋯⋯⋯⋯⋯⋯⋯⋯ 138

　三、神化孔孟、推崇宋明、凸顯內聖心性旨歸 ⋯⋯⋯⋯⋯ 145

　四、「返本開新」的新外王說 ⋯⋯⋯⋯⋯⋯⋯⋯⋯⋯⋯⋯⋯ 148

第五章　大傳統派 ⋯⋯⋯⋯⋯⋯⋯⋯⋯⋯⋯⋯⋯⋯⋯⋯⋯⋯⋯⋯ 151

第一節　大傳統派代表人物 ⋯⋯⋯⋯⋯⋯⋯⋯⋯⋯⋯⋯⋯⋯⋯ 152

　一、錢穆——中國歷史文化精神 ⋯⋯⋯⋯⋯⋯⋯⋯⋯⋯⋯⋯ 152

　二、馮友蘭——極高明而道中庸 ⋯⋯⋯⋯⋯⋯⋯⋯⋯⋯⋯⋯ 157

第二節　大傳統派基本特徵分析 ⋯⋯⋯⋯⋯⋯⋯⋯⋯⋯⋯⋯⋯ 162

　一、整體道觀「中學」知識化、學術化 ⋯⋯⋯⋯⋯⋯⋯⋯⋯ 163

　二、誠立門戶、兼收並蓄、博採眾家之優長 ⋯⋯⋯⋯⋯⋯ 166

　三、「中體西用」的老調子 ⋯⋯⋯⋯⋯⋯⋯⋯⋯⋯⋯⋯⋯⋯ 167

第六章　禮樂派 ⋯⋯⋯⋯⋯⋯⋯⋯⋯⋯⋯⋯⋯⋯⋯⋯⋯⋯⋯⋯⋯ 169

第一節　禮樂派代表人物 ⋯⋯⋯⋯⋯⋯⋯⋯⋯⋯⋯⋯⋯⋯⋯⋯ 170

　一、梁漱溟——歸復「雙路」的「孔子精神」 ⋯⋯⋯⋯⋯ 170

　二、張君勱——知其不可而為之的入世與救民之心 ⋯⋯⋯ 174

　三、張東蓀——社會制度政治原則 ⋯⋯⋯⋯⋯⋯⋯⋯⋯⋯⋯ 179

　四、賀麟——動的哲學與力行精神 ⋯⋯⋯⋯⋯⋯⋯⋯⋯⋯⋯ 184

　五、徐復觀——人文精神骨幹的禮、樂 ⋯⋯⋯⋯⋯⋯⋯⋯⋯ 190

第二節　禮樂派基本特徵分析 ⋯⋯⋯⋯⋯⋯⋯⋯⋯⋯⋯⋯⋯⋯ 195

一、道觀社會化、政治化傾向 …………………………………………… 196

二、周孔道脈、漢唐精神、宋明事業、彰顯外王事功取向 …………… 200

三、現實踐履 ……………………………………………………………… 201

四、「不返本而開新」的新外王說 ……………………………………… 205

第七章　二十世紀上半葉儒家道統論的演進歷程 ……………………… 209

第一節　道統復興階段 …………………………………………………… 211

一、階段背景——「關竅不靈，運動皆滯」 ………………………… 211

二、階段內容——「內聖外王之業」與「中體西用」 ……………… 215

三、理論特色——寬泛化道觀與傾心於功用觀 ……………………… 222

第二節　接續異構階段 …………………………………………………… 226

一、階段背景——人文主義的回歸 …………………………………… 226

二、邏輯環節——理智抉擇，接續道統 ……………………………… 230

三、理論特色——濃鬱的復古特色 …………………………………… 235

第三節　分立融構階段 …………………………………………………… 237

一、階段背景——「復興我們中華民族的精神」 …………………… 237

二、邏輯環節——三統分立，融構現代道統體系 …………………… 240

三、理論特色——內聖弱而外王強 …………………………………… 250

第四節　大成同構階段 …………………………………………………… 252

一、階段背景——飄零自守與融匯合一 ……………………………… 253

二、邏輯環節——收拾舊山河與超越的理論追求 …………………… 255

三、理論特色——多元的道的本體構建 ……………………………… 267

結　語 ……………………………………………………………………… 269

一、三統重組與橫向「衝擊」和縱向「動力」 ……………………… 270

二、評價與啟示 …………………………………………………………… 275

第二二、二三冊　澄觀《華嚴經疏・十地品》之研究

作者簡介

釋正持（鄭素如）。出生：1968 年。籍貫：台灣省雲林縣。學歷：彰化師範大學國文學系博士。現職：南華大學宗教學研究所博士後研究員、弘光科技大學通識學院兼任助理教授。

著作：《天台化法四教之研究——以智顗、智旭的論述爲主》，2006 年。《慧思禪觀思想之研究》，2008 年。《澄觀《華嚴經疏・十地品》之研究》，2014 年。

提 要

《華嚴經》可分爲晉譯與唐譯兩種漢譯本，本文是以唐譯本爲主。素有「華嚴疏主」之稱的澄觀，曾爲唐譯八十《華嚴》，撰寫六十卷《華嚴經疏》，以及九十卷《演義鈔》，本論文則是對澄觀《華嚴經疏・十地品》做深入研究，從其注疏中發掘其對〈十地品〉的特殊洞見與貢獻，是否異於其他祖師之處。

本論文主要探討「澄觀《華嚴經疏・十地品》之研究」，大致分爲三大部分。首先考察澄觀的學思歷程及佛教當時的時代環境，包括澄觀的生平傳記、事蹟，以及隋唐時期八大宗派與澄觀、《華嚴經疏・十地品》的關涉情形。接著介紹〈十地品〉之傳譯過程及其對華嚴宗的影響，〈十地品〉之論書有二部，對華嚴學的發展影響較大的是《十地經論》，不僅造就了一批「地論師」，更催生了中國地論學派的誕生，並孕育出中國佛教八宗之一的華嚴宗。在進入論文主軸前，先對《華嚴經疏・十地品》之科判進行探析，從而了解〈十地品〉之整體組織架構；再對《華嚴經疏・十地品》釋經方法進行說明，從而了解其詮釋文句的方法。

其次，爲論文研究之主軸「《華嚴經疏・十地品》菩薩之修行特色」，集中在第五至七章，將分爲四個部分來說明。「通釋六門」，是指來意、釋名、斷障、證理、成行、得果。澄觀在每一地釋文前，皆先說明此六門，即是對每一地做一個概略性的介紹。「遠離二障、體障及治想」，即入地前，或初入地的障道法，包括初至三地遠離煩惱障，四至七地遠離所知障及其對治法門，八至十地遠離體障及治想。「精勤修行」，包括勤修十大願、十善、八定、三十七菩提分、四諦、十二因緣、一切菩提分法、淨佛國土、說法行、受位行。菩薩已歷經了入地心、住地心的階段，接著還要精勤修行，才能證得佛果。「圓修十波羅蜜」，包括布施、持戒等十波羅蜜，所代表的爲出地心的調柔果。

最後，則是探討六地的「三界唯心」與「一心緣起」中，抽象概念的「心」，將依照時代的先後次序，分別從〈十地品〉、《十地經論》這二部經論，以及法藏、澄觀二位祖師之說法進行討論，此一心是眞心或妄心，以及兩者是同或異的關係。在結論中，則對澄觀《華嚴經疏・十地品》之研究，做一概括性的總結，包括《華嚴經疏・十地品》所呈顯的思想特色，以及注疏之特色。

目　次

上　冊

序（張清泉）

第一章　緒　論 ……………………………………………………… 1

　第一節　本文研究旨趣 …………………………………………… 2

　第二節　澄觀的生平 ……………………………………………… 20

　第三節　澄觀及《華嚴經疏·十地品》與中唐時期八宗之關涉 …… 31

第二章　〈十地品〉之傳譯及其對華嚴宗的影響 ………………… 53

　第一節　〈十地品〉相關的單品經考察及十住十地之關係 …… 55

　　一、〈十地品〉相關的單品經考察 ………………………… 55

　　二、十住與十地的關係 …………………………………… 58

　第二節　大乘十地思想先驅──十住說 ……………………… 60

　　一、《大事》與《小品般若經》四階位、華嚴十住的關係 … 61

　　二、《大品般若經·發趣品》與《十住斷結經》的關係 …… 64

　　三、華嚴十住的諸譯本 …………………………………… 66

　第三節　大乘十地說 ……………………………………………… 68

　　一、《大智度論》、《大般若經》與華嚴十地的關係 ……… 68

　　二、華嚴十地的諸譯本 …………………………………… 72

　　三、晉譯本與唐譯本〈十地品〉的差異 …………………… 73

　第四節　〈十地品〉及論書對後代的影響 …………………… 77

　　一、華嚴十地菩薩行位的影響 …………………………… 78

　　二、宇宙觀的探討 ………………………………………… 81

　　三、〈十地品〉之論書的影響 …………………………… 83

　第五節　南道地論師對華嚴宗的影響 ………………………… 89

　　一、宗趣論 ………………………………………………… 89

　　二、判教論 ………………………………………………… 92

　　三、六相說 ………………………………………………… 98

第三章　《華嚴經疏·十地品》科判探析 ……………………… 105

　第一節　科判的起源 …………………………………………… 105

　第二節　〈十地品〉在《華嚴經》的結構地位 ……………… 107

　　一、〈十地品〉在《華嚴經》三分科判的地位 ……………… 108

二、〈十地品〉在四分五周的地位 ⋯⋯⋯⋯⋯⋯⋯⋯⋯⋯⋯⋯⋯ 114

第三節　通論〈十地品〉之科文 ⋯⋯⋯⋯⋯⋯⋯⋯⋯⋯⋯⋯⋯⋯ 119

　一、來意 ⋯⋯⋯⋯⋯⋯⋯⋯⋯⋯⋯⋯⋯⋯⋯⋯⋯⋯⋯⋯⋯⋯ 119

　二、釋名 ⋯⋯⋯⋯⋯⋯⋯⋯⋯⋯⋯⋯⋯⋯⋯⋯⋯⋯⋯⋯⋯⋯ 120

　三、宗趣 ⋯⋯⋯⋯⋯⋯⋯⋯⋯⋯⋯⋯⋯⋯⋯⋯⋯⋯⋯⋯⋯⋯ 123

第四節　〈十地品〉之十分科判 ⋯⋯⋯⋯⋯⋯⋯⋯⋯⋯⋯⋯⋯⋯ 128

　一、序分 ⋯⋯⋯⋯⋯⋯⋯⋯⋯⋯⋯⋯⋯⋯⋯⋯⋯⋯⋯⋯⋯⋯ 129

　二、三昧分 ⋯⋯⋯⋯⋯⋯⋯⋯⋯⋯⋯⋯⋯⋯⋯⋯⋯⋯⋯⋯⋯ 132

　三、加分 ⋯⋯⋯⋯⋯⋯⋯⋯⋯⋯⋯⋯⋯⋯⋯⋯⋯⋯⋯⋯⋯⋯ 133

　四、起分 ⋯⋯⋯⋯⋯⋯⋯⋯⋯⋯⋯⋯⋯⋯⋯⋯⋯⋯⋯⋯⋯⋯ 134

　五、本分 ⋯⋯⋯⋯⋯⋯⋯⋯⋯⋯⋯⋯⋯⋯⋯⋯⋯⋯⋯⋯⋯⋯ 135

　六、請分 ⋯⋯⋯⋯⋯⋯⋯⋯⋯⋯⋯⋯⋯⋯⋯⋯⋯⋯⋯⋯⋯⋯ 137

　七、說分 ⋯⋯⋯⋯⋯⋯⋯⋯⋯⋯⋯⋯⋯⋯⋯⋯⋯⋯⋯⋯⋯⋯ 139

　八、地影像分 ⋯⋯⋯⋯⋯⋯⋯⋯⋯⋯⋯⋯⋯⋯⋯⋯⋯⋯⋯⋯ 141

　九、地利益分 ⋯⋯⋯⋯⋯⋯⋯⋯⋯⋯⋯⋯⋯⋯⋯⋯⋯⋯⋯⋯ 143

　十、地重頌分 ⋯⋯⋯⋯⋯⋯⋯⋯⋯⋯⋯⋯⋯⋯⋯⋯⋯⋯⋯⋯ 144

第四章　《華嚴經疏‧十地品》釋經方法 ⋯⋯⋯⋯⋯⋯⋯⋯⋯⋯ 147

第一節　釋經方式的承襲與開展 ⋯⋯⋯⋯⋯⋯⋯⋯⋯⋯⋯⋯⋯⋯ 148

　一、釋經方式的承襲 ⋯⋯⋯⋯⋯⋯⋯⋯⋯⋯⋯⋯⋯⋯⋯⋯⋯ 148

　二、釋經方式的開展 ⋯⋯⋯⋯⋯⋯⋯⋯⋯⋯⋯⋯⋯⋯⋯⋯⋯ 153

第二節　五部論書的引用及其影響 ⋯⋯⋯⋯⋯⋯⋯⋯⋯⋯⋯⋯⋯ 161

　一、五部論書的引用 ⋯⋯⋯⋯⋯⋯⋯⋯⋯⋯⋯⋯⋯⋯⋯⋯⋯ 162

　二、五部論書對〈十地品〉之影響 ⋯⋯⋯⋯⋯⋯⋯⋯⋯⋯⋯ 174

第三節　詞義的解釋 ⋯⋯⋯⋯⋯⋯⋯⋯⋯⋯⋯⋯⋯⋯⋯⋯⋯⋯ 180

　一、詞義的訓解 ⋯⋯⋯⋯⋯⋯⋯⋯⋯⋯⋯⋯⋯⋯⋯⋯⋯⋯⋯ 181

　二、佛教名相的解釋 ⋯⋯⋯⋯⋯⋯⋯⋯⋯⋯⋯⋯⋯⋯⋯⋯⋯ 182

　三、依相對概念釋義 ⋯⋯⋯⋯⋯⋯⋯⋯⋯⋯⋯⋯⋯⋯⋯⋯⋯ 186

第四節　譬喻的運用 ⋯⋯⋯⋯⋯⋯⋯⋯⋯⋯⋯⋯⋯⋯⋯⋯⋯⋯ 191

　一、解釋佛教名相 ⋯⋯⋯⋯⋯⋯⋯⋯⋯⋯⋯⋯⋯⋯⋯⋯⋯⋯ 192

　二、解釋佛教義理 ⋯⋯⋯⋯⋯⋯⋯⋯⋯⋯⋯⋯⋯⋯⋯⋯⋯⋯ 193

　三、法喻合、法喻合結 ⋯⋯⋯⋯⋯⋯⋯⋯⋯⋯⋯⋯⋯⋯⋯⋯ 195

下　冊

第五章　初至三地菩薩之修行特色 ·································· 201
　第一節　通釋六門 ··· 203
　　一、來意 ··· 203
　　二、釋名 ··· 204
　　三、斷障 ··· 206
　　四、證理 ··· 208
　　五、成行 ··· 209
　　六、得果 ··· 210
　第二節　遠離煩惱障 ··· 210
　　一、初地：遠離五怖畏 ································· 212
　　二、二地：遠離十惡業 ································· 216
　　三、三地：遠離妄想因 ································· 227
　第三節　精勤修行 ··· 231
　　一、初地：勤修十大願 ································· 231
　　二、二地：勤修十善 ··································· 243
　　三、三地：勤修八定 ··································· 248
　第四節　圓修波羅蜜 ··· 256
　　一、初地：布施波羅蜜 ································· 257
　　二、二地：持戒波羅蜜 ································· 260
　　三、三地：忍辱波羅蜜 ································· 264
第六章　四至七地菩薩之修行特色 ·································· 267
　第一節　通釋六門 ··· 267
　　一、來意 ··· 267
　　二、釋名 ··· 269
　　三、斷障 ··· 271
　　四、證理 ··· 273
　　五、成行 ··· 273
　　六、得果 ··· 274
　第二節　遠離所知障及其對治法門 ··························· 275
　　一、四地：遠離解法慢——十智對治 ······················ 275

二、五地：遠離身淨慢——如道行對治 278

三、六地：遠離染淨慢——十種平等法對治 280

四、七地：遠離細相現行障——十種方便慧對治 283

第三節　精勤修行 285

一、四地：勤修三十七菩提分 285

二、五地：勤修四諦 292

三、六地：勤修十二因緣 297

四、七地：圓修一切菩提分法 304

第四節　圓修波羅蜜 308

一、四地：精進波羅蜜 308

二、五地：禪定波羅蜜 311

三、六地：般若波羅蜜 315

四、七地：方便波羅蜜 317

第七章　八至十地菩薩之修行特色 321

第一節　通釋六門 321

一、來意 321

二、釋名 322

三、斷障 324

四、證理 325

五、成行 326

六、得果 326

第二節　遠離體障及治想 326

一、八地：遠離心意識分別想 327

二、九地：遠離四無礙障 333

三、十地：遠離煩惱垢 334

第三節　精勤修行 336

一、八地：勤修淨佛國土 337

二、九地：勤修說法行 348

三、十地：勤修受位行 359

第四節　圓修波羅蜜 365

一、八地：願波羅蜜 365

二、九地：力波羅蜜 ⋯⋯⋯⋯⋯⋯⋯⋯⋯⋯⋯⋯⋯⋯ 369

三、十地：智波羅蜜 ⋯⋯⋯⋯⋯⋯⋯⋯⋯⋯⋯⋯⋯⋯ 375

第八章　唯心與緣起的開展 ⋯⋯⋯⋯⋯⋯⋯⋯⋯⋯⋯⋯ 379

第一節　〈十地品〉的唯心與緣起 ⋯⋯⋯⋯⋯⋯⋯ 380

一、〈十地品〉的唯心 ⋯⋯⋯⋯⋯⋯⋯⋯⋯⋯⋯⋯ 380

二、〈十地品〉的緣起 ⋯⋯⋯⋯⋯⋯⋯⋯⋯⋯⋯⋯ 387

第二節　《十地經論》的唯心與緣起 ⋯⋯⋯⋯⋯⋯ 391

一、《十地經論》之心識說 ⋯⋯⋯⋯⋯⋯⋯⋯⋯⋯ 391

二、《十地經論》的十二緣起 ⋯⋯⋯⋯⋯⋯⋯⋯⋯ 396

第三節　法藏的唯心與緣起 ⋯⋯⋯⋯⋯⋯⋯⋯⋯⋯ 398

一、法藏的唯心 ⋯⋯⋯⋯⋯⋯⋯⋯⋯⋯⋯⋯⋯⋯ 398

二、法藏的緣起 ⋯⋯⋯⋯⋯⋯⋯⋯⋯⋯⋯⋯⋯⋯ 403

第四節　澄觀的唯心與緣起 ⋯⋯⋯⋯⋯⋯⋯⋯⋯⋯ 407

一、澄觀的唯心 ⋯⋯⋯⋯⋯⋯⋯⋯⋯⋯⋯⋯⋯⋯ 407

二、澄觀的緣起 ⋯⋯⋯⋯⋯⋯⋯⋯⋯⋯⋯⋯⋯⋯ 411

第九章　結　論 ⋯⋯⋯⋯⋯⋯⋯⋯⋯⋯⋯⋯⋯⋯⋯⋯ 415

第一節　《華嚴經疏・十地品》思想之特色 ⋯⋯⋯ 415

一、十住與十地之會通 ⋯⋯⋯⋯⋯⋯⋯⋯⋯⋯⋯ 416

二、大量採用唯識思想 ⋯⋯⋯⋯⋯⋯⋯⋯⋯⋯⋯ 423

三、如來藏與唯心思想 ⋯⋯⋯⋯⋯⋯⋯⋯⋯⋯⋯ 427

四、六相圓融之運用 ⋯⋯⋯⋯⋯⋯⋯⋯⋯⋯⋯⋯ 428

五、採取大乘之戒律觀 ⋯⋯⋯⋯⋯⋯⋯⋯⋯⋯⋯ 430

六、融通大小乘禪法 ⋯⋯⋯⋯⋯⋯⋯⋯⋯⋯⋯⋯ 431

第二節　《華嚴經疏・十地品》注疏之特色 ⋯⋯⋯ 432

一、視野更寬廣 ⋯⋯⋯⋯⋯⋯⋯⋯⋯⋯⋯⋯⋯⋯ 432

二、文義完整性 ⋯⋯⋯⋯⋯⋯⋯⋯⋯⋯⋯⋯⋯⋯ 433

三、注重系統性 ⋯⋯⋯⋯⋯⋯⋯⋯⋯⋯⋯⋯⋯⋯ 435

四、修行次第性 ⋯⋯⋯⋯⋯⋯⋯⋯⋯⋯⋯⋯⋯⋯ 436

五、能所之運用 ⋯⋯⋯⋯⋯⋯⋯⋯⋯⋯⋯⋯⋯⋯ 436

參考書目 ⋯⋯⋯⋯⋯⋯⋯⋯⋯⋯⋯⋯⋯⋯⋯⋯⋯⋯⋯ 439

附錄：澄觀生平年表 ⋯⋯⋯⋯⋯⋯⋯⋯⋯⋯⋯⋯⋯⋯ 451

第二四冊 從煩惱到解脫——《唯識三十頌》心所與意義治療學的對話

作者簡介

簡汝恩，大學就讀國立中興大學中國文學系，後畢業於國立臺灣師範大學國文所碩士班。研究興趣爲「中國佛教」及「跨文化研究」。

提　要

本論文的主要研究材料有二：《唯識三十頌》的「心、心所思想」以及弗蘭克創立的「意義治療學」。藉由以上兩者的對話，推求其可用於世的治療概念。先由他們背後的價值觀著手，分別從《唯識三十頌》的「勝解」，和意義治療學的「靈性潛意識」，梳理兩者對於「認識方式」、「終極關懷」、「意識作用」（在唯識學中說「心識作用」）等重點觀念的主張。

從這些主張中，可求取兩者的同、異之處，以關照兩種學說各自的特色爲前提，接著進行「意義治療學」針對「精神官能症」的治療，以及《唯識三十頌》中「心所對治」的比較。從治療方式來看，「意義治療學」將胡塞爾對意識的描述當作基礎，主張可以「矛盾意向」替代對恐懼、焦慮的意向，轉移潛意識對認識結果的反應，來治癒障礙生活的「精神官能症」；而唯識學則立基於「眞實理解」之上，透過「證自證分」與「自證分」的互緣互證，轉變「見分」緣取「相分」的認識結果，來對治煩惱心所的生起。

最後，將治療方法縮合各自的終極關懷，進一步比較兩種治療方式的終極目標。「意義治療學」的最終目標，在於呼喚被拋擲於「本能潛意識」中的人們，開啓本眞的「靈性潛意識」，以之自主地發揮「意義意志」尋求「超越性意義」的功用，使人生成爲一個完整的任務；而《唯識三十頌》則透過「心所對治」，發揮由「三性」過渡到「三無性」的理解，以之處世修行，不僅伏斷煩惱，更進一步使有情依照「唯識五位」，一步步邁向解脫。

經由《唯識三十頌》和「意義治療學」的對話，可以看見，兩者雖然在「存在」和「世界觀」上有很大的差異，但細查他們的治療理論，卻可發現相似之處，第一，兩者都對心的向內緣取作用（意義治療學說「向內的意向性作用」）抱持肯定的態度。第二，兩者皆鼓勵人跳脫二元對立的認識模式，反對以對象性認知去認識世界，而應身處世界中與之相互開放，在生活中找到自我提升的可能性。

目　次

第一章　緒　論 ……………………………………………………………… 1

第二章　《唯識三十頌》的心所及其注解 ………………………………… 21

　　第一節　心所的概念發展：從原始佛教到大乘唯識學 ……………… 22

　　　一、原始佛教中的心、心所 ………………………………………… 22

　　　二、部派佛教中的心、心所 ………………………………………… 25

　　　三、瑜伽唯識學派中的心、心所 …………………………………… 30

　　第二節　《成唯識論》對《唯識三十頌》中心所的解釋 …………… 32

　　　一、《成唯識論》的心所主張 ……………………………………… 33

　　　二、六位五十一心所的定義 ………………………………………… 34

　　　三、心所的假實之分 ………………………………………………… 44

　　第三節　安慧及護法注解《唯識三十頌》的異同 …………………… 46

　　　一、何謂「識轉變」 ………………………………………………… 47

　　　二、「因能變」和「果能變」 ……………………………………… 49

　　　三、《唯識三十論釋》和《成唯識論》對心所解釋的差異 ……… 51

　　第四節　小結 …………………………………………………………… 54

第三章　意義治療學的架構與終極關懷 …………………………………… 57

　　第一節　弗蘭克一生的意義體驗 ……………………………………… 58

　　第二節　意義治療學與精神分析的主要差異——靈性潛意識 ……… 59

　　　一、「靈性」在個人的整全中所扮演的角色 ……………………… 60

　　　二、以靈性為出發點的終極關懷 …………………………………… 62

　　第三節　意義治療學的基本架構 ……………………………………… 65

　　　一、意志自由（The Freedom of Will） ………………………… 66

　　　二、意義意志（The Will to Meaning） ………………………… 68

　　　三、人生意義（The Meaning of Life） ………………………… 69

　　第四節　意義治療學的哲學背景 ……………………………………… 70

　　　一、意識的「意向性」作用對意義治療學的啟發 ………………… 70

　　　二、「在世存有」對意義治療學的啟發 …………………………… 74

　　第五節　小結 …………………………………………………………… 77

第四章　勝解及超越性意義的形成及重要性 ……………………………… 81

　　第一節　意義治療學與心所對話的可能性 …………………………… 82

一、「思、欲、慧」和「意志自由」‧‧‧‧‧‧‧‧‧‧‧‧‧‧‧‧‧‧‧‧‧‧‧‧‧‧‧‧‧‧‧‧‧83

二、「超越性意義」和「勝解、輕安、煩惱」心所‧‧‧‧‧‧‧‧‧‧‧84

第二節　勝解形成的條件和重要性‧‧‧‧‧‧‧‧‧‧‧‧‧‧‧‧‧‧‧‧‧‧‧‧‧‧‧‧‧‧‧‧‧85

一、「勝解心所」與「阿賴耶識」和「慧心所」的關係‧‧‧‧‧‧‧86

二、「自證分」和「證自證分」在心所生起中扮演的角色‧‧‧88

三、從「轉依」說對治無明煩惱的動力‧‧‧‧‧‧‧‧‧‧‧‧‧‧‧‧‧‧‧‧‧‧‧‧94

第三節　超越性意義形成的條件和重要性‧‧‧‧‧‧‧‧‧‧‧‧‧‧‧‧‧‧‧‧‧‧96

一、從「人本心理學」的反動看「意志自由」的興起‧‧‧‧‧‧97

二、從「超個人心理學」的主張看「超越性意義」的內涵‧‧99

第四節　追求「勝解」和「超越性意義」的內在動力比較‧‧‧102

一、意向的緣取作用及其副效應‧‧‧‧‧‧‧‧‧‧‧‧‧‧‧‧‧‧‧‧‧‧‧‧‧‧‧‧‧103

二、追求超越與解脫的內在動力來源‧‧‧‧‧‧‧‧‧‧‧‧‧‧‧‧‧‧‧‧‧‧104

第五節　小結‧‧107

第五章　心所對治和精神官能症的治療問題‧‧‧‧‧‧‧‧‧‧‧‧‧‧‧‧109

第一節　意義治療學常用的兩種療法‧‧‧‧‧‧‧‧‧‧‧‧‧‧‧‧‧‧‧‧‧‧‧‧‧‧110

一、造成「強迫症」、「恐懼症」的「預期性焦慮」‧‧‧‧‧‧110

二、意義治療學的治療實例‧‧‧‧‧‧‧‧‧‧‧‧‧‧‧‧‧‧‧‧‧‧‧‧‧‧‧‧‧‧‧‧‧111

三、意義治療學所用之療法的限制‧‧‧‧‧‧‧‧‧‧‧‧‧‧‧‧‧‧‧‧‧‧‧‧114

第二節　《唯識三十頌》對治煩惱心所的方式‧‧‧‧‧‧‧‧‧‧‧‧‧‧‧115

一、假、實法與煩惱伏斷的關係‧‧‧‧‧‧‧‧‧‧‧‧‧‧‧‧‧‧‧‧‧‧‧‧‧‧116

二、《成唯識論》所提供的對治方法‧‧‧‧‧‧‧‧‧‧‧‧‧‧‧‧‧‧‧‧‧‧120

三、「心所對治」與「四分說」的關係‧‧‧‧‧‧‧‧‧‧‧‧‧‧‧‧‧‧122

第三節　意義治療學和《唯識三十頌》的治療目的比較‧‧‧129

一、「意識」、「心所」的向外和向內作用‧‧‧‧‧‧‧‧‧‧‧‧‧129

二、從治療當下到自我提升的過程‧‧‧‧‧‧‧‧‧‧‧‧‧‧‧‧‧‧‧‧‧‧‧134

第四節　小結‧‧141

第六章　結　論‧‧‧145

第一節　「心所思想」的相關問題澄清‧‧‧‧‧‧‧‧‧‧‧‧‧‧‧‧‧‧‧‧‧‧‧145

第二節　「意義治療學」的相關問題澄清‧‧‧‧‧‧‧‧‧‧‧‧‧‧‧‧‧‧‧147

第三節　對話之可能性‧‧‧148

第四節　對比研究的結果‧‧‧‧‧‧‧‧‧‧‧‧‧‧‧‧‧‧‧‧‧‧‧‧‧‧‧‧‧‧‧‧‧‧‧‧‧150

第五節　研究的局限與展望……………………………………………151

參考資料……………………………………………………………………153

謝　詞………………………………………………………………………161

《周易》經傳與孔孟荀
「命」觀念思想及改命方法（上）

陳芝豪　著

作者簡介

陳芝豪（1979～），臺灣嘉義人。國立政治大學中國文學系碩士、國立高雄師範大學國文學系博士。曾任職嘉南藥理科技大學兼任講師，開設「易經與人生」課程。研究專長為周易、先秦儒學、中國哲學史。著有《甲骨卜辭與《周易》經傳吉凶觀念思想研究》（碩士論文）、《《周易》經傳與孔孟荀「命」觀念思想及改命方法》（博士論文），以及《《顏氏家訓》「內聖外王」與《周易‧大象傳》之契合〉、〈王充疾虛妄精神及其文學觀〉、〈從精神分析學論嵇康「越名教而任自然」〉等數篇論文之發表。

提　要

各地區學者在論述《周易》「命」觀念思想時，大抵著重在《易傳》的討論，而未及或甚少觸及《易經》。在分析《周易》命的議題廣度上，較缺乏從甲骨卜辭→《易經》→孔子→孟子→荀子→《易傳》之間命觀念思想的承與衍之分析。此外就「命」的討論上，對於如何讓人「改變命」的「方法」，卻是缺乏討論。在討論策略甚少觸及環境背景因素，這就需要配合「外部研究」的分析討論，而亦可再區分「大傳統」、「小傳統」之別。在論述過程中，大抵關注於傳世文獻的運用，然而「出土文獻」與「考古資料」，應是可多加運用。因此，本文實有再作深入探究之必要性。

因此，本文藉由分析甲骨卜辭、《易經》、《論語》、《孟子》、《荀子》、《易傳》中，哲人們對於「命」觀念的看法，以觀其之間有作出何種創造性的詮釋，並且希冀從中分析得出哲人們之改變命的方法，以為當今人類，在遇到生命困境時，能提供有效突破困難之參考依據。且企圖釐清甲骨卜辭、《易經》、《論語》、《孟子》、《荀子》、《易傳》之中「命」觀念的演變，來對照「前軸心期」與「軸心期」中的兩個「哲學突破」階段，以探究各位哲人們「命」觀念演變與時代環境之間的相互關係。

故本文將運用「經傳分觀」研究法的優點，來分別觀看《易經》、《易傳》於各所處時代中，其各自的「命」觀念，及其與時代思想文化的關聯。並且運用「以傳解經」研究法的優點，來分析《易傳》對《易經》的發展與創造性詮釋。經由此兩種研究方法的調合運用，期望能對《周易》經、傳的「命」觀念思想有更深一層的瞭解。並且結合運用「觀念史研究法」與「思想史研究法」，來引入作為研究《周易》經傳的方法策略。亦即以「命」觀念為中心的詮釋方法，來探究分析甲骨卜辭、《易經》、孔子、孟子、荀子、《易傳》之「命」觀念的形成與發展。也就是由縱向考察「命」觀念在歷史潮流中的演變發展，其對傳統的承續與創造；由橫向從歷史時代性出發，探究「命」觀念形成與發展的思想文化之外在因素，揭示出「命」觀念形成發展的外緣動因及其與環境相互關係。此外，除探究「大傳統」文化背景因素外，亦分析「小傳統」地域文化背景因素。由以上方法策略，或許較能掘發出《周易》經傳與孔孟荀「命」觀念思想及改命方法的意蘊與價值。

目次

上 冊

第一章 緒 論………………………………………… 1

第一節 問題意識之緣起 ………………………… 1

第二節 問題意識之提出 ………………………… 11

第三節 研究範圍之設定 ………………………… 19

　一、時間範圍 ………………………………… 19

　二、研究材料 ………………………………… 27

　　（一）主要材料 …………………………… 27

　　（二）引證資料 …………………………… 31

　　　1. 關於傳世文獻資料 ………………… 31

　　　2. 關於地下出土資料 ………………… 33

第四節 前人研究成果之回顧 …………………… 38

　一、專書中的專章 …………………………… 38

　　（一）台灣學者 …………………………… 38

　　（二）大陸學者 …………………………… 39

　　（三）域外學者 …………………………… 39

　二、博士碩士學位論文 ……………………… 40

　　（一）台灣學者 …………………………… 40

　　（二）大陸學者 …………………………… 40

三、期刊論文 …………………………………………… 41

（一）台灣學者 …………………………………… 41

（二）大陸學者 …………………………………… 43

（三）域外學者 …………………………………… 44

第五節　研究方法及進路 ……………………………… 45

一、研究方法 …………………………………………… 45

（一）《周易》研究法的雙重進路：「經傳
分觀」與「以傳解經」的調合 ……… 45

（二）觀念史研究法與思想史研究法的結
合運用 …………………………………… 50

1. 觀念史研究法 ……………………… 51

2. 思想史研究法 ……………………… 52

3. 觀念史研究法與思想史研究法
的結合運用 ………………………… 54

（三）大傳統文化與小傳統文化的並重觀
看 ………………………………………… 56

二、各章的研究進路 …………………………………… 60

第二章　殷商甲骨卜辭與《易經》卦辭、爻辭「命」
觀念思想及改命方法 ……………………… 63

第一節　前　言 ………………………………………… 63

第二節　大傳統與地域性：前軸心期思想文化的雙
重觀察 ………………………………………… 65

一、殷周之際大傳統思想文化的遞衍 ……………… 66

（一）崇拜與敬畏：從上帝信仰到天命靡
常 ………………………………………… 66

（二）祭祀與禮樂：從神祐王權到德禮思
想 ………………………………………… 76

二、地域性的「先周文化」——周人思想突破
的小傳統成素 ………………………………… 88

（一）「先周文化」與周族興起——初步的
保民思想與禮儀規範之形塑 ………… 88

（二）敬德：開拓顯國威與施德諸侯服 … 92

第三節　殷商甲骨卜辭與《易經》卦辭、爻辭「命」
觀念思想的天論根據 ……………………… 99

一、殷商甲骨卜辭與《易經》卦辭、爻辭中的
　　帝、天 ……………………………………… 99
　　（一）殷商甲骨卜辭中的帝、神 ………… 99
　　（二）《易經》卦辭、爻辭中的帝、天 …… 102
二、殷商甲骨卜辭與《易經》卦辭、爻辭中的
　　天人關係 …………………………………… 108
　　（一）主宰／祈求：殷商甲骨卜辭的被動
　　　　　式天人關係 ………………………… 108
　　（二）啟示／效法：《易經》卦辭、爻辭中
　　　　　的雙向互動式天人關係 …………… 112
三、《易經》卦辭、爻辭天論對殷商甲骨卜辭
　　的續承和發展 ……………………………… 116
　　（一）權威的淡化：《易經》卦辭、爻辭中
　　　　　的帝、天對殷商甲骨卜辭的續承和
　　　　　發展 ………………………………… 116
　　（二）模式的互動化：《易經》卦辭、爻辭
　　　　　天人關係對殷商甲骨卜辭的續承和
　　　　　發展 ………………………………… 117
第四節　《易經》卦辭、爻辭「命」觀念思想及其
　　　　對殷商甲骨卜辭的承續與發展 ……… 119
一、殷商甲骨卜辭中的「命」觀念 ………… 119
　　（一）無助／生存：「命」如何產生？ …… 119
　　（二）無「命」字的「命」觀念──以
　　　　　「令」用為「命」 ………………… 121
　　（三）如何改變「命」之方法？ ………… 124
　　　　　1. 占卜問事以改變「命」 ………… 124
　　　　　2. 透過祭儀消災，以改變「命」 … 128
二、《易經》卦辭、爻辭中的「命」觀念思想 132
　　（一）自力／他力：「命」產生之原因 …… 132
　　（二）「命」內容是什麼？ ……………… 135
　　（三）改命之方法 ………………………… 140
　　　　　1. 原因／結果 …………………… 140
　　　　　2. 改命之法，在於「有孚」 ……… 141
　　　　　3. 返「理」變「命」，安貞之吉 … 144

三、《易經》卦辭、爻辭中的「命」觀念對殷
　　商甲骨卜辭的承續與發展 ……………147
　（一）《易經》卦辭、爻辭中的「命」觀念
　　　　對殷商甲骨卜辭的承續 ………147
　（二）《易經》卦辭、爻辭中的「命」觀念
　　　　對殷商甲骨卜辭的發展 ………150
第五節　小　結 ………………………………151
第三章　孔子的「命」觀念思想及改命方法 ……157
第一節　前　言 ………………………………157
第二節　大傳統與小傳統：孔子「命」觀念思想的
　　　　雙重歷史性 …………………………159
一、大傳統：軸心期前期思想文化的轉變 …160
　（一）崇禮／失禮：從禮樂文化到秩序的
　　　　解體 …………………………………160
　（二）敬天／淡天：從天命神權到天道思
　　　　想 ……………………………………163
　（三）風起雲湧：理性文化的興出 ………169
二、小傳統：地域性的魯思想文化 …………173
　（一）文化匯合：禮義之邦傳統的形成 …173
　（二）特殊／殊別：地域性魯國思想文化 176
第三節　孔子「命」觀念思想的天論與心性論之理
　　　　論根據 ………………………………180
一、孔子的天論 ………………………………180
二、性近／習遠：孔子的人性論 ……………185
第四節　孔子的「命」觀念思想 ………………190
一、限制：爲何有「命」？ …………………190
二、「命」的內容 ……………………………192
三、改變命的方法 ……………………………199
　（一）人道層次：改變命之方法 …………199
　（二）天道層次：改變命之方法 …………206
四、孔子對《易經》卦爻辭「命」觀念的承續
　　與發展 ……………………………………213
第五節　小　結 ………………………………219

下　冊

第四章　孟子的「命」觀念思想及改命方法 ……… 223

第一節　前　言 …………………………………… 223

第二節　大傳統與小傳統：孟子「命」觀念思想的
　　　　雙重歷史性 ……………………………… 225

　一、大傳統：軸心期後期思想文化的轉變 …… 225

　　（一）禮亂／尊賢：從諸侯異政到士人文
　　　　　化的興起 ……………………………… 225

　　（二）從人文理性到自由爭鳴 ……………… 229

　　（三）從天道思想到人治思想 ……………… 233

　二、小傳統：地域性的鄒魯思想文化 ……… 237

　　（一）由孟母教子觀得鄒魯思想文化 …… 237

　　（二）由子思學術觀得鄒魯思想文化 …… 240

第三節　孟子「命」觀念思想形成的天論與心性論
　　　　之理論根據 ……………………………… 243

　一、孟子的天論 ………………………………… 244

　二、端／善：孟子的心性論 ………………… 248

第四節　孟子的「命」觀念思想及其對孔子之承續
　　　　與發展 …………………………………… 253

　一、得／不得：為什麼命？ ………………… 253

　二、「命」的內容 …………………………… 255

　三、改變命的方法 …………………………… 258

　　（一）放失／歸善：「內修」以改變命之方
　　　　　法 …………………………………… 259

　　（二）由內向外：從「心善」到「行正」
　　　　　的改變命之方法 …………………… 263

　四、孟子對孔子「命」觀念思想的承續與發展
　　　　　……………………………………… 267

第五節　小　結 ………………………………… 270

第五章　荀子的「命」觀念思想及改命方法 …… 275

第一節　前　言 ………………………………… 275

第二節　荀子「命」觀念思想形成的小傳統思想文
　　　　化成素 …………………………………… 277

　一、地域性的齊思想文化 …………………… 278

（一）尊賢與開放 ………………………… 278

（二）兼容與自由 ………………………… 280

二、地域性的楚思想文化 ……………………… 284

（一）積極精神與懷民思想 ……………… 284

（二）神仙文化與自然思想 ……………… 286

第三節　荀子「命」觀念思想形成的天論與心性之
　　　　理論根據 …………………………………… 290

一、天有常道：荀子的天論 …………………… 290

二、縱／惡：荀子的人性論 …………………… 294

第四節　荀子的「命」觀念思想及其對孔子之承續
　　　　與發展 …………………………………… 297

一、群與爭：「命」是怎麼產生？ …………… 297

二、「命」的內容 …………………………… 300

三、改變命的方法 …………………………… 303

（一）順勢／順禮：「外修」以改變命之方
　　　　法 …………………………………… 304

（二）由外而內：從「身善」到「心明」
　　　　之改命方法 ………………………… 307

四、荀子對孔子「命」觀念思想的承續與發展
　　　　 …………………………………………… 310

第五節　小　結 …………………………………… 313

第六章　《易傳》「命」觀念思想與改命方法及其
　　　　對《易經》卦爻辭之詮釋 ……………… 317

第一節　前　言 …………………………………… 317

第二節　《易傳》「命」觀念思想形成的天論根據 … 319

一、《易傳》「命」觀念思想形成的天論根據 … 320

（一）邁向天德：《易傳》的帝與天 ……… 320

（二）融合儒道：《易傳》對《易經》卦爻
　　　　辭帝、天的承續與發展 …………… 323

二、天／地／人／德：《易傳》的天人關係 … 327

（一）人、天、地之協和 ………………… 327

（二）人與天地合其德 …………………… 330

（三）《易傳》對《易經》卦爻辭天人關係
　　　　的承續與發展 ……………………… 333

第三節　《易傳》「命」觀念思想形成的人性理論
　　　　根據 ……………………………………… 336

　　一、道與一陰一陽 ………………………… 336

　　二、善之可能在於繼 ……………………… 339

　　三、成之者，性也 ………………………… 342

第四節　《易傳》的「命」觀念思想及其對《易經》
　　　　卦爻辭之承續與發展 ……………………… 344

　　一、化生／相生：「命」由何而生？ ……… 344

　　二、「命」的內容？ ………………………… 348

　　三、改變命的方法：融合孟、荀之模式 …… 352

　　　　（一）積善／積不善 …………………… 352

　　　　（二）由外窮理以改命之方法 ………… 355

　　　　（三）由內盡性以改命之方法 ………… 362

　　四、《易傳》的對《易經》卦爻辭「命」觀念
　　　　思想的承續與發展 ……………………… 368

第五節　小　結 ……………………………………… 372

第七章　結　論 ……………………………………… 377

　　一、有孚與正理：《易經》卦爻辭「命」觀念
　　　　思想及改命方法 ……………………………… 378

　　二、人道天道並修：孔子「命」觀念思想及改
　　　　命方法 …………………………………… 381

　　三、內修歸善而行正：孟子「命」觀念思想及
　　　　改命方法 ………………………………… 383

　　四、外修順禮而心明：荀子「命」觀念思想及
　　　　改命方法 ………………………………… 386

　　五、窮理盡性內外兼修：積善之家必有餘慶 … 388

　　六、結束：貞下起元 ……………………………… 391

參考文獻 ……………………………………………… 393

第一章　緒　論

第一節　問題意識之緣起

　　遠古的人們在生活經驗中，面對大自然的種種現象，發現有些事情非人們所能掌握，於是就有處於被動或無能為力的慨嘆，因而開始對大自然力量產生崇拜的傾向，如對日、月、星、山等自然物加以神化的崇拜；〔註 1〕或是由人的感官體認到自然力、自然現象而加以崇拜，〔註 2〕這些都可說是遠古人們的自然崇拜。〔註 3〕此外，遠古的人們在對夢境中的景象狀態的感受裡，發現並認為萬物皆有靈魂，於是引申出對圖騰（totem）的崇拜與祖先的崇拜。故而原始神話以及各種宗教活動便一一產生，而這都是在這種的歷史文化下應運而產生的。觀看原始神話的內容，從中可了解人們對自然的崇拜心理，與此同時也反映出人們想對自然征服的另一種心理訴求，可說崇拜自然與征服自然一直圍繞在人們的心理之中。崇拜自然的心理是出於敬畏的一種表現，但人民也是想讓生活過得更好，於是雖在自然力面前顯得有些渺小，不過仍然想要讓自身渺小的力量發揮到最大效用，於是有關征服自然神話也不斷產生，但這種思維仍然不完全是理性的性質。

〔註 1〕　呂大吉、牟鍾鑒：《中國宗教與中國文化：概說中國宗教與傳統文化》（北京：中國社會科學出版社，2006 年），頁 113。

〔註 2〕　烏丙安：《中國民間信仰》（上海：上海人民出版社，1995 年），頁 15。

〔註 3〕　而關於遠古對自然的崇拜範圍，有天體、氣象、火、土地、水、動植物等自然崇拜，相關詳細內容詳見宋兆麟：《中國風俗通史》（上海：上海文藝出版社，2001 年），原始社會卷，頁 423～427。

　　上古的夏商時代，始終有著厚重的宗教祭祀傳統，而現今學界所能掌握的夏代資料可說是甚少，而商代因有甲骨卜辭的發現，故從中可窺見出商代人們，對於己身所無法解決之事，有求助於上帝以為決斷的現象。因為當時人們認為冥冥之中有神祕力量，在主宰著人世間，所以凡事都有仰賴上帝請以指示的習慣，透過甲骨卜辭內容，更可發現政教一致的特色。而商代君王藉助占卜請以決斷的事項，陳夢家（1911～1966）將其大約歸為六大類：

　　大致來說，甲骨刻辭的內容……可分為六類：（一）祭祀：對祖先與
　　自然神祇的祭祀與求告等。（二）天時：風、雨、啓、水及天變等。
　　（三）年成：年成與農事。（四）征伐：與方國的戰爭、交涉等。（五）
　　王事：田獵、遊止、疾病、生子。（六）旬夕：對今夕來旬的卜問。
　　〔註4〕

從上述卜辭內容分類看來，商代君王治國時所較為重視的，有祭祀、天時、年成、征伐、王事、旬夕等事項，而這些事項也反映出當時的治國核心政策。雖然政治上的行政順利與否，乃是卜問重點，不過從細目看來，也包含當時人們生活中整體事項。所以，可由此知道商代人們對於行事，除自己的因素外，還是想占問上帝或神靈以為行事之參考，而這樣對上帝作採取的占卜行為，是表示當時人們對行事的謹慎。當然這樣的慎重其事，也是對自身「生命的愛惜」，畢竟也是希望藉由占卜上帝，而希冀其降福於人們，以達避禍之目的。而從中亦可得知，當時人們對於自身的能力「有限性」的表露，普遍承認人世間以外，還有超越有限生命能力的一股神祕力量在主宰著人世間，也可說是承認上帝諸神的存在。

　　到了周代人們似乎對自己力量的把握，有了進一步的發展。周初的理性思維，是在鑑於商紂的滅亡的經驗中得出，周人之所以代商而起，仍是天命有所移轉，也就是「天命靡常」的觀念產生。對此，張立文（1935～）也說：「（周人）這種對天命採取內外有別的說法，就是利用天命的權威，為維護自己的統治服務，實際上是把主體意志外化為客體精神，其用心可謂良苦。」〔註5〕周人認為其所以代商，乃因周人的有德取代商末紂王的無德，故天命轉移到周人身上，而「其命維新」的周人，因而提出敬德保民的政治主張。

─────────────

〔註4〕陳夢家：《殷墟卜辭綜述》（北京：中華書局，2004年），頁42～43。
〔註5〕張立文：《中國哲學範疇發展史（人道篇）》（台北：五南圖書出版有限公司，
　　　　1997年），頁4。

產生於此時的《易經》，〔註6〕在卦爻辭中也表示著對天命的崇敬，如〈否▤▤‧九四爻辭〉：「有命，无咎，疇離祉。」這表示易經作者認為，個人的行事仍需要有天命的幫助，對天命表現出崇信，因為個人吉凶與天命祐助與否，存在著密切關係。不過就人而言，天命的祐助條件，似乎與人的自身行為「端正」與否有關，因為〈否▤▤〉九四所說的「无咎」，是指自身處於無過又不躁進的狀態，故能得天命之祐而无咎。因此，人對自身把握「命」的信心，在此是有一定的進步。而這樣的進步，與時代的推移轉變存有一定的關聯性，徐復觀（1903～1982）也說：

> 古代文獻，在歷時久遠地傳承中，每經過一次整理，便常會受整理時的時代影響，對內容不免有所修改；尤其是在改朝換代之際。
> 〔註7〕

而《易經》對個人的努力可改變自身的處境亦有所論，如〈乾▤▤‧九三爻辭〉：「君子終日乾乾，夕惕若，厲无咎。」〔註8〕說明終日若能處事保持警覺慎重之心，雖處在險境中，亦可无咎。又如〈比▤▤‧卦辭〉：「比，吉。原筮，元永貞，无咎。不寧方來，後夫凶。」〔註9〕此即說明〈比▤▤〉卦原是吉，而之所以為吉，乃是人能親比於有德者，故能永久保持正固，而无所咎。然而若是親比於非有德者，則會變成凶。所以程頤（伊川，1033～1107）才會說：「人相親比，必有其道，苟非其道，則有悔咎。」〔註10〕程頤認為比卦的親比，是指要與「有道之人」相親比，這也說明《易經》卦爻辭已漸強調人為的努力，這種命觀念可說是一種初步的人文理性。

然而王朝之初建，尚可秉持先王之遺訓，而力圖精進與敬德保民，可是到了末幾代繼承者，似乎逐漸遺忘先王的開國堅難歷程，而慢慢失去自我約束的能力，國力有趨向腐敗之兆。西周末年的周王，對先王的以德配天的明

〔註6〕《易經》有廣義、狹義之分，廣義是指包含《周易》的經文（卦爻辭）與傳文（十翼），而狹義是指《周易》的經文（卦爻辭）。筆者本文所用《易經》一詞，是指狹義的《周易》的經文（卦爻辭）而言。而在行文論述中，為配合文義流暢，會用「《易經》」、「《易經》卦爻辭」、「卦爻辭」、「《周易》經文」等用詞，這些都是指狹義而言。

〔註7〕徐復觀：《中國人性論史（先秦篇）》（上海：上海三聯書店，2001年），頁405。

〔註8〕〔魏〕王弼、〔晉〕韓康伯注，〔唐〕孔穎達正義：《周易正義》（台北：藝文印書館，1997年《十三經注疏》本），頁9。

〔註9〕同上註，頁36。

〔註10〕黃忠天編著：《周易程傳註評》（高雄：高雄復文圖書出版社，2006年），頁79～80。

訓，早以忘了初衷。原本是用來伐商王無道之根據，如今卻變成百姓人民用之諷西周王朝末年君王之言論利器。周人民因而發出怨天、疑天的吶喊，這種吶喊本是周初統治者對商紂荒政所用的，而今卻發生西周王朝末期的君王身上，如今天將降喪於周，《詩經・桑柔》有詩言：

> 天降喪亂，滅我立王。降此蟊賊，稼穡卒痒。哀恫中國，具贅卒荒。
> 靡有旅力，以念穹蒼。〔註11〕

詩中述說著對上天的埋怨之言，指責上蒼為何降下如此災難於國家裡，而造成民不聊生，百姓無法安居樂業的生活下去。另一首《詩經・召旻》也有類似的怨聲：

> 旻天疾威，天篤降喪，瘨我饑饉，民卒流亡。……維昔之富，不如
> 時；維今之疚，不如茲。彼疏斯粺，胡不自替。……昔先王受命，
> 有如召公，日辟國百里。今也日蹙國百里。於乎哀哉！維今之人，
> 不尚有舊！〔註12〕

此詩表達出，以前富有者，都具有美善之德，而現今富者，卻是如此貪得無厭。上天何以讓「有德之人」，生活僅能粗茶淡飯，而「貪婪之人」，其生活卻極度享樂。從這些怨詩的述說對象——上天，可知人格天的信仰還是保有著，不過也在逐漸淡化中，這從百姓對人格天發出怒吼，以發洩出心中的不滿，可以看得出。所以人們的思想在此進入理性化過程。

到了春秋時期，神聖不可侵的天命權威，在王朝的腐敗下而隨之遞減。人們漸漸強調民的重要，但也不是從此否定上天的存在。吳王夫差（？～473B.C.）欲向越王勾踐（約520～465B.C.）表示求和，而此時勾踐回以：「今天以吳予越，越可以無聽天之命，而聽君之令乎？」〔註13〕言下之意，勾踐認為夫差的求和，是有違於天之命，故不可答應求和之請。此處勾踐雖說不可違於天命，但另一方面，也是勾踐藉天命之旨，以表達他個人的不想答應和解之意向。又例如鄭國大夫裨諶（？～約544B.C.），對於子產（？～522B.C.）入主國政一事，說是「善之代不善，天命也，其焉闢子產？」〔註14〕

〔註11〕〔西漢〕毛公傳、〔東漢〕鄭玄箋，〔唐〕孔穎達正義：《毛詩正義》（台北：藝文印書館，1997年《十三經注疏》本），卷18，頁655。

〔註12〕同上註，卷18，頁697。

〔註13〕〔晉〕杜預注，〔唐〕孔穎達等正義：《春秋左傳正義》（台北：藝文印書館，1997年《十三經注疏》本），卷20，頁639。

〔註14〕〔春秋〕左丘明著，〔三國〕韋昭注，上海師範大學古籍整理組點校：《國語》（上海：上海古籍出版社，1978年），卷39，頁674。

裨諶指出子產的主政是善政取代不善政，而這是上天之意。不過這樣的說法，類似上述勾踐的觀點，都是在超自然力中，滲入「人為」的旨意，上天的超自然力有向下與世俗力的妥協傾向。

這樣「命」作為一種外在客體的超自然力量的內涵，向內在主體生命的轉化。也就是「民受天地之中以生，所謂命也。是以有動作禮義威儀之則，以定命也。」〔註15〕人們的生命意義，在禮義威儀之中，獲得了認定與價值。人漸漸與自然區分出來，人的自我主體之獨立性，有更邁向自信的步伐，故命的觀念也更加得到豐富的內涵，儒道墨家學說對命都各表達其看法，命的觀念有了哲學意味，並形成一種範疇。

中國政治思想，基本上是參酌孔子（551～479B.C.）思想體系而發展並開創出的各代政治風氣，容或各代有主導的思想，但孔子思想還是一直影響著各代政風，所以歷代尊稱孔子為至聖先師。而這位精神領袖，出現在春秋晚期，他對「命」也提出其觀點：

　　道之將行也與，命也；道之將廢也與，命也。公伯寮其如命何！

〔註16〕

孔子所指的「道」，是以仁義禮智為核心的修己治人之道，亦是可將之運用於治理天下的大道。然而正確的理念是否能推行與實現，則取決於「命」，並不是因人為的力量所控制的。孔子本身相信其主張的「正確性」，然而正確的主張能否實現於世，仍然受制於命，而此處所說的「命」，是指「時命」，這種時命有其限制性，是受當時時勢所限制的命。

此外，孔子也認為高尚的品德是天賦自己的，而將這種品德推廣並教導世人，乃是一種天職，因而孔子在匡地遇到困境時，依然自信地說出：

　　文王既沒，文不在茲乎？天之將喪斯文也，後死者不得與於斯文也；

　　天之未喪斯文也，匡人其如予何？〔註17〕

孔子認為自己擔負傳遞文王以來的「大道文化」之責，若是上天要讓大道文化將傳續於後世，則匡人豈能奈我何。孔子所堅持並相信的天道是「公正」，雖有時在人生行道過程，難免有不如意之事的降臨，或是受到於外在環境阻礙，而顯得有些不順利，但這不影響「有道之人」，對於大道的推行，如孔子

〔註15〕〔晉〕杜預注，〔唐〕孔穎達等正義：《春秋左傳正義》，卷27，頁460。

〔註16〕〔魏〕何晏等注，〔宋〕邢昺疏：《論語注疏》（台北：藝文印書館，1997年《十三經注疏》本），卷14，頁129。

〔註17〕同上註，卷9，頁77。

面臨大難來臨，還是保持高操的志節，因爲若不是有大難的臨身，也無法凸顯孔子的偉大志節。所以換個角度來看，或許是上天藉由人之臨難，而觀其人之行爲處事，以「考驗」此人是否一本初衷地表現大無畏之精神，而一切秉持「正道正念」於心，而行爲處事問心無愧於天德。黎紅雷（1952～）也說：「他（孔子）堅信天道是公正的，具終極支配意義的。而且，暫時的、偶然的變化，剛好使人從中得到了磨練，因而，它還是成就人的。」〔註18〕顯然孔子是做到了這一點了，因而能無畏匡人的施加的險難，反而表現出臨危事而不亂於「方寸」的志節。

因此，處在時運不佳的世代，也不能不實際面對外在的限制，而了解認清這樣的限制，也是君子一種理智的表現，畢竟這也不是君子所能掌控的。所以孔子尊天並相信天命，但孔子也不光是消極的敬畏，他認爲面對天還是有可作爲的。孔子指出對於學問與事業「知之者不如好之者，好之者不如樂之者。」〔註19〕樂心於學問的追求，一定能專心一致努力精進，那麼持之以恆，最後也能得到好的成績。因爲知道學問是知道「表面」，而能喜好學問所說的意思，而好之不倦精益求精，則是更進一層，然而知道文意後而能樂於「奉行」，將之表現於生活處事之中，樂心不已地實踐，則又是更上一層。〔註20〕孔子自述其學問，不是生而知之，而是經過不斷學習，才能達到有知識，並進而知天命，故孔子主張「不怨天，不尤人，下學而上達。知我者，其天乎！」〔註21〕若能在遇到不如己意時也不去埋怨上天，在人事的處理過程中遇不順利也不去責怪他人，只要專注在自己能否「下學」人道之理，並進而「上達」通曉天理，那麼最終上天也是知道人的「用心」，而使之有所成就的。

到了戰國時的孟子（約372～約289B.C.），因爲周遊各國卻不受君王納賢重用，故而說：「吾之不遇魯侯，天也。臧氏之子，焉能使吾不遇哉？」〔註22〕孟子認爲人臣的遇不遇君王賞識與任用，是天命之所決，而非人事

〔註18〕黎氏之說，參見馮達文、郭齊勇主編：《新編中國哲學史》（北京：人民出版社，2004年），頁30。

〔註19〕〔魏〕何晏等注，〔宋〕邢昺疏：《論語注疏》，卷6，頁54。

〔註20〕其實，孔子所憂心的是那些飽食終日、無所用心的人：「德之不修，學之不講，聞義不能徙，不善不能改，是吾憂也。」參見同上註，卷7，頁60。孔子對這種人表示憂慮。這可說是一種重人輕天、積極有爲的思想。

〔註21〕同上註，卷14，頁129。

〔註22〕〔東漢〕趙岐注，〔唐〕孫奭疏：《孟子注疏》（台北：藝文印書館，1997年《十

的干預所爲。由此，孟子認爲德行與富貴貧賤之間，不一定有必然之關係，《孟子・萬章上》說：

> 匹夫而有天下者，德必若舜、禹，而又有天子薦之者。故仲尼不有天下。〔註23〕

雖說有天下者，其德必如舜禹之德行，但是有德行之人不一定會飛黃騰達，富貴貧賤取決在於天，取決在命。早於孟子的孔子，同樣具有德行，而周遊各國也未得君王垂青重用，實現其理想抱負。不過在孟子看來，人除了這些求之不可得之物外，也是有求之可得之物，《孟子・盡心下》說：

> 口之於味也，目之於色也，耳之於聲也，鼻之於臭也，四肢之於安佚也，性也，有命焉，君子不謂性也。仁之於父子也，義之於君臣也，禮之於賓主也，智之於賢者也，聖人之於天道也，命也，有性焉，君子不謂命也。〔註24〕

人們對美味、美聲、安逸等等，都是樂於追求並希望得到，而一般人認爲這些是人性之生理欲求，這固然可說是人的生理層面的滿足，亦即生即有的人性。但就求而「得與不得」來看，這是受制於外在條件，也就是「求在外」，非人所能操控的，所以君子認爲這些事物的得與不得是命，也就不去強求了。至於仁義禮智一般人認爲是內在於人之中，是莫之致而致的，故而稱之爲命。但就仁義禮智的「體現」出來本身看，是人自身「求於內」的去求，而這種求不受外在限制，是人自己可掌握的，故君子不說這是命，而說這是性。對於求的「得與不得」的問題，《孟子・盡心上》進一步說明：

> 求則得之，舍則失之，是求有益於得也，求在我者也。求之有道，得之有命，是求無益於得也，求在外者也。〔註25〕

仁義禮智是內在於人的，所以人求之可得到的，求則可得到，是「有益於求」。但富貴名利是外在於人的，所以人求之未必可得，這是「無益於求」。不過孟子還是勉人努力修養自身，努力追求仁義禮智的體現。這才是君子應當要追求也是可得的東西。因此孟子不問修德結果，只求在修德工夫上盡力，以發揮人性光輝，故《孟子・盡心上》說：

> 盡其心者，知其性也。知其性，則知天矣。存其心，養其性，所以

三經注疏》本），卷2，頁16。

〔註23〕同上註，卷9，頁168。

〔註24〕同上註，卷14，頁253。

〔註25〕〔東漢〕趙岐注，〔唐〕孫奭疏：《孟子注疏》，卷13，頁229。

事天也。殀壽不貳，脩身以俟之，所以立命也。〔註26〕

唯有修身後，才能得知何事當爲與不當爲，且盡心便可知性進而知天，知天所命，與自身立存於世的意義，唐君毅（1909～1978）進一步說明：「孟子之立命，則就吾人自身先期之修養上說。……然吾如何能在此際，不怨天，不尤人，視此死生患難，即天命之所存，而以敬畏心當之，則其前必有一段工夫在。……此一段之工夫，由開始至完成，由平日之修養，至臨事盡道而死，即整個是一立命之工夫。」〔註27〕可見孟子的立命說，是隱含著一段工夫在其中，這應是其說的先行依據。

孟子之後，另一大儒爲荀子（約325～約235B.C.）。〔註28〕荀子對於世間的治興亂離，以及人的吉凶禍福，將之咎因於人爲因素所造成的。天不再是權威的主宰，所以人當變換對天的態度，改變從一味的順從，改變爲裁制之，〔註29〕即荀子說的「制天命而用之」之主張：

> 大天而思之，孰與物畜而制之；從天而頌之，孰與制天命而用之；望時而待之，孰與應時而使之；因物而多之，孰與騁能而化之；思物而物之，孰與理物而勿失之也；願於物之所以生，孰與有物之所以成。故錯人而思天，則失萬物之情。〔註30〕

荀子認爲天是自然是無意志的，它不隨著人的改變而改變。因此人要主動地去運用其規律，才能使天地萬物之規律爲我所制所用，從而使天地萬物能發揮出，其最大地效用與發展。人雖依靠著自然而生存著，然而卻可利用自然與裁用自然，進而能控制它改變它。〔註31〕對於人本身來說，天之內容爲何不是一般人要探求，荀子認爲人要能掌握的是天之規律即可，因爲天是自然的性質，不具主宰性也就不能主宰人事，所以人應該努力的是人事，李澤厚

〔註26〕同上註，卷13，頁42。

〔註27〕唐君毅：《中國哲學原論（導論篇）》（北京：中國社會科學出版社，2005年），頁336。

〔註28〕關於荀子的生卒年，各家考訂各有出入，因此沒有確定的說法，本文對於荀子生卒年之推定，以北京大學荀子注釋組所考訂的「荀子生平大事簡表」爲主，詳見北京大學荀子注釋組：《荀子新注》（北京：中華書局，1979年），頁513～519。

〔註29〕勞思光說：「（荀子）是明言天並非人之主宰矣。如此，則人不應順天。」參見氏著：《中國哲學史（一）》（台北：三民書局，2005年），頁324。

〔註30〕〔戰國〕荀況撰，〔清〕王先謙：《荀子集解》（北京：中華書局，1954年），頁211。

〔註31〕馮友蘭：《中國哲學史新編》（北京：人民出版社，2007年），上卷，頁544。

（1930～）也說：「荀子不求了解和重視與人事無關的自然，而要求了解和重視與人事相關，或能用人事控制和改造的自然。」〔註32〕李先生指出荀子所重視的是與人有「相關」的自然，的確荀子是較重視經驗世界，故才會如李先生所說的以「相關」與否，進行論述。在荀子思想中，主宰天原本對人命之支配力量變成被制用的對象，而控制人的貧富、國家的治亂之主角地位，轉成到人的身上。

　　《易傳》對於命也有其獨到說法，相對於荀子的制天命，《易傳》採取順應的方式，而這種方式名為「順天休命」，此於〈大有䷌・大象傳〉有言：

　　　　火在天上，大有；君子以遏惡揚善，順天休命。〔註33〕

大有卦象，火在天之上，表示火居天空照明大地，其光明無所不照，因而麗日如火在天上，故稱此象為大有。因此君子當「效法」火光照大地一般，對於邪惡之事將其盡除，而對於美善之事當竭力發揚。並且反之於自身加以觀省，而省察之標準當如〈大有䷌〉卦所示地「舉火明照」，火照之處惡暗無所隱蔽，而人若照見惡暗之處存在人身之中，則當盡力遏止之，遏止惡暗以趨向美善。此外亦可推之於他人，如火照之他人，他人的行為若是有善行美德，則我當「效法」其美德，努力修行以揚發此美善之德。如此即是「順從天道」，即是能順天之道的有善無惡，而要有善無惡，自當從「修己」之「惡過」下工夫，如能自強不息地不斷修除己過，並且揚發美善的思想與行為，則人的命也就會逐漸變得愈來愈好。

　　此外對於命的闡說《易傳》在〈說卦傳〉第一章也有進一步提到：

　　　　昔者聖人之作《易》也，幽贊於神明而生蓍，參天兩地而倚數，觀變於陰陽而立卦，發揮於剛柔而生爻，和順於道德而理於義，窮理盡性以至於命。〔註34〕

此章開頭即從聖人作《易》之目的說起，之後便是講述其方法，最後談及命

〔註32〕李澤厚：《中國古代思想史論》（台北：風雲時代出版公司，1990年），頁133。此外，蔡仁厚亦有相同看法，參見氏著：《孔孟荀哲學》（台北：台灣學生書局，1984年），頁377。

〔註33〕〔魏〕王弼、〔晉〕韓康伯注，〔唐〕孔穎達正義：《周易正義》，頁46。

〔註34〕同上註，頁182。而《帛書易傳・衷》也有類似說法：「〔昔者聖人〕之〔作《易》也，幽〕贊於神明而生占也，參天兩地而義數也，觀變於陰陽而立卦也，發揮於剛柔而〔生爻也，和順於道德〕而理於義也，竆理盡生而至於命。」以上參見廖名春：〈帛書《衷》釋文〉，《帛書《周易》論集》（上海：上海古籍出版社，2008年），頁382。

的問題。生蓍、倚數、立卦、生爻是作《易》的步驟方法，於是人們便可依據卦爻辭所說的天地人事之理，來「理於義」。理是指治理而言，義是指合宜而言。也就是合宜的來治理人事物。然而其能「理於義」，與「和順於道德」是有關的，人能和順處事，乃是協和順成於道德，人有道德之心，故治理萬物萬事秉道德而行之，則能事事合其宜，故《周易折中》引龔煥的說法：「蓋必『和順於道德』，而後能『理於義』。」〔註35〕至於窮理盡性也是可看作至於命的先行條件。當窮得萬物的奧妙之理，究盡人所秉之性，也就得到那天使我有之的命，而天命在我也。

從以上的討論可知，《易經》卦爻辭的天命，孔子的知命，孟子的立命，荀子的制天命，《易傳》的至命，哲人們對「命」的哲理論說，都有其立說的理論，而他們的理論都是從自身的經驗累積而來的，故而對於命的析理，有著人生智慧含蘊在其中。就連西方學者也讚佩中國這種重視實踐的哲學。〔註36〕因為中國哲人們便是依照各自所體會的命觀念，來立身處世，進而實現其人生價值。然而反觀今日雖是文明的世界，不過人們卻並不是完全的快樂，因為人生的價值定位發生位移，從精神追求位移到物質的滿足，然而物質獲得滿足後，精神上卻不見得快樂的起來。「學問之道，求其放心」已不多見於世，取而代之的是富貴之道，縱其貪心。

唐君毅（1909～1978）也指出當代文明「上不在天，下不在地，外不在人，內不在己」的存在危機，〔註37〕此危機的產生有學者認為是，因現今科技理性居於主流大勢，而人們在運用享受科技的便利之餘，逐漸忘失其生命意義之「原鄉」為何，也因此不知或遺失安身立命之理，而浮沈於世。〔註38〕然而以生命為中心特質的中國哲學，似可消解這樣的困境，其中的生命學問

〔註35〕〔清〕李光地：《周易折中》（成都：巴蜀書社，2006年），頁650。
〔註36〕例如德國哲學家萊布尼茨對中西的哲學比較，有過這樣地的解說，他認為在思考的縝密與理性的思辨，西方哲學可能略勝一點。不過在實踐上，也就是關於人與人之間的倫理哲學，以及治國學說，顯然中國哲學是較勝於西方哲學。萊氏是用較為宏觀的比較，來看待中西哲學的不同，然旁觀者清，其說可備參證。以上萊氏的說法，詳閱：〔德〕夏瑞春（Adrian Hsia）編，陳愛政等譯：《德國思想家論中國》（南京：江蘇人民出版社，1995年），頁4～5。
〔註37〕唐君毅：《中華人文與當今世界》（台北：台灣學生書局，1975年），頁540～564。
〔註38〕袁保新：《孟子三辯之學的歷史省察與現代詮釋》（台北：文津出版社，1992年），頁166。

的用心，即是來調節我們的生命，牟宗三（1909～1995）指出學問的發展，要與人們切身相關且爲緊要的，則才顯示出學問之意義：

> 文化之發展即是生命之清澈與理性之表現。然則生命學問之消極面與積極面之深入展示固是人類之大事，焉可淺躁輕浮之心，動輒視之爲無謂之玄談而忽之乎？「玄」非惡詞也。深遠之謂也。生命之學問，總賴眞生命與眞性情以契接。無眞生命與性情，不獨生命之學問無意義，即任何學問亦開發不出也。〔註39〕

問題不能停在個別的之滿足，而要解決人們共同關切之要事，而有關命的問題觸及每個人，所以命是個體乃至全體，都關切的且是最深刻議題之一。因爲人們在生命大旅程中，總會發生不如意的事情，當下總會想要知道如何能渡過難關。而探討生命的學問，以及由此討論後所得之結果，當對大眾而言是有助益於世的。此外以生命問題關懷的學問，也正可對治現今發生存在危機後，所產生的種種問題。因此，本文即是擬藉由分析甲骨卜辭、《易經》卦爻辭、《論語》、《孟子》、《荀子》、《易傳》中，哲人們對於「命」觀念的看法，以觀其之間有作出何種創造性的詮釋，並且希冀從中分析得出哲人們的改變命之方法，以爲當今人類，在遇到生命困境時，能提供有效突破困難之參考依據。

第二節　問題意識之提出

當一種哲學問題的形成，與其當時代的環境，有著某種關聯性，所以在察看一種哲學問題時，除問題本身的事件外，也應考慮參看其造成此一問題的環境因素，梁啓超（任公，1873～1929）所說的：「凡思想皆應時代之要求而發生，不察其過去及當時之社會狀況，則無以見思想之來源。」〔註40〕就是指出環境因素，對思想的形成居一定的影響力，而此環境因素，也包合著人、時、地、事、物等細部因素。因此對於哲學問題的討論，不僅是觀看問題本身的內容，而仍需要掌握問題形成的當時代環境狀況。

從甲骨卜辭到《易經》卦爻辭再到《論語》，之後到《孟子》、《荀子》、《易傳》，經歷了殷商、西周、春秋、戰國等時期。而對於上古時期，西方學者提出稱之爲「軸心期」的說法，此說即是雅斯培（Karl Jaspers，1883～

〔註39〕牟宗三：〈自序〉，《才性與玄理》（台北：聯經出版事業公司，2003 年），頁 11。
〔註40〕梁啓超：《先秦政治思想史》（北京：東方出版社，1996 年），頁 10。

1969）在《歷史的起源與目標》一書中所提出的。〔註41〕他所說的「軸心期」
（Axial Age，亦有譯爲樞軸時代、軸心時代）是以西元前500年爲中心，也
就以西元前800年到西元前200年之間的一段時期。他認爲這一時期的中國
出現孔子、孟子、老子、莊子等哲學家，形成了百家爭鳴的現象；在印度則
是佛陀的時代；在希臘則有蘇格拉底、柏拉圖等賢哲，而這些具有原創性哲
學家，大約都在中國、印度、希臘各地的同時產生。〔註42〕但人類對於此「哲
學突破」還是無法理解其究是如何形成。〔註43〕雖然如此雅斯培認爲人類社
會在後來的時間，只要面臨到困難的考驗，便會回望此時期，看看軸心期的
先哲如何的指引人們，因此後代的我們一直沐浴在軸心期先哲的智慧光輝之
中。

　　按照這種說法的推論，人們似乎也該全力的「回歸」到「軸心期」的傳
統中，或者可以試著「復興」軸心期傳統。不過對於雅斯培的「軸心期」說
法，有學者提出不同的意見，認爲這樣的說法有其創新之處，但也有其不足
之處，如黃玉順（1957～）就指出：

　　它（軸心期）確實是一種很好的創新觀念，可以相當有說服力地
　　解釋歷史；但它同時是有缺陷的，主要缺陷有二：（一）它（軸心
　　期）容易使人將軸心期與前軸心期割裂開來。例如就西方的情況
　　來看，古希臘哲學時代的傳統實際上是此前的某種更古老的傳統
　　的進一步發揚。雅斯培自己也說過：（前軸心期的）古代文化的某
　　些因素進入了軸心期，並成爲新開端的組成部分。西方的現代性
　　觀念的核心精神不僅可以追溯到軸心期的哲學傳統，而且還可以

〔註41〕〔德〕雅斯培（Karl Jaspers）著，魏楚雄、俞新天譯：《歷史的起源與目標》
　　　　（北京：華夏出版社，1989年）。但雅斯的「軸心期」說法，在當初1949年
　　　　《歷史的起源與目標》的德文原作初版時，並未得到當時學界回響，甚而被
　　　　擱置一段時間，直到20世80年代在一些學者提倡後，漸漸爲學界重視，現
　　　　在已成爲一種重要的研究關鍵詞。
〔註42〕同上註，頁8。然而他們各自有其最崇高的核心概念，參照金岳霖的說法，中
　　　　國哲學即是「道」，而印度即是「如如」，而希臘則是「邏各斯」（Logos）。以
　　　　上參閱氏著：《論道》（北京：商務印書館，1985年），頁15～19。此外，關於
　　　　軸心期的三大軸心文化，所表現出的新精神，呂大吉亦有詳細說明，可參閱氏
　　　　著：〈世界三大軸心文化的性質與意義〉，《中國宗教與中國文化（第一卷）：概
　　　　說中國宗教與傳統文化》（北京：中國社會科學出版社，2006年），頁74～91。
〔註43〕經由美國功能主義社會學家派深思（Talcott Parsons）對於「軸心期」的觀察，
　　　　他因而提出「哲學突破」的說法，可參閱氏著，章英華譯：〈歷史帝國〉，《社
　　　　會的演化》（台北：遠流圖書事業股份有限公司，1991年）中的相關說明。

追溯到前軸心期的神話傳統。（二）軸心期觀念並沒有注意到軸心期轉型的負面。其實不論在東方還是在西方，軸心期大轉型的結果都是既建立了某些概念的東西，也失落了某些積極的東西。否則，以西方的情況看，我們就不能理解爲什麼軸心期大轉型之後出現中世紀「黑暗時代」，也不能理解爲什麼後來要「復興」（renaissance）。中國的情況亦然，作爲軸心期大轉型的百家爭鳴，既建立了、也失落了某些積極的東西。所以，我們不僅要回顧「軸心期」，還要回顧「前軸心期」。〔註44〕

雅斯培的「軸心期」說法，確實爲我們提出一個新概念，他提醒我們在此一時期是很重要的哲學時代。不過在強調此時期的同時，似乎有割裂此前的傳統文化，此傳統文化黃先生稱爲「前軸心期」，此是相對早於「軸心期」而說的。而就中國文化來看，軸心期的諸子百家與前軸心期的思想文化似乎有著某種關聯性。進一步地說，夏商周代文化與諸子哲學是存在著某種共同核心議題，與共同追求的理想。此外軸心期的諸子百家，在黃先生看來既有建新也有失落某些東西，而這也需要與前軸心期比較討論才能更加了解。錢穆（1895～1990）曾說：「我們講解中國哲學時，若撇開周公不去講解他，把戰國先秦比擬希臘，眞不知所謂從何說起。我們講中國哲學，斷不該只從戰國的老子孔子講起。」〔註45〕錢先生認爲學習中國哲學史，不該只是從戰國的諸子百家入手，言外之意似也認爲應往前推論其源，而此源應該就是上述黃氏所說的「前軸心期」。因此，我們似乎在回顧「軸心期」的同時，也應該要回顧「前軸心期」。

「前軸心期」的範圍可以約略地說，指西周以前的時期。而在西周以前又有殷商文化傳統，兩代之間的周武王伐紂克商，是一個很關鍵的事件，因爲小邦周在克殷之後，常想何以小邦能戰勝大國，而後推得到「德」起了重要因素。觀看商紂後期沈迷酒味佳人，道德日漸低落，因而上天決定轉移天命降福於周，周人因有德而取代道德不佳的殷商。從中可知上天不再是商人的宗主神，而是唯德是輔的公正代表，上天在周代時既是主宰又是扮演道德維護者角色。可說在這場殷周之際的突破，其重要性不亞於稍後的諸子百家

〔註44〕黃玉順：〈中西之間：軸心時代文化轉型的比較——以《周易》爲透視文本〉，《四川大學學報》2003年第3期，頁14～15。

〔註45〕錢穆：《中國史學名著》（北京：生活・讀書・新知三聯書店，2000年），頁13。

之爭鳴。

因此在探討「前軸心期」的思想文化，必需革外注意「殷周之際」所發生的「哲學突破」。許倬雲也指出：「中國最早的『哲學突破』是在殷周之際。」〔註46〕對於殷周之際的大變革，王國維（觀堂，1877～1927）有較爲宏觀推論分析：

> 自其表言之，不過一姓一家之興亡與都邑之轉移；自其裡言之，則舊制度廢而新制度興，舊文化廢而新文化興。又自其表言之，則古聖人之所以取天下及所以守之者，若無以異於後世之帝王；而自其裡言之，則其制度文物與其立制之本意，乃出於萬世治安之大計。
> 〔註47〕

由上述王國維所論可知，殷周之際的變化，從表面上看是兩個王朝的交替，及取天下亡王天下之別。但是若就內部觀察，就可見到在制度上、文化上的彼此不同之處，是殷周之際大轉變所以突破的地方。例如，商王有自稱是「帝（嫡）子」，〔註48〕而且掌握祭祀所主導權。又如商王的「天位（立）殷適（嫡）」，〔註49〕其權勢力量世代是不曾改變的。然而這些在周武克商之後，就變成君王若「不敬厥德，乃早墜厥命」，〔註50〕君王是重視「聿修厥德」〔註51〕的保民之政，故殷周之際的轉變是一大突破。

而在殷商之際後的另一突破階段，乃是春秋戰國時期，當時禮崩樂壞，舊體制已不能適應新時代之需求，因此諸子另尋新的突破，也就造成先前雅斯培所說的「軸心期」盛況。從而也使古代傳統思想，獲得新的發展。而對於這時期的變動姜國柱（1938～）說：

> 春秋介於西周和戰國之間，它打破了西周時期的停滯局面，使社會經濟、政治、思想各個領域開始動蕩、發展起來，但又不如戰國時期那樣喧鬧沸騰、變化劇烈。因此，在思想領域中呈現出傳統與創

〔註46〕 參見許倬雲：《中國古代文化的特質》（台北：聯經出版社，1988年），頁65～66。

〔註47〕 王國維：〈殷周制度論〉，收入氏著：《觀堂集林》（北京：中華書局，1984年），第2冊，頁431～453。

〔註48〕 胡厚宣輯，王宏、胡振宇整理：《甲骨續存補編》（上）（天津：天津古籍出版社，1996年），頁1859。

〔註49〕 〔西漢〕毛公傳、〔東漢〕鄭玄箋，〔唐〕孔穎達等正義：《毛詩正義》，頁540。

〔註50〕 〔西漢〕孔安國傳，〔唐〕孔穎達等正義：《尚書正義》（台北：藝文印書館，1997年《十三經注疏》本），頁222。

〔註51〕 〔西漢〕毛公傳、〔東漢〕鄭玄箋，〔唐〕孔穎達等正義：《毛詩正義》，頁537。

新、信仰與理性、天與人、神與民的錯綜複雜的局面，並顯示出其
過渡性質特點。春秋時期在中國思想史上重要意義，主要是爲戰國
時期百家爭鳴局面的形成準備了思想條件，爲一個新的偉大時代的
到來拉開了序幕。〔註52〕

春秋戰國的文化，一般都連著說，好像春秋戰國是一整個時期，而相對於西
周時期來說。但其實西周之後緊接的春秋時期，其發展與變動是不同於稍後
的戰國時期。這在上述姜先生的分析中，是可看見的。可說春秋時期相對於
西周是在所有發展的，而戰國時期相對於春秋時期，亦是有所發展與變動。
如春秋時，各國間尚能稱禮樂征伐，以維持各國之間的平衡。時至戰國七雄
興起，七雄之間併吞戰爭四起，諸侯互侵，大夫互鬥，民不聊生，此時的戰
爭多考慮各個國家自身利益，只有征伐而禮樂已失落。可說此時進入軍國相
爭的時代，在位者想著吞併它國，於是從身仕政的學者，爲謀國家之利，也
爲自身之益考量，故各出其謀以制它國，有時更採取激烈的手段以達目的。
〔註53〕而且戰國時教育較爲普及，學者處在不安時代，爲求生存也都各自講
學立教。其中也有從事遊說以爲君用者，然而間接也出現擾民的言說，傳流
於當時的不良現象。然其所以遊說於君，也是有服務於政治的用意，且上位
者也需謀士爲其效力，因而學者的哲學與政治似乎有著某種關連，而這種關
連約略可說是，學者的哲學可爲政治提供一條可行的指導思想。

　　從上述的討論，約略可看出先秦時期的學者，在時代的交替改變之中，
其學說立論亦有跟著改變的傾向，對於這種現象的原因，黃俊傑（1946～）
解析認爲：「歷史上的人物及其思想都是受時空因素所決定的（tempro-spatially
determined）。」〔註54〕確如黃先生所言，歷史上的學者之思想，都與其所處

〔註52〕姜國柱：《中國歷代思想史（先秦卷）》（台北：文津出版社，1994年），頁34。
〔註53〕《莊子・天下篇》中就反映出當時學術的概況：「天下之治『方術』者多矣！
　　　　皆以其『有爲』不可加矣！……其數散於天下而設於中國者，百家之學，時
　　　　或稱而道之。天下大亂，賢聖不明，道德不一，天下多但得一察焉以自好。……
　　　　是故內聖外王之道，闇而不明，鬱而不發：天下之人各爲其所欲焉以自爲方。
　　　　悲夫！百家往而不反，必不合矣。後世學者，不幸不見天地之純，古人之大
　　　　體，道術將爲天下裂。」莊子認爲在古代之時，大道是以全體的方式存在著，
　　　　故而可了解大道的眞純全貌。然而戰國時的百家，都一己之偏而以爲是大道，
　　　　因此大道幽暗不明，以後大道將散亂而不得見於世。以上參見〔戰國〕莊周
　　　　撰，〔清〕郭慶藩輯，王孝魚整理：《莊子集釋》（北京：中華書局，1995年），
　　　　卷10，頁1069。
〔註54〕黃俊傑：《中國孟學詮釋史論》（北京：社會科學文獻出版社，2004年），頁4。

當時代的時空特殊風氣有關，不管在當時或是現在，乃至於未來的時代，都有其不同的時空環境，以形成學者不同的獨特思想性格。對此一現象德國哲學家加達默爾（Hans-Georg Gadamer，1900～2002）亦曾指出：

> 與歷史意識一起進行的每一種與流物的接觸，本身都經驗著文本與現在之間的緊張關係。詮釋學的任務就在於不以一種樸素的同化去掩蓋這種緊張關係，而是有意識地去暴露這種緊張關係，正是由於這種理由，詮釋學的活動就是籌劃一種不同於現在視域的歷史視域。歷史意識是意識到它自己的他在性，並因此把傳統的視域與自己的視域區別開來。但另一方面，正如我們試圖表明的，歷史意識本身只是類似於某種對某個持續發生作用的傳統進行疊加的過程（Uberlagerung），因此它把彼此相區別的東西同時又結合起來，以便在它如此取得的歷史視域的統一體中與自己本身再度統一。〔註55〕

在詮釋的過程，由於詮釋者本身的視域參與其中，由之而產生的詮釋便是可能，帶來「不同地」的理解。〔註56〕加達默爾又說：「每一時代都必須按照它自己的方式來理解歷史流下來的文本。」〔註57〕每位學者對於經典的理解，有其個人獨特解讀，也有其特殊的意義價質。經典的詮釋者，在詮釋經典的過程中，不可避免地或多或少滲入自身的理解，表現在解讀的經典文本上，而這之中有對傳統的承續或改造，而這樣的理解，也是詮釋者對經典所作出及賦予新意義的一種詮釋工作。總的來說，大多數的理論思想之建構，似乎多少有包含對傳統的繼承與自身的新理解。而這樣的理解與其自身的時代性，是相關連的。也就是說經典詮釋者，在詮釋過程裡，有其特殊的時代背景與環境，以展現出其時代性的思維。例如，長期從事中國道教研究的黎志添，在其研究過程中，就有類似的體認：

〔註55〕〔德〕加達默爾（Hans-Georg Gadamer）著，洪漢鼎譯：《真理與方法：哲學詮釋學的基本特徵》（上海：上海譯文出版社，2004年），上卷，頁396。
〔註56〕對於加達默爾的哲學詮釋學中，為了凸顯人存在的歷史性，因而主張發揮有效的實質理解，所形成的是不同地理解。張鼎國有專文討論，詳參閱氏著：〈「較好地」還是「不同地」理解：從詮釋學論爭看經典註疏中的詮釋定位與取向問題〉，收入黃俊傑編：《中國經典詮釋傳統（一）：通論篇》（台北：財團法人喜瑪拉雅研究發展基金會，2002年），頁15～50。
〔註57〕〔德〕加達默爾（Hans-Georg Gadamer）著，洪漢鼎譯：《真理與方法：哲學詮釋學的基本特徵》，上卷，頁383。

　　在我嘗試以哲學詮釋學方法探索中國古代道教經典的意義世界時，首先我的理解必是具有選擇性、偏向性和補充性的。從文本與它的詮釋群體所構成的詮釋關係而言，詮釋學方法給我認識到道教經典中的意義，乃是延續地生於歷史道派中各個不同的詮釋群體（interpretive communities）。跟著，我的研究目的是要探求某一道教經典與那一個道教群體有詮釋的歷史關係。事實上，從我的研究成果來說，我們可以明白道教經典的意義，不是因爲其文本本身已經保持著什麼源遠流長的中國道教思想傳統，而是在不同時期和處境，道教經典傳統在不斷被詮釋過程中獲得它的特殊宗教意義。〔註58〕

從上述黎先生的研究經驗，便可看見他在研究道教經典，不可避免地有受時代環境因素的影響，因而在當今時空氛圍下，融入自己的希望與思維來詮釋道教經典。此外他亦指出道教學派信徒詮釋道教經典時，也是有受同時期處境環境影響，而作出特殊的時代宗教意義之詮釋。而若對照加達默爾的說法，過去的歷史與文本所含的意義，不是僅限於含存過去的傳統中人物事件的意義。相對地，這些歷史與文本，都是在當時代氛圍中，受其熏習影響，而表現著當時代精神，以顯出其「存在」於不同時空的意義。可說這當中，詮釋者的「視域」在理解過程中，扮演著重要地位。加達默爾便指出：

　　在這個意義上，在理解中所關注的完全不是一種試圖重構文本原義的「歷史的理解」。我們所指的乃是理解文本本身。但這就是說，在重新喚起文本意義的過程中，詮釋者自己的思想總是已經參與了進去。就此而言，詮釋者自己的視域具有決定性作用，但這種視域卻又不像人們所堅持或貫徹的那種自我的觀點，它乃是更像一種我們可帶進來或進行冒險的一種意見或可能性，並以此幫助我們眞正把文本所說的內容成爲自己的東西。我在前一面已把這一點描述爲「視域的融合」。現在我們認識到這就是一種在談話進行中的發生，在談話中得到表述的事情，並非僅僅是我的意見或我的作者的意見，而是一件共同的事情。〔註59〕

〔註58〕黎志添：〈宗教經典與哲學詮釋學──中西宗教文化的比較觀點〉，收入黃俊傑編：《中國經典詮釋傳統（一）：通論篇》（台北：財團法人喜瑪拉雅研究發展基金會，2002年），頁84。

〔註59〕〔德〕加達默爾（Hans-Georg Gadamer）著，洪漢鼎譯：《眞理與方法：哲學

　　加達默爾認為，對文本的理解，不是重現歷史的理解，而是一種詮釋自己參與文本之中的理解。這樣就表現出對文本的理解，是一種活動處境式的動態理解，而又不是自我主觀的單向理解，正是這種理解過程，重新喚起文本意義。而這種與文本發生的動態理解過程，就是一種「視域融合」的表現。也因為有這種表現，詮釋者與文本可經由「視域融合」的過程，達到彼此相互地對話的可能，而在對話之中文本意義再度被重新理解出來。

　　而對於經典文本的理解與詮釋過程，傅偉勳（1933～1996）將其分成五個層次：實謂層次，即是指原思想家（或經典）實際上說了什麼？意謂層次，即是指原思想家想要表達什麼？蘊謂層次，即是指原思想家可能要說什麼？當謂層次，即是指原思想家本來應當說出什麼？創謂層次，即是指原思想家現在必須說出什麼？因此，創造性詮釋是一種詮釋昇華之過程，是為追求更完整而所作出創新理解。〔註60〕此外，對於理解的方法，袁保新（1952～）在對現今道家研究者的討論中，也就方法論面向提出個人之見解：

> 從方法學的角度來看，傳統以訓詁、考據為主的解經方法，與強調現代讀者如何通過與經典的「對話」，獲致跨越古今的融合「視域」，將隱蔽在經典文字中的現代意蘊召喚出來的詮釋學方法，其實是分屬於兩個層次，各有其詮釋的目的，並無衝突之處。後者應該尊重傳統解經所獲致的結果，避免「望文生義」、「詮釋太過」的毛病；但前者亦必須瞭解到，「意義從脈絡而來」，而經典重要觀念的意蘊，除了經典語言文字的表層脈絡，還有文字背後的「生活世界」（life-world），它是一切行動、知識、理論的意義根源，也是詮釋學撐開融合古今「視域」的基礎，換言之，我們找不到理由排斥從哲學的觀點來詮釋經典的正當性。〔註61〕

有關對傳統思想之研究路徑，有傳統的解經方法與現代的哲學詮釋學方法。二者各有其優點，袁先生認為要彼此結合相互發明，運用哲學詮釋學方法不可望文生義導致詮釋太過，而運用傳統解經方法，也要考慮文字背後的生活意蘊。的確，若能在詮釋經典時，注意文獻脈絡，以此文獻脈絡為基礎，對

　　詮釋學的基本特徵》，下卷，頁502。

〔註60〕傅偉勳：〈創造的詮釋學及其應用：中國哲學方法論建構試論之一〉，《從創造的詮釋學到大乘佛學》（台北：東大圖書公司，1999年），頁10。

〔註61〕袁保新：〈秩序與創新——從文化治療學的角度省思道家哲學的現代義涵〉，《鵝湖月刊》第314期（2001年8月），頁13。

經典進行哲學詮釋，如此則能昇華經典，將經典所應有的哲學意義發掘出來。

　　所以經典之意義，在重大事件的處理上，就有其特殊的地位。往往先哲就是先尋求經典之案例，以之為基礎再適應當時代變化，來加以運用借鑑，周光慶（1944～）在研究古代相關典籍後便發現：「當一個重要課題需要答案，中華先民常常首先是在文化經典中探求聖賢的思想，加以重新解釋，然後再適應新的條件加以『突破』式的發揮。」〔註62〕誠如周先生所言，經典的重要性，與各時代哲人的突破式發揮有關。而之所以如此，也是哲人應不同的時代需求，加以重新詮釋與運用。故而，有關甲骨卜辭、《易經》卦爻辭、《論語》、《孟子》、《荀子》、《易傳》等文本的作者們，其本身對於「命」觀念的說法，實則也有其獨特的「歷史性」的詮釋。

　　於此，對照上一節所論述的，亦即從甲骨卜辭到《易經》卦爻辭到《論語》，再到《孟子》、《荀子》以及《易傳》之中關於「命」觀念的說法，是一步步轉化而來。而這之中的轉化過程，又經歷殷商西周所謂的「前軸心期」，以及春秋戰國所謂的「軸心期」，而在思想文化的變動下，形成兩個「哲學突破」階段。依此，遂形塑出本文之問題意識：此即引發筆者欲將甲骨卜辭到《易經》卦爻辭再到《論語》，之後再到《孟子》、《荀子》以及《易傳》的「命」觀念的演變，來對照「前軸心期」與「軸心期」中的兩個「哲學突破」階段，企圖釐清甲骨卜辭、《易經》卦爻辭、《論語》、《孟子》、《荀子》、《易傳》之中「命」觀念的演變與時代環境之間的相互關係。

第三節　研究範圍之設定

一、時間範圍

　　在討論《易經》卦爻辭「命」觀念之前，是有必要對此前命的觀念來源，作一溯源探析，而殷商時期便是這一溯源探析時期。有關殷墟甲骨文一般指商代後期，即是盤庚遷都之時，到商紂王滅亡之間的占卜辭記錄。而有關此段時間《竹書紀年》有記說：「自盤庚徙殷，至紂之滅，二百七十三年更不徙都。」〔註63〕因《竹書紀年》年代較早，所以其說也為學者採信，如陳夢

〔註62〕周光慶：〈序論〉，《中國古典解釋學導論》（北京：中華書局，2002年），頁2。
〔註63〕有關盤庚徙殷，至紂之滅的時間，有其它本記為七百七十三年。不過經清代陳逢衡《竹書紀年集證》的指正，「七百」為「二百」之誤，故其年當為二

家在推算盤庚遷殷到商紂滅亡的時間，就是採用此說而認爲是二百七十三年。〔註64〕而二百七十三年中共有八世十二王，董作賓（彥堂，1895～1963）便將此十二王的卜辭分爲五期，〔註65〕即是：

第一期：盤庚、小辛、小乙、武丁。

第二期：祖庚、祖甲。

第三期：廩辛、康丁。

第四期：武乙、文丁。

第五期：帝乙、帝辛。〔註66〕

因此本文對甲骨卜辭中的「命」觀念之討論，〔註67〕即以盤庚遷殷到商紂滅亡之間，的二百七十三年的八世十二王之五期，爲討論的時間範圍。

有關《易經》卦爻辭的形成時代，最初在〈繫辭傳〉第十一章即有提到：「《易》之興也，其當殷之末世、周之盛德邪？當文王與紂之事邪？是故其辭危。」〔註68〕〈繫辭傳〉的作者認爲《易經》卦爻辭的形成，是在殷商末年西周初年之時。漢代班固《漢書》也主張此一說法：

> 殷、周之際，紂在上位，逆天暴物，文王以諸侯順命而行道，天
> 人之占可得而効，於是重《易》六爻，作上下篇。孔氏爲之《彖》、
> 《象》、《繫辭》、《文言》、《序卦》之屬十篇。〔註69〕

此皆認爲《易經》卦爻辭成形於殷周之際，以後學者也大都採信此說。不過到了清代乾嘉時期的崔述（東壁，1740～1816）就提出懷疑，認爲：「〈繫辭傳〉中說的『其當』、『邪』、『乎』皆爲疑辭而不敢決。則是作《傳》者但就其文難度之，尚不敢決言其時世，況能決知其爲何人之書乎。」〔註70〕他指

百七十三年。又經朱右曾《竹書紀年存眞》採用陳氏之說，也改作爲二百七十三年。以後學者大都採「二百七十三年」的說法。以上詳閱方詩銘、王修齡：《古本竹書紀年輯證》（上海：上海古籍出版社，1981年），頁30～31。

〔註64〕 參閱陳夢家：〈盤庚遷殷至殷亡積年〉，《殷虛卜辭綜述》，頁208～210。

〔註65〕 也有學者分爲九期和三期說，如陳夢家。但還是以五期說爲大多學者認同採用。陳夢家之說法，參閱同上註，頁133。

〔註66〕 董作賓之說法，參見氏著：《甲骨學五十年》（台北：大陸雜誌社，1955年），頁98～99。

〔註67〕 在甲骨卜辭中，沒有命字，而有令字，即以令字表現命。而且令字就有命令之意。故甲骨卜辭雖沒有命字，但卻有命的觀念出現，故此處是說討論命觀念。

〔註68〕 〔魏〕王弼、〔晉〕韓康伯注，〔唐〕孔穎達正義：《周易正義》，頁175。

〔註69〕 〔東漢〕班固撰，〔唐〕顏師古注：《新校本漢書》（北京：中華書局，1981年），頁1704。

〔註70〕 〔清〕崔述：《豐鎬考信錄》（北京：北京商務印書館，1937年《叢書集成

出〈繫辭傳〉對於《易經》卦爻辭的形成的時代，用了疑問不決之語氣，所以今人不能知其形成時代，推崔述之意即不以〈繫辭傳〉之說爲可信。

時至民國以後學術風氣轉盛，有關《易經》卦爻辭的形成的時代，又再度成爲討論議題，各家觀點相繼提出。如顧頡剛（銘堅，1893～1980）認爲：「它（卦爻辭）的著作時代當在西周的初葉。」〔註71〕；高亨（1900～1986）認爲：「《周易》古經，大抵成於周初，其中故事，最晚者在文、武之世。」〔註72〕；屈萬里（1907～1979）從卦爻辭中所使用的器物，以及習慣用語的角度來分析而得出：「知其（卦爻辭）成於周武王。」〔註73〕

最近學者也提出各自之看法，如黃慶萱（1932～）認爲：「卦爻辭爲西周初葉所作，它很可能出於文王、武王、成王時代占筮之官。」〔註74〕；李學勤（1933～）運用出土文獻與傳世文獻加以研究得出：「《周易》經文的形成可能在周初，而不會晚於西周中葉。」〔註75〕；徐芹庭（1941～）認爲：「要之《周易》卦爻辭完成於周代初年，當無疑矣。」〔註76〕；劉大鈞（1943～）與林忠軍（1960～）認爲卦爻辭的產生是經過多人採輯和補訂，而後成書於殷末周初。〔註77〕；黃沛榮（1945～）在歸納分析後認爲：「唯據近人之研究，卦爻辭確爲西周之作。」〔註78〕；廖名春（1956～）則從《易經》的基本詞彙、實詞的附加成分、虛詞的運用等面向來分析《易經》的成書時代，證明〈繫辭傳〉的「殷之末世，周之盛德」之說是可信的。〔註79〕楊慶中（1964

初編），卷5，頁99。

〔註71〕顧頡剛：〈周易卦爻辭中的故事〉，收入黃沛榮編：《易學論著選集》（台北：長安出版社，1985年），頁208。

〔註72〕高亨著，王大慶整理：〈《周易》的源頭〉，《高亨《周易》九講》（北京：中華書局，2011年），頁10。

〔註73〕屈萬里：《書傭論學集》（台北：聯經出版事業公司，1984年），頁8。

〔註74〕黃慶萱：〈周易的名義內容大義和要籍〉，《周易縱橫談（增訂二版）》（台北：東大圖書公司，2009年），頁10。

〔註75〕李學勤：〈《周易》卦爻辭年代補證〉，《周易溯源》（成都：巴蜀書社，2006年），頁18。

〔註76〕徐芹庭：〈《周易》之完成與周代之易學〉，《易學源流》（台北：國立編譯館，1987年），頁156。

〔註77〕劉大鈞、林忠軍：〈周易古經總論〉，《周易經傳白話解》（上海：上海古籍出版社，2006年），頁5。

〔註78〕黃沛榮：《易學乾坤》（台北：大安出版社，1998年），頁227。

〔註79〕參見廖名春：〈從語言的比較論《周易》本經的成書年代〉，《周易經傳與易學史新論》（濟南：齊魯書社，2004年），頁207～224。

～）則以殷周之際的變革與周初思想的特徵作爲參照，而來討論《易經》的思想，得出《易經》卦爻辭成書於西周初年。〔註80〕此外，亦有學者提出春秋說、〔註81〕戰國說的看法。〔註82〕

　　從以上學者的研究來看，有歷史學、文獻分析、語言分析、文字分析、出土文獻互證、思想史等不同的研究方法路徑，來對《易經》卦爻辭成書時代作出分析。而後各家所提出之看法，雖然存在一些小差異，不過從中可看出大體上，大多數學者都認爲《易經》卦爻辭成書於西周前期，而其成書下限在西周中期。至於春秋說與戰國說之看法，因春秋時已有史官從筮法角度來解說卦爻辭，所以不採用此二說。因此，本文論述《易經》卦爻辭「命」觀念，就是把《易經》卦爻辭定位於西周前期，而下限在西周中期，所產生的作品。而殷商末期到西周初期爲此時期的「轉變點」，故本文亦論及在殷商之際的思想文化的轉變。

　　對於周代的分期，一般可分爲西周時期、春秋時期、戰國時期，這三個時期有其階段性發展。其中春秋與戰國是兩個不同時期，兩時期在思想文化有其不同的地方，如顧炎武（亭林，1613～1682）在《日知錄》中說到：「春秋時猶尊禮重信，而七國則絕不言禮與信矣。春秋時猶宗周王，而七國則絕不言王矣。」〔註83〕春秋之人對禮樂文化還是重視，不過戰國之人則不言禮樂文化的文武之道。由此可知兩個的時期環境思想的相差頗多。而這樣的差異，是有其轉變過程，筆者認爲從西周到春秋再到戰國之發展，其中可區分兩個「轉變點」，即是從西周末年到春秋初年，爲一個「轉變點」；從春秋末年到戰國初年，又爲另一個「轉變點」。而這兩個「轉變點」則需格外注意來分析，這在筆者後文章節會再進行詳細討論。

　　孔子是春秋魯國人，而學者對其生年有分歧不同之看法。《史記・孔子世家》認爲孔子生於周靈王21年，也就是魯襄公22年（551B.C.），卒於周

〔註80〕 參見楊慶中：《周易經傳研究》（北京：商務印書館，2005年），頁93～107。

〔註81〕 如皮錫瑞、陸侃如、梅應運等學者皆認爲《易經》成書於春秋時期，上述三人之看法，詳見〔清〕皮錫瑞：《經學通論》（北京：中華書局，1954年），頁9；陸侃如：〈論卦爻辭的年代〉，《清華週刊》1932年第9期；梅應運：〈周易卦爻辭成書時代之考索〉，《新亞書院學術年刊》1971年第13期。

〔註82〕 如郭沫若便主張《易經》的作者是戰國時的馯臂子弓。參見氏著：〈《易》之作者當是馯臂子弓〉，《中國古代社會研究（外二種）》（石家莊：河北教育出版社，2004年），頁302～304。

〔註83〕 〔明〕顧炎武：《日知錄》（台北：文史哲出版社，1979年），卷17，頁374。

敬王 41 年，也就是魯哀公 16 年（479B.C.），享年 73 歲。對此《春秋公羊傳》
卻說孔子生於魯襄公 21 年（552B.C.），而《春秋穀梁傳》亦主孔子生於魯襄
公 21 年（552B.C.）。此二書對孔子生年較《史記》推論早了 1 年。三書所論
不一，致使後來爭論不一。勞思光（1927～2012）則認爲：「依《公羊》《穀
梁》二傳，則孔子生於魯襄公二十一年，較史記所載早一年。二說以何者爲
正，難有定論，但相差一年，亦無嚴重影響。」〔註84〕另有學者提出折中之
看法，如張秉楠（1939～）即說：「據《春秋》襄公二十一年『十月，庚辰
朔（初一），在無閏月的情況下，則下月（十一月）不當有庚子，故《公羊
傳》所記月日不可從。今按通行的說法，生年取《世家》，月日取《穀梁》。」
〔註85〕以上張先生亦主《史記》之說而認爲孔子生於魯襄公 22 年（551B.C.）。
而勞先生則認爲對於孔子生年僅差一年的出入，無大嚴重影響。勞先生所說
無重大影響，當是指孔子生年之時，亦無重大事件發生在孔子身上，故不影
響分析孔子思想。故本文主張贊同《史記》之說，認爲孔子生於魯襄公 22
年（551B.C.）。因此研究孔子的「命」觀念思想，其時代背景則以春秋時期
爲其主要時代。而參照上文所說，西周末年到春秋初年，爲此一時代的「轉
變點」，所以本文在研究之時，亦論及此一「轉變點」上的前後思想文化之
轉變。

　　孟子是繼孔子之後又一大儒。史籍對於孟子記載不等多，《史記》對孟
子描述也不多，對其生卒年也未提及。雖然文獻記載不足，不過學者們較傾
向性採用之說法，是認爲孟子約生於周烈王 4 年（372B.C.），而卒於周赧王
26 年（289B.C.），享年 84 歲。〔註86〕因此孟子是處於戰國中期之人。而關於
荀子的生卒之年，史籍大都語焉不詳，連《史記》也未記其生卒年。而根據
史籍所記載大約可說荀子，是活動在約周赧王 17 年到秦王政 9 年（238B.C.）
之間。荀子生卒年沒有確定之說法，而本文傾向性採用北京大學荀子注釋組
所考訂後之說法，即荀子生年約在周顯王 44 年（325B.C.），卒年約在秦王政
12 年（235B.C.）。〔註87〕因此，本文便是將孟子定位於戰國中期之哲人，將

〔註84〕勞思光：《新編中國哲學史（一）》（台北：三民書局，2001 年），頁 105。黃
　　　　振民亦主《史記》之說，參見氏著：《古籍導讀》（台北：天工書局，1997 年），
　　　　頁 242。
〔註85〕張秉楠：《孔子傳》（長春：吉林文史出版社，1989 年），頁 6。
〔註86〕如楊澤波：〈孟子年表〉，《孟子評傳》（南京：南京大學出版社，1998 年），頁
　　　　477～488。本文關於孟子的生卒年，即採楊先生之說。
〔註87〕北京大學《荀子》注釋組：《荀子新注》，頁 513～519。

荀子定位於戰國晚期之哲人。故研究孟子與荀子的「命」觀念思想，其時代背景則以戰國時期爲其主要時代，而參照上文所說，春秋末年到戰國初年，爲此一時代的「轉變點」，所以本文在研究之時，亦論及這一「轉變點」上的前後思想文化之轉變。

　　對於《易傳》的成書年代，以往經學家大都認爲是出於孔子之手。如孔穎達（仲達，574～648）《周易正義》認爲十翼之作乃孔子所作，而先儒信之更無異議。〔註88〕所以，對《易傳》成書年代大都不成問題。不過上世對孔子成書《易傳》有了質疑，接著《易傳》的作者與成書時代，成爲各家討論議題。並且在疑古學風影響下，研究以推翻成說爲指標，於是 60 年代學者根據文獻進行重新考察，到了 80 年代有了出土資料的問世，學者又進一步探究考察。因此在現在來看，《易傳》成書於何時，都是有待進一步探究，才可作出論斷。而這方面的研究，近來學者有了一些具體研究成果，不過各家看法不盡相同。以下從 20 世紀初中到現在之學者，對於《易傳》各篇成書年代的看法，分台灣、大陸、域外等地區，學者研究後之看法，以表格呈現如下：〔註89〕

　　台灣學者的看法

	彖　傳	象　傳	文言傳	繫辭傳	說卦傳	序卦傳	雜卦傳
屈萬里〔註90〕	戰國之世作品	戰國之世作品	先秦作品	先秦作品	戰國晚年作品	戰國晚年作品	漢人作品
程石泉〔註91〕	作於孔子之前	作於秦漢時代	作於孔子及門弟子時	出於漢初	出於西漢哀平帝之間，新莽稱帝前後	出於西漢哀平帝之間，新莽之時	出於西漢哀平帝之間，新莽之時

〔註88〕〔魏〕王弼、〔晉〕韓康伯注，〔唐〕孔穎達正義：〈周易正義卷首〉，《周易正義》，頁 7。

〔註89〕以下看法於拙著《甲骨卜辭與《周易》經傳吉凶觀念思想研究》（台北：國立政治大學中文研究所碩士論文，呂凱先生指導，2008 年），頁 17～19，之中有約略整理列出。當時雖有整理，還未區分各地區，而現在再作修訂以及增補較新的其他各家之說法於表中。

〔註90〕屈萬里之說，參見氏著：〈說易〉，收入黃沛榮編：《易學論著選集》（台北：長安出版社，1985 年），頁 131～140。以及屈萬里：《古籍導讀》（台北：台灣開明書店，1984 年），頁 134～136。

〔註91〕程石泉之說，參見氏著：《易學新探》（上海：上海古籍出版社，2003 年），頁 197～221。

黃慶萱〔註92〕	編定於漢文、景帝之時	成於漢文、景帝之時，較象傳稍晚	在景帝時當已成篇	成於漢文帝12年之後	可能成於戰國末年	成於漢文帝12年到漢武帝之間	可能成於漢宣帝之後
戴璉璋〔註93〕	戰國後期作品	戰國後期作品	文言、繫辭先後同時，戰國晚期作品	文言、繫辭先後同時，戰國晚期作品	最遲當成篇於武帝時代	比較難以推斷；約在淮南王時代，已有與序卦傳類似的易說	比較難以推斷；不過與各篇時代不會相差太遠

大陸學者的看法

	彖　傳	象　傳	文言傳	繫辭傳	說卦傳	序卦傳	雜卦傳
高亨〔註94〕	作於戰國時代，象傳之前	作於戰國時代，則無可疑	作於戰國時代，左傳之後	作於戰國時代，公孫尼子前	疑作於戰國時代或西漢初期	疑作於戰國時代或西漢初期	疑作於戰國時代或西漢初期
李鏡池〔註95〕	秦漢間作品	秦漢間作品	作於司馬遷之後，漢昭宣帝之間	作於司馬遷之後，漢昭宣帝之間	作於漢宣、元帝之間	作於漢宣、元帝之間	作於漢宣、元帝之間
朱伯崑〔註96〕	可以定於戰國中期以後，孟子和荀子之間	象傳的下限，當在秦漢之際以前，可看作戰國後期的作品	文言下限當在呂氏春秋以前	繫辭的上限當在彖傳和莊子大宗師之後，乃在戰國後期形成，其下限在戰國末年	戰國末期之作品	在漢初前已形成	可能出於漢人之手

〔註92〕　黃慶萱之說，參見氏著：〈周易的名義內容大義和要籍〉，《周易縱橫談（增訂二版）》（台北：東大圖書公司，2009年），頁15～18。

〔註93〕　戴璉璋之說，參見氏著：《易傳之形成及其思想》（台北：文津出版社，1997年），頁1～14。

〔註94〕　高亨之說，參見氏著：〈《周易大傳》通說〉，《周易大傳今注》（濟南：齊魯書社，2006年），頁5～12。

〔註95〕　李鏡池之說，參見氏著：〈易傳探源〉、〈易傳思想的歷史發展〉，收入黃沛榮編：《易學論著選集》（台北：長安出版社，1985年），頁67～71、257～306。

〔註96〕　朱伯崑之說，參見氏著：《易學哲學史》（台北：藍燈文化事業有限公司，1991年），第1卷，頁46～60。

張立文〔註97〕	春秋時代作品，遲則爲戰國初年	春秋時代作品	春秋中葉作品	不會遲於戰國中期	春秋時代作品	大約是春秋時代，與說卦相近	大約是春秋時代，與說卦相近
劉大鈞與林忠軍〔註98〕	彖傳成書早於文言	象傳成書早於彖傳（大象在前，小象在後）	文言成書早於繫辭	繫辭成書稍早於惠子莊子，或與之同時（以繫辭爲界，推各篇成書年代）	說卦成書早於繫辭象傳大象	序卦晚於繫辭，或許是秦時作品或西漢作品	手頭資料不足尙不敢考定，然成書不會太晚
廖名春〔註99〕	彖傳的形成早於荀子、呂氏春秋、韓非子，當在戰國晚期以前	大象形成早於象傳；小象成書下限在戰國後期	文言是戰國時期作品，其下限在呂氏春秋以前	繫辭成書接近七十子之世，約當戰國前期	帛書周易和帛書衷篇寫成時早已產生。所以，說卦當是戰國時期的作品	序卦當在戰國時就有	雜卦也應當是先秦的作品

域外學者的看法

	彖　傳	象　傳	文言傳	繫辭傳	說卦傳	序卦傳	雜卦傳
金谷治〔註100〕	創作於戰國中期至後期	大象創作不會早於秦始皇末年；小象創作於戰國中期至後期	創作於秦始皇末年至漢初之間	創作於秦始皇末年至漢初之間	說卦前半創作於漢初；說卦後半創作於秦始皇末年至漢初之間	大體上創作於漢代初年	大體上創作於漢代初年

〔註97〕張立文之說，參見氏著：《周易思想研究》（武漢：湖北人民出版社，1983年），頁193～207。以及氏著：〈《周易》的時代和思想研究〉，《周易與儒道墨》（台北：東大圖書股份有限公司，1991年），頁42～48。

〔註98〕劉大鈞與林忠軍之說，參見氏著：〈易傳總論〉，《周易經傳白話解》（上海：上海古籍出版社，2006年），頁160～164。

〔註99〕廖名春之說，參見氏著：〈《易傳》的形成和特質〉，《周易經傳十五講》（北京：北京大學出版社，2006年），頁204～218。

〔註100〕金谷治之說，參見〔日〕金谷治著，于時化譯：《易的占筮與義理》（濟南：齊魯書社，1990年），頁73～86。

　　綜合以上學者研究後之看法，各家對於《易傳》各篇成書年代，可看得出分歧還是很多。而各家學者提出看法前，都有其各自的推論依據。有的是根據傳世文獻資料先確定某篇年代，以此排列比較它篇，而從中推論出各篇之成書年代。有的是透過思想發展線索，推論各篇成書先後年代。有的是根據出土文獻，即運用二重證據法，比較傳世文獻與出土文獻，以比較得出各篇之年代。由此可見制約《易傳》各篇成書年代的因素，最終仍然是文獻材料具決定因素，廖名春（1956～）即指出：「先秦史研究，材料比觀點更重要。」〔註101〕誠哉斯言。可說若沒有關文獻研究成果之新進展，則關於《易傳》成書年代之研究，不太可能有重大突破。雖然確定的年代可能較無法確立，不過由上列各表各家的看法來看，大多數認為《易傳》成書於戰國晚期。至於下限年代有學者推論在西漢時期。因此本文即是將《易傳》成書定位於戰國晚期，而相關論證資料亦與《易傳》相近的時期之作品為主。而在本文討論上是將《易傳》排在《荀子》之後，其理由是《易傳》雖成於戰國晚期，不過在下限年代上是晚於《荀子》的，所以本文便是將《易傳》安排在《荀子》之後來討論。

　　至於在論述《易傳》「命」觀念思想時，本文擬將《易傳》看作整體來看，因為《易傳》是反映一個時期的作品，如上所述它可能是反映戰國時期的作品，所以它的哲學思想大體上，也是一整個有可能反映出當時代的特色。且在稍後之漢代的經學時代，《易傳》是以一個整體作品，在經學時代發生它的影響，也就是說《易傳》不分各篇而以整體的樣式影響著經學時代。故而本文論述《易傳》「命」觀念思想不再採分篇論說，而視《易傳》為一整體作品來予以論述。

二、研究材料

（一）主要材料

　　中國現在最早的文字，是於 19 世紀末陸續被發現的甲骨卜辭文字，而一般學界是將發現甲骨卜辭文字的代表年代，取在 1899 年光緒 25 年己亥歲。〔註102〕它是漢字原型其中一個，也代表與反映商代後期思想文化，並

〔註101〕廖名春：《周易經傳與易學史新論》（濟南：齊魯書社，2004 年），頁361。
〔註102〕吳浩坤、潘悠：《中國甲骨學史》（上海：上海人民出版社，2006 年），頁 4
　　　　～5。

且也影響之後的中國文化。如稍後的西周思想文化，也與殷商文化有著某種程度關係。而在研究殷商時期的「命」觀念，就需透過甲骨卜辭文字，來加以考察。因此，本文探討殷商「命」觀念的發展，就是藉助於甲骨卜辭以爲研究依據材料。而本文引用內容乃是依郭沫若主編、胡厚宣總編輯《甲骨文合集》一書爲主。〔註 103〕並輔以同時期之金文，如中國社會科學院考古研究所編《殷周金文集成》，〔註 104〕以及同時期史書，如方詩銘與王修齡《古本竹書紀年輯證》、孔安國傳與孔穎達等正義《尚書正義》等，〔註 105〕與殷商時期有關之材料。

　　本文對於《周易》經、傳的文本依據，乃是以藝文印書館編印的《周易正義》一書爲主。〔註 106〕並在研究時輔以程頤的《易程傳》，〔註 107〕與朱熹（元晦，1130～1200）的《周易本義》爲輔。〔註 108〕並酌參李鼎祚編纂的《周易集解》，〔註 109〕與李光地（安溪，1642～1718）編纂的《周易折中》等歷代重要易書。〔註 110〕而之所以要選擇歷代重要易書，乃如朱伯崑所提及：「歷代解易有史可查的就有幾百家。史書中的〈藝文志〉、〈經籍志〉中皆有著錄。研究易學及其哲學史，應以其中影響大的有代表性的著述爲主。」〔註 111〕誠如朱先生所言，所以本文便是以《周易正義》一書爲主，而以上述歷代重要易書爲輔，作爲主要研究材料。〔註 112〕

〔註 103〕郭沫若主編，胡厚宣總編輯：《甲骨文合集》（上海：中華書局，1979～1982年）。

〔註 104〕中國社會科學院考古研究所編：《殷周金文集成》（北京：中華書局，1984～1994 年）。除商代金文外，西周時期與東周時期的金文，本文亦以此書爲主要材料。

〔註 105〕研究殷商文化雖有甲骨卜辭作爲研究材料，不過資料上還是不算多，故需藉同時期史籍以資研究。如方詩銘、王修齡《古本竹書紀年輯證》中的〈殷紀〉部分，還有孔安國傳與孔穎達等正義《尚書正義》中的〈湯誓〉、〈盤庚〉、〈高宗肜日〉、〈西伯戡黎〉、〈微子〉等，皆與殷商文化研究有關，故對本文殷商時期「命」觀念研究實有助益。

〔註 106〕〔魏〕王弼、〔晉〕康伯注，〔唐〕孔穎達正義：《周易正義》（台北：藝文印書館，1997 年《十三經注疏》本）。

〔註 107〕〔宋〕程頤：《易程傳》（台北：文津出版社，1987 年）。

〔註 108〕〔宋〕朱熹：《周易本義》（台北：大安出版社，1999 年）。

〔註 109〕〔唐〕李鼎祚：《周易集解》（台北：台灣商務印書館，2004 年）。

〔註 110〕〔清〕李光地：《周易折中》（成都：巴蜀書社，2006 年）。

〔註 111〕朱伯崑：《易學哲學史》，頁 11。

〔註 112〕此外，本文儘量不限於某家註釋，若需用之則加以註釋，且本文不欲陷入妄斷之譏，故析研《易經》卦爻辭遇有經文不明之處，則輔以傳文以解之。而

　　《論語》中的內容大都可看作是眞實記錄，它的成書是由孔子弟子及再傳弟子所陸續編纂而成，可說應有一部分出自孔子弟子親手記錄，而一部分則成於七十子之門人。〔註113〕不過總的看來《論語》一書，不是成於一人，也不是成於一時之作，但此書卻是研究孔子思想的重要文獻資料。到了漢代《論語》出現了《齊論語》22 篇、《魯論語》20 篇及孔宅所出古文《論語》20 篇等三家版本。〔註114〕西漢末年安昌侯張禹（？～5B.C.）依據魯論、齊論，並兼採其它各家之長，而成《論語章句》，也稱《張侯論》。而東漢鄭玄（康成，127～200）依據魯論，參酌齊論、古論並加以注解，即成後人通稱的鄭玄《論語注》。而魏晉時何晏（平叔，約 195～249）根據《論語注》，又集漢魏各家之說，而成《論語集解》一書。之後南朝梁之時的皇侃（488～545），又將《論語集解》加以疏解，詳其義解，成《論語集解義疏》。北宋之時邢昺（叔明，932～1010）又據皇侃《論語集解義疏》而作《論語注疏》，頒列學官，此書也就是現今十三經注疏的通行本。而本文所依據的便是由藝文印書館所出版的《論語注疏》一書爲主。〔註115〕並參酌清劉寶楠（楚楨，1791～1855）《論語正義》、〔註116〕程樹德（郁庭，1877～1944）《論語集釋》、〔註117〕楊樹達（遇夫，1885～1956）《論語疏證》、〔註118〕楊伯峻（1909～1992）《論語譯注》等書。〔註119〕

　　有關孟子立命之說載於《孟子》一書，本文原典取用由藝文印書館所出

其它重要易學著作，可參文後之參考書目部分，於此僅列部分代表性著作。
〔註113〕關於《論語》的編纂，歷代見解有：（1）認爲《論語》是仲弓、子游、子夏等所編纂，此是鄭玄在〈論語序〉中所提出之看法。（2）認爲《論語》是曾子弟子所編纂，此是柳宗元在〈論語辨〉中所提出之看法。（3）認爲《論語》的編纂是有若、曾子弟子等所編纂，此是程頤在〈經說〉中所提出之看法。以上各家之看法詳見〔清〕劉寶楠：《論語正義》（北京：中華書局，1990 年），頁 792～793。
〔註114〕葉國良等著：《經學通論》（台北：大安出版社，2005 年），頁 339。
〔註115〕〔魏〕何晏等集解，〔宋〕邢昺疏：《論語注疏》（台北：藝文印書館，1997 年《十三經注疏》本）。
〔註116〕〔清〕劉寶楠：《論語正義》（北京：中華書局，1990 年）。
〔註117〕程樹德：《論語集釋》（北京：中華書局，1997 年）。此書所引書目 680 種，內容分爲 10 類：有考異、音讀、考證、集解、唐前古注、集注、別解、餘論、發明、按語。書中不分派別，採全面引述，並加按語表達自身看法，可稱上搜羅豐富之作。
〔註118〕楊樹達：《論語疏證》（上海：上海古籍出版社，2006 年）。
〔註119〕楊伯峻：《論語譯注》（北京：中華書局，2002 年）。

版的《孟子注疏》一書爲主。〔註120〕並參酌宋朱熹《四書章句集注》、〔註121〕
清焦循（里堂，1763～1820）《孟子正義》所集結之諸家註解。〔註122〕而對於
《孟子》一書的形成，歷來說法不一。有主張是孟子親自撰成，如東漢趙岐
在《孟子注疏》中就是持這種看法。〔註123〕也有主張是孟子弟子所撰成的。
〔註124〕然而《孟子》一書的體裁與《論語》相似，都採用問答方式撰成。而
這種方式是老師的講學言行的記錄，其中亦包含老師與弟子們的言談。所以
《孟子》一書，不論可能是孟子本人所撰，亦或可能是弟子所撰成，然此書
是孟子思想言行之記錄，應是無所疑的。

荀子是繼孟子之後，先秦又一大儒，而《荀子》一書的內容大都是可靠。
荀子的著作流傳在漢代有三百多篇，後經劉向（子政，77～6B.C.）校讎去其
重複篇章，而定成 32 篇。此書相當於現今流傳《荀子》一書。唐楊倞認爲
《荀子》一些篇章，由荀子弟子所作，他並將《荀子》篇章次序加以排列，
而成爲現在的章次。對於《荀子》的成書，梁啓超認爲其書除荀子所作外，
亦有荀子弟子所加入的文字。〔註125〕對此，張西堂（1901～1960）亦認爲
《荀子》其書中除有荀子自作，也有部分是其門徒所作。〔註126〕綜合來說，

〔註120〕〔東漢〕趙岐注，〔唐〕孫奭疏：《孟子注疏》（台北：藝文印書館，1997 年
《十三經注疏》本）。

〔註121〕〔宋〕朱熹：《四書章句集注》（北京：中華書局，2003 年）。

〔註122〕〔清〕焦循：《孟子正義》（台北：文津出版社，1988 年）。

〔註123〕趙岐《孟子注疏‧題辭解》說：「此書孟子之所作也，故惣謂之《孟子》。」
又說：「於是退而論集，所與高弟弟子公孫丑、萬章之徒，難疑答問，又自撰
其法度之言，著書七篇。」即主張孟子自撰其書。以上趙岐之說法，參見〔漢〕
趙岐注，唐孫奭疏：《孟子注疏》，頁4～5。

〔註124〕如韓愈以爲《孟子》一書，乃是由孟子的弟子所撰成。參見韓愈：《韓昌黎集》
（四部叢刊本），卷14，頁8。

〔註125〕梁啓超對於《荀子》成於荀子自作之可靠性有所懷疑，他就指出第9、15和
16 篇文中都有用「孫卿子」一詞，荀子本人應不會用此一詞，因此他便推論
認爲這些篇章，乃是有可能是荀子的門下弟子所加入的文字。以上梁氏之說，
參見氏著：《諸子考釋》（台北：台灣中華書局，1957 年），頁 74；氏著：〈荀
卿及荀子〉，收入顧頡剛：《古史辨》（台北：藍燈文化事業公司，1993 年），
第 4 冊，頁 110～117。

〔註126〕張西堂在研究《荀子》的各篇章，而其中含有一致性的思想，而後認爲有多
數篇文字完全可認爲是荀子所作，亦即是第 1 至 3 篇、第 9 至 11 篇以及第
17 至 23 篇。此外，他認爲第 4、5、12、13 雖大都是荀子所寫，然其中可能
含有後人所篡入的文字。而第 8、15、16 篇應是荀子門徒所作。至於第 7、
14、24 篇的作者之可靠性是有待商榷。他甚至將兩篇詩作和最後六章整個
地排除在外。以上張先生之說，參見氏著：〈荀子勸學篇冤詞〉，收入顧頡剛：

《荀子》一書是含荀子本人和其門徒的著作。此書在先秦著作之中，相對上問題較少，書中篇章是經後人所編排，已非原貌，然大體上是荀子思想的主要著作。

　　至於《荀子》的注本，直至唐代有楊倞《荀子》注本 20 卷。之後到了清代有王先謙（葵園，1842～1917）的《荀子集解》20 卷。而筆者本文之研究，即以中華書局出版的《荀子集解》〔註127〕一書爲主，並參酌北京大學《荀子》注釋組撰的《荀子新注》、〔註128〕梁啓雄（1900～1965）《荀子簡釋》、〔註129〕張覺（1949～）的《荀子譯注》、〔註130〕董治安（1934～）和鄭傑文（1951～）的《荀子匯校匯注》等書。〔註131〕

（二）引證資料

1. 關於傳世文獻資料

　　關於「傳世文獻」方面，筆者本文亦與研究內容有關的文獻之原則來加以涉及，如《尚書》、《詩經》、《逸周書》、《左傳》、《國語》、《老子》、《莊子》、《墨子》、《韓非子》、《史記》等與本文研究有關的典籍。〔註132〕

　　而關於《尚書》，有《今文尚書》與僞《古文尚書》之分，而學者大都採信《今文尚書》。〔註133〕《今文尚書》中分有《虞夏書》、《商書》、《周書》等

　　　《古史辨》，第 6 冊，頁 149～150。而勞思光亦指出：「荀子之著作即今本《荀子》。舊稱《孫卿子》或《荀卿子》。其中部分爲荀子自撰，部分爲門人所記。如〈大略篇〉至〈堯問篇〉，皆顯爲雜記，必出後學之手。」參見氏著：《新編中國哲學史（一）》，頁 317。

〔註127〕〔戰國〕荀況撰，〔清〕王先謙：《荀子集解》（北京：中華書局，1954 年）。
〔註128〕北京大學荀子注釋組：《荀子新注》（台北：里仁書局，1983 年）。
〔註129〕梁啓雄：《荀子簡釋》（台北：木鐸出版社，1988 年）。
〔註130〕張覺：《荀子譯注》（上海：上海古籍出版社，1995 年。
〔註131〕董治安、鄭傑文：《荀子匯校匯注》（濟南：齊魯書社，1997 年）。
〔註132〕各書採用版本可參見文後之參考書目所列，在此不再重列。
〔註133〕現今所流傳的《尚書》爲 58 篇（若是加上〈書序〉則爲 59 篇），此書學者稱之爲「僞《古文尚書》」，但其書中實有一部分是《今文尚書》，一部分才是「僞《古文尚書》」。而其中《今文尚書》，乃是秦博士伏生避焚書令而藏於壁中，於漢初才取出並改用隸書寫定的《今文尚書》29 篇。至於其中「僞《古文尚書》」，一則取伏生《今文尚書》中的二篇擴成五篇，而多出三篇。二則乃是編纂散見於古籍之中的《尚書》逸句，並添入僞撰字句而成 25 篇，因此現在流傳《尚書》裡有「僞《古文尚書》」29 篇。以上可詳見葉國良、夏長樸、李隆獻合著：《經學通論》（台北：大安出版社，2005 年），頁 93～101。因此，本文所引證《尚書》之內容，即以今傳本《尚書》58 篇中的 29 篇《今文尚書》的內容爲主。

記述夏、商、周三代之事。不過學者對於《周書》中的各篇主旨頗不一致，其中除〈費誓〉、〈文侯之命〉、〈秦誓〉為記春秋時的公侯之事，其它各篇大都為記西周時之事。關於《詩經》，學者們大致認為採用：《周頌》屬於西周初年作品；《大雅》、《小雅》約都屬於西周中期與晚期作品；《魯頌》、《商頌》約都完成於東周初期；《國風》各部分亦約完成於東周初期。〔註134〕所以，本文在討論《易經》卦爻辭命觀念思想，即以《尚書》中西周時期之作品；《詩經》中之《周頌》、《大雅》、《小雅》等，作為參照引證之依據。而在討論《孔子》、《孟子》、《荀子》、《易傳》命觀念思想時，即以《詩經》中之《魯頌》、《商頌》、《國風》作為參照引證之依據。

關於《逸周書》本稱《周書》，因為是儒家編定《尚書》中〈周書〉後所留餘的部分篇章，故稱為《逸周書》。此書內容豐富包含，其中有些篇章如〈世俘〉、〈商誓〉、〈度邑〉、〈黃門〉、〈嘗麥〉、〈祭公〉、〈芮良夫〉等大都屬於西周之時的作品。《逸周書》保有西周很多的真實記錄，就史料而言，有些篇章的重要性甚至超過《尚書》。〔註135〕此書內容反映與闡明周文王到周成王，有關如何克殷建周，以及周初王室的內政事務之文治，還有戰爭軍事之武功等記錄。雖以前學人因其偽書因素，而未能採用，不過經現代學者董作賓、李學勤、〔註136〕楊朝明（1962～）〔註137〕的分析研究後，大都肯定此書的史料價值，故《逸周書》仍是研究西周思想文化的有效文獻。因此，本文討論《易經》卦爻辭命觀念思想時，便可以《逸周書》作為參照引證的文獻。

至於《左傳》所記載事蹟的年代，是從西元前 722 年到西元前 478 年之間，〔註138〕且其成書在秦國統一之前。〔註139〕而《國語》則是記載西周穆王

〔註134〕 詳參閱屈萬里：《詩經釋義》（台北：中國文化大學出版部，1988 年），頁 1～10；朱東潤：《詩三百篇探故》（上海：上海古籍出版社，1981），頁 47～71；葉國良、夏長樸、李隆獻合著：《經學通論》（台北：大安出版社，2005年），頁 127～131。

〔註135〕 楊寬：〈論《逸周書》〉，《西周史》（上海：上海人民出版社，2004 年），頁 857～859。相關內容亦可參見黃懷信：〈《逸周書》提要〉，《逸周書校補注譯》（西安：西北大學出版社，1996 年）頁，iii～iv。

〔註136〕 李學勤：《失落的文明》（上海：上海文藝出版社，1997 年），頁 332。

〔註137〕 楊朝明：〈《逸周書》所見滅商前的周公〉，《河南科技大學學報（社會科學版）》2008 年第 1 期，頁 16～24。

〔註138〕 參見楊伯峻：〈前言〉：《春秋左傳注》（北京：中華書局，1981 年），頁 19～20；洪業：〈春秋經傳引得序〉，《洪業論學集》（北京：中華書局，1981 年），頁 223～225。

（967B.C.）到戰國初年趙、魏、韓三家滅智氏（453B.C.），〔註140〕約515年
間的歷史人物言行與史事，其成書約在戰國初年。因此，若要瞭解春秋戰國
的歷史，《左傳》與《國語》是兩部可信的典籍。所以，本文在討論《孔子》、
《孟子》、《荀子》、《易傳》命觀念思想時，此二書便可作爲參照引證之文獻。
至於其他典籍，則也可作爲本文研究時的引證文獻資料。總之，本文所引證
之傳世文獻資料，僅限於與本文研究有相關的資料加以選擇。

　2. 關於地下出土資料

　　有關「先周與西周考古」方面，在對西周的田野考古工作，早在 1933
年即有徐旭生（炳昶，1888～1976）率隊對在陝西長安、鳳翔、寶雞等縣進
行考古研究。〔註141〕在此基礎上 1934～1935 年由蘇秉琦（1909～1997）主
持組隊對寶雞鬥雞台溝東區進行考古研究。〔註142〕不過這些只獲得少數考
古器物，眞正大規模的考古工作，在 1976～1977 年由北京大學等單位組成
的考古隊在「周原遺址」大規模發掘，於是在鳳雛、召陳兩村發兩個大型建
築群基址，〔註143〕亦出土頗多青銅器，如毛公鼎、史墻盤等均是周原所出
土的。1979～1980 周原考古隊清理岐山鳳雛村甲組建築基址，也出土周原陶
文，此應是先周晚期之物。〔註144〕此外，還有對「豐、鎬遺址」的發現，
豐、鎬兩城一直是先周晚期到西周時期，全國政經文化的重要中心地區，其
中在 1986 年長安縣斗門鎮花園村鎬京遺址發現大型宮殿基址。而自 2003～
2008 年由陝西省考古研究所與北大考古文博學院組成考古隊，在陝西省岐山

〔註139〕如葉國良等認爲《左傳》成書年代的年代上限在周烈王元年（425B.C.），而
　　　　下限在周赧王 19 年（296B.C.）。以上參見葉國良、夏長樸、李隆獻合著：《經
　　　　學通論》（台北：大安出版社，2005 年），頁 244～246。楊伯峻認爲《左傳》
　　　　編定應在西元前 403 到 386 年之間，參見氏著：〈前言〉《春秋左傳注》，頁
　　　　43；最近出土的地下材料亦證實了《左傳》爲先秦作品，參見張政烺：〈春秋
　　　　事語題解〉，《文物》1977 年第 1 期，頁 36～39。
〔註140〕黃永堂：〈前言〉，《國語全譯》（貴陽：貴州人民出版社，1995 年），頁 1～2；
　　　　鄔國義等譯：〈前言〉，《國語譯注》（上海：上海古籍出版社，1994 年），頁 3。
〔註141〕徐炳昶、常惠：《陝西調查古跡報告》（北京：國立北平研究院，1933 年），
　　　　頁 1～34。
〔註142〕蘇秉琦：《鬥雞台溝東區墓葬》（北京：北平史學研究所，1949 年）。
〔註143〕參見陝西周原考古隊：〈陝西岐山鳳雛村西周建築基址發掘簡報〉，《文物》1979
　　　　年第 10 期，頁 27～37。
〔註144〕陳全方：〈周原陶文概論〉，《周原與周文化》（上海：上海人民出版社，1988
　　　　年），頁 158。

縣城北的鳳凰山南側「周公廟遺址」進行調查與發掘。而周公廟遺址是目前發現西周時期最高等級墓葬群，且專家在清理研究後認為周公廟遺址是周公的封地之結論。〔註145〕其中也出土甲骨卜辭740片，有字卜辭105片，其中刻有周公字樣者四片卜辭，學者認為屬於西周初年的並與周公有關。〔註146〕綜觀以上的考古，對本文先周文化與西周思想文化之研究，提供了可參照引證的資料。

有關「西周甲骨文」方面，在以往對於甲骨文，民國早期學者都認為是殷商時期的文字，代表著殷商文化。1954年山西洪趙縣坊堆村發現一片有字甲骨，二年之後李學勤就首先指出此片有字甲骨是西周的遺物，於是打破了凡是甲骨文就是殷商之看法。〔註147〕而1977年在周人發祥地周原，即陝西岐山縣鳳雛村甲組基址西廂房二號房窖穴中，發現出土1萬7千餘片甲骨，其中有字甲骨約三百片，有903個字。而對周原甲骨文卜辭的年代，大多數學者認為是先周晚期到西周前中期的產物。〔註148〕故周原甲骨文可作為在研究《易經》卦爻辭命觀念思想時，可供資引證的出土資料。

與《周易》經傳有關的出土簡帛資料，近來也不斷出現，如1973年湖南省長沙市馬王堆三號漢墓出土的馬王堆漢墓帛書《周易》，其內容可分為帛書《易經》與帛書《易傳》，其中帛書《易經》含有64個卦，帛書《易傳》含有〈二三子〉、〈繫辭〉、〈衷〉（或稱〈易之義〉）、〈要〉、〈繆和〉、〈昭力〉等篇。〔註149〕1977年春，安徽省阜陽縣雙古堆西漢汝陰侯墓出土的阜陽漢簡《周易》，其中存有分屬於53個卦的卦辭、爻辭，且卦爻辭之下附有卜事之辭，未見《易傳》內容。〔註150〕以及1994年3月由香港文物市場搶救回

〔註145〕參見徐天進：〈周公廟遺址的考古所獲及所思〉，《文物》2006年第8期，頁55～62、98。

〔註146〕參見李學勤：〈周公廟卜甲四片試釋〉，《西北大學學報（哲學社會科學版）》2005年第2期，頁89～91。

〔註147〕李學勤：〈談安陽小屯以外出土的有字甲骨〉，《文物參考資料》1956年第11期，16～17。

〔註148〕王宇信：《甲骨學通論》（北京：中國社會科學出版社，1989年），頁497～408；徐錫臺：《周原甲骨文綜述》（西安：三秦出版社，1987年），頁154。

〔註149〕有關馬王堆漢墓帛書《周易》經傳之概況，可參閱廖名春：〈帛書《周易》經、傳述論〉，《帛書《周易》論集》，頁3～28；亦可參閱張立文：〈《帛書周易》淺說〉，《帛書周易注譯（修訂版）》（鄭州：中州古籍出版社，2008年），頁1～3。

〔註150〕有關阜陽漢簡《周易》之發現與整理，可參閱韓自強：〈呂序〉、〈說明〉，《阜陽漢簡《周易》研究》（上海：上海古籍出版社，2004年），頁1～2、45～46。

歸，而後發表的上海博物館藏戰國楚竹書《周易》，其中內容涉及 34 個卦爻辭。〔註151〕以上這些出土的《周易》簡帛，是以往易學家如三國魏王弼（輔嗣，226～249）、唐代孔穎達、宋代程頤、宋代朱熹等人不曾見過的資料，這些出土資料對於現今研究《周易》之學者，提供非常珍貴的新的引證參考資料。

　　而在孔子之後，特別值得注意的是，在 1993 年湖北省荊門市博物館考古人員對郭店一號墓發掘，出土郭店楚墓竹簡，其中含有儒家簡 14 篇，〔註152〕之中〈窮達以時〉、〈性自命出〉談及有關命觀念思想。經過學者研究後，普遍認為的儒家簡反映孔子到孟子之間一百年的學術情形。對郭店楚墓竹簡的年代，湖北荊門博物館發掘小組，在依據墓葬形制和器物等特徵，而推斷此墓年代應為戰國中期偏晚；李學勤認為，郭店 1 號墓下葬時間不晚於西元前 300 年；丁四新（1969～）在研究郭店楚墓竹簡各篇的內容後，認為其年代主要在戰國早中期。〔註153〕以上就各方論證來看，學者大都認為郭店楚墓竹簡是戰國中期的作品。不過也有學者認為其年代要往後些，如李裕民（1940～）研究後認為郭店楚墓竹簡的年代，應是戰國晚前段。〔註154〕也有的認為要推斷出切確的年代，如王葆玹（1946～）認為郭店楚墓竹簡的年代，當是在西元前 278 到西元前 265 之間。〔註155〕學者們雖有約略共同看法，不過部分仍

〔註151〕有關海博物館藏戰國楚竹書《周易》之竹簡概況，可參閱濮茅左：〈楚竹書《周易》概況與研究〉，《楚竹書《周易》研究——兼述先秦兩漢出土與傳世易學文獻資料》（上海：上海古籍出版社，2006 年），上冊，頁 1～6。

〔註152〕在 1993 年湖北省荊門市郭店一號楚墓出土八百餘枚的竹簡，其中少部分無字簡，有文字的竹簡共 730 枚，大部分完整。而根據整理者的分類，其內容可分為道家與儒家 2 大類，共有 18 篇。包括道家類竹簡 4 篇，即是《老子》甲、乙、丙三篇、〈太一生水〉；儒家類竹簡 14 篇，即是〈緇衣〉、〈魯穆公問子思〉、〈窮達以時〉、〈五行〉、〈唐虞之道〉、〈忠信之道〉、〈成之聞之〉、〈尊德義〉、〈性自命出〉、〈六德〉、〈語叢〉（一）、〈語叢〉（二）、〈語叢〉（三）、〈語叢〉（四）。以上參見王傳富、湯學鋒：〈荊門郭店一號楚墓〉，《文物》1997 年第 7 期，頁 48、98～99。

〔註153〕文中各家之看法，詳參見荊門市博物館：〈前言〉，《郭店楚墓竹簡》（北京：文物出版社，1998 年），頁 1；梁濤：〈李學勤序〉，《郭店竹簡與思孟學派》（北京：中國人民出版社，2008），頁 1；丁四新：《郭店楚墓竹簡思想研究》（北京，東方出版社，2000 年），頁 388。

〔註154〕參見李裕民：〈郭店楚墓的年代與墓主新探〉，《陝西師範大學學報（哲學社會科學版）》，2000 年第 3 期，頁 23～27。

〔註155〕參見王葆玹：〈試論郭店楚簡的抄寫時間與莊子的撰作時代——兼論郭店與包山楚墓的時代問題〉，《哲學研究》，1999 年第 4 期，頁 18～29。

有分歧存在，學者們大都從墓形或隨葬品判斷年代，但墓葬畢竟離今久遠，其年代實不易推斷，若要推出明確年代是不太可能，除非有充足又堅強的證據，否則若能推出一段時期也該是可接受的推論。

郭店楚墓竹簡自公布以來，大都認爲它是孔孟之間的學術資料，並以此來論定它在中國哲學史上的地位。這也是因爲的成書年代的最下限不會晚於《孟子》成書之時。〔註156〕且從郭店楚墓竹簡的各篇內容以來看，其所顯示出的思想亦與子思一系的主張相仿，因此，便有學者指出郭店楚墓竹簡是子思或思孟學派的作品。〔註157〕所以，郭店楚墓竹簡可用來在本文研究孔孟命觀念思想時之引證，至於本文研究所據是以荊門市博物館編《郭店楚墓竹簡》一書爲主。〔註158〕並參酌劉釗的《郭店楚簡校釋》一書。〔註159〕

此外，上海博物館1994從香港搶購回竹簡中，除前文《周易》外，還有相關儒簡，已出版的《上海博物館藏戰國楚竹書（一）》中包含有〈孔子詩論〉、〈緇衣〉、〈性情論〉等儒簡。又於1973年在河北省定州八角廊村西漢中山懷王劉脩墓出土的，定州八角廊漢墓竹簡本《論語》，〔註160〕據研究是目前最早的《論語》抄本。

而2008年入藏清華大學的戰國竹簡，學者指出其年代爲戰國中期偏晚，內容多是經史類文獻，〔註161〕尤其是有關《尚書》的典籍。而目前出版的《清華大學藏戰國竹書（一）》，〔註162〕簡文中有〈程寤〉、〈保訓〉、〈金縢〉等篇，內容所記載與周文王、周武王、周公之事有關，〔註163〕故可爲本文研究西周

〔註156〕目前以王葆玹推測墓葬的年代爲最晚，他推測在西元前227年，參見氏著：〈試論郭店楚簡各篇的撰作時代及其背景——兼論郭店及包山楚墓的時代問題〉，收入《郭店楚簡研究》（瀋陽：遼寧教育出版社，1999年），頁366～389。

〔註157〕如李學勤：〈荊門郭店楚簡中的《子思子》〉，收入姜廣輝主編：《郭店楚簡研究》（《中國哲學》第20輯），頁75～80。又楊儒賓的〈子思學派試探〉也是一篇比較詳盡的論述，該文收入武漢大學中國文化學院編：《郭店楚簡國際學術研討會論文集》（武漢：湖北人民出版社，2000年），頁606～624。

〔註158〕荊門市博物館：《郭店楚墓竹簡》（北京：文物出版社，1998年）。

〔註159〕劉釗：《郭店楚簡校釋》（福州：福建人民出版社，2005年）。

〔註160〕河北省文物研究所定州漢墓竹簡整理小組編：〈前言〉，《定州漢墓竹簡《論語》》（北京：文物出版社，1997年），頁1。

〔註161〕李學勤：〈清華簡整理工作的第一年〉，《清華大學學報（哲學社會科學版）》2009年第5期，頁5～6。

〔註162〕清華大學出土文獻研究與保護中心編，李學勤主編：《清華大學藏戰國竹書（一）》（上海：中西書局，2010年）。

〔註163〕李學勤：〈清華簡九篇綜述〉，《清華大學學報（哲學社會科學版）》2010年第

思想文化時之參照與引證。

　　自從王國維（觀堂，1877～1927）提出「二重證據法」以來，藉助新出土文獻，作爲研究古代思想之輔助，爲缺乏資料的先秦時代，實在是有所助益於研究工作。然而在操作上，還是秉持王先生所說的：「以補正紙上之材料，亦得證明古書之某部分全爲實錄。」〔註164〕對於如何較妥當的使用此方法，葉國良（1949～）進一步指出：

　　「二重證據法」的具體操作，應先確定地下材料爲眞品，乃可進行；若非眞品，不必進行。比較地下材料與紙上材料的異同，可視狀況處理，或以紙上材料爲底本或以地下材料爲底本。既得出異同，應解釋其矛盾處或不合處，以定兩者孰是孰非；若無法解釋，則闕疑不論，以待新出地下材料，不宜強作解人。至於已定位的出土文獻，不僅能「還正史傳」還可以「以考遺刻」。而且，使用的範圍並不拘限於先秦文獻的研究。〔註165〕

地下出土的文獻資料，不僅提供研究上更豐富的新資料，而如能將出土資料合適地與傳世文獻資料作相互印證，則有助於更深入掘發文獻思想義蘊。而在對處理歷史文獻的年代問題上，林啓屛師（1963～）認爲：

　　古代歷史文獻之所以產生爭議，即在於可供比對參照的同時代文獻不足，如果出土文獻能夠合理地扮演「比對參照」的角色，則古代歷史文獻的時代性自可在比對中，找出其時代的共性，如此，則有爭議的古代歷史文獻當可得出一個合理的時間點的判斷，雖然絕對的時間點，或許未能因此完全地確定。〔註166〕

---

5 期，頁51～57。

〔註164〕王國維：〈古史新證〉，收入氏著：《古史新證——王國維最後的講義》（北京：清華大學出版社，1994年），頁2。

〔註165〕葉國良：〈二重證據法的省思〉，收入葉國良、鄭吉雄、徐富昌編：《出土文獻研究方法論文集初集》（台北：台灣大學出版中心，2005年），頁18。

〔註166〕林啓屛師：〈疑古與信古之間：以古代中國思想的研究爲例〉，《從古典到正典：中國古代儒學意識之形成》（台北：國立臺灣大學出版中心，2007年），頁447。此外，葉國良亦指出：「『二重證據法』是研究文獻的一種方法，但不是唯一的方法。它的運用，必須以同時擁有可以互證的地下材料和紙上材料爲前提，此地下材料的時代應與紙上材料記述的時代相同或相近，而且越相近可靠性越高。」參見葉國良、鄭吉雄、徐富昌編：《出土文獻研究方法論文集初集》，頁18。

此中指出，在處理歷史事件之年代問題，若能比對參照相近時期出土文獻資料，有些爭議年代則可有所釐清，而得出較相對合理的時間點。而在處理《周易》經傳的課題時，若運用相關出土文獻進行研究，廖名春指出應注意：

> 利用出土材料治《易》要注意，立足於出土材料與傳世文獻的互證，要以出土材料去啓動傳世文獻的研究。而不要採取打板子的辦法，輕易地以出土材料去否定傳世文獻。通過出土材料發現傳世文獻的問題固然可喜，能印證傳世文獻的可信也同樣有價值。對於出土材料與傳世文獻的不同要合理解釋，切忌簡單化。〔註167〕

運用出土文獻進行研究，是幫助理解古代文獻一些不詳或需再證明之處，是有助掘發傳世文獻的深層思想，傳世文獻的價值也可不斷地再提升，故筆者對使用出土文獻的態度，便是站在出土文獻與傳世文獻的相互印證之立場。

第四節　前人研究成果之回顧

本文是以《周易》經傳爲主要的研究主軸，而來旁及甲骨卜辭、《論語》、《孟子》、《荀子》，且本文將論題放在「命」觀念思想，來進行研究。故在討論前人相關研究時，本文主要就是針對與《周易》經傳「命」觀念思想有關的論題來進行回顧。以下先分專書、學位論文、期刊論文三方面，其中再分台灣學者、大陸學者、域外學者等，進行討論如下：

一、專書中的專章

目前學界沒有專書以「命觀念思想」爲題，來論述處理《周易》經傳。而僅在專書中的某章，述及有關《周易》經或傳的命議題。如李煥明（1918～）《易經的生命哲學》的書中某章、郭昭弟（1966～）《中國生命智慧──《易經》《道德經》《壇經》心證》的書中某章，其它也都是在專書中的專章論述的，以下僅以此二書爲代表論述之：

（一）台灣學者

在台灣專書的專章中，以《周易》經或傳的中「命」觀念爲論題，進行研究的有李煥明《易經的生命哲學》書中第壹編的第四篇論文〈易經的生命

〔註167〕廖名春：《周易經傳十五講》（北京：北京大學出版社，2004 年），頁 23。

哲學〉。〔註168〕此書是李先生的論文選集，其中此篇論文開頭論述生生之義，繼而論述生生的哲學含義，進而由此討論生命哲學的原理、價值，結論認為易經生命哲學有三特性，即創造性、和諧性、機體性。可看出此文以生生哲學作為其論述主軸，來加以開展，有其行文之主脈絡，層次分明。不過文章雖明《易經》，然大抵著重在《易傳》層面的論述上，而未及於《易經》卦爻辭之討論，此是可再開展的論述空間。

（二）大陸學者

郭昭弟《中國生命智慧——《易經》《道德經》《壇經》心證》書中第一章的第一節〈《易經》：中國生命智慧的原始經典〉。〔註169〕文中認為《易經》經文部分的每一卦蘊含著豐富生命智慧，其中的生命智慧主要通過對陰陽消長的自然哲學之發掘，與闡述吉凶變化的倫理哲學之運用。文中更認為聖人因常遵循生命智慧而成就其為聖人，反之，小人因常違背生命智慧而成就其為小人。其論點有獨到精闢之處，不過較可惜的是對於《易經》卦爻辭到《易傳》「命」觀念思想之轉變發展未進一步掘發，此是可再開展分析的部分。

（三）域外學者

韓國成均館大學韓國哲學科崔英辰（1952～）在其《韓國儒學思想研究》書中，亦有專文〈《周易》的自然生命觀〉涉及《周易》「命」觀念思想的成分。〔註170〕文中提出因 20 世紀文明產業的發達下，卻造成地球生態危機的產生，崔先生認為此生態危機，可從《周易》的生命自然觀進行危機的解除，因為《周易》強調個體之間的相互依存，人是構成大自然生命機體的一部分，人與大自然是一種生命相為互依關係，也是一種物我一體的世界，是以生命紐帶為基礎的人與自然的關係。此外，文中又指出現代生態破壞的根本原因，在於人類為了滿足無窮欲望的私心。然而《周易》的自然法則就一種有效克制過多欲望的模式。崔先生此文提出多項有建設的觀點，很值得學習並推行。

〔註168〕李煥明：《易經的生命哲學》（台北：文津出版社，1992 年初版），頁 57～70。

〔註169〕郭昭弟：《中國生命智慧——《易經》《道德經》《壇經》心證》（北京：人民出版社，2011 年初版），頁 17～33。其它亦有關《周易》經傳「命」觀念的論題，如田合祿等：《醫易生命科學》（太原：山西科學技術出版社，2007 年），其為中醫學相關課題研究，有其醫學上的貢獻，然非本文論述課題主軸，故不列入討論。

〔註170〕〔韓〕崔英辰著，刑麗菊譯：〈周易的自然生命觀〉，《韓國儒學思想研究》（北京：東方出版社，2008 年），頁 505～512。

然亦專就《易傳》分析而未及於卦爻辭,此稍爲可惜而實可再予以補充之地方。

二、博士碩士學位論文

目前學界處理有關《周易》經或傳中「命」觀念思想的學位論文,有孔令信《柏格森生命哲學與易經生命哲學比較研究》、郭勝坡《周易生命哲學論綱》、孫喜豔《《周易》美學的生命精神》,以下進行討論:

(一)台灣學者

在台灣對《周易》經或傳以「命」觀念思想作爲論題的學位論文,有孔令信《柏格森生命哲學與易經生命哲學比較研究》的博士論文。〔註171〕此論旨在比較柏格森與《易經》的生命哲學,文中第四章是對《易經》生命哲學的探述,從生、命的衍變與生生之應來討論,對於《易經》的生之義、命之義進行分析。文中第五章則比較《易經》的生生之德與柏格森的生命奮力,以及將《易經》的復卦恆卦與柏格森的綿延說加以對比。可說將中西哲學的生命哲學,透過《易經》與柏格森的比較,而顯示出東西方的各自生命哲學特色,此爲論文之特長,也值得參考。然論文少及於外在環境思想文化的時代背景探析,此點是可再開展的論述之處。

(二)大陸學者

郭勝坡《周易生命哲學論綱》哲學碩士論文。〔註172〕文中從天人關係、群己關係、身心關係來討論《周易》生命哲學。認爲《周易》生命哲學是道術統一,出發點在安身立命,落腳點在天地萬物生生不息,其展現是道術統一。這樣的推論路線層次分明,從天到人,由上而下來對《周易》生命哲學進行分析,爲論文精彩之處。但文中僅著重於《易傳》的生命哲學討論,對於《易經》卦爻辭甚少著墨,且稍爲不足的是未將《易經》卦爻辭到《易傳》「命」觀念思想的承衍,作進一層的討論,此外新出土文獻亦較少著墨,諸如阜陽漢簡《周易》、上海博物館楚竹書《周易》或西周考古等資料,此皆是可再開展的地方。

〔註171〕孔令信:《柏格森生命哲學與易經生命哲學比較研究》(台北:中國文化大學哲學研究所博士論文,羅光先生指導,1989年)。

〔註172〕郭勝坡:《周易生命哲學論綱》(北京:清華大學哲學碩士論文,胡偉希先生指導,2005年)。

孫喜豔《《周易》美學的生命精神》文藝學博士論文。〔註 173〕文中從美學角度來討論《周易》生命精神中的美學觀，分爲「生」的內涵、生命的精神的內在生成、生命的精神的審美創造、生命的精神之審美表現等方面，進行美學探析。文中最後指出《周易》生命精神是天地精神、藝術精神、人格精神、民族精神。可說論文從美學分析出《周易》生命精神的美學意蘊，是此文核心研究策略，也是此文值得稱許之處。文中大都著重在內部分析，而較可惜之處是有關之所以會有如此的生命觀之外在因素，則未能進一步的掘發，此部分可再補充細說。

三、期刊論文

　　目前學界處理《周易》經或傳中「命」觀念思想的期刊論文，台灣、大陸、域外等地區學者，亦有相關論文進行研究，以下先分地區再依時間先後予以討論：

（一）台灣學者

　　楊汝舟（1925～）〈易經與道德、智慧及命運之學問〉，〔註 174〕文中討論《易經》與命運關係，認爲《易經》是以道德爲原則，以智慧爲工具，而開創命運的典籍，並舉出判斷命運的方法，如整體、中道、柔下、適可、齊一、因素等判斷法。此爲其獨到之處。此外，文中指出今日世界在恐怖主義之陰影與各種污染環境下，人類面臨毀滅的邊際，實是岌岌可危，而有識之士當以大志向，行《易》道於天下，爲整個世界和平開拓幸福之路。筆者亦認爲這種悲天憫人、人飢己飢的精神，實是《易》學研究者，所當具備之人格特質。

　　賴貴三（1962～）〈《周易》「命」觀初探〉，〔註 175〕此文分三方面進行討論。首先綜理通行本《周易》經傳、帛書本《周易》經傳的「命」字出現次數，得出「命」字於通行本《周易》爻辭 7 見，於傳各篇 26 見，而帛書

〔註 173〕孫喜豔：《《周易》美學的生命精神》（蘇州：蘇州大學文藝學博士論文，朱志榮先生指導，2010 年）。

〔註 174〕楊汝舟：〈易經與道一德、智慧及命運之學問〉，《中華易學》第 10 卷第 3 期（1989 年 5 月），頁 13～19。

〔註 175〕賴貴三：〈《周易》「命」觀初探〉，《國文學報》第 30 期（2001 年 6 月），頁 1～31。此文後收入氏著：《易學思想與時代易學論文集》（台北：文津出版社，2007 年），頁 2～31。

本《易傳》14 見，總共是 47 見。此部分提供以後研究者，對通行本與帛書本《周易》「命」字出處，有了初步研究基點，故實具有參考意義。接著文中對「命」義進行分析，歸納命義有九類。再來便是指出《周易》命觀的本義（命令）、引申義（如天命、君命）、轉化義（如性命、理命、道命），與具有「天命的生生流行」、「君命的順天應人」、「性命的創造體現」、「理命的道德轉化」、「問命的變通流行」等多元特性。此實為精闢之推論，對本文研究具有啓發作用。文中最後指出進德修業是人生之大事，而《周易》在命觀、命義、命理上提供天道、治道、仁道一體圓融可靠詮證，並且成為中國人心中生生不已的道德貞定與體踐，賴先生之說應是其身體力行後而發之言。筆者亦認為，人除當有道德義理於胸中，以為貞定是非之標準外，並要將此道德義理加以體證與實踐於世，方可謂是進德修業。

魏元珪〈周易的生命哲學與生存發展論——兼論西方知識形上學之轉向〉，〔註176〕此文旨在說明《周易》哲學中生生之理，尤其是《易傳》精神中的知幾改過、潔淨精微之學。文中認為傳統西方知識形上學以知識論方法去探索現象與本體，卻把人與客觀世界對立起來，且最後落入文字名言，把簡單事情說得愈複雜，此為其固蔽。並指出當今哲學業以「存有論」去引導知識論，如今哲學所面臨的不再是去描述概念的遊戲，而是轉向到面對人類生存問題，是立足於生命存有存觀與人類社會共生路向的解決，也就是去探索生命存有之價值意義。而反思《易》學原理中有生生之大德，足以為人類生存尋得生機與出路。大易生存論是全球性各族共存的文化道德哲學，其「保合太和」的生命共融哲學也是全球各族的共命慧。

最後文中指出現代文明不顧物種相互依存，無限開發自然，以達國家發達為旨，卻釀成生化恐怖主義、網路恐怖主義、核武恐怖、環境污染的人類生存危機。因此需發揚《易》理所教人主客互融，心物兼賅，以宇宙自然整體觀、互動觀等生生之理作為社會人生藍圖，去指點蒼生。否則在唯科學主義下，人文精神必漸枯萎，當代文明亦將面臨浩劫。魏先生此文有指點迷津之論見，實為精闢之說，值得參考。當今文明發展的同時，亦當思索欲望是無窮盡地，在適當滿足後，也應兼顧全球生命大共存的議題，否則人類為改善生命而極力發展文明，最後卻可能落入人類自己發展文明後的生存危機之

〔註176〕魏元珪：〈周易的生命哲學與生存發展論——兼論西方知識形上學之轉向〉，《東海哲學研究集刊》第 9 期（2004 年 5 月），頁 73～84。

中，此豈不是相當矛盾？

　　吳建明〈孟子與《易傳》「命」論之研究〉，〔註177〕文中先概述命論發展，再論及孟子命論、《易傳》命論，最後分析《易傳》與孟子在命論的差別。論述上有其條理，不過較可惜是未將荀子納入討論，此是可再開展之處。

（二）大陸學者

　　施忠連、李廷祐〈論《周易》的生命哲學〉，〔註178〕此文在論述《周易》生命哲學時，僅就《易傳》來論述，且論述上較為簡略。路德斌（1962～）〈從性、命概念的演化看《易傳》的著作年代及思想淵源〉，〔註179〕此文對於先秦儒學性、命概念演化進行考察，得出《易傳》性命論是相契於《中庸》、郭店楚簡、孟學，而不類於荀子，且認為《易傳》創作年代在荀子之前。王宏海、左華〈《易傳》生命哲學研究〉，〔註180〕與聶民玉、段紅智〈《周易》的大生命哲學〉，〔註181〕二文都僅就《易傳》來討論，而未及於卦爻辭之分析，較無法看出《周易》經傳之間命觀念思想之發展，此筆者本文會予以補充說明。

　　龔群（1952～）〈周易的生命哲學觀〉，〔註182〕文中指出《周易》的生生之理，強調將宇宙生命與人類生命融合一體。又指出，人類發展之道的根源，在於尚同天志。人類生命的精神，在於人本身所具有的剛健有為精神。此些論點有其獨到之處，然文中未再進一步參以出土文獻之對照，此是可以再補充之處。

　　張美宏〈《易傳》中「命」對「生」和「性」的統攝〉，〔註183〕認為《易

〔註177〕吳建明：〈孟子與《易傳》「命」論之研究〉，《宗教哲學》第 46 期（2008 年 12 月），頁 53～83。
〔註178〕施忠連、李廷祐：〈論《周易》的生命哲學〉，《周易研究》1998 年第 4 期，頁 58～61，76。
〔註179〕路德斌：〈從性、命概念的演化看《易傳》的著作年代及思想淵源〉，《周易研究》2003 年第 2 期，頁 28～33。
〔註180〕王宏海、左華：〈《易傳》生命哲學研究〉，《河北大學學報》2004 年第 1 期，頁 104～106。
〔註181〕聶民玉、段紅智：〈《周易》的大生命哲學〉，《河北軟件職業技術學院學報》2005 年第 2 期，27～29 頁。
〔註182〕龔群：〈周易的生命哲學觀〉，《湖北大學學報（哲學社會科學版）》2006 年第 1 期，頁 51～54。
〔註183〕張美宏：〈《易傳》中「命」對「生」和「性」的統攝〉，《周易研究》2008 年第 6 期，頁 54～59。

傳》中的命，是「生」和「性」之間的中介契合點。也就是說「生」經由「命」轉化爲「性」。此是文中得出的論見，頗具特色。然對於《易傳》的形上學「天」未詳細談論，此可再細說分析。連劭名（1951～）〈《周易》中的「命」與「情」〉，〔註184〕文中指出《周易》經傳中「命」、「情」出現的文句，並參列一些先秦兩漢文獻與之對照觀看，可爲本文研究之參考。

樊維艷〈論《周易》生命哲學及其對中國畫的影響〉，〔註185〕將《周易》生命哲學與繪畫創作連結在一起研究，認爲中國畫的體悟生命的外化形式，重視生命意象的表達，與以生命精神爲繪畫最高原則等等，皆是受到《周易》生命哲學的影響。劉玉建（1961～）〈《易傳》性命合一論：窮理盡性以至於命〉，〔註186〕文中指出性命論在戰國時期的爭論中，《易傳》給了正面回應，認爲「窮理盡性以至於命」是一種性命合一論，而大人或聖人是此一境界代表者。

（三）域外學者

日本高島龍峰〈易與命理哲學〉，〔註187〕文中指出人在生命運行中，唯有在正確認識天道、地道、大自然道理與法則，並且親身感受其中之理後，那麼人對於人世之道與人將如何開闢道路，都會自明與自知。並認爲《易》是渡過人生苦難的指南針，是在塵世充滿煩惱中，對人生有助益的知惠之書。此皆是具有獨到生命體驗之語，也是值得稱許處。而高島龍峰另一文〈易爲生命原理的預言書〉，〔註188〕此文是將今泉久雄《易經的謎》一書，重新安排內容而後再介紹給讀者。文中提到現代科學遺傳因子與《易》不可思議地相一致。

綜上所論，各地區學者在論述《周易》命觀念思想時：

第一，在經傳論述比重上，大抵著重在《易傳》的討論，而未及或甚少

〔註184〕連劭名：〈《周易》中的「命」與「情」〉，《北京教育學院學報》2010 年第 5 期，頁53～55。

〔註185〕樊維艷：〈論《周易》生命哲學及其對中國畫的影響〉，《周易研究》2011 年第 1 期，頁76～82。

〔註186〕劉玉建：〈《易傳》性命合一論：窮理盡性以至於命〉，《管子學刊》2011 年第 4 期，頁39～43。

〔註187〕〔日〕高島龍峰：〈易與命理哲學〉，《中華易學》第 6 卷第 9 期（1985 年 11 月），頁240～248。

〔註188〕〔日〕高島龍峰：〈易爲生命原理的預言書〉，《中華易學》第 9 卷第 9 期（1988 年 11 月），頁28～32。

與《易經》卦爻辭分開且一併討論分析。因爲若能談論《易經》卦爻辭與《易傳》，則更能是顯示出《周易》命觀念思想，從《易經》卦爻辭到《易傳》的承與衍。

第二，在分析《周易》命的議題廣度上，亦較缺少溯源及與儒家諸子的互動之探究，亦即較缺乏討論甲骨卜辭中命義及觀念，也就是較缺乏從甲骨卜辭→《易經》卦爻辭→孔子→孟子→荀子→《易傳》之間命觀念思想的承與衍之分析。

第三，此外就「命」觀念的討論分析上，大都著墨在生命哲學的議題。但對於如何讓人「改變命」的「方法」，學者們都沒有予以討論。

第四，在討論策略上大都採「內部研究」，但《周易》經與傳會有如此的命觀念，也有其環境背景因素，則是甚少觸及，這就需要配合「外部研究」的分析討論，而在外部研究中亦可再區分「大傳統」、「小傳統」之別。

第五，在論述過程中，大抵關注於傳世文獻的運用，然而「出土文獻」與「考古資料」，亦是可供研究參照的材料，應是可多加運用。

因此，經由回顧上述各地區學者的研究後，筆者本文實有再作深入探究之必要性與價值性。

第五節　研究方法及進路

一、研究方法

（一）《周易》研究法的雙重進路：「經傳分觀」與「以傳解經」的調合

傳統認爲《周易》是「人更三聖，世歷三古」之作，而在聖人作《易傳》的說法下，《易傳》對《易經》的解釋模式，也成爲當時普遍被接受的說法。不過在先秦時《周易》經與傳是分開的。直到東漢末年鄭玄爲免去讀者，在讀書時兩處翻閱之煩勞，故將〈彖傳〉、〈象傳〉分別列在各卦經文的後面，並冠上「彖曰」、「象曰」以示區別。之後三國魏朝王弼又將〈彖傳〉、〈大象傳〉移到卦辭下；〈小象傳〉放六爻各爻之後，唯〈乾〉卦仍保留鄭本舊式；又把〈文言傳〉分列在〈乾〉、〈坤〉之後，而王弼本也就成爲後世通行本之編次。故可知傳統不僅《周易》經傳合編，且將「以傳解經」視爲重要的解

釋模式。然而到近代隨著五四新文化的想革新運動的興起，接著又有疑古風潮的盛興，傳統聖人作易之說法受到強烈質疑，於是在《周易》經、傳的關係上，提出「經傳分觀」的研究方法。不過亦有學者仍捍衛傳統研究法。因而在上世紀形成「經傳分觀」與「以傳解經」兩種不同的研究《周易》經、傳的方法。

「經傳分觀」的提出，有其相應的論據。首先便是從《易經》與《易傳》的年代背景的角度來論證，此可以古史派的顧頡剛爲代表，顧先生站在史學立場於〈周易卦爻辭中的故事〉一文，來對《易經》中的故事進行疏理考察。在分析考察後，顧先生指出傳統易學家所謂的三聖三古說，若離開《易傳》而單獨在《易經》裡來觀看，則不見三聖三古說之蹤跡。他又運用史學專長，將《易經》、《易傳》中的史事，依照時間先後，加以次序排列，並參照《易林》中的材料，而後發現原來《易經》與《易傳》是屬於不同歷史時代背景下的作品。因爲他分析後發現《易傳》中在歷史觀念、歷史人物描述，都與漢代時所作的《易林》相接近，相反地《易經》中的歷史人物故事，卻與《尚書》所述較接近。可見《易經》與《易傳》是處於不同地時代思想下的作品。因此，顧先生最後結論認爲，應把《易經》與《易傳》分別開來，因爲兩者是分屬於不同時代意識與不同古史觀念的作品。〔註189〕

此外，「經傳分觀」的主張者，也從《易經》與《易傳》所具有的性質角度來說明「經傳分觀」的合理性。如李鏡池（1902～1975）認爲《易經》並非如傳統經學家所認定的，是具有高深學問，而只是因卜筮而整理出來的卜辭或筮辭之彙集。〔註190〕對於《易傳》李先生認爲它雖是解經之作，但《易傳》作者引申發揮卦爻辭，在研究問題上，延伸發揮儒家倫理思想課題，因而《易傳》應是哲學著作。〔註191〕所以他認爲對於《易傳》應嚴格與《易經》區格開，且《易傳》所說的不一定就是《易經》所本有的。又如高亨認爲《易經》寫作目的是爲了適應卜筮需求，其性質是卜筮之書；而《易傳》僅是有系統、值得參考的解釋《易經》之作，而非鴻刊大論。因此認爲《易經》與《易傳》兩者原意並不相同，應以經觀經，以傳觀傳。〔註192〕

〔註189〕顧頡剛：〈周易卦爻辭中的故事〉，收入黃沛榮編：《易學論著選集》，頁209。

〔註190〕李鏡池：《周易探源》（北京：中華書局，1991年），頁70。

〔註191〕李鏡池：〈易傳思想的歷史發展〉，收入黃沛榮編：《易學論著選集》，頁305～306。

〔註192〕以上高亨之論說，參見氏著：〈舊序〉，《周易古經今注》，收入董治安主編：《高

綜觀以上各家說法可以觀看出，雖然大家的論述角度有些許不同。不過大體上都認為《周易》的經與傳，是產生於不同時代，且是不同性質的著作，《易經》是卜筮之書，《易傳》是哲學之書。故他們反對傳統「以傳解經」的治易路徑，而主張提倡「經傳分觀」的方法來研究《周易》經與傳。

「以傳解經」說，是把《易傳》對《易經》的解釋，當作正確的理解《易經》的途徑。而這樣的研易路徑，是從傳統以來的主要解經方式，而到了民國初中的疑古風潮下，為與疑古學風相抗衡，故舉起擁護傳統學說，將「以傳解經」說更為鮮明的提出來。提倡此說之學者，大都認為聖人作易之說是可信的，也就是說《易傳》是孔子所作，而《易傳》是用來解釋《易經》，且又是經聖人之手而成的著作，因此在傳統上人們對《易傳》的權威地位很少有懷疑的。因為有懷疑也就是認為孔子沒有作過《易》，那麼也必需提出證明，然而從宋代歐陽修即開懷疑之端，認為《易傳》非全是孔子所作。不過「以傳解經」者雖站在傳統立場卻也力圖以客觀態度，對孔子與《易傳》關係，進行較客觀的分析論證。

大致上對於「以傳解經」者來說，大都從《易傳》對《易經》的解經方式角度論證二者關係，如金景芳（1902～2001）認為《易傳》各篇成份較複雜，雖不一定是孔子親筆作的，不過大體上都可看作是孔子所遺留下的作品，而孔子在解釋《易經》時也很清楚。孔子作《易傳》是根據研究《易經》思想，將《易經》的思想講出來，再將它寫入《易傳》，因此從《易經》到《易傳》思想是完整的，且前後相連一貫，並且金先生認為孔子思想與《易傳》、《易經》思想是相一致的。〔註193〕在金先生看來《易經》的哲學，是透過《易傳》那裡讀來的，學《易經》是要學思想，而只有從《易傳》才能了解到《易經》的思想。所以學《易》，要先研讀《易傳》，因它是解讀《易經》之門徑，而故而《易經》與《易傳》是相連而不可分開的。

此外，「以傳解經」論者也從《周易》經、傳的性質，來論說其理論的合理性。認為對《周易》抱持何種性質，就會影響其對《周易》思想內容的不同理解。〔註194〕而「以傳解經」論者大都認為《易經》不僅僅是卜筮之書，

亨著作集林》（北京：清華大學出版社，2004年），頁7～9；氏著：〈自序〉，《周易大傳今注》（濟南：齊魯書社，2006年），頁1～2。

〔註193〕金景芳：〈緒論〉，《周易講座》（桂林：廣西師範大學出版社，2005年），頁22～24。

〔註194〕如呂紹綱對於研究《周易》是所持何性質相當重視，他指出：「我們研究《周

其內容亦有哲學思想，故亦是一部哲學著作。〔註195〕《易經》一書開始雖是以卜筮形式出現，對於當時天子行政，乃至戰爭攻伐、社會民生等諸問題以卜筮來作爲決疑參考。但是若《易經》內容本無哲學成份，則占筮後的決策思考依據，也就不存在了，因此也不會成爲天子、太卜如此重視與倚重的書籍。因此，黃壽祺（1912～1990）與張善文（1949～）認爲：「在占筮過程中，事實上影響人們思想，左右人們行動的關鍵因素是筮書所表露的哲學內涵。」又認爲：「《周易》的『經』部分，雖以占筮爲表，實以哲學爲裡。」〔註196〕以上黃先生與張先生，便是將《易經》看作是一部哲學之作。亦有學者指出作爲占筮的《易經》與哲學的《易傳》，都是理性之著作，二者只不過是在外觀產品上不同。〔註197〕總之，由以上「以傳解經」論者說看來，大都認爲《易傳》對《易經》所作的解釋，大都可以採信，並且認爲《易經》與《易傳》都是哲學著作，而《周易》經、傳是不可分割而相密切的關係。

　　以上討論分析「經傳分觀」與「以傳解經」兩種研究《周易》經傳的方法，從中可看出各家學者都有其論據，以支持其說法，故對如何研究《周易》經傳的看法上，二者可說呈現相反的方法路徑。那麼該如何適當地來研究《周易》經傳？對此，廖名春認爲古人讀《周易》是參看《易傳》而來解讀《易經》，是經傳合一；但是今人讀《周易》卻是《易經》、《易傳》分開讀，是經傳分離。以傳代經，而不分經、傳，是有違歷史主義；不過忽略經與傳的聯繫，亦不太科學。〔註198〕因爲《易傳》在發展《易經》陰陽哲學思想是有貢獻，若不重視此一發展，則埋沒《易經》的理性成份，而不見兩者有發展上的關係。所以，強分經、傳，看似遵循歷史主義，不過也有失去理性精神之

易》，要弄清楚它是一部什麼性質的書。這個問題很重要，直接關係我們抱什麼樣的目的和採取怎樣的方法研究它。換句話說，這在《易》學研究中是個原則問題，解決得不好，會使我們走進死胡同。」《周易闡微》（上海：上海古籍出版社，2005年），頁21。

〔註195〕如金景芳就認爲《易經》亦是哲學之作，他說：「《易傳》對《易經》的闡發，既全面又深刻，佳篇絡繹，奧義無窮，如其明確指出《易經》蘊藏著鮮明的哲學思想，而非單純的卜筮之書。」詳閱金景芳：〈序〉，《周易講座》，頁 5～6；亦可參考金景芳、呂紹綱：〈原序〉，《周易全解》，增訂本（上海：上海古籍出版社，2005年），頁1。

〔註196〕參見黃壽祺、張善文：《周易譯著》（台北：頂淵文化事業有限公司，2004年），卷首，頁 18、22。

〔註197〕參見張錫坤等著：〈自序〉，《周易經傳美學通論》（北京：生活‧讀書‧新知三聯書店，2011年），頁3。

〔註198〕廖名春：《周易經傳十五講》，頁 19。

危險。廖先生似乎對於「經傳分觀」與「以傳解經」的看法，都指出兩者各
有優點亦有缺點。

此外，吳前衡（1945～2003）在《《傳》前易學》中亦有精彩論述。〔註199〕
他指出經傳合一的存在，亦是崇信聖人作易的表現，讓《周易》有了神聖合
理性，也成傳統易學解釋模式。不過這種解釋模式，也很難清楚擺正解釋者
與被解釋對象之間的關係。至於五四以來的經傳分觀論者，對聖人作易提出
了懷疑，以重新解易方式開出新氣象。不過他們用實證方法在處理細節問題
是有其價值，然而關於在整體性問題上，如經從何來、傳從何來等問題的把
握，則是其明顯不足之處。當然亦有其它學者，對於《周易》經傳之間關係
應該如何看待，表示了不同意見。〔註200〕

而在《周易》研究方法層面上，朱伯崑（1923～2007）也明確地提出研
究方法，認爲：「統觀學術史，古代經學家治《易》，囿於尊孔立場，其解經
往往經傳不分，而以傳解經。近代興起之新史學派，針對傳統經學家尊古之
學風，又倡導以經解經，以傳解傳。前者強調經傳之一體性，後者則強調其
區分。總結其治學經驗，實各有所見，亦各有所蔽。」又說到：「有鑑於此，
吾人應運用歷史和分析之方法，即較爲科學之方法，研究原典及後人所作之
種種解釋，以補古人與近人治《易》方法之不足，可避免或澄清不必要之爭
論，有助於認識《周易》經傳之本來面貌。」〔註201〕朱先生指出傳統的以傳
解經之治易的方法，卻經傳不加區分，而近代新史學爲有別傳統，遂提出以

〔註199〕 參閱吳前衡：〈《傳》前易學是易學新領域〉，《《傳》前易學》（武漢：湖北人
民出版社，2008 年），頁 22～26。

〔註200〕 張立文對於《周易》經傳之間關係，認爲：「以《易傳》哲學去代替《易經》
的宗教巫術，從而以《易經》爲系統的哲學著作，亦便由此而產生了，這是
片面之一。其二則是強調其性質區別，而不見其聯繫，以至割斷其聯繫，這
樣亦搞不清楚《易傳》哲學何以產生，具有什麼特點，這當然亦是不妥當的。」
參見氏著：〈《周易》的時代和思想研究〉，《周易與儒道墨》，頁 52。此外，
錢遜的看法是：「《易傳》思想的另一特點，……從形式上看，它卻與《易經》
緊密連結而不可分。以解釋卜筮之書的形式來闡發一定的哲學、政治、道德
思想，可以說是『舊瓶換新酒』。這是《易傳》思想的另一特點。……所以《易
傳》的文字與《易經》既有關聯，又有區別。既不能完全依據《易傳》去解
釋《易經》，也不可完全脫離《易經》去理解《易傳》。」參見氏著：〈《周易》
及其儒家化的過程〉，《先秦儒學》（台北：洪葉文化事業有限公司，1994 年），
頁 200。

〔註201〕 文中朱伯崑所說，乃是 1997 年於黃沛榮《易學乾坤》所作之序言中，所說的
看法。參見黃沛榮：〈朱序〉，《易學乾坤》，頁 1～2。

經觀經、以傳觀傳的治易方法，但兩者各有良窳。而應採用較科學方法，即是運用歷史方法和分析方法來研治《周易》經傳。對此，楊慶中進一步補充說明，認為經傳分觀是站在《周易》的外面讀《周易》，因而較重視經傳的區別；以傳解經是站在《周易》的裡面讀《周易》，因而注意經傳的聯繫。而較好方法是採分觀求其本然，用合觀演其理勢。〔註202〕也就是說經傳分觀與以傳解經二者應相互借鑒方法，取其長而補其短。

綜上所述，筆者亦贊成朱伯崑與楊慶中的看法。「經傳分觀」方法的強項是還原經傳的本來面目，所用的是歷史方法，其對文獻整理有其長處，不過在文獻思想的闡發上，就略顯不足。而這個不足卻又是「以傳解經」的強項，因它重視經傳的聯繫，以及經到傳發展理勢，而所用的是分析方法，在闡發思想是有其長處。因此，調合「經傳分觀」研究法與「以傳解經」研究法，來研究《周易》經、傳，的確是可行之研究方法。故本文將運用「經傳分觀」研究法的優點，來分別觀看《易經》、《易傳》於各所處時代中，其各自的「命」觀念為何？及其與時代思想文化有何互動關聯？並且運用「以傳解經」研究法的優點，來分析《易傳》對《易經》，有何新的發展與創造性的詮釋？經由此兩種周易研究方法的調合運用，期望能對《周易》經、傳的「命」觀念思想之關係和發展，有更深一層的瞭解。

（二）觀念史研究法與思想史研究法的結合運用

關於思想史方法論，晚近歐美學界的討論，頗有可觀之處，亦有值得借鑒參考。而相關討論約可分為二大研究路徑，一種是重視思想系統的內部觀念與觀念之間的結構關係，也就是著重釐清「單位觀念」（unit-idea）或「觀念叢」（ideas-complex）的演變發展，而其採用的可說是「內在研究法」，而其所側重的就是所謂的「觀念史」（History of ideas），此種研究法可以羅孚若（Arthur O. Lovejoy，1873～1962）為代表。另一種是著重思想與歷史環境的交互關係，而其採用的是「外在研究法」，而其側重是「思想史」（intellectual history），此種研究法可以布林頓（Crane Brinton，1898～1968）為代表。〔註203〕以上二大思想史方法論陣營，其論證皆有其哲學基礎，各有其理論特質，然亦有其理論限制，以下論述之：

〔註202〕參見楊慶中：《周易經傳研究》（北京：商務印書館，2005年），頁235。
〔註203〕參見黃俊傑：〈思想史方法論的兩個側面〉，收入氏編：《史學方法論叢》（台北：台灣學生書局，1984年），頁246。

1. 觀念史研究法

有關羅孚若的觀念史研究法之重點，是在研究觀念本身與分析單位觀念，而他認為這些觀念與所處的社會環境之間，並沒有直接關聯性。羅孚若重視觀念內在結構的變化，因而他很重視某一觀念的發展進程，並認為觀念是與時並進的歷程。因為在他看來，思想家例如對某問題的思考，必由吸取前人的思考再往前一步，推出當下自己的思想，而這樣的思想形成是一種經由前人觀念的再推進而產生，也就是說以前人的努力成果，作為當下思想家的思考根據。因此，觀念史家是較著重在思想拓展改變中的內在邏輯分析。故觀念史家亦抱持著觀念之演化，都有其自身發展的自主性，且觀念的演化不受外在政治社會環境的影響。而這也是為何觀念史家特重分析觀念內在的邏輯演變，而不著意於觀念與歷史時代的相互影響，之原因所在。

而有關觀念的邏輯演變，在現代哲學詮釋學家，亦有精彩論說。在理解某一觀念時，海德格爾（Martin Heidegger，1889～1976）認為把某物加以理解，是通過前見、前把握進行理解。也就是理解不是無前提的，而是有其前結構作為解釋者先入的條件，而前結構也就是前理解。他認為前理解，包含前有、前見、前把握等要素。而在加達默爾看來前理解，是構成理解的必要條件，也就是沒有前理解則理解或解釋便無法成立。

加達默爾認為「前見」是一種判斷，是在對事物具有決定性判斷之前就已產生了。這不意味它是一種誤解，而是包含正面肯定與負面否定兩種不同的意義。〔註 204〕對前見有貶斥之意，是啟蒙運動開始有的。啟蒙運動的一項標示就是理性崇尚，其反對前見，並認為理解是一種從清明的理解狀態開始，而不受過去所有前見的影響，也就是想要無成見和合理的來解釋過去的事情。〔註 205〕啟蒙運動者就是不認同過去所有權威解釋，而主張把一切訴諸於理性。不過這種理想在加達默爾看來，是不太可能的。因為理性是隨著事情而存在的，理性非自己自主的，而是在它活動的處境中被給予的解釋。〔註 206〕前見是歷史本身的存在，與人的理解是分不開，任何理解是不脫離前見而進行解釋的。總之，在加達默爾看來理解必是包含某種前見。

對於解釋，徐復觀以其治學經驗，認為：「任何解釋，一定會比原文獻的範圍說得較寬、較深，因而常把原文獻可能含有，但不曾明白說出來的，

〔註204〕〔德〕加達默爾著，洪漢鼎譯：《真理與方法》，上卷，頁 349～450。
〔註205〕同上註，頁 351。
〔註206〕同上註，頁 357。

也把它說了出來。……並且沒有一點解釋的純敘述,事實上是不可能的。」
〔註 207〕徐先生所說的解釋,亦是認爲在解釋時有解釋者的參與其中,來對
原文獻進一步解釋,而純敘述的無主觀參與的解釋,是不太可能。

　　而對於觀念史研究,羅孚若認爲就是對「單位觀念」的發展,作深入的
分析,以便把握整體文化的內在軌跡。而觀念史研究,不僅羅孚若本人提倡,
就連日本學者丸山眞男(1914〜1996)也相當重視:「作爲獨立的學問領域的
思想史,應以教義史(History of doctrines)、觀念史(History of ideas)、精神
史(Geistesgeschichte)爲主要研究課題。」〔註 208〕可看出丸山眞男亦強調,
觀念史在思想研究領域中的重要性。這種研究法,也相當於王爾敏(1927〜)
的以單一概念作爲研究中心題旨的方法。〔註 209〕運用這種方法,則是以概念
爲主,而相應的人物隨概念提及而被解說,此可不顧及思想家理論體系背後
的時代因素,以及其學派的歷史淵源。

　　然而觀念史研究法,亦有其侷限,對於觀念一詞,黃俊傑認爲可再分爲
「持續的觀念」與「再現的觀念」。〔註 210〕前者是從古至今持續發展的觀念,
後者是思想家自創的觀念,其可能用詞與古人一致,但內含卻已不同而多了
新意。觀念史研究法,對於再現觀念較少注意是其不足,因這種再現觀念與
被提出時的時代環境是有所關聯。〔註 211〕因此,若抽離對時代環境的探究,
則可能無法正確掌握觀念發展的完整性過程。

2. 思想史研究法

　　思想史研究法的學者,不同於觀念史家只重視觀念分析,相反地均重視
思想與環境的相互關係。思想史家重視回答人類眞善美等一類問題,重在找

〔註 207〕徐復觀:《中國思想史論集》(台北:台灣學生書局,1974 年),頁 2。
〔註 208〕參閱丸山眞男:〈思想史の考え方について——類型、範圍、對象〉,收入武
　　　　田清子編:《思想の方法と對象—日本と西歐》(東京:創文社,1965 年),頁
　　　　6〜8。「Geistesgeschicht」一詞本爲德文,後來成爲英文之用法,而譯作爲精
　　　　神歷史。
〔註 209〕王爾敏:〈近代中國思想研究及其問題之發掘〉,收入韋政通編:《中國思想史
　　　　方法論文選集》(台北:水牛圖書出版事業有限公司,2006 年),頁 287。
〔註 210〕黃俊傑:〈思想史方法論的兩個側面〉,收入氏編:《史學方法論叢》,頁 268。
〔註 211〕參見同上註,頁 269。而黃俊傑亦指出:「韋納在此所分析的其實只是少數秀
　　　　異份子的思想,而未涉及當時社會思潮,其分析雖極細緻,但不無見樹不見
　　　　林的遺憾。這項不可忽視的缺憾不僅是韋納個人處理思想史之缺點,亦爲羅
　　　　孚若方法學中所隱含的問題之一」。參見同上註,頁 281。

出思想家與大眾生活環境之間的連繫。為了找尋這層關係思想史家必兼顧及留意哲學問題與人類具體行為。所以，從這一角度來看，思想史家兼及哲學家與社會家的雙重性，因此與羅孚若等觀念史家有著本質差異。

在中國思想研究取徑，史華茲（Benjamin I. Schwartz，1916～1999）就是採取思想史研究法，他有專文提到思想史之性質，其說：「思想史的中心課題就是人類對於他們本身所處的『環境』的『意識反應』，此所謂『意識反應』包括感情的態度、感動力、感覺的傾向……等。」〔註212〕也就是說，思想史研究的重點是在於人們對於環境的反應之探究，亦即要考慮思想家的思想與個人在政治、社會、文化活動之間的相互影響。史華茲認為王國維在少年時，因不滿時代政治情況，於是想從閱讀康德、叔本華中，來尋求解決人類生存意義的答案。又如王國維是生於書香門弟，但對傳統感受到不滿時，卻與德、日學人交流，以得出新的解決方法。從史華茲的論述中，可以發現王國維的思想，亦免不了受外在環境影響，也就是他脫離不了自身所處的時代環境之中。此外，黃俊傑亦指出徐復觀、余英時（1930～）的治學路徑，也是有運用思想史研究法於各自的研究上，而分別撰寫出《兩漢思想史》與《中國現代思想史上的胡適》等書。〔註213〕對此，加達默爾稱之為「效果歷史意識」。〔註214〕也就是說人的存在，是一種歷史地存在，人無法自我認識，一切的自我認識都是從歷史地先給定而開始進行認識的，即任何事物存在，必有其歷史的時間與空所環繞並受其影響。

哲學並不是獨立的思考，哲學在羅素看來，是從屬於社會的一部分，且是社會所盛行的各種性格與產物的成因。〔註215〕可說發展有其線索，有其階段性，而階段中又有其環結，所以馮友蘭才會說事物的發展並不是孤立的，它必受制於周圍的各項條件。〔註216〕歷史的各種哲學表現，都有其成為各種哲學表現的外在因素，所以觀看在中國歷史的傑出哲人，他們與社會制度都存在某種互為因果之關係。

〔註212〕〔美〕史華茲著，張永堂譯：〈關於中國思想史的若干初步考察〉，收入韋政通編：《中國思想史方法論文選集》，頁309。

〔註213〕詳參黃俊傑編：〈思想史的新視野〉，《歷史知識與歷史思考》（台北：國立台灣大學出版中心，2003年），頁138～140。

〔註214〕〔德〕加達默爾著，洪漢鼎譯：《眞理與方法》，上卷，頁390。

〔註215〕〔英〕羅素著，何兆武、李約瑟譯：《西方哲學史》（台北：遠足文化事業有限公司，2005年），上冊，頁2～3。

〔註216〕馮友蘭：《中國哲學史新編》，上卷，頁32。

此外，對哲人與時代環境關係之追問，也是表現出對他們「同情的理解」。先秦孟子所說的「知人論世」，〔註217〕可說是開其端。這種理解是要設身處地的了解他們的環境，了解哲人所處時代文化背景爲何，了解他們何以提出某種思想。因爲這樣感同身受的同情的理解，才能達到如史華茲所說的「完全的理解」。〔註218〕雖說這或許是一種理想，而看似遙遠的理想，不過卻是在評價哲人時，所應該先行具備的理解。

不過思想史研究法亦有其偏限，此研究法著重思想與環境之間的關係，會將哲人之思想視爲是人心對外在環境的反應，而偏限了哲人的自主性，也就是乎略哲人超越時代限制而創發的新觀點。其次，因爲重視思想與環境的關係，則會認爲有思想價值的是在其歷史時代上具有重大影響作用，但卻對於某些思想內容豐富卻未具重大影響地位的思想家無意間給略失了。

3. 觀念史研究法與思想史研究法的結合運用

由上述討論可知，對於思想研究有兩種較重要研究法，一爲觀念史研究法，其重視人心與環境的關係問題上，並認爲人心是有自主能力，而不受外在環境影響。且重視觀念的內在邏輯分析，不及於與外在環境文化的相互關係之探究。另一爲思想史研究法，其認爲人心與環境有互動之關係，人心相應於環境而生發作用，因而可說人心是一種作用心。且重視思想與外在行爲之關係，因而探究社會思想文化各項因素與思想家自身思想之間的關係。在研究取徑上，一採取內在研究法，另一採取外在研究法，然各有其優點，亦有其偏限不足之處，而應當如何進行適當的研究？對此，黃俊傑認爲：「觀念史研究法與思想史研究法，這兩種不同的研究取向實不應互相排斥，亦非互不相容，比較恰當的研究方法乃是介乎兩者之間的調和點，庶幾可以避免觀念史研究之支離與思想史研究空疏之弊。」〔註219〕

黃先生之意，即是要避免觀念史研究法的支離與思想史研究法的空疏，而調合運用兩者研究法的優點。而在這樣調合下的研究策略，就是將觀念放在思想家所處的歷史脈絡中，作爲研究之中心課題。細分來說，就是運用觀

〔註217〕此即《孟子·萬章下》所說：「頌其詩，讀其書，不知其人可乎？是以論其世也。」參見〔東漢〕趙岐注，〔唐〕孫奭疏：《孟子注疏》，卷10，頁188。

〔註218〕〔美〕史華茲著，張永堂譯：〈關於中國思想史的若干初步考察〉，收入韋政通編：《中國思想史方法論文選集》，頁314。

〔註219〕參見黃俊傑：〈思想史方法論的兩個側面〉，收入氏編：《史學方法論叢》，頁299。

念史研究法的優點，對於觀念與觀念之關係，加以重視不可忽略，因爲前代
思潮也是構成後代整體思潮的重要不可缺的部分。並且運用思想史研究法的
優點，重視思想與環境之間互動關係，也就是對於思潮的形成亦必結合當時
代的環境，如思想背景、文化背景等外在因素之加以考察。經由這樣的對觀
念史研究法與思想史研究法的結合運用，筆者認爲應可考察出思想家在縱向
方面的思想傳承，亦可考察出思想家在橫向方面的時代文化汲取。

　　而《周易》在傳統學術中，站極有重要地位，不過朱伯崑關於當前易學
研究法的侷限，亦作出的反思。〔註 220〕他認爲過去易學的研究，大都屬於
經學史的領域。經學史所研究的是典籍的傳授、經典注疏、典籍辨僞等考證，
而這些亦屬於古典文獻領域。然而對《周易》理論思維的探討，涉及人生的
根本問題，也包括哲學基本問題，事物發展之規律等，都可稱之爲「易學哲
學」。而易學哲學是易學研究的重要部分，可是過去經學史很少涉及此方面
的研究，因而他認爲有必要認眞的來研究此一課題。此外，鄭吉雄（1960
～）亦認爲傳統易學詮釋，圍繞在傳統經學模式之中，亦產生研究上的困境。
〔註 221〕指出這些困境有，受困於傳統單一傳本，而無法解決傳本文獻上的
錯簡、卦序問題；考古學未達盛行，而缺乏新材料來對舊研究作出刺激；受
困傳統易說，新的思維激盪不足。

　　不過對於上述的困境，直到二十世紀西方思潮的輸入，以及地下出土文
獻的發掘，而獲得改善的契機。相對地，易學研究得到重大發展，由於有西
方思潮的刺激，所以產生觀念價質移動重整；由於有出土新材料的輔助，促
使研究對象的多樣發展。而近代學者對《周易》研究展開多角度的詮釋路徑，
鄭吉雄進行整理歸納，而約可分爲三種類型。〔註 222〕其一是以傳統易學研
究成果爲基礎，也就是接受歷代易注、易說，而採義理、象數、圖書並重的
方法，來研治《周易》。其二是以科學方式研治《周易》，其遠可溯自乾嘉學
者含蘊的科學治學精神，而近源則是受王國維所倡的二重證據法影響。其三
是以思想觀念爲核心來研治《周易》，之中又可分爲衍生式詮釋、貫串式詮
釋、整合式詮釋。而以上三類型的研易方法，亦是二十世紀研究易學的各項
坦途。

〔註 220〕詳見朱伯崑：〈前言〉，《易學哲學史》，第 1 卷，頁 1～2。
〔註 221〕詳見鄭吉雄：〈從經典詮釋傳統論二十世紀《易》詮釋的分期與類型〉，《易圖
　　　　象與易詮釋》（台北：國立台灣大學出版中心，2004 年），頁 21～22。
〔註 222〕詳見同上註，頁 49～81。

　　筆者本文基本認同上述朱先生與鄭先生之看法，易學哲學研究是需要再多加開展，而開展之路徑也需要有新思維、新材料、新方法的配合。本文對於新材料之運用，已於前文研究範圍中論述過，而新方法則是擬結合運用觀念史研究法與思想史研究法，來引入作爲研究《周易》經傳的方法策略。亦即以「命」觀念爲中心的詮釋方法，來探究分析甲骨卜辭、《易經》、孔子、孟子、荀子、《易傳》之命觀念的形成與發展。也就是以縱向的觀念發展爲經，而以橫向思想的相互關係爲緯。就縱向發展而言，考察「命」觀念在歷史潮流中的演變發展，其對傳統的承續、轉化與創造。就橫向發展而言，從歷史時代性出發，探究「命」觀念形成與發展的思想文化之外在因素，揭示出「命」觀念形成發展的外緣動因及其與環境相互關係。經由嘗試此方法策略，或許較能掘發出《周易》經傳與孔孟荀「命」觀念思想的意蘊與價值。

（三）大傳統文化與小傳統文化的並重觀看

　　在人類學的理論中，有著「大傳統」（great tradition）與「小傳統」（little tradition）的理論說法。此是由美國人類學家芮德菲爾德（Robert Redfield，1897～1958）在《農民社會與文化》一書中，所提出的概念。他用以分析國家文明中有著兩個不同文化傳統體系，並認爲所謂大傳統指的是都市文明，而小傳統指的是地方性的鄉土文化。〔註223〕也即是說，大傳統是的社會精英層以文字所記載的文化，體現出社會上層知識分子、思想家經深入思考所形成的精英文化，而小傳統是地方鄉民的生活的文化，所表現的是一般大眾的下層文化。他並認爲此一概念更適合於研究較早的文明，因爲較古早的文明社會，上層的精英文化與下層的鄉土文化，兩者之間差異較大。而對於大、小傳統雖有其分別，然芮德菲爾德也認爲二者之間亦有其互補關係存在。

　　對於大、小傳統理論，漢學家史華茲持贊成立場，他認爲上層文化與下層文化，有著互動關係，亦有著某種張力。〔註224〕不過他又在二者之間，亦即在上層統治的文化與下層民間的文化之中，另外分出高層文化，而高層文化是屬於某些集團與個人文化。這種高層文化對於整個統治文化和民間文

〔註223〕Robert Redfield: "Peasant Society and Culture", Chicago: The University of Chicago Press, 1963, pp.40-49.此書亦有中譯本，〔美〕芮德菲爾德著，王瑩譯：《農民社會與文化》（北京：中國社會科學出版社，2013年）。亦可參見夏建中：《文化人類學理論學派》（北京：中國人民大學出版社，1997年），頁156。
〔註224〕史華茲的看法，參見〔美〕史華茲著，程鋼譯：《古代中國的思想世界》（南京：江蘇人民出版社，2004年），頁420～423。

化，有著反思和質疑的態度。此外他指出高層文化與民間文化的互動與重
疊，亦是構成中國文化史的研究重點所在。而余英時在《士與中國文化》中
的第四章〈漢代循吏與文化傳播〉，亦引入芮德菲爾德的大、小傳統理論，
作為研究策略，重視上層文化與下層文化的互動關係。〔註225〕此外，李亦
園（1931～）也是芮德菲爾德的大、小傳統理論的提倡者之一，認為此種理
論對於中國文化的研究，具有拓展性之效用。〔註226〕他對中國文化的大小
傳統，以及民間文化之意義作用相當重視，並試圖從中國文化結構中提出探
討架構，此架構由自然系統、有機系統、人際系統組成，他稱之為「三層次
均衡和諧」模式，並以達成「中和化育」為最高理想境界。這三層文化之所
以能均衡和諧，小傳統的民間文化實扮演重要角色。因為三層次均衡和諧系
統，都是經由小統民間文化的資源中所建構出來的，它能貫串接連中國文化
中的大小傳統。具體來說，即三層次系統都是產生於民間文化，然後再進入
大傳統中，而原先日常生活性的民間文化資料，經由精英份子來予以抽象化
的概念表述出來，而成為大傳統較為精緻的表現模式。可以看出李先生在研
究過程中，除觀察大傳統外，亦重視小傳統理論，因為後者往往更能考查出
中國文化結構中的根源成素。

　　以往對於思想家的所處的環境之研究分析，大都著重在大傳統研究上，
而小傳統則相對地，較易受到忽略。不過從上述國內外學者之論點看來，似
乎小傳統在中國文化中亦有其重要地位，故不可輕易忽視之。因為雖然古老
文明中，所具代表的特色，是由大傳統為主導。不過從另一角度來看，大傳
統也從小傳統吸取養分，而以小傳統為基礎來作出新的發展路向，所以小傳
統代表的下層文化，似乎更顯得重要。因此在分析思想的外緣因素，除考察
大傳統文化外，亦要兼及小傳統文化，這樣或許能對外緣因素，作出比較完
整的分析。

　　然在對小傳統文化的分析考查上，筆者將視角放在「地域文化」上來進
行探究。因為人類的活動必以一定地域環境，為其生存空間。而因不同之地
域環境空間，相對而產生的生活方式之差異性，亦會呈現不同地域文化風
貌。如德國地理學家赫特納（Alfred Hetttner，1859～1941）就指出某一地
區的水平和垂直構造以及土壤瘠肥，對此區域的人類生活方式都將構成重要

〔註225〕余英時：《士與中國文化》（上海：上海人民出版社，1987年），頁129～216。
〔註226〕參閱李亦園：《人類的視野》（上海：上海文藝出版社，1996年），頁140～161。

影響。〔註 227〕而有關地域文化研究，肇起於二十世紀三十年代中，當時主要以長江流域的先秦文化研究爲起點，如吳越文化、荊楚文化等研究。而四十年代則出現徐中舒（1898～1991）等學者，對巴蜀文化所作之相關研究。美國學者柯文（Paul A. Cohen，1934～）在《在中國發現歷史》書中，指出二十世紀七十年以來，美國學者對中國史所作之研究特徵之一，就是區域研究。〔註 228〕他認爲之所以會如此，乃因中國地域廣大且地域性變化差距頗大，要對整體文化有所了解，則需對組成的部分——地域性文化，加以標示出差異的內容。由此看來，對地域文化研究的重視，亦是域外中國學之學者的研究重點之一。然而有關地域文化研究的大步發展，則應是近十數年的事。相關專著與理論方法之專文，陸續出版與發表。〔註 229〕不過有關地域文化之研究，還是方興未艾，尚有長足的開發進展空間。

對於地域文化，亦或稱區域文化，是一門對人類文化空間之研究的人文學科，它以歷史地理學爲核心所開展的文化研究。〔註 230〕就地域概念而言，其最初是沿襲古歷史區域，而因區域範圍較爲精確。不過隨著歷史發展，人口遷移，景物變異，所以區域範圍逐漸模糊，但這種模糊的地域觀念，卻已轉化成爲文化分界標示，而影響著地域人們的生活文化模式。而影響地域文化形成因素，從大體上來論可分爲兩方面，其一是自然因素，此即是包括區域環境、地形樣貌、氣候水土等要素。這當與我國地域廣大、氣候多變有關，不同地域風俗下，其人們的生活行爲乃至觀念思想就產生差異性，如《漢書‧

〔註 227〕〔德〕赫特納著，王蘭生譯：《地理學——它的歷史、性質和方法》（北京：商務印書館，1986 年），頁 20～21。

〔註 228〕〔美〕柯文著，林同奇譯：《在中國發現歷史——中國中心觀在美國的興起》（北京：中華書局，1989 年），頁 142～143。

〔註 229〕如俞曉群主編：《中國地域文化叢書》（沈陽：遼寧教育出版社，1991～1999 年），共 24 冊；蔣寶德、李鑫生主編的《中國地域文化》（濟南：山東美術出版社，1997 年）。彭定安：〈關於區域文化研究〉，《理論界》2002 年第 1 期，41～43；路柳：〈關於地域文化研究的幾個問題〉，《山東社會科學》2004 年第 12 期，頁 88～92。

〔註 230〕此爲俞曉群在《中國地域文化叢書》的編者札記中所提出的，參見黃新亞：〈編者札記〉，《三秦文化》（沈陽：遼寧教育出版社，1995 年《中國地域文化叢書》本），頁 1。此外，法國學者丹納對於地域亦有獨特看法，其說：「所謂地域不過是某種溫度、濕度、某些主要形勢，相當於我們所說的時代精神與風俗概況。自然界有它的氣候，氣候的變化決定這種那種植物的出現，……它的變化決定這示種那種藝術的出現。」以上參見〔法〕丹納著，傅雷譯：《藝術哲學》（北京：人民出版社，1988 年），頁 9。

地理志》即提出地域環境與人的行爲之關係：「凡民函五常之性，而其剛柔緩急，音聲不同，繫水土之風氣，……好惡取舍，動靜亡常，隨君上之情欲。」〔註231〕這裡即說明人民的性格行爲，有受地域文化與國君之影響引導，其分析可謂獨到明確。其二是社會因素，此即是包括社會經濟、社會組織等要素。此即是說社會的多變，亦影響地域文化的不同發展。有時在不同的社會文化權力影響下，爲適應新的主導權力的興起，地域人民便會隨之部分適度改變原先生活起居方式，以配合社會的主導權力。

　　而有關地域文化的劃分，一般學者認爲有以下幾種：〔註232〕其一，以地理的方位爲標準予以區分，如東方文化、江南文化、關東文化等；其二，以地理的環境條件爲標準予以區分，如黃河文化、運河文化、高原文化、草原文化、海島文化等；其三，以地理行政區或古國疆域爲標準予以區分，如魯文化、齊文化、楚文化、秦文化等。但若對「小傳統地域文化」的過度重視，則又落入前文所說的，忽視「大傳統文化」的觀照，重視「小傳統文化」不代表棄置「大傳統文化」，所以研究上應是要將「小傳統地域文化」與「大傳統文化」二者「並重觀看」。誠如劉述先（1934～）所說：「只有在我們去注意這些慣常被遺漏的因素，才能夠有希望重新構想出一幅比較正確的歷史的圖象。」〔註233〕也就是說小傳統地域文化在歷史脈絡中，是含蘊於大傳統文化的整體，也是蘊涵於國家「話語」的理解之中。也即說站在國家整體高度上，國家話語包含著小傳統地域文化內涵與大傳統文化內涵，故單單研究小傳統或大傳統的某一方文化，似乎顯得有點削足適履的小偏向。因此本文研究中便不把「國家──地方」、「高層──下層」、「精英──大眾」，看作是兩類不相關的階層，而作非彼即此的分類，而是要等齊觀看。

　　所以當思想家處在某個時代環境裡，想要考查其形成觀念的外緣因素，除探究其大傳統文化背景因素外，亦需分析其小傳統地域文化背景因素。具體來說，筆者本文在探究《易經》、孔子、孟子、荀子、《易傳》的「命」觀念形成的外緣因素，就是除了分析殷周之際思想文化的轉變、西周春秋之際思想文化的轉變、春秋戰國之際思想文化的轉變，等大傳統文化因素外；亦

〔註231〕〔東漢〕班固撰，〔唐〕顏師古注：《新校本漢書》，頁 1640。
〔註232〕參見路柳：〈關於地域文化研究的幾個問題〉，《山東社會科學》2004 年第 12 期，頁 89。
〔註233〕劉述先：〈研究中國史學與哲學的方法與態度〉，收入韋政通編：《中國思想史方法論文選集》，頁 219。

論及其中的先周文化、魯文化、鄒魯文化、齊文化、楚文化，等小傳統地域
文化因素。

二、各章的研究進路

　　筆者本文之研究，第一章爲〈緒論〉，此章擬首先探究「《周易》經傳與
孔孟荀「命」觀念思想及改命方法」的問題意識之緣起與提出。接著說明研
究範圍的設定，其中又分別討論時間範圍、研究材料兩部分的研究範圍；而
研究材料涉及傳世文獻資料、地下出土資料。接續來回顧前人的相關研究成
果，而先分專書中的專章、博士碩士學位論文、期刊論文等，再從中分台灣、
大陸、域外等地區學者，進行分析討論，以得出當前研究概況。進而再來提
出本文在研究上，所採取的各項研究方法，以作爲本文研究策略的方法依據。
最後說明各章節的研究進路。

　　第二章擬探究〈殷商甲骨卜辭與《易經》卦爻辭「命」觀念思想及改命
方法〉。首先，討論《易經》卦爻辭命觀念形成的外緣因素，即是討論「前軸
心期」的大傳統文化背景，並著重在殷周之際的思想文化轉變與突破之分析
上。且亦分析地域文化背景，此即重在「先周文化」的討論分析。其次，分
析《易經》卦爻辭命的天論根據，以及分析天人之間溝通模式爲何。並且也
討論《易經》卦爻辭天論對殷商甲骨卜辭形有何承續與創發。再其次，討論
《易經》卦爻辭命觀念及其「改變命」的方法。而《易經》卦爻辭作者們經
歷殷周之際思想文化轉變，受時代環境影響而表現在卦爻辭中，其命觀念爲
何，以及「改變命」的方法爲何。此外，也討論說明《易經》卦爻辭對殷商
甲骨卜辭命觀念又有何承續與發展。

　　第三章擬探討〈孔子的「命」觀念思想及改命方法〉。首先，討論「軸
心期」中的西周春秋之際的思想文化有何轉變與突破，而孔子所處的地域性
「魯思想文化」有何種風貌。其次，分析孔子命觀念的天論與人性論之理論
根據爲何。再其次，討論在回應時代潮流下，反映於孔子「命」觀念爲何，
以及「改變命」的方法又是如何，其中孔子對於命的形成有何新看法，還有
「五十知天命」，在孔子改變命的過程中，爲何居於重要地位等，皆是重要
論述點。而孔子的「命」觀念與《易經》卦爻辭又有何不同，亦是需要加以
分析論述的。

　　第四章擬探討〈孟子的「命」觀念思想及改命方法〉。首先，對孟子當時

的外在環境因素予以探討，即分析從春秋到戰國的思想文化有何重大轉變，進而論述地域性「鄒魯思想文化」的特點，從中亦可考查出孟子在大傳統文化中，為何會有向內發展的傾向。其次，探析孟子命觀念的天論與人性論之理論根據為何。再其次，論述在回應時代潮流下，反映於孟子的「命」觀念為何，而其「改變命」的方法又提出何種新創，並考查孟子「命」觀念對孔子的承創。

第五章擬探討〈荀子的「命」觀念思想及改命方法〉。首先，探討荀子所處的地域性「齊思想文化」、「楚思想文化」特色，而這樣的地域文化對於荀子的思想，起了何種關鍵性影響，以至於造成其學術走向不同於傳統儒家思想。其次，說明荀子命觀念形成的天論與人性論根據。再其次，分析在回應時代潮流下，反映於荀子「命」觀念為何，及其「改變命」的方法為何，而較之於孔子有何新的發展亦是討論的重點。

第六章擬探討〈《易傳》「命」觀念思想及改命方法及其對《易經》卦爻辭之詮釋〉。首先，說明《易傳》命觀念形成的天論根據，而後分析《易傳》對《易經》卦爻辭天論與天人關係的承續與創造。其次，論述《易傳》命觀念形成的人性論根據為何。再其次，分析在回應時代潮流下，反映於《易傳》的「命」觀念為何，以及討論其「改變命」的方法，其中著重分析《易傳》如何透過「內外兼修」的工夫進程，而來「改變命」；而《易傳》對於《易經》卦爻辭「命」觀念有何創造性詮釋，又有何繼承與創發之處，這些都是需加以論述的重點。

第七章〈結論〉。擬分別討論本文之研究成果，以及本文未竟之功。

第二章 殷商甲骨卜辭與《易經》卦辭、 爻辭「命」觀念思想及改命方法

第一節 前 言

　　一個時代的文明特色出現，是經過不斷蘊釀而形成的，尤其是出現像周朝人文精神特色的時代。但周朝人文精神的時代，並非一蹴而成，在此前歷經商朝文化發展而來。而商朝的生活似未脫離原始狀態，他們對原始神祕力量還相當依賴，這從甲骨卜辭便可看出。而在這樣文化環境中，商人經常祭天祀祖，以祈求能降福消災，所以行事之前會有占卜的習慣，以求問上帝予以保佑，如求問是否降下甘霖以利民生，〔註1〕或者求問田地的莊稼是否有好收成，〔註2〕或者求問戰爭攻伐是否成功，〔註3〕等等生活上的各項時事。可看出商王朝是以神爲本的時代，而對於國家興亡亦認爲有受上帝所支配著，《尚書‧湯誓》說：「有夏多罪，天命殛之」、「夏氏有罪，予畏上帝，不

〔註1〕例如：「丙寅卜，爭貞：今十一月帝令雨，二告。貞：今十一月帝不其令雨。」（《合集》05658 正）本文所引用之甲骨卜辭，皆是依據郭沫若主編，胡厚宣總編輯：《甲骨文合集》（北京：中華書局，1979～1982 年），一書爲主，以下引文僅標示號碼於文後，不再另行作註，在此先行說明。

〔註2〕例如：「甲午卜，延貞：東土受年。甲午卜，延貞：東土不其受年。」（《合集》09735）；「癸卯卜，爭貞：今歲商受年。」（《合集》09661）。

〔註3〕例如：「乙卯卜，殷貞：王惟土方征。」（《合集》06442）；「辛亥卜，殷貞：伐舌方，帝受☐。」（《合集》06270）。

敢不正」，〔註4〕又如《尚書‧召誥》說：「皇天上帝改厥元子。」〔註5〕此皆是殷商人對上帝諸神敬畏之態度表現。此外《禮記‧表記》對於商朝的描述為：「殷人尊神，率民以事神，先鬼而後禮，先罰而後賞，尊而不親。」對於「先鬼後禮」鄭玄注說：「先鬼後禮，謂內宗廟，外朝廷也。」〔註6〕可說商王朝特別崇拜鬼神之事，且由《禮記》所記亦可看出商朝統治者有把自身化作為上帝之代表，並率領人民從事敬拜鬼神。

　　隨後周武王（約 1087～1043B.C.）戰勝商末紂王（約 1105～1046B.C.），建立周朝。在周人看來商之所以滅亡，乃因紂王晚年沈於享樂之中，疏於國政治理，尤其嗜酒成性「惟荒腆于酒，不惟自息，乃逸」，〔註7〕又聽信婦言，不納忠賢勸諫，故《尚書‧牧誓》載說：「古人有言曰：『牝雞無晨，牝雞之晨，惟家之索。』今商王受，惟婦言是用。」〔註8〕因而最後「天降喪于殷」〔註9〕。上位者沈溺紙醉金迷之中，腥穢沖天，最終自取毀滅。周人意識到天命靡常的變易之道，所以對人事之作為謹慎以行，並制定系統的禮樂文化制度，以及公共道德規範，使新政府中的社會矛盾減少，國家社會趨於穩定發展。

　　由上可觀察到，從商朝到禮周朝的文化似乎有所變動，對於這樣的變動學者亦有指出，如王國維指出殷周之際的文化變革，就外表看來不過是朝代的轉移，但若就其裡面看上去，這場大變革是舊文化、舊制度廢壞，而新文化、新制度興起。〔註10〕而王先生的說法具有很大影響力，在學界引起了迴響，如稍後的翦伯贊（1898～1968）就認為在適應商周之際的文變革中，相應的上層意識形態亦隨之變動了。〔註11〕另有學者亦指出殷周之際是大變局。〔註12〕不過這樣的變局中，周朝的思想文化對商朝是連續的發展或是斷裂的

〔註4〕〔西漢〕孔安國傳，〔唐〕孔穎達正義：《尚書正義》（台北：藝文印書館，1997年《十三經注疏》本），頁 108。

〔註5〕同上註，頁 220。

〔註6〕〔東漢〕鄭玄注，〔唐〕孔穎達疏：《禮記注疏》（台北：藝文印書館，1997年《十三經注疏》本），頁 915。

〔註7〕〔西漢〕孔安國傳，〔唐〕孔穎達正義：《尚書正義》，頁 209。

〔註8〕同上註，頁 158。

〔註9〕同上註，頁 210。

〔註10〕王國維：〈殷周制度論〉，《觀堂集林》（北京：中華書局，1959年），第 2 冊，頁 451～453。

〔註11〕翦伯贊：《先秦史》（台北：知書房出版社，2003年），頁 333。

〔註12〕許倬雲：《中國文化與世界文化》（貴陽：貴州人民出版社，1991年），頁 54

發展？此是值得探究的問題。

而於此之際《易經》也出現在此時，《易經》原本是用作占筮，以作為行事前吉凶之參考，其占筮內容表現出對周人生命的處世指導。而關於《易經》「命」觀念為何？《易經》作者們在歷經殷周之際的思想文化變革中，其「命」觀念是否有受時代影響，而表現在《易經》文本上？這問題本身就需要配合從外部研究加以探討。此外，《易經》的「命」觀念較之甲骨卜辭有何變化？而這樣的變化與殷周之際的變革又有何關係？這亦是值得掘發之處。

職此，筆者以下將從三方面來對上述問題進行分析討論，第一「大傳統文化與地域文化：前軸心期思想文化的雙重觀察」，此在探究《易經》「命」觀念形成的時代性因素，而分別討論前軸心期大傳統思想文化變革，以及地域文化中的先周文化，來加以探索可能影響《易經》「命」觀念的外緣因素。第二「《易經》卦辭、爻辭中『命』的天論根據」，是要分析《易經》的本體論，因為《易經》「命」觀念導源於本體論，故有必要討論之，並且論及《易經》的本體論對甲骨卜辭之承遞與衍化。第三「從甲骨卜辭到《易經》卦辭、爻辭『命』觀念的發展」，在於分析《易經》卦辭、爻辭「命」觀念對於甲骨卜辭的承續與發展，而《易經》卦辭、爻辭這樣的承續與發展，與軸心期大傳統思想文化變革以及地域文化中的先周文化，又有何種關係的影響，亦將予以討論。以下本文將逐一討論分析。

第二節　大傳統與地域性：前軸心期思想文化的雙重觀察

商湯（？～約 1588B.C.）之所以滅夏桀，乃因夏桀暴虐無道，欺壓百姓，如《古本竹書紀年》所載：「夏桀作傾宮、瑤臺，殫百姓之財」，〔註13〕又縱情聲色「岷山女于桀二人，曰琬，曰琰。桀受二人，無子，刻其名于苕華之玉，苕是琬，華是琰，而棄其元妃于洛，曰末喜氏。」〔註14〕故對夏桀這般

〔註13〕方詩銘、王修齡：《古本竹書紀年輯證》（上海：上海古籍出版社，1981 年），頁 18。

〔註14〕同上註，頁 16。對此，《國語·晉語》亦有記載：「昔夏桀伐有施，有施人以妹喜女焉，妹喜有寵，于是乎與伊尹比而亡夏。」參見〔春秋〕左丘明著，〔三國〕韋昭注，上海師範大學古籍整理組點校：《國語》（上海：上海古籍出版社，1978 年），卷 7，頁 255。

罪行，《清華大學藏戰國竹簡（壹）》中的〈尹至〉記載當時民眾發出「余汲（及）女（汝）皆芒（亡）」的怨恨心聲。〔註 15〕可說夏桀爲了滿足自己的欲望，勞民傷財，又沈溺在荒唐生活之中，引起人民的不滿，而失去人心，其滅亡乃咎由自取。而商湯滅夏建立商王朝後，又得力於宰相伊尹（約 1649～約 1549B.C.）的輔佐，故能力圖振興國政，建立新興王朝的新氣象。而後世商朝國君經歷數次遷徙，到了商朝國君盤庚之時，遷都於殷（今河南省安陽市小屯一帶），之後便很長時間居於此地。而後經八代十二王，傳至商紂王末年，因昏庸無道，而被周武王所伐滅，建立周朝。殷、周的朝代交替，伴隨著思想文化也跟著變動，而這種變動發展是屬於斷裂的或是連續的？另外，大國商朝爲何會被小邦周所取代，也就是說小邦周爲何能凝聚各諸侯力量，而打敗大國商朝，建立新王朝，其凝聚力量之根源在那裡？對此，筆者將從「先周文化」這樣的地域文化來加以考查，以探究其因。以下本文進行討論。

一、殷周之際大傳統思想文化的遞衍

（一）崇拜與敬畏：從上帝信仰到天命靡常

中國上古的神靈信仰，對於自然神、精靈、鬼魂、神怪皆有所崇拜，這類似「萬物有靈論」。而此類信仰是多元性、不定性和起自然性的特質。這種出於萬物有靈下的自然崇拜形式，可說是宗教信仰的一種很古老的源頭之一。人類最初的宗教形態，有可能是對自然物和自然勢力的崇拜，之所以崇拜乃因其與人類生活相密或相當依賴之。德國哲學家費爾巴哈（Ludwig Andreas Feuerbach，1804～1872）就說：「自然界是宗教的第一個對象。」〔註 16〕人類最初的宗教是對一切自然物的崇拜，至於將自然物人格化爲神靈來崇拜，可能又是之後的發展。不過後來自然物與自然神似乎也不分地，被人類一併崇拜。

關於中國上古的自然神靈崇拜傳世文獻亦有所記載，如《山海經·大荒東經》說：「湯谷上有扶木，一日方至，一日方出，皆載于鳥」，〔註 17〕又如

〔註15〕 李學勤主編：《清華大學藏戰國竹簡（壹）》（上海：中西書局，2010 年），頁128。

〔註16〕 〔德〕費爾巴哈，榮振華、李金山等譯：《費爾巴哈哲學著作選集》（北京：商務印書館，1984 年），下卷，頁 679。

〔註17〕 〔晉〕郭璞注，袁珂點注：《山海經校注》（上海：上海古籍出版社，1983 年），

《淮南子・說林》說：「烏力勝日，而服於鵻禮。」〔註18〕這類神話似乎描述日載於烏的傳說，此也反映中國上古先民對日出與日落的想像空間，而這樣的想象與對太陽神的崇拜有關，這種崇拜於世界各地都有，如在敘利亞就有一種鳥負日的傳說，埃及則有太陽鳥的傳說。中國則是以烏鴉載日爲想象的代表。在中國上古良渚文化亦有關於鳥日的刻紋之物品出現。而英國學者艾蘭（Sarah Allan，1945～）則從河南省陝縣廟底溝出土的仰韶文化陶片中，刻有三足鳥的圖形，進一步分析指出三代表陽數，而三足鳥圖形或許與太陽神話有某種層度的關聯。〔註19〕夏末之時也有關於自然神之記載，《墨子・非攻下》就記載：「至乎夏王桀，天有酷命，日月不時，寒暑雜至，五谷焦死。」〔註20〕在夏人觀念中，日神能起災害於人世間，而導致日月、寒暑之錯亂，五穀因而無法比收成，造成人民陷入荒年，於採祭禱方式以討好日神，可見當時人民對自然神是相當敬畏崇信的。

又根據《尚書・甘誓》所述，在夏啓之時已有「賞于祖」與「戮于社」的誓言聲明，〔註21〕此即說明當時除對地祇神崇拜，也已有初步對祖先神的崇拜。而關於上帝崇拜，《尚書・湯誥》有記：「惟皇上帝，降衷于下民」，〔註22〕又《尚書・盤庚》說到：「肆上帝將復我高祖之德，亂越我家。朕及篤敬，恭承民命，用永地于新邑。」〔註23〕此中即說明商代之時，已有了對上帝的崇拜。

而從上述傳世文獻所論，可知到了商代已有了對上帝、自然神、祖先神等三大信仰崇拜體系，那麼在出土文獻的甲骨卜辭中，是否也是如此的崇拜

頁 354。

〔註18〕〔西漢〕劉安撰，劉文典集解，馮逸、喬華點校：《淮南鴻烈集解》（北京：中華書局，1989 年），頁 556。

〔註19〕〔美〕艾蘭著，汪濤譯：《龜之謎──商代神話、祭祀、藝術和宇宙觀研究》（成都：四川人民出版社，1992 年），頁 22～23。

〔註20〕〔春秋〕墨翟撰，〔清〕孫詒讓著，孫以楷點校：《墨子閒詁》（台北：華正書局，1987 年），頁 136。

〔註21〕此即出於夏啓與有扈氏作戰於名爲甘的地方，所作的〈甘誓〉，其中說到：「王曰『嗟！六事之人，予誓告汝：有扈氏威侮五行，怠棄三正，天用剿絕其命，今予惟恭行天之罰。左不攻于左，汝不恭命；右不攻于右，汝不恭命；御非其馬之正，汝不恭命。用命，賞于祖；弗用命，戮于社，予則孥戮汝。』」以上參見〔西漢〕孔安國傳，〔唐〕孔穎達等正義：《尚書正義》，頁 98。

〔註22〕同上註，頁 112。

〔註23〕同上註，頁 134。

體系？在殷人的崇拜中，帝或上帝似乎是最爲崇拜的，關於上帝至高無上的權力，卜辭中有所記載：

貞：帝其作我孽。（《合集》14184）

貞：帝☒降邑☒。（《合集》14170）

丙辰卜，殼貞：帝惟其終茲邑。（《合集》14209）

上文中的「孽」字，是指作孽。降邑、終茲邑，也有上帝降禍於城邑的意思。由孽、降字的作用看來，即是說明上帝有降災害於人間的力量，從中也表現出殷人對上帝的敬畏與崇拜的現象。

除了對上帝崇拜，殷人對祖先神亦相當崇拜。〔註24〕就甲骨卜辭來看殷人崇拜未完全形式化，這從占卜的無所不包的範圍可看出。卜辭是王室的占卜過程之記錄，其中亦表現出殷人對先公、先王和先妣等祖先神的崇拜。在商代祭祀祖先神以燎祭爲多，其它亦有又（侑）、御、酌、載等祭禮儀式。而以輪番方式對上甲以下的祖先神進行祭祀，此即是「周祭」。而周祭也是獨祭、合祭、順逆祭等相結合或轉化的祭典，它是依照先公、先王和先妣的世次、長幼和逝世之先後次序，依其天干名號來對應於相同的天干日期，來安排在祀譜內，並有規律依照規定之日期而逐次祭祀。至於受祭對象，先王不限直系旁系皆可受祭；先妣則是有生子成爲太子者，才可受祭，而這樣遍祭一個周期約需要一年時間。卜辭中的單獨祭祖先神如：

甲申卜，乙酉侑祖乙三宰曹三十牛。（《合集》01513）

甲申卜，宁貞：翌辛卯燎于王亥，三牛。（《合集》14743）

以上即是單獨對祖乙、王亥的祭拜。而卜辭中的合祭如：

☒未卜，宋自上甲、大乙、大丁、大甲、大庚、大戊、仲丁、祖乙、祖辛、祖丁十示，率羊。（《合集》32385）

〔註24〕對於殷代的祖先崇拜，晁福林的研究指出，有如下六個特色：「第一，祖先神是殷人祈禱的主要對象。第二，殷人祭祖儘量追溯傳說中的早期祖先。第三，殷人對女祖先的崇拜雖遜於男祖先，但仍很顯著。在整個殷王國時期，女祖先一直受到重視，這反映出殷人原始思想仍很濃重。第四，殷人祭祖用牲數量多，祀典特別隆重。第五，殷人先祖多被分爲若干祭祀組，如「大示」、「小示」等，分組的目的是爲了遍祀祖先，避免遺漏。後來，又發展出周祭制度。殷人雖然對父、祖輩更爲重視，但始終沒有忘記對全體祖先的祭祀。第六，殷人不但尊崇王室的祖先，而且敬仰非王室的祖先。」以上晁先生之說法，參見晁福林：〈論殷代神權〉，《中國社會科學》1990年第1期，頁99～112。

　　　庚申卜，**酚**自上甲一牛至示癸一牛，自大乙九示一牢，楲示一牛。

　　（《合集》22159）

第一條卜辭，即是從上甲元示，再加上大乙到祖丁的九示，來予以合祭。第二條卜辭，即記錄酚祭上甲到示癸，六位直系先王，而各祭一頭牛；大乙以下九世直系先王各用一牢以祭；楲示也用一牛祭之。以上就是對多位祖先神一起施行祭禮的合祭。可看出的殷人心目中，祖先雖已離世，但其精靈依舊存在，且能降福子孫，故後代才會對其先祖要隨時祭拜之。不過日本學者伊藤道治（1926～）指出殷人的祖靈觀念，也可說是一種可怕的死者觀念，因為就祖先神對商王來說，是具有的作祟於商王之能力。〔註25〕但不管如何，從中亦看出殷人對祖先神的崇拜與親屬群，是相密切連繫的。

　　此外，殷人除對上帝、祖先神崇拜，對自然神亦有所崇信，這在卜辭中有所表現，例如：

　　　戊戌卜，內：呼雀**戠**于出日，于入日。（《合集》06572）

　　　☑出入日，歲三牛。（《合集》32119）

　　　丁巳卜，又入日。（《合集》34163）

　　　癸酉☑，入日☑，其燎。（《合集》34164）

　　　辛未卜，又于出日。（《合集》33006）

殷人認為日就是神，所以時常祭祟，上列卜辭中入日、出日，就是寓指太陽的運動所呈現的日落與日出，不過又非簡單的字面義，可能也含有某種宗教崇敬內容在裡頭，而其祭儀有歲、又、燎、戠等。此外卜辭中也有對四方風神崇拜，或山川河岳的崇拜。

　　由以上傳世文獻與出土文獻所論，表明殷商人認為上帝具有超自然力量，而祖先神、自然神與日常生活關係很密切，可說殷商人崇拜信仰是意識形態，認為這些自然力統治主宰著他們，故人們表現為對自然力的敬畏，而由此敬畏遂也發展出形上神靈的崇拜。而殷商人的崇拜信仰，就是相信宇宙間存在天神、地祇、人鬼等超自然又虛渺之形象物。這也由於當時人們在自然力的發生下，一種無力軟弱感，或一種社會壓迫感，而產生對此人力無法抗衡的自然力之敬畏，因而想象出上帝、祖先神、自然神一類的代表者，來

〔註25〕〔日〕伊藤道治著，江藍生譯：《中國古代王朝的形成》（北京：中華書局，2002 年），頁 11。

予以崇拜信仰。

商王朝在武丁（1250～1192B.C.）之時，國家社會在其文治武功下，迅速發展而進入最強盛的時代。然而在國家的強盛和繁榮發展下，統治者卻也逐漸忘記繁榮景象前，那段辛苦堅難的歲月。尤其是在祖甲之後的統治者，政綱日漸不張，而專斷獨權時有所聞。當統治者日益專斷，其對自然屬性的諸神也不在那樣重視。在早先商王之時，對神靈還是保持敬畏之心，某個層度來看，因先王認為神靈具有降福降災之神祕性，故行事還保持自我約束而不敢渙散無紀。可是當武丁之後，對神靈的崇信已十汰去七八，君王因無對其制衡的諸神力量，反讓統治者解脫了外在束縛力，而結果反倒使他們更加無所忌憚。在社會繁榮的表象下，卻也讓統治成為趨向腐化的溫床。這種情況在《尚書‧無逸》中有詳細的記載，其說：

> 昔在殷王中宗（祖乙），嚴恭寅畏，天命自度，治民祇懼，不敢荒寧。肆中宗之享國七十有五年。其在高宗（武丁），時舊勞于外，爰暨小人。作其即位，乃或亮陰，三年不言。其惟不言，言乃雍。不敢荒寧，嘉靖殷邦。至于小大，無時或怨。肆高宗之享國五十年有九年。其在祖甲，不義惟王，舊為小人。作其即位，爰知小人之依，能保惠于庶民，不敢侮鰥寡。肆祖甲之享國三十有三年。自時厥後立王，生則逸，生則逸，不知稼穡之艱難，不聞小人之勞，惟耽樂之從。自時厥後，亦罔或克壽。或十年，或七、八年，或五、六年，或四、三年。〔註26〕

由此可知，殷王祖乙、武丁、祖甲在位時，還能力圖政治清明。〔註27〕不過在祖甲之後的商王，蓋長於宮中，而長於婦人之術，沈迷於享樂中，因此以前卜辭中的祭神隆重大典，也已不多復見。商王後代子孫自恃先王的蔭佑，仗仰先輩的豐功偉業，而開始胡作非為，怙惡不悛，最後沈溺於聲色酒醉中，《尚書‧酒誥》即反映出此景：「惟荒腆于酒，不惟自息，……庶群自酒，腥聞在上；故天降喪于殷，罔愛于殷。」〔註28〕可說在商朝末朝，統治者竟成為酗酒者，君王與群臣唯酒是樂，〔註29〕而這樣的場景對照先王的努力於

〔註26〕〔西漢〕孔安國傳，〔唐〕孔穎達等正義：《尚書正義》，頁240～241。

〔註27〕又如在《尚書‧酒誥》中亦記載商先王的勤政治國：「在昔殷先哲王，迪畏天，顯小民，經德秉哲。……惟御事厥棐有恭，不敢自暇自逸，矧曰其敢崇飲？」以上參見同上註，頁209。

〔註28〕同上註，頁209。

〔註29〕商朝後期酗酒之風，也可從當時酒器數量的增加窺見一斑，如劉源指出：「商

國政，可說是天壤之別。

商後期君王嗜酒成性，說個統治階級走向紙醉金迷泥泥沼之中，污穢之氣上沖於天，因而造成天怒人怨卻不自知，更有甚者又不知自省，卻肆意的隨口輕侮上帝，商末「帝」的權威神聖性，受到挑戰。對此還是有憂國之心的賢臣，力勸上位者能懸崖勒馬及時悔悟，如《尚書・西伯戡黎》中就有所描述：

> 西伯既戡黎，祖伊恐，奔告于王。曰：「天子！天既訖我殷命；格人元龜，罔敢知吉。非先王不相我後人，惟王淫戲用自絕。故天棄我；不有康食，不虞天性，不迪率典。今我民罔弗欲喪，曰：『天曷不降威？大命不摯。』今王其如台！」王曰：「嗚呼！我生不有命在天？」祖伊反曰：「嗚呼！乃罪多參在上，乃能責命于天！殷之即喪，指乃功；不無戮于爾邦。」。

此即記載商紂王時之賢臣祖伊，勸諫紂王的一段話。祖尹認為殷商人民不堪紂王暴虐，而紛紛期望上天降災而滅商，來讓百姓能脫離暴政王朝，所以祖伊勸告紂王要自我反省，以免遭到天棄。可是紂王卻不以為意，還以責備上天的口氣，能為自己有天命在身，故而依然我行我素。他「好酒淫樂，不離妲己，妲己所與言者貴之。」〔註30〕他「厚賦稅以實鹿台之錢，而盈鉅橋之粟」〔註31〕，不僅如此他還舉兵討伐東夷的人方，使得國力大耗，此在金文即有記載，如小臣犧尊銘的金文說：「隹（唯）王來正（征）尸（夷）方，隹（唯）王十祀又五。」（《集成》5990）〔註32〕此記載商紂王十五年時，曾攻打東方的人方。因此也造成百姓勞役兵役的嚴重困苦，外邦也不堪紂王的侵擾，當時天下如沸騰之水，百姓如熱鍋上的螞蟻，完全是亂世不安的景象。

代貴族的腐朽，主要表現在酗酒上。這從商代青銅器中酒器比重最大，商代中期已居五分之四，到商代後期占三分之二強。其中爵、觚、觶、斝、角等飲器超過全都殷代青銅器之半，這在一定程度上正是商代貴族酗酒之風的反映。」參見龔書鐸主編：《中國社會通史（先秦卷）》（太原：山西教育出版社，1996 年），頁 463～464。關於商代酗酒之風氣，亦可參見馮天瑜、何曉明、周積明：《中華文化史》（台北：桂冠圖書股份有限公司，1993 年），頁 479～480。

〔註30〕〔西漢〕孔安國傳，〔唐〕孔穎達正義：《尚書正義》，頁 158。

〔註31〕同上註，頁 153。

〔註32〕本文所引用之金文乃是以中國社會科學院考古研究所：《殷周金文集成》（北京：中華書局，1984～1994 年）一書為主，以下引用金文，僅標示號碼於文後，而不另行作註，在此先行說明。

商代末期在紂王暴政下，走到極端危險之窮途，於是周族的統治者周武王趁商朝的內部危機，舉起義師之旗織，以「恭行天之罰」為號召，〔註33〕率領各大小諸侯和部落，起兵討伐商紂王，《史記·周本紀》對武王伐紂有驚心動魄的描述：

> 帝紂聞武王來，亦發兵七十萬人拒武王。武王使師尚父與百夫致師，以大卒馳帝紂師。紂師雖眾，皆無戰之心，心欲武王亟入。紂師皆倒兵以戰，以開武王。武王馳之，紂兵皆崩畔紂。紂走，反入登于鹿台之上，蒙衣其珠玉，自燔於火而死。〔註34〕

在商紂王的殘暴不仁統治下，武王的兵暴紂，可說解救萬民於水深火熱之中，故面對紂之七十萬軍兵，周之義師聯軍奮勇殺敵長趨直入，紂因失民心，軍民皆無心於抗戰，反而歡迎支持義軍到來。於是在外憂內亂崩散下，紂王終究走上絕望末路，登上鹿台而引火自焚而死。武王伐紂獲得諸侯百姓的支持，最後宣告成功。而對此重大事件，《逸周書·世俘》亦有詳實記事：

> 維一月丙辰旁生魄，若翼日丁巳，王乃步自于周，征伐商王紂。越若來二月既死魄，越五日甲子朝，至，接于商，則咸劉商王紂，執天惡臣百人。〔註35〕

書中對武王伐紂的軍事行動，按干支紀日從丙辰日至甲子日，依序描寫伐紂的進軍過程，若非實際參與者，實無法如此記載事情詳細經過時間點。

對文獻所述的武王伐紂，在金文亦有記載，如1976年陝西省臨潼縣所出土青銅器的利簋，其金文說：

> 珷（武王）征商，隹（唯）甲子朝，歲鼎克聞（昏），夙又（有）商。辛未，王才（在）𤔲（闌）𠂤（次），易（賜）又（右）事（史）利金，用乍（作）𣪘（檀）公寶隣彝。（《集成》04131）

〔註33〕此出於《尚書·牧誓》：「今商王受，惟婦言是用。昏棄厥肆祀，弗答；昏棄厥遺王父母弟，不迪。乃惟四方之多罪逋逃，是崇是長，是信是使，是以為大夫卿士，俾暴虐于百姓，以姦宄于商邑。今予發，惟恭行天之罰。今日之事，不愆于六步、七步，乃止齊焉。夫子勖哉！不愆于四伐、五伐、六伐、七伐，乃止齊焉。勖哉夫子！尚桓桓，如虎、如貔、如熊、如羆，于商郊；弗迓克奔，以役西土。勖哉夫子！爾所弗勖，其于爾躬有戮！」參見〔西漢〕孔安國傳，〔唐〕孔穎達正義：《尚書正義》，頁158。

〔註34〕〔西漢〕司馬遷撰，〔劉宋〕裴駰集解，〔唐〕司馬貞索隱，〔唐〕張守節正義：《新校本史記三家注并附編二種》（台北：鼎文書局，1981年），卷4，頁124。

〔註35〕黃懷信：《逸周書校補注譯》（西安：西北大學出版社，1996年），頁211。

　　金文中的「克昏」的「昏」，在《尚書・立政》有說到：「其在受德暋」，而受字即是紂，而暋字孔穎達正義引《爾雅・釋詁》說：「暋即昏也」，〔註36〕所以德敗即是德昏，亦即是說紂無德昏庸。故金文中的克昏，就是指戰勝昏君紂王。夙又（有）商，是說晚上占領了商都。而在辛未日王師駐在闌地，並賞賜右史利銅，以製作爐（檀）公寶障彝。又周成王五年所製的何尊，其金文說：「隹（唯）珷（武）王既克大邑商，則廷告于天。」（《集成》06014）亦是明確記載武王伐紂之歷史大事。

　　在周人看來，小邦周戰勝大邑商，是件偉大又重要意義的事，因國力上相比，商勝過周，而周卻能在牧野一戰力克商朝，獲得勝利。對此許倬雲（1930～）指出，周人若以不可思議之力看來，也許是可從上帝力量來解讀，但是爲何商人獨有的上帝會放棄保佑商人？許先生的提問是很關鍵的，上帝到底是依照什麼理由或原因，轉變了態度。而對此，日本漢學家溝口雄三（1932～2010）認爲此次不僅是王權交替，亦是異族交替，而其中線索可能與天命觀有所關係。〔註37〕他這樣的說法亦是合理的推測，從周人認爲天命決定歷史的發展，即神的意識決定歷史走向，這是他們從殷亡與周興的歷史交替中，所總結得出的看法。殷王朝滅亡，周王朝興起，此中的轉移是受天命而改變，故而《詩經・周頌・維天之命》說：「維天之命，於穆不已。」〔註38〕此說明周文王得到上天之命，改易了商朝天命。周人並藉天命以告訴商朝的舊臣舊民，如《詩經・大雅・文王之四》所說：「穆穆文王，於緝熙敬止。假哉天命，……上帝既命，侯于周服。」〔註39〕此即是說我周朝已得到天命，你們商朝之舊臣民，應當服從於周朝君王之領導。而周人認爲天命的轉移是有一定原則，周人發現上帝將天命轉移至周人，乃是因爲殷商人無德，而周人有德，故得到上帝眷顧。《詩經・大雅・皇矣》就頗能表現出此意：「皇矣上帝，臨下有赫；監觀四方，求民之莫。維此二國，其政不獲；維彼四國，爰究爰度。上帝耆之，憎其式廓。乃眷西顧，此維與宅。」〔註40〕可見上帝是很關心天下人民，然對已經原先受命的商朝統治者，卻一再的失望，最後上帝選定天

〔註36〕〔西漢〕孔安國傳，〔唐〕孔穎達正義：《尚書正義》，頁261～262。

〔註37〕〔日〕溝口雄三著，趙士林譯：《中國的思想》（北京：中國社會科學出版社，1995年），頁2。

〔註38〕〔西漢〕毛公傳、〔東漢〕鄭玄箋，〔唐〕孔穎達正義：《毛詩正義》（台北：藝文印書館，1997年《十三經注疏》本），卷19，頁708。

〔註39〕同上註，卷16，頁535。

〔註40〕同上註，卷16，頁567。

命給予了周朝，於是周人改換並取代了商朝之天命。

　　天命不是恆常不變的，此為周人所體知的，而這樣的天命說，對君王有也起一定的限制作用，讓君王不致濫用權力。而對天命轉移現象，周人將其稱為「天命靡常」。此也是周人對朝代王權轉移有效解釋之說法，也是周初君主政治思想的基礎，也可說是適應於當時現實環境之需要，所形成的新興王朝統治理論。〔註41〕周人對受天命說反映在《尚書・君奭》說：「文王受命惟中身，厥享國五十年。」〔註42〕；又《尚書・康誥》說：「天乃大命文王，殪戎殷，誕受厥命。」〔註43〕；而《詩經・大雅・江漢》說：「文、武受命。」這些都是周人認為周朝受天命之說的文獻記載，然不光是文獻所記，就連出土的青銅器亦有所記，如 1976 年在周原遺址，所發掘清理陝西省扶風縣莊白的西周青銅器史牆盤之金文說：

> 曰古文王，初**𢾿**（𢾿）龢于政，上帝降懿德大甹（屏），匍（撫）
> 有上下，迨（會）受萬邦。（《集成》10175）

又如周康王二十三年大盂鼎的金文說：

> 不（丕）顯玟（文）王，受天有（佑）大令。在珷（武）王嗣玟（文）
> 乍（作）邦，（闢）厥（厥）匿（慝），匍（敷）有四方，畯（畯）
> 正厥（厥）民。（《集成》02837）

以上皆是後世周君王追述文王受命或文、武王受命之說。不過對於文王受命或文、武王受命之事是如何，始終還是不太清楚，不過隨著《清華大學藏戰國竹簡（壹）》中的〈程寤〉內容公佈，使人們可較具體了解此事：

> 隹王元祀貞（正）月既生魄，大（太）姒夢見商廷隹（惟）棘（棘），
> **延孚**（小子）發取周廷杍（梓）桓（樹）于厥（厥）閒（間），化為
> 松柏棫柞。寤敬（驚），告王。王弗敢占，詔大（太）子發，……
> 占于明堂。王及大（太）子發並拜吉夢，受商命于皇上帝。〔註44〕

周文王之妻太姒夢見商朝廷滿是如荊棘的小人，而太子發除去荊棘般的小人而植上周之梓樹，象徵太子發將滅商朝，周文王以此事占卦而得吉，於是與太子發並拜，以謝上天將大命授予他們。周文王與太子發是「並拜」，而「受

〔註41〕〔日〕白川靜著，溫天河、蔡哲茂合譯：《金文的世界：殷周社會史》（台北：聯經出版社，1989 年），頁 34。
〔註42〕〔西漢〕孔安國傳，〔唐〕孔穎達正義：《尚書正義》，頁 242。
〔註43〕同上註，頁 201。
〔註44〕李學勤主編：《清華大學藏戰國竹簡（壹）》，頁 136。

命於上帝」，也就是共同受命於天。然而周文王在位時，人們說是文王受命，將要代商而起，這是因爲此時文王在位；到了周武王即位繼承父業時，人們自然說是文、武受命，這是因爲武王此時繼承父志，來完成伐商大業。故後來才有稱文王受命，又有稱文、武王受命，而藉由〈程寤〉資料看來，這兩種都是合理的說法。

　　周人天命轉移的歷史理論，某個層度上，也反映出人類歷史活動中，自主性力量的初步產生。〔註45〕當然天命學說亦有另一層含意，即藉此以告誡周朝臣下，周代殷朝而立是受命於天，而其之所以受天命乃是殷紂王無道暴虐遭天所棄，而文王武王德政愛民深得天之意，故受命於周。此類似於德國哲學家卡西爾（Ernst Cassirer，1874～1945）所描述的，在那些大宗教中，僅管所遇見的諸神不盡相同，但祂們卻貫注在同一點上，即是善與惡的問題。〔註46〕但值得注意，周人的天命觀並沒有在歷史輪迴中打轉，他們是考察到歷史興衰轉變，開始自覺地從中把握歷史發展脈絡，得出某種因果關係，來建立其天命轉移的理論。

　　經由上述對殷商上帝的崇拜至周人的天命學說的討論，而這樣的發展過程是連續的或是斷裂的發展？因爲在先秦時期，有學者指出天命這一概念至關重要，因它影響人們的神靈世界與社會生活。〔註47〕從上古中國至上神崇拜發展來看，殷商時所崇拜的神靈有上帝、自然神、祖先神，而以上帝爲較高的至上神，其信仰還處於較初期的階段。上帝是被祈求的對象，認爲它具有無上至高地位，因此人們對於其相當敬畏，而敬畏乃是較之上帝而言，人類個人力量是極其有限，故對上帝可說是相當崇信。這樣的崇信到了周初，周人「不敢閉于天降威用」還保有其崇信上天的心態，〔註48〕也就是說周人也承續著殷商時所崇拜的帝命、天神等觀念，因此有天命觀的出現。周人的天命觀認爲天是公平裁判者，天照臨四方，並且能決定人間的統治者，故才「有殷受天命，……惟不敬厥德，乃早墜厥命」，〔註49〕而「皇天上帝改厥元子，茲大國殷之命」於周人的天命觀念出現。〔註50〕商紂的無德致使天命

〔註45〕任繼愈：《中國哲學發展史（先秦卷）》（北京：人民出版社，1998年），頁100。
〔註46〕〔德〕卡西爾著，甘陽譯：《人論》（上海：上海譯文出版社，2004年），頁156。
〔註47〕晁福林：〈自序〉，《天命與彝倫：先秦社會思想探研》（北京：北京師範大學出版社，2012年），頁2。
〔註48〕〔西漢〕孔安國傳，〔唐〕孔穎達正義：《尚書正義》，頁190。
〔註49〕同上註，頁222。
〔註50〕同上註，頁219～220。

轉移到有德周人身上，朝代交替，權位易主。就這一層面來看，周人的天命轉移說的權力性，是承續著殷商上帝至高權力而來的思想文化，因爲二者都是受制於神祕力量所支配著。

雖說周人天命觀對殷商有所承續，不過在對於天命的完整理解上，還是有所區別。周人滅殷商，不以征服者姿態傲視天下，而是以公平態度認眞地去掌握歷史發展進程，總結正反雙方以作爲借鑑。對於的商文化，採取去蕪存菁的方式，對於殷商先王的功績給予肯定，並加以學習。而對於的商末紂王的暴政無道，因而咎由自取走向滅亡的歷史教訓，深深地引以爲誠，避免重蹈覆轍。可說周人對於天命轉移說，是保持較客觀的態度，對於殷紂的酗酒享樂、奢侈腐化、沈迷聲色等，皆不能沾染；而對於殷商先王的精勵圖政，不敢縱逸享樂的謹懼行政風範，則應加以效法。也就是說周人雖認爲承受天命，是上天的意識之決定，但是周人不是像的殷人那樣一味地崇拜至上神，也不是只一味祈求上帝保佑自己，周人是對天命的接受中，亦強調對歷史經驗的借鑑，並認眞地看待自身人事上的努力。

此外，關於天命的含意上，殷商人對上帝者神的崇拜，並無明顯的道德內容在其中。而周人對於天或天命的理解，已有了道德內涵在之中，這種道德的內蘊約束著周人，不敢違反道義，可說周人的天命說，其神性意義稍減，而人的地位稍加提升。因此總的來看，周人的天命觀是對殷商思想文化的承續中，又帶有發展意味在其中。

（二）祭祀與禮樂：從神祐王權到德禮思想

殷商祭祀的盛行，與此前的巫覡盛行有關聯。有關中國巫術的起源已不可考，或者說巫術永遠沒有起源。〔註 51〕不過在新石器時代應已出現巫術的蹤跡，在考古資料中以 1982 年在甘肅秦安大地灣新石器時代遺址中所發現的地畫最爲有名，〔註 52〕學者認爲畫中表現出一種巫術，也像是爲死者跳著喪舞，〔註 53〕像是巫師爲死者行法跳著舞儀，使死者復生。〔註 54〕古人認爲喪

〔註51〕 如馬林諾夫斯基曾說：「巫術永遠沒有起源，永遠不是明的編造的，一切巫術簡單地說都是存在的，古已有之的存在。」參見〔英〕馬林諾夫斯基著，李安宅譯：《巫術科學宗教與神話》（北京：中國民間文藝出版社，1986 年），頁 57。
〔註52〕 甘肅省文物工作隊：〈大地灣遺址仰韶晚期地畫的發現〉，《文物》1986 年第 2 期。
〔註53〕 宋兆麟：《巫與民間信仰》（北京：中國華僑出版公司，1990 年），頁 211。
〔註54〕 張光直：《中國考古學論文集》（北京：生活·讀書·新知三聯書店，1999 年），頁 152～153。

事得宜與否，關係著生人和死人的福禍，而當時巫覡被看作是溝通生死的重要角色，故在儀式舞蹈中將死者靈魂引至安祥天國，既能安慰死者又能佑於生人。

　　而到了傳說五帝時代的少皞之時，即處於「夫人作享，家為巫史」的情形，當時大的氏族皆有自己的巫覡，並由族中地位威望高者擔任。而隨著部落社會生產力增加，各部落之間兼併戰爭不斷發生，於是有統一各部落的想法出現。但巫覡能傳達上天意旨，且家家能行巫術，則將不利於意識的統一，所以就有所謂的「絕地天通」，此即在傳說五帝時代的顓頊之時所施行的天人分離、民神異業的措施，雖說《尚書・呂刑》最早記載此事，〔註55〕不過對此描述最清楚則是《國語・楚語下》所說：

> 及少皞之衰也，九黎亂德，民神雜糅，不可方物，夫人作享，家為
> 巫史，無有要質，民匱於祀，而不知其福。烝享無度，民神同位。
> 民瀆齊盟，無有嚴威，神狎民則，不蠲其為。嘉生不降，無物以享，
> 禍災薦臻，莫盡其氣。顓頊受之，乃命南正重司天以屬神，命火正
> 黎司地以屬民。使復舊常，無相侵瀆，是謂絕地天通。〔註56〕

對於此文獻學者亦多所關注，或認為是政治分離主張，〔註57〕或認為是說明溝通天地權由統治者所獨佔，〔註58〕或認為是講職官之起源。〔註59〕觀看文中可知原先少皞之時家為巫史，人民可自行與神靈相通，而無專業巫師，但隨著巫覡太多，造成人多言雜，社會產生不安定的現象，故當時高陽氏首領顓頊進行宗教改革，他命使南正重專司於天而掌管神靈之事，命使火正黎專司於地而掌管人間之事。也就是使他們脫離宗教而服務於人，轉變成專人專

〔註55〕《尚書・呂刑》說：「上帝監民，罔有馨香德，刑發聞惟腥。皇帝哀矜庶戮之
　　　　不辜，報虐以威，遏絕苗民，無世在下。乃命重、黎，絕地天通，罔有降格。」
　　　　參見〔西漢〕孔安國傳，〔唐〕孔穎達正義：《尚書正義》，頁296～297。

〔註56〕〔春秋〕左丘明著，〔三國〕韋昭注，上海師範大學古籍整理組點校：《國語》，
　　　　頁562～563。

〔註57〕王治心認為從這個故事裡，可以看出神事民事的分別，又好像是一種政教分
　　　　離的主張，詳閱氏著：《中國宗教思想史大綱》（台北：東方出版社，1996年），
　　　　頁32～34。

〔註58〕張光直認為這暗示出，文明發生後溝通天地的手段，被統治階級所獨佔，並
　　　　從文明發生的角度加以解釋。詳閱氏著：《中國青銅時代》（台北：聯經出版
　　　　事業公司，2002年），頁252～279。

〔註59〕李零認為這一故事的主題是講職官的起源，詳閱氏著：《中國方術考》（北京：
　　　　東方出版社，2001年），頁13。

管來爲人民祈求神靈保佑的事項，而專人專管社會秩序維護的事項。把宗教事業集中到少數人身上，這可說是記述中國歷史上，巫覡職責專業化的轉變過程。

巫覡專職化亦可在「考古資料」獲得佐證。張光直（1931～）與李學勤都認爲顓頊時代大約與龍山文化的時代相對應，〔註 60〕而在龍山文化遺址中，有出現聯繫的大型墓地，其中在陶寺墓出土物中有特殊禮器鼉鼓、特磬，而這兩者是後來帝王或諸侯的廟堂中的重要器物，而鼉鼓是從巫覡的法器演化而來之器物，原本巫覡的法器變成爲統治者的重要禮器，〔註 61〕可說巫覡已變成統治集團成員，其法器才會出現在廟堂之中。而這也印證了上述顓頊時代巫覡職責已變成專業化之說法。

社會出現專職巫覡，〔註 62〕他們成爲溝通天人的唯一橋樑，也進一步壟斷神權，而到了夏朝國家領袖與宗教領袖合而爲一，國家領導人也往往又是巫覡身份者。如《山海經・海外西經》記載夏啓：「西南海之外，赤水之南，流沙之西，有人珥兩青蛇，乘兩龍，名曰夏后開（啓）。」〔註 63〕而有學者則指出夏啓可能是手持翳環，身帶璜玉的巫覡，〔註 64〕更有學者明確說夏啓就是巫，且善於歌舞。〔註 65〕此說明夏朝國君夏啓，就是一位君王又身兼巫覡之形象。而在考古資料的二里頭遺址中，曾出土過鑲嵌銅牌飾物，有學者研究後指出這種出土的牌飾，應可能是夏王朝統治者也就是巫師，其身上所配帶神徽或是巫工具。〔註 66〕此亦可讓人更明確了解夏朝巫政合一的情形。到

〔註 60〕 李學勤主編：《中國古代文明與國家形成研究》（昆明：雲南人民出版社，1997年），頁 204。

〔註 61〕 李民：《夏商史探索》（鄭州：河南人民出版社，1985 年），頁 17。

〔註 62〕 關於巫覡，《說文解字》說：「在男曰覡，在女曰巫。」不過《國語・楚語下》：「如是則明神降之，在男曰覡，在女曰巫。」韋昭注：「巫覡，見鬼者。《周禮》男亦曰巫。」可見巫覡雖一開始有所分別，不過後也就不分男女，總之，男巫或女巫都是可通稱作巫。以上引文參見〔東漢〕許慎著，〔清〕段玉裁注：《說文解字注》（台北：書銘出版事業有限公司，1997 年），頁 204；〔春秋〕左丘明著，〔三國〕韋昭注，上海師範大學古籍整理組點校：《國語》，頁 559。

〔註 63〕 〔晉〕郭璞注，袁珂點注：《山海經校注》，卷 11，頁 414。

〔註 64〕 如潘世憲就持這種看法，參見氏著：〈再探群巫〉，《周易研究》1991 年第 1期，頁 15～23。

〔註 65〕 參見張光直：《中國青銅時代（第二集）》（台北：聯經出版事業公司，2001年），頁 63。

〔註 66〕 葉萬松、李德方：〈偃師二里頭遺址獸紋銅牌考識〉，《考古與文物》2001 年第5 期，頁 46～47。

了商朝則出現一些專職古巫：

> 我聞在昔，成湯既受命，時則有若伊尹，格于皇天。在太甲，時則
> 有若保衡。在太戊，時則有若伊陟、臣扈，格于上帝。巫咸乂王家。

〔註67〕

可知巫咸是商朝時的賢臣，但他又是巫師，如後來《楚辭・離騷》也說：「巫咸將夕降兮。」而王逸注解說巫咸乃是古代神巫。〔註68〕因此後來文獻如《史記・殷本紀》都說巫咸是巫師的形象，這即是說明巫覡在商朝已是國家政權集團內，一種重要角色，而其性質也已專職化。

而這樣的巫覡職能，也就說其具體工作為何？根據上述《國語・楚辭下》所說重、黎之職責為司天司地，而到商朝的巫其所職，則有通天降神、驅邪、逐疫、禳災等，〔註69〕這些在後世文獻中都能看到巫覡所為之事。其中降神是巫的重要職能，此是說巫師能舉行儀式將神從上界請降至下界來，將神的訊息傳降下來，而巫本身也可以上涉至上界與神相會，此可以《山海經・大荒西經》之說得以證明：

> 大荒之中有山，名曰豐沮玉門，日月所入。有靈山，巫咸、巫即、
> 巫盼、巫彭、巫姑、巫真、巫禮、巫抵、巫謝、巫羅十巫從此升降。

〔註70〕

從文中可知十巫能登山而通天神，也可使神下降於地，在此可看見通天神之能力，已落入專門巫的職能中。此外出土的甲骨卜辭亦有這種情形：

> ☑卜㲼，貞：我其已宁，作帝降，若。（《合集》06498）

> ☑㲼貞，我勿已宁，作帝降，不若。（《合集》06498）

「降」是指巫的請神儀式，卜辭中「作帝降」的降，是指降神的降，也就說透過巫時通天能力而會見上帝天神，而謁請上帝天神自上界降臨下界凡間。巫的通天降神能力，由甲骨文卜辭記載得到了印證。

而不僅中國有巫術，西方國家亦有。根據弗雷澤（James George Frazer，1854～1941）的研究，他把全部巫術歸結為兩大類型：〔註71〕一種是「順勢

〔註67〕〔西漢〕孔安國傳，〔唐〕孔穎達正義：《尚書正義》，頁245。
〔註68〕〔戰國〕屈原撰，〔宋〕洪興祖補注，白化文等點校：《楚辭補注》（北京：中華書局，2000年），卷1，頁36。
〔註69〕瞿兌之：〈釋巫〉，《燕京學報》1930年第7期，頁13～28。
〔註70〕〔晉〕郭璞注，袁珂點注：《山海經校注》，卷2，頁219。
〔註71〕參閱〔英〕弗雷澤著，徐育新等譯：《金枝》（北京：中國民間文藝出版社，

巫術」，這是建立在「相似律」的相似聯想模式。例如婦女若不能順利生孕，巫師就製作一個木偶嬰女，置放婦人膝上，便能使懷孕夢想實現。〔註72〕另一種是「接觸巫術」，這是基於「接觸律」的接觸聯想所達成。例如巫師在拿到某甲的頭髮或指甲後，而無論在何時何地，就可透某甲的頭髮或指甲，來施法達成傷害某甲之目的。〔註73〕由此看來巫術是針對那些無能爲力的人群所施行的，其巫術行爲是起於對人類事物的解決，而不是神事方面敬獻。

對照西方文化人類學家所描述的巫之行爲，似乎與中國文獻或考古上所記載的巫之活動，二者不是完全吻合。在弗雷澤所記述西方的巫，是沒有明顯的神靈之自然巫術；〔註74〕而在中國的古巫則是以神靈爲基礎，所發展出的巫術儀式。而且西方巫術如上所述的「接觸巫術」，其行爲好像是一種強迫或壓制神靈的方式，來達成其目的；而中國的巫術所採取的方式，則是以敬獻取悅於神靈，以讓神靈來保佑於人。

而爲何有如此的差異產生？或許陳來（1952～）的說法可供參考，他認爲人類學家所見到的巫術，是原生形態的；而中國的古巫是屬次生形態的，因此造成中西方二者巫術的不同。〔註75〕陳先生所論有合理性，因爲像弗雷澤所描記的巫術，是就當地土著來考察。而中國的巫術在歷史上發展很長的過程，神靈觀念已很成熟，所以表現出來的是以獻祭的媚悅神靈之行爲儀式。

而商代巫的宗教儀式，表現的是努力透過獻祭等溫和方式，來祈求神靈以保佑人民。而這樣的信仰較像是祭祀文化，也就是說中國早期的巫覡活動已轉變成祈求奉獻活動，這也是初步的宗教理性化，祭祀文化不再完全訴諸巫術力量，來使自然界配合或屈服於人類的願望，而是通過更多祭祀禮儀，來與神靈打好交道。商代可說是祭祀上帝鬼神頻率很高的社會，且祭祀權與王權緊密結合，商王室也以祭奉鬼神爲重要任務，「率民以事神，先鬼而後禮」，其實也是藉由率民事神，來達成上位者對百姓及其它方國的有效統御。

事奉鬼神成爲商王君重要的事務，神權與王權相結合，而臆測神意成爲

1987年），頁19～20。

〔註72〕參見同上註，頁23。

〔註73〕參見同上註，頁29。

〔註74〕如弗雷澤在研究交感巫術後指出：「無論在任何地方，只要交感巫術是以純粹的形式出現，它就認定，在自然界一個事件總是必然地和不可避免地接著另一事件發生，並不需要任何神靈或人的干預。」參見同上註，頁75。

〔註75〕陳來：《古代宗教與倫理：儒家思想的根源》（台北：允晨文化實業股份有限公司，2005年），頁51。

商王重要之事，而臆測神意有著一批巫集團在執行，此集團亦是當時宗教集團代表，在政治活動中佔有一定地位。不過此集團的領導是商王，因商王往往是大巫，商王實質上扮演著宗教主角色。〔註76〕也就是說商王一方面是政治領袖，一方面又是群巫之長。而體制上有所謂的「寢廟相連」，寢是指君王的住所，而廟是祖先神靈祭奉的地方，即是指處理百姓人事與敬奉神事，都在一樣的處所進行。〔註77〕可見商王在政治上與宗教上都是主導地位者。尤其在殷朝後期商王掌握這樣的權力，其權力超越教權，取代從前巫覡的令人崇拜之地位，而巫覡即從最神聖、最有勢力的地位，轉變下降為王權的幫手。〔註78〕雖然巫可以溝通天人，不過在溝通後的決策權，依然在商王手中，經商王同意後方可執行，也就是商王為享有「最高」溝通天人的權力者。

由此看來，商王成為上帝的使者，在王國之中成為最高權力的教主，甲骨卜辭中明顯可見到，商王是占卜活動的主要地位者：

己亥卜，爭貞：王勿立中。（《合集》07367）

辛未卜，殷貞：王勿逆伐舌方，下上弗若，不我其受祐，六月。（《合集》06204）

乙亥人，行貞：王其尋舟于河，無災。（《合集》24609）

丁亥卜，賓貞：王往涉，狩。（《合集》10602）

如上可見占卜的貞人代替商王進行占卜，而幫商王所占問的有戰爭、尋物、涉獵等各種事項。還有商王親自當任貞人以進行占卜的：

辛亥卜，王貞：曹父乙百宰，十一月。（《合集》06664）

庚申卜，王貞：余伐不，三月。（《合集》06834）

戊午卜，王貞：勿御子辟，余勿莫子。（《合集》40830）

商王親自主持占卜，這直接表明殷商王是占卜活動的主體人物。商王在商朝

〔註76〕徐旭生：《中國古史的傳說時代》（桂林：廣西師範大學出版社，2003 年），頁99。對此，李澤厚說到：「盡管有各種專職的巫史卜祝，最終也最重要的，仍然是由政治領袖的王，作為最大的巫，來溝通神界與人世，以最終作出決斷，指導行動。……王、巫、舞，無論在考古發現或文獻記載上，都強勁地敘說著它們之間同一性這一重要史實。」李澤厚：《歷史本體論·己卯五說》，增訂本（北京：生活·讀書·新知三聯書店，2006 年），頁159。

〔註77〕張榮明：《殷周政治與宗教》（台北：五南圖書出版有限公司，1997 年），頁153。

〔註78〕〔韓〕文鏞盛：《中國古年代社會的巫覡》（北京：華文出版社，1999 年），頁21。

後可說主導著王室祭祀儀式，在祭祀前的占卜活動，雖貞人有參與操作，但商王是占卜的主體，在占卜之後獲得的卜兆，貞卜可提供意見，而判斷卜兆吉凶的最後結果，還是由商王來作決斷，這從卜辭中的「王占曰」之卜例便可知曉，如「辛未王卜曰：☒余告多君曰，般卜有祟。」（《合集》24135）即是在辛未日，商王占卜說，我要告訴所有首領，占卜之兆說我有遇到祖靈作祟之事。對於商王所占卜之事，他要向多君，即是參與占卜儀式的諸位首領或各地區君主，來解釋占卜的意義。也即是說「王卜曰」是商王在觀察兆紋後，以權威的方式對面前的諸王和臣子，說出占卜後神靈所諭示的結果意思。〔註79〕此外，商王也都是親臨祭祀儀式中，在卜辭中屢見「王賓」即可為證，而所卜問的也是關於周祭一類為多。〔註80〕除對祖先祭權的控制外，商王還可以指使子、婦、貴族，來祭拜先王先公。〔註81〕由此可見商王雖不一定每天都參與各項祭祖儀式，但在祭祖活動中，他居於主持儀式的權力是可以確信的。

商王對宗教握有主導權，他的權力被認為是神所授與，〔註82〕每項祭祀活動都有神聖性。人民服從於商王，除了商王是現實社會中的統治者，還因人民認為商王行事是神是的意志，故對商王相當尊崇。無論是君權或神權，這對國家秩序的維持，都起了很大的約束力。商代神權由君王所掌握，也成了政治的工具；而神靈的權威則確保國家穩定。所以形成商代宗教與政治的同構合一。當然就其開始的狀況看來，對整體國家社會是有益的，不過當權力核心若開始腐化，則影響亦是相當大。君王本身若是出現不合禮義走向沈

〔註79〕〔意〕安東尼奧‧阿馬薩里著，劉儒庭等譯：《中國古代文明——從商朝甲骨刻辭看中國上古史（修訂版）》（北京：社會科學文獻出版社，1997年），頁88。

〔註80〕常玉芝：《商代周祭制度》（北京：中國社會科學出版社，1987年），頁13～16，21～13。關於周祭，是採用翌、祭、𨚵、𠭜、彡等五種祭祀，來輪番系統的祭祀先王先妣，相關詳細研究內容亦可參閱趙誠：《甲骨文與商代文化》（瀋陽：遼寧人民出版社，2000年），頁159～174；〔日〕島邦男著，溫天河、李壽林譯：《殷墟卜辭研究》（台北：鼎文書局，1975年），頁204～316。

〔註81〕劉源：《商周祭祖禮研究》（北京：商務印書館，2004年），頁317～318。

〔註82〕對此種現象，余敦康提出說明：「在當時的那種宗教文化的氛圍中，人們立足於原始思維的感性直觀，把所有這些出於現實的需要，所作出的合理的選擇歸結為天神和祖先神的意旨，稱之為神權，認為國家的存亡和國運的興衰，決定於王權的行使是否自覺地服從神權的支配。因此，這種神權也就上升成為國家的意識形態。」參見氏著：《中國宗教與中國文化：宗教、哲學與倫理》（北京：中國社會科學出版社，2005年），頁43～44。

迷道路，則不是一般人所能規勸的，因爲君王除已有統治權外，又有神權在握，自然是高高在上，而剛愎自用，聽不進忠言之勸。當君王腐敗的開始，往往也是朝代由盛轉衰，甚至是走向滅亡之途。商代末期紂王便是如此，他沈迷聲色，又酗酒不理朝政，對於忠臣比干（約1092～約1029B.C.）的勸諫，無動於衷不說，竟然殺害之。最後將商湯所立之國，斷送於手中。

　　對於取代商而興起的周人來說，商王的滅亡，使周人認識天命靡常。雖說上天最具有權威判斷者，不過統治者的政治行爲表現，才是天命轉移的關鍵因素。那麼如何才能讓靡常的天命不再移轉，而不斷的照耀周朝？對上天的供奉敬禱雖是表現敬畏的儀式，不過單靠儀式顯然無濟於事，殷人最後還是被上天拋棄。於是周人在殷亡的歷史教訓中，觀察出「受祿於天」的條件，不在祭品豐厚與否，而是統治者的行爲「敬德」與否。上天雖有權威，但也是公正的，而其公正在周人的觀察是，上天之所以佑周，乃因周人行德惠民，而殷末紂王暴虐無德，故天命降於周人。所以周人明智的理解到，若要永保江山長存，其可行之途是「王配于京，世德作求，永言配命」，〔註83〕也就是統治者對德行的自我要求，並以此傳世於後，世代以「德」作爲自我要求的準則，來「昭事上帝」則天命將永久保持不墜。

　　周人的敬德在《尚書‧無逸》中說到：「文王卑服，即康功田功。徽柔懿恭，懷保小民，惠鮮鰥寡。自朝至于日中昃，不遑暇食，用咸和萬民。」〔註84〕文王恭敬行事，恩惠普及於一般民眾們，行政以萬民之福祉爲優先，從早晨忙到中午而沒時間進餐，爲的是要能做好協和萬民之事。而武王承父之業，也恭行德治政策，所以文武之德爲眾人所景仰。此外，周文王的敬德也影響著當時諸侯，在金文中則有「哲厥德」語辭出現，如師望鼎的金文即說：

> 大師小子師朢（望）曰：不（丕）顯皇考宽（究）公，穆穆克盟（明）氒（厥）心，㦤（哲）氒（厥）德，用辟于先王，㝯（得）屯（純）亡敃，朢（望）肇（肇）帥井（型）皇考，虔夙（夙）夜出內（入）王命，不敢不䘏不㝀，王用弗諲（忘）聖人之後。（《集成》02812）

金文中「哲厥德」的哲字，《說文解字》：「哲，知也」；「悊，哲，或從心」；

〔註83〕〔西漢〕孔安國傳，〔唐〕孔穎達正義：《尚書正義》，卷16，頁581。
〔註84〕同上註，卷16，頁242。

段玉裁注說：「悊，敬也」。〔註85〕所以，哲厥德即是指敬其德，也就使其德能夠昭顯。之所以要強調哲厥德，乃是指統治者在行政時，所應保有的智或敬之態度。金文中「朢（望）肇（肇）帥井（型）皇考」，是指師望之父宄公，以明智敬德之心輔助周先王，而師望亦承父之德業，盡力效力於周先王。可見周人對於敬德的提倡，除有政治考量外，亦是強調行政德風是家族傳遞中，不可缺少的重要精神價值所在。

敬德的落實也表現為宜民措施上，這一措施是對殷人思想上的反撥。殷人崇拜上帝天神，而終不免牧野倒戈，並非天神不佑之，乃是民怨沖天，而上天當然不會助紂為虐，江山的易主歷史情節中，讓周人明白民心可畏，因此《尚書·康誥》說：「天畏棐忱，民情大可見。小人難保，往盡乃心，無康好逸豫，乃其乂民。」〔註86〕周公對康叔告誡，執政者要為民除害，民病如己病，自身是否仁德勤政愛，都會反映在民情上，而天之明威，是佑助有德者。上位者應盡力保民安和，不要貪圖逸樂，方是治國保民之正道。周公受後人推崇就是他重視德政措施，馮天瑜就認為中國歷史之德治風氣，歷久而不衰地保持至尊地位，周公德政可說是其濫觴。〔註87〕從另一方面來看，周人認為天命轉移，也源自於民心向背與否，而想要得民心，是要關心他們生存現況，能「知稼穡之艱難」並與民站在同陣線，因保民關係著國家存亡，若欲國家長治久安「惟王，子子孫孫永保民」，故宜民保民之重要性不言而喻。至於為什麼要有德者才能治天下？新發現的郭店楚簡〈唐虞之道〉或許對此回答，可作參考：

> 古者堯之與舜也：昏（聞）舜孝，智（知）其能敆（養）天下之老也；昏（聞）舜弟（悌），智（知）其能紂（嗣）天下之長也；昏（聞）舜丝（慈）虖（乎）弟□□□□□□，為民宔（主）也。〔註88〕

此對於堯之所以禪讓於舜，不僅是舜的孝、智、悌、慈等諸多賢德，更重要

〔註85〕 參見〔東漢〕許慎著，〔清〕段玉裁注：《說文解字注》，頁57。

〔註86〕 〔西漢〕孔安國傳，〔唐〕孔穎達正義：《尚書正義》，卷16，頁202。

〔註87〕 馮天瑜、何曉明、周積明：《中華文化史》，頁484。對此劉澤華進一步說明到：「周公是重要貢獻之一，把德當作政治思想的中軸，有了德，上可得天之助，下可得民之和。有天之佑，又得民之和，便能為王，歷年而不敗。」其說甚是。以上參見氏主編：《中國政治思想史》（杭州：浙江人民出版社，1996年），頁24。

〔註88〕 荊門市博物館：《郭店楚墓竹簡》（北京：文物出版社，1998年）竹簡圖版第22～24簡，頁40；竹簡釋文，頁158。

的是這些品德符合人民所期待英主的條件，而舜自然是人民理想的英主，堯之禪讓於舜乃順應人民符合人心。也可從中得之，君主乃因民而立，由民所推舉而生。而不僅是中國，類似的思想亦在各文明世界初期出現過，如在西元前兩千年的古埃及政治哲學就曾提出，君主要能親近孤兒、棄子，且能憐憫寡婦；西元前八百年希伯萊宗教的先知階段中，記錄在《以賽亞書》裡的政治倫理思想，是要能讓人民受到公平對待，解救被欺壓的民眾，並替孤兒伸冤。〔註89〕由此可知，敬德保民是前軸心期時代各文明的同共主題，它是一條富有疏導調整社會的有效措施，它要求統治者自我約束修養，也是將對上天權威敬畏，轉化為對自身行為規範存敬，因有存敬德之心，故能宜民保民，而君主統治也才能穩固長遠。

　　敬德是周人獨特思想，適應當時周初立國之需要，而其根本主要是運用人力以濟天道之窮。〔註90〕德不僅是主觀修養，亦是客觀規範，而化作具體措施即是禮樂制度。《禮記·明堂位》記載周公「制禮作禮，頒度量，而天下大服周公制禮作樂。」〔註91〕禮樂制度是維持國家社會秩序，的一項有力的調控方策。周公在周初政治是佔重要地位，沒有周公就不會有傳世的禮樂文明。〔註92〕禮的作用是讓周初王朝各階層都要遵循的規範，也就是「經國家，定社稷，序民人」的統治策略，〔註93〕而制禮的作用是有其政治效益，如周惠王的內史就說：「古者先王既有天下，又崇立上帝，明神敬事之，於是有朝日、夕月。以教民事君。」〔註94〕這是說崇拜上帝、禮敬天神的制度規範活動，是要讓人民在事禮之中也能學會遵君。禮的功能是除政治性亦有社會性，「以之居處有禮，故長幼辨也」男女之別，長幼之序的講究就體現社會人倫制度，此外，對器皿用具的居住講究，對官位名稱的等級畫分，對婚喪喜慶的禮儀區分等等，都顯示出文明進步。

〔註89〕　參閱〔美〕拉爾夫等著，趙豐等譯：《世界文明史》（北京：商務印書館，1999年），上卷，頁50。

〔註90〕　郭沫若：《中國古代社會研究（外二種）》（石家莊：河北教育出版社，2004年），頁260。

〔註91〕　〔東漢〕鄭玄注，〔唐〕孔穎達疏：《禮記注疏》，卷31，頁576。

〔註92〕　楊向奎：《宗周社會與禮樂文明》（北京：人民出版社，1997年），頁141。

〔註93〕　〔晉〕杜預注，〔唐〕孔穎達等正義：《春秋左傳正義》（台北：藝文印書館，1997年《十三經注疏》本），卷4，頁81。

〔註94〕　〔春秋〕左丘明著，〔三國〕韋昭注，上海師範大學古籍整理組點校：《國語》，卷1，頁36。

　　2003 年周公廟遺址發現有關周公的卜甲和 2004 年陵坡墓地發掘，學者證實此遺址為周公采邑。〔註 95〕而陵坡墓地的年代不早於西周早期，而中 M1、M10、M12 三個大墓的「墓道」有四道。因西周時期「墓道」道數是評判墓主等級高低依據之一，學者指出殷墟王陵、戰國秦王陵、漢景帝陽陵等都有四個墓道，而諸侯墓葬墓道是有一或兩道，因此陵坡墓大墓墓主等級是高於一般諸侯。〔註 96〕據此學者研究後指出，陵坡墓地應是周公家族墓地。〔註 97〕在周公廟遺址也發掘出折樹棱墓地，其年代起於西周早期而終至西周晚期，墓葬多以小墓為主，而中型墓較少，其它所發掘的佛爺殿墓地、蔣家溝墓地、董家台墓地亦大致如此，這些都是等級較低或是屬於一般平民的墓主之墓地。由周公廟遺址所發掘出的墓地看來，西周時的墓葬是依照一定「等級」的高低，按規範予以安葬，故而印證西周是依禮樂制度來維持國家社會秩序的朝代。而這些規範在社會功能上，也是為了彰顯等級制度的區別，以達到有效管理國家社會之目的。

　　不過禮樂制度是有禮有樂，以禮為主，以樂為輔，若是一味以禮來區分等級，則等級體系中會有疏離的緊張關係，故需要以樂輔禮，如《禮記》所說：「樂由中出，禮向外作，……樂至則無怨，禮至則不爭。揖讓而治天下者，禮樂之謂也。」〔註 98〕禮對人形成約束，是一種外在的強制力，而外在尊敬不代表內心無怨。樂的作用就是培養內在德育情感，不僅外在行為守禮，內在心理也能無怨地來遵奉禮義，從而在根本上，達到禮治安和的社會風氣。而西周青銅器編鐘的出現，則可見西周對樂相當重視，如周宣王時代的南宮乎鐘之金文說：

嗣（司）土（徒）南宮乎乍（作）大鑄（林）龢（協）鐘，茲鐘名
曰無昊（射）。（《集成》00181）

樂鐘名為「無射」，此是十二律律名之一，表示此鐘音律與無射聲律相符合，故以律名作為鐘名，也顯示當時編鐘調音已很準確。總之，禮與樂是相輔而成，既要注重外在社會秩序，也需顧及內在和諧的統一。

〔註 95〕參見曹瑋：〈太王都邑與周公封邑〉，《考古與文物》1993 年第 3 期；李學勤：〈周公廟遺址性質推想〉，《文博》2004 年第 5 期，頁 5～6；徐天進：〈周公廟遺址的考古所獲及所思〉，頁 55～62、98。

〔註 96〕張天恩：〈周公廟遺址發掘涉及的主要問題〉，《文博》2004 年第 5 期，頁 17～18。

〔註 97〕雷興山：《先周文化探索》（北京：科學出版社，2010 年），頁 270～271。

〔註 98〕〔東漢〕鄭玄注，〔唐〕孔穎達疏：《禮記注疏》，卷 37，頁 668。

　　經由以上討論，可看見從殷商巫覡文化下的神權思想，到西周禮樂文化的君權思想的發展脈絡，似乎有些許關聯又不全相同，這樣就要分析到底西周思想文化對殷商是「繼承」而來，還是「斷裂」的發展？西周君權理論，在論證其權力合法性過程，也曾運用天神的權威。另一方面也透過天神權威力量，來約制君王的行為與施政。這樣使君王不至權力泛濫，而對君王起了規範效用。而這種君王權力源於上天所賜予，並且透過上天來約束指導君王，都有承續殷商思想文化。

　　不過當西周君王在治理國家時，其自主自覺性提高，也就是雖然天意限制君王，但是君王也因此更加自覺履行應盡責任，盡到敬德保民的責任。這是不同於殷商君王，他是王權神權一手在握，上帝對其沒有客觀化的行為準則要求。故而西周這種君王自覺承擔應盡責任的思想，是周人首次提出的。

　　西周的禮樂文化，是由周公制禮作樂所推展而成，而周公是將殷商祭祖禮儀、溝通天神儀式，進一步整理而全面的予以體制化、理性化。因為巫覡活動也有重要行為、活動、語言，也有身體姿式、手勢步伐等儀式，而祭祖對象又有親疏不同，有著等差儀式的區別。而這些巫硯活動、祭祀儀式中的禮文化成份，被周公所凝結承續並加以「制度化」。商代祭祀禮儀有一定基礎，到了西周承續此基礎上，將禮儀「系統化」，而逐步將禮樂制度文化全面完備起來。

　　但是，西周禮樂制度不僅是簡單將禮俗制度化，西周統治者所推禮制，不光是解決貴族間的利益衝突，亦是關係著西周王朝萬世太平的根本問題。西周這種「禮」的體系雖保有一些殷商時宗教性質，但就整體上看來，亦包含有道德規範的功能；有政治制度個架構，可說是一種內在整全與融合的系統。西周的禮樂思想文化，已不再完全是殷商祭祀文化，那種濃厚的宗教性質，而是神聖性質與人文性質的相融合系統，此為西周禮樂文化的發展之處。

　　此外，周人的祭祀之禮，也不全同於殷商，在殷商因「絕地天道」後而人神分離，祭祀權落入商王手中，商王可依自己願望祈求上帝與祖先神，則殷人祖先與上帝僅和商王產生聯繫關係，而不與人民發生往來。殷商的祭禮之禮儀，是僅奉獻牲禮為達到致福而作，不在禮儀和禮觀念的觀注。而在西周時代打破絕地天通的限制，人民成為主體，他們可以將祈求願望告訴上天，上天也樂於傾聽民意，上天與人民之間變的息息相關。上天成為公正無私的至上代表，因而對於以前用禽為犧牲奉獻的行為，不再完全享用，上天對於

祭禮不是注重祭品的豐厚,儀式多麼盛大隆重,而是考慮廣大人民的願望和需求,「天聽自我民聽」無論統治者多麼敬拜上天,但現實中不愛護百姓,不體民生疾苦,陷國內的百姓於不顧而貪圖逸樂,這樣上天是不會接受其祭奉。「天視自我民視」上天和民意是相通的,僅靠單向的討好上天,不重視自身行為的端正,是得不到上天的眷顧。可說西周已經脫離商朝宗教性的祭禮,而在禮之中增加「人倫秩序」的意識,而這樣的禮樂文化開始重視理性因素,其整體上是較注視「人間性」的秩序維持,而不是只在宗教上的求福佑,此又是西周思想文化發展之處。

因此,對於殷周之際的大傳統思想文化,可得出西周思想文化,對於殷商思想文化,是部分承續而來的,而這樣的發展就會覺得好像兩者文化有其相似之處。不過若仔細分判,西周思想文化又因時代環境的不同,故而對殷商文化加以創造改變,以適應新時代需求,而這種情形又會覺得兩者文化是有所區別。以「同」觀之則有連續的感覺,以「異」視之則有斷裂的感覺,但若更完整的說,或許可視作兩者文化是同中有異,也就是西周思想文化對於殷商思想文化,是在「承續中」,又「帶有發展」的衍進關係。

二、地域性的「先周文化」──周人思想突破的小傳統成素

對於殷周之際思想文化的變革,上文已討論分析之,可看見西周雖有上承殷商文化之部分,但也有革新創造之處。而就創造的地方來看,西周思想文化有著敬德、保民的新思維思想文化出現,但是為何在西周初年,會有這些新思維的突然橫空出現?對此,張光直的看法頗耐人尋味,他說武王伐紂以後,西周文化在繼承殷商文化的同時,又將周人傳統文化,加入中原文化裡頭,而成為主流文化。〔註99〕張先生所說的「加入」一詞,對本文具有啟發性。也就是說周初的新思維,是與周人將自身傳統文化的加入,有著某種層度關係。而現在要追問的是,這個周人所加入的文化到底從何而來?於此,本文認為可從「先周文化」這一視角,來切入予以探究。

(一)「先周文化」與周族興起──初步的保民思想與禮儀規範之形塑

關於「先周文化」的含義,目前有很多學者試圖提出定義,最早的說法

〔註99〕張光直:《中國青銅時代》,頁118。

是鄒衡（1927～2005）提出，他認爲先周文化年代大約是商代祖甲到商紂王滅亡之間；之後盧連成則認爲先周文化是周武王滅商紂王之前，以周族爲主體並結合其它部族，所共周創造的考古文化遺存；胡謙盈（1930～）則是主張，將西周以前周遺存稱作爲先周文化，而其年代下限是西周，上限年代則在探索中。〔註100〕由以上學者說法看來，認爲先周文化是商紂王滅亡之前的周族文化，這樣的說法是比較一致的。

　　不過先周文化這一命題，是根據「歷史文獻」資料得來，而《史記·周本紀》對於周族起源的記載有 15 代，分別是后稷→不窋→鞠→公劉→節慶→皇仆→差弗→毀隃→公非→高圉→亞圉→公叔祖類→古公亶父→季歷→文王。但是《史記·劉敬傳》則說：「周之先自后稷，堯封之邰，積德累善十有餘世，公劉避桀居幽。」〔註101〕對照《史記》兩處說法，〈周本紀〉說在公劉之前有三代（后稷、不窋、鞠），而〈劉敬傳〉則說在公劉之前有十餘代，這顯示出有缺代的問題。但文獻對此缺代之記載亦不甚明瞭，然卻是關於公劉→古公亶父→季歷→文王→武王等記載，相對較爲豐富，且學界對此時期的記載亦較「認同」。關於古史的研究，劉家和（1928～）就曾指出：「古史的研究十分需要考古學與歷史學的結合。」〔註102〕故本文便是站在以「歷史學」文化資料爲主，「考古學」文化資料爲輔，也就是以歷史學來探究先周文化的地域性文化，然亦兼採考古學的研究成果，來對公劉→古公亶父→季歷→文王→武王伐紂等階段的先周文化進行探究。

　　關於公劉時期之大事就是遷都至「豳」，《詩經·大雅·公劉》即說：「度其夕陽，豳居允荒」；又說「篤公劉，予豳斯館，涉渭爲亂，取厲取鍛。」〔註103〕若是對照現今地區，大約是在彬縣、旬邑縣所轄的地區範圍。〔註104〕至於爲何要遷都，歷來說法不一，有認爲是要開拓農業畜牧而遷都；亦有認

〔註100〕　參見鄒衡：《夏商周考古學論文集》（北京：文物出版社，1980 年），頁 352；
　　　　　盧連成：〈先周文化與周邊地區的青銅文化〉，收入考古學研究編委會編：《考
　　　　　古學研究》（西安：三秦出版社，1993 年）；胡謙盈：〈論碾子坡與岐邑、豐
　　　　　邑先周文化遺址（墓葬）的年代分期〉，《胡謙盈周文化考古研究選集》（成都：
　　　　　四川大學出版社，2000 年），頁 184。
〔註101〕　〔西漢〕司馬遷撰，〔劉宋〕裴駰集解，〔唐〕司馬貞索隱，〔唐〕張守節正義：
　　　　　《新校本史記三家注并附編二種》，卷 99，頁 2715。
〔註102〕　劉家和：《史學、經學與思想》（北京：北京大學出版社，2006 年），頁 302。
〔註103〕　〔西漢〕毛公傳、〔東漢〕鄭玄箋，〔唐〕孔穎達正義：《毛詩正義》，卷 17，
　　　　　620～621。
〔註104〕　張天恩：《關中商文化研究》（北京：文物出版社，2004 年），頁 187。

爲是要變於西戎而遷都；還有認爲要遠避禍亂而遷移。〔註105〕然而學者大致上是認同，公劉是爲了發展農業而進行遷都。公劉遷都是留居一部分，而遷居一部分。對於留居處「篤公劉，匪居匪康，迺場迺疆，迺積迺倉」，〔註106〕將田地整治好，讓留居者有豐盛糧食積存在穀倉中，方便其在原居地繼續耕作。對於遷移者「迺裹餱糧，于橐于囊，思輯用光」，〔註107〕把糧良裝成袋交付遷者，讓大家都和諧光明，便於讓移居新地人們，有足夠開墾時所需的物糧，以於擴大生產力。可見公劉是善於管理財貨，既保護留居者的生活空間資源，也保障移居者生產時所需糧食資源，顯示出他「愛護子民」的處事風格。

在遷都地點選擇，《詩經・大雅・公劉》說：「篤公劉，于胥斯原，既庶既繁，……陟則在巘，復降在原。」毛公注解：「胥，相也。」〔註108〕即有考察的意思。公劉親身考察遷都所在地，平原草木豐盛，又登上小山俯視，走下平原視察，而選定新建國都。定居後便要建立政治爲統治秩序，其方式則通過宴會中賓客禮儀，來達到貴賤分別、長幼等次的目的，「篤公劉，于京斯依。蹌蹌濟濟，俾筵俾几。既登乃依，乃造其曹，執豕于牢，酌之用匏。食之飲之，君之宗之。」〔註109〕「依」字即是「殷見」，也就是舉行族眾相見的宴會禮。在京師公劉宴會族眾到廳堂，廳中陳設很多席位，等公劉登堂後，族眾對其行殷見之禮，宴中也準備豬肉酒品，透過飲食之禮，來表達對公劉身爲君長兼宗長之崇敬。而這種對君長的禮教之儀，也是爲了團結宗族，以及維護統治秩序所作的一項有效規範。

從公劉移「豳」到古公亶父（周太王）遷「岐」，這中間經歷約九世，史書對此無明顯記載，而對於遷岐之事由，《史記・周本紀》說：

> 薰育戎狄攻之，欲得財物，予之。已復攻，欲得地與民。民皆怒，

〔註105〕以上說法具見於《史記・周本紀》：「公劉雖在戎狄之間，復脩后稷之業，務耕種，行地宜」而遷移；《史記・匈奴列傳》：「夏道衰，而公劉失其稷官，變于西戎，邑于豳」；《史記・劉敬列傳》：「公劉避桀居豳」。上列引文分別參見〔西漢〕司馬遷撰，〔劉宋〕裴駰集解，〔唐〕司馬貞索隱，〔唐〕張守節正義：《新校本史記三家注并附編二種》，卷4，頁112；卷110，頁2881；卷99，頁2715。
〔註106〕〔西漢〕毛公傳、〔東漢〕鄭玄箋，〔唐〕孔穎達正義：《毛詩正義》，卷17，頁617。
〔註107〕同上註，卷17，頁617。
〔註108〕同上註，卷17，頁618。
〔註109〕同上註，卷17，頁619。

　　欲戰。古公曰:「有民立君,將以利之。今戎狄所爲攻戰,以吾地與
　　民。民之在我,與其在彼,何異。民欲以我故戰,殺人父子而君之,
　　予不忍爲。」乃與私屬遂去豳,度漆、沮,踰梁山,止於岐下。豳
　　人舉國扶老攜弱,盡復歸古公於岐下。〔註110〕

當時古公亶父受到薰育戎狄等鬼方族的侵略,而鬼方族本居內蒙河套一帶,
後經商王武丁討伐,而移徙陝北晉北並向涇水發展,成爲周族涇水上游的敵
患。鬼方族發展於涇水流域在考古資料得到證明,1982 年陝西省淳化縣黑豆
嘴商朝晚期墓葬 M3 出土金耳杯、M2 出土多孔銅刀,器物顯然屬於李家崖類
型,即是鬼方文化因素,〔註111〕而陝西省淳化縣地處涇水下游,鬼方勢力發
展到涇水上游自是不待言。古公亶父雖受鬼方族侵擾,卻服事以皮幣、犬馬、
珠玉,仍不斷再受侵略,百姓憤怨欲戰,然古公亶父展現「仁德風範」,不想
奪他人之君與民,所以選擇遷移國都到岐地。

　　對於古公亶父的遷移《詩經・大雅・緜》說:「古公亶父,來朝走馬,
率西水滸,至于岐下。爰及姜女,聿來胥宇。周原膴膴,菫荼如飴。爰始爰
謀,爰契我龜。曰止曰時,築室于茲。」〔註112〕即說古公亶父越過漆、沮
水來到岐下,於是和姜女一起考察後,決定將國都遷於岐山之下的肥美「周
原」地,這是文獻中所記古公亶父,立國於「周原」的史實。此亦得到考古
資料證明,1976 年陝西周原考古隊在陝西省岐山縣京當鳳雛村發掘出甲組西
周宮殿建築遺址,之後 1977 年、1979 年在該遺址建築基址西廂房第二號房
基納窖穴發掘大批西周甲骨文,〔註113〕其中 H11:82 甲骨文記載:

　　文武……王其邵(昭)帝(禘)……天□典冊周方白(伯)□□由
　　正亡六……王受又。〔註114〕

　　此片甲骨文大概屬於商朝帝乙時期,而文中的周方伯就是指周文王,而

〔註110〕〔西漢〕司馬遷撰,〔劉宋〕裴駰集解,〔唐〕司馬貞索隱,〔唐〕張守節正義:
　　　　《新校本史記三家注并附編二種》,卷4,頁113～114。
〔註111〕鄒衡:〈再論先周文化〉,《夏商周考古學論文集續集》(北京:科學出版社,
　　　　1998 年),頁 261～270。
〔註112〕〔西漢〕毛公傳、〔東漢〕鄭玄箋,〔唐〕孔穎達正義:《毛詩正義》,卷 16,
　　　　頁 547。
〔註113〕有關西周甲骨文的發掘經過,可參閱徐錫臺:《周原甲骨文綜述》(西安:三
　　　　秦出版社,1987 年),頁 3～10;陳全方:《周原與周文化》(上海:上海人民
　　　　出版社,1988 年),頁 101～123。
〔註114〕曹瑋編著:《周原甲骨文》(北京:世界圖書出版公司北京公司,2002 年),
　　　　頁 62。

周文王當時是居周邑，那麼岐山鳳雛村所發掘的宮殿即是周邑，也即是古公亶父遷岐的周原。而在建都周原後，古公亶父又新建宗廟和社稷制度，《詩經・大雅・緜》說：「迺立冢土，戎醜攸行」毛傳注：「冢，大。冢土，大社也。」〔註115〕所以冢土即是大社，也就是「祭壇」。這是說古公亶父建立宗廟外，也興建大社，是要在打退前來侵犯戎狄後，舉行殺死戰俘獻祭典禮，以用來威嚇戎狄之作用。而這種獻俘典禮，在後來仍然保存著，如《逸周書・世俘解》即說武王伐紂戰勝後，就殺掉殷的「惡臣」、「小子」等臣俘罪仕，來獻祭於周室宗廟，可見「獻俘典禮」追溯其源，或許是源自於古公亶父的時代。此外，因應事業發展，組織也較健全「作五官有司」，又「乃召司空，乃召司徒，俾立室家」，〔註116〕可見後世《禮記》中所說的天子有五官的制度，早在古公亶父之時，就已有「司空」、「司徒」兩種官制的初步形成。

（二）敬德：開拓顯國威與施德諸侯服

古公亶父有三子，長子太伯、次子仲雍、三子季歷。而相傳古公亶父之子季歷因生子姬昌（周文王），因為姬昌有「有聖瑞」而欲傳位於季歷與姬昌。太伯、仲雍後來得知父意，為讓其父能順利交權給孫子輩的文王昌，於是「太伯、仲雍二人乃犇（奔）荊蠻，文身斷髮，示不可用，以避季歷，……太伯犇（奔）荊蠻，自號句吳。」〔註117〕可見太伯、仲雍為完成其父之心願，對於古公亶父繼位之命堅決不從，故奔向荊蠻之地，以便讓父親將權位傳給季歷，而後自然季歷傳位給姬昌。而太伯、仲雍奔荊蠻建新國是可理解，但《史記・周本紀》張守節正義說太伯到東南江蘇一帶建立吳國，〔註118〕似乎又不太合情理。因此有學者研究後指出，太伯奔出所建新國，當在陝西的岐山以西，即是在陝西省隴縣的吳山；亦有認為所奔地是雍之吳山；亦有認為是在岐山之西的吳岳，〔註119〕由以上研究可說明太伯、仲雍所奔的荊蠻是在陝西

〔註115〕〔西漢〕毛公傳、〔東漢〕鄭玄箋，〔唐〕孔穎達正義：《毛詩正義》，卷16，頁549。

〔註116〕同上註，卷16，頁548。

〔註117〕〔西漢〕司馬遷撰，〔劉宋〕裴駰集解，〔唐〕司馬貞索隱，〔唐〕張守節正義：《新校本史記三家注并附編二種》，卷31，頁1445。

〔註118〕《史記・周本紀》正義說：「太伯奔吳，所居城在蘇州北五十里常州無錫縣界梅里村西。」參見同上註，卷4，頁115。

〔註119〕參見衛聚賢：〈太伯之封在西吳〉，收入吳越史地研究會編：《吳越文化論叢》（上海：江蘇研究社，1937年），頁14～28；何天行著，周膺、何寶等編校：《良渚文化與中國早期文化研究（何天行學術文集）》（天津：天津社科院出

省隴縣吳山附近範圍。

也因爲太伯、仲雍是「讓賢」給季歷，所以當季歷即位之後，便「因心則友，則友其兄，則篤其慶。」即說季歷能發揮兄弟間仁愛之情誼，和太伯、仲雍互爲友國相互照應幫助，於是季歷便於開疆拓土的喜慶之事，「載錫之光，受祿無喪，奄有四方」，季歷受上帝的恩賜，保存有喜慶與光榮，福祿沒有喪失而包有四方。季歷不負所望把古公亶父翦商謀事推進，文獻記載說：「（商王武乙）二十四年，周師伐程，戰于畢，克之。」〔註 120〕「程」地在咸陽東邊，地處於關中平原中心，使周族在關中戰略上，有了進可攻退可守的有利地位，有「程」地這個前方屏障區，加上岐地「周原」作爲後方儲備積蓄人力軍糧之都邑，可說季歷已開拓翦商的基礎地。

稍後季歷又發兵收復周族古「邠」國土，文獻記載：「（商王武乙）三十年，周師伐義渠，乃獲其君以歸。」〔註 121〕在這一戰之後，基本上陝西西部與隴東成爲周族勢力範圍，而「周原」、「程」地、「邠」三個地區，形成戰略相互依存關係，其中一地遭受攻擊，其它二地便可發揮支援互助效益，由此周族成爲新興大國的基本態勢。在當時不斷侵擾中原大概是鬼方的方國，而在「（商王武乙）三十五年，周王季伐西落鬼戎，俘二十翟王」，〔註 122〕季歷對鬼方發動征討，所俘獲部落族王多達二十個，可見鬼方勢力是相當龐大，相對的能攻打下鬼方，也證明周族在季歷的擴展下，亦發展成強大侯國，故能收服長期侵略中原的大患。對季歷此次征伐成功，無疑地解除商王朝一大外患，故《古本竹書紀年》說：

三十四年，周王季歷來朝，武乙賜地三十里，玉十瑴，馬八疋。

〔註 123〕

這是當季歷討伐鬼方一年後的期間，進朝廷受到武乙的賞賜，表示攻伐初期已取得小勝利，故在加賞後的隔年便一舉攻克鬼方。

季歷之所以能迅速拓展，其原因：一是，由於季歷能與其兄長，彼此相互合作配合；二是，他和中原任姓執國聯姻，因而與商朝的任姓諸侯成爲盟

版社，2008 年），頁 74～78；蒙文通：《周秦少數民族研究》（上海：龍門聯合書局，1958 年）。

〔註 120〕王國維：《今本竹書紀年疏證》，收入於方詩銘、王修齡：《古本竹書紀年輯證》，頁 228。

〔註 121〕同上註，頁 228。

〔註 122〕方詩銘、王修齡：《古本竹書紀年輯證》，頁 33。

〔註 123〕同上註，頁 33。

國關係；三是，利周商朝國政衰退，周圍夷戎相繼反叛不納朝貢之際，奉商王之命討伐各夷戎中，也不斷擴大周的版圖與勢力範圍。隨著季歷征伐事業的推展，在攻克余無之戎後於文丁四年「周王季命為殷牧師」，〔註124〕《後漢書・西羌傳》也記說：「周人克余無之戎，于是太丁（文丁）命季歷為牧師」，〔註125〕而所謂的牧師，就是對於眾多諸侯之長的尊稱，《左傳・哀公十三年》敘述子服景伯說到：「王合諸侯，則伯帥侯牧以見于王。」可以推知牧大概是與方伯差不多職位，而高於一般諸侯。任命為牧師後季歷，更加繼續征伐戎狄，根據《古本竹書紀年》的記載：

> 太丁（文丁）七年周人伐始呼之戎，克之。
>
> 十一年周人伐翳徒之戎，捷其三大夫。〔註126〕

「捷」字，《說文解字》說：「捷，獵也，軍獲得也。」〔註127〕也就是所謂「擒獲」的意思，指季歷相繼攻克始呼、翳徒並擒獲其首領大夫。觀看季歷用兵特點，是從西向東亦即是向山西一帶擴張。〔註128〕商王面對季歷快速的軍事版圖擴張，心生疑慮與忌怕，於是「文丁殺季歷」，〔註129〕以消止周的繼續軍事壯大行動。不過季歷雖被囚殺，但其所征服的各大軍事要地，無疑也為後來繼位的周文王，築起較為堅強軍事力量勢力，為日後翦商大業奠下基石。

商王文丁授任季歷為牧師，季歷奉任命開疆攻克諸多戎狄，這也保衛商王朝免於戎狄之患，可卻被昏庸的商王所囚殺，周文王即位後，忍著喪父之痛，為了翦商大業，仍與商朝還是保持著上下尊卑關係，尤其在文王遭囚於羑里而後獲釋，更是謹慎小心行事。於是周文王獻洛西之地，請求商王廢除炮烙之，商紂王於是冊命文王為西伯專司征伐，故《史記・殷本紀》才記說：「紂乃於之（文王），賜弓矢斧鉞，使得征伐，為西伯」，〔註130〕而所謂西伯

〔註124〕同上註，頁35。

〔註125〕〔南朝宋〕范曄撰，〔唐〕李賢等注，《新校本後漢書》（北京：中華書局，1981），卷87，頁2870。

〔註126〕方詩銘、王修齡：《古本竹書紀年輯證》，頁35～36。

〔註127〕〔東漢〕許慎著，〔清〕段玉裁注：《說文解字注》，頁616。

〔註128〕如季歷西落的鬼戎，即是今陝西甘肅一帶；余無之戎，則在今山西的余無鎮；始呼之戎、翳徒之戎，也應是在今山西滹沱河一帶。以上詳參閱王暉：《古文字與商周史新證》（北京：中華書局，2003年），頁60。

〔註129〕方詩銘、王修齡：《古本竹書紀年輯證》，頁36。

〔註130〕〔西漢〕司馬遷撰，〔劉宋〕裴駰集解，〔唐〕司馬貞索隱，〔唐〕張守節正義：《新校本史記三家注并附編二種》，卷3，頁106。

就是指西方諸侯立長。關於周文王受商王冊命，周原出土的甲骨文 H11：84
中有說到冊命之事：

　　　　貞：王其☉又（祐）大甲，☉周方白（伯），□由（惟）正不（丕）

　　　　才（佐）于受又。〔註131〕

所謂「☉周方伯」，徐中舒認爲：「☉周方伯即文王往殷王宗廟中，拜受殷王新
命爲周方伯之事」，〔註132〕也就是指商紂王冊命周文王之事，因此。從這裡可
看出，一方面周文王自稱爲王，不過另一方面也接受商紂王冊命爲方伯，的
特殊情況。也因爲文王得到紂王信任，故被冊命爲西伯，然而紂王之所以讓
文王成爲西伯，是要文王以西伯名譽，專門討伐不尊商朝的叛國，使其服從
商朝。而文王是「知時」的賢王，他就是利用討伐叛國之理由，進行東征西
討，來讓周的勢力範圍來愈來愈擴大。因爲文王躍升爲西伯，於是鄰近的虞、芮
發生爭執，要請文王決斷，雙方進入周地，看見周人民在文王的治理下，彼
此相讓不起不必要的爭奪，雙方因而羞愧便自行歸。消息傳出後，文王的德
政讓賢士也相繼的歸附周朝。

　　文王雖仁慈，但遇有蠻橫又不講理者，也是會予以武力制裁，文王伐密
須就是這種情形，《詩經・大雅・皇矣》記說：

　　　　密人不恭，敢距大邦，侵阮徂共。王赫斯怒，爰整其旅，以按徂旅，

　　　　以篤周祜，以對于天下。依其在京，侵自阮疆，陟我高岡。無矢我

　　　　陵，我陵我阿；無飮我泉，我泉我池！度其鮮原，居岐之陽，在渭

　　　　之將。萬邦之方，下民之王。〔註133〕

「密」即是「密須」國，在今甘肅省靈臺縣西方五十里的百里鎭。密人不但
抗周，而且侵擾阮、共兩國，甚且從阮地進入周的領域，登上周的高原。文
王發怒整軍伐密須，結果大勝密人。可看出對於鄰邦受到侵擾，文王本著護
國保民之心，必將全力以予保護，決不退讓。此事《今本竹書紀年》亦說：「密
人侵阮，西伯帥師伐密。」〔註134〕而周原甲骨文中文王時代的甲骨文，有卜

〔註131〕曹瑋編著：《周原甲骨文》，頁 64。
〔註132〕徐中舒：〈周原甲骨初論〉，收入《古文字研究論文集》（《四川大學學報叢刊》
　　　　第十輯）（成都：四川人民出版社，1982 年），頁 1～12；亦可參見嚴一萍：〈周
　　　　原甲骨〉，《中國文字》新 1 期（1980 年 3 月）。
〔註133〕〔西漢〕毛公傳、〔東漢〕鄭玄箋，〔唐〕孔穎達正義：《毛詩正義》，卷 16，
　　　　頁 571～572。
〔註134〕王國維：《今本竹書紀年疏証》，收入於方詩銘、王修齡：《古本竹書紀年輯證》，
　　　　頁 231。

甲記載密須國之事：

H11：136：今□王由□坐宓（密）。〔註135〕

H11：31：丮宓（密）……周。〔註136〕

以上甲骨文中的「宓」（密），徐錫臺（1930～）、除全方（1936～）均認為是指密須國。〔註137〕而《史記‧周本紀》中亦有記文王伐密須一事。因此學者對此二片卜甲研究後認為：「卜甲內容可能就指文王伐密須的事。」〔註138〕由周原甲骨文也就印證傳世文獻所說，周文王伐密須國的真實性。

文王對東方征伐最為費力，便是崇侯虎所在的「崇」國，而周原文王時期的甲骨文 H11：22 有：「蟲（崇）白（伯）。」〔註139〕蟲與崇同音字，蟲白即是指崇伯。〔註140〕崇侯虎是伯級位階，則可知崇國是一強大勢力的霸主。然文王要統一關中勢必消滅崇國，《詩經‧大雅‧皇矣》就有傳頌文王伐崇之詩：

> 帝謂文王，詢爾仇方，同爾弟兄，以爾鉤援，與爾臨衝，以伐崇墉。
>
> 臨衝閑閑，崇墉言言，執訊連連，攸馘安安，……是絕是忽，四方以無拂。〔註141〕

「崇」國憑著高山形勢而利於防守，故文王征伐前詢問友邦意見，團結兄弟國之間的戰力，準備附有鉤子與橫刃的武器，站在居高臨下與能衝破城牆的兵車上，攻城戰鬥。「訊」是指捉活口，「馘」是指斬得敵人首級，說明周聯軍生捉活口與斬首敵人眾多，最後獲得勝利。而戰勝後周人將功果歸於上天賞賜，所以才說「帝謂文王」。於是舉行往後在出師前和戰勝後，都舉行祭祀鬼神之祭禮，「是類是禡」中的「禡祭」，就是文王戰勝崇國後所舉行的祭祀禮。文王克崇之後，便將國都遷移至「豐」，《史記‧周本紀》即說：「作豐邑，至岐下而徙都豐，明年，西伯崩。」〔註142〕；關於豐的位置《說文解字》說：

〔註135〕曹瑋編著：《周原甲骨文》，頁90。

〔註136〕同上註，頁27。

〔註137〕參見徐錫臺：《周原甲骨文綜述》，頁35；陳全方：《周原與周文化》，頁129。

〔註138〕徐錫臺：《周原甲骨文綜述》，頁82～83。

〔註139〕曹瑋編著：《周原甲骨文》，頁21。

〔註140〕尹盛平：《周原文化與西周文明》（南京：鳳凰出版社，2004年），頁178。

〔註141〕〔西漢〕毛公傳、〔東漢〕鄭玄箋，〔唐〕孔穎達正義：《毛詩正義》，卷16，頁573～574。

〔註142〕〔西漢〕司馬遷撰，〔劉宋〕裴駰集解，〔唐〕司馬貞索隱，〔唐〕張守節正義：《新校本史記三家注并附編二種》，卷4，頁118。

「酆，周文王所都。」鄭玄說：「豐邑在豐水之西。」而考古所發掘出的豐鎬遺址，學者研究指出是周人都城豐與鎬的所在地。〔註143〕並在豐鎬遺址中的馬王鎮馬王村乳品廠發現 H18 的地層代表，經研究證實此地層是文王遷豐以後的先周晚期。〔註144〕豐鎬遺址，具體就是在灃河西岸的陝西省馬王鎮周圍地區。

　　因為文王能保國衛家，且仁慈護愛人民，所以鄰國的貴族賢士才人都慕名前來，《尚書・君奭》說：「惟文王尚克修和我有夏，亦惟有若虢叔，有若閎夭，有若散宜生，有若泰顚，有若南宮括。」〔註145〕而文王的五位大臣中，就有閎夭、散宜生、泰顚、南宮括等四人，都是自鄰國投奔入周的賢臣。而周原甲骨文亦有說：

H31：2：唯衣（殷）奚子來降，其執（摯）乎（厥）眾（暨）事（吏、使）〔註146〕

商末紂王暴虐無道，而文王禮賢下士，其結果商朝賢臣紛而離開紂王，投奔歸順文王，無怪乎西周的史牆盤金文說：「曰古文王，初歝（盭）龢于政，……迨（會）受萬邦。」（《集成》10175）因為有賢臣盡心輔政，又文王本身勤政而有聖德，所以天下歸周，也因此文王晚年勢力變強，而有「三分天下有其二」之說法。文王死後，武王繼父業，繼續任用文王時的賢臣，保持其父王時之政策，「是以近安之，遠者歸之」，而武王時有「亂臣十人」，亂是治的意思，即是說武王有治臣十人，此十人為何？根據《尚書・泰誓》孔穎達正義引鄭玄之語而認為是：周公旦、召公奭、太公望、畢公、榮公、太顚、閎夭、散宜生、南宮适、文母（文王妃太姒）等十人，〔註147〕於是武王便與治臣們共謀伐商大業。當商紂王殺比干、囚箕子、微子出奔來周之情勢相繼發生，武王眼見時機成熟，遂率領盟軍東伐商紂，最後於牧野之戰大

〔註143〕參見張長壽：〈灃西的先周文化遺存〉，《考古與文物》2000 年第 2 期，頁 22～27；張天恩：《關中商文化研究》，頁 187。

〔註144〕參見雷興山：《先周文化探索》，頁 66；張天恩：《關中商文化研究》，頁 191～192。

〔註145〕〔西漢〕孔安國傳，〔唐〕孔穎達正義：《尚書正義》，卷 16，頁 247。此外《史記・周本紀》亦說：「太顚、閎夭、散宜生、鬻子、辛甲大夫之徒，皆往歸之。」參見〔西漢〕司馬遷撰，〔劉宋〕裴駰集解，〔唐〕司馬貞索隱，〔唐〕張守節正義：《新校本史記三家注并附編二種》，卷 4，頁 116。

〔註146〕曹瑋編著：《周原甲骨文》，頁 137。

〔註147〕〔西漢〕孔安國傳，〔唐〕孔穎達正義：《尚書正義》，頁 155。

敗商紂王軍隊，消滅商朝而建立周王期。

由以上分析，可知殷商之際的改朝換代，不是偶然形成時，周武王伐紂而取代商朝，建立新王朝周朝，也不是一蹴而就的，西周時期大傳統文化中的「敬德」、「保民」，以及後來所推行的「禮樂文化」制度，也不是憑空產生的，這些都是與「先周文化」有著密切關係。

就保民思維方面來說，在先周文化的公劉時代，他遷都到「豳」之過程中，對於留居原地的人民與移遷到新都豳的人民，都一併給予生活起居妥善照護，尤其是充分供應食糧必需品，顯示公劉重視與愛護人民。又如季歷時代，他征服程地又收復周族古邠國，使都城周原、程地、邠地成為戰略相互依存重地，讓國民生活在較安心的生存空間裡。季歷又征服侵擾中原的強大外患鬼方，除解決商朝的大患，亦更讓中原地區百姓，有更為有保障的居住環境。再如文王發兵討伐蠻橫的密須國，收服霸道的崇國，也都表現出護國保民之心。由此可知西周時期認為君王應有「保民責任」之新思維，實則導源於上述地域文化中的「先周文化」傳統。

就敬德態度方面來說，先周文化的古公亶父時代，戎狄等鬼方族不斷侵周族，古公亶父不願奪他人之君與民，因而遷都到岐山下的周原，展現仁者風範。又如太伯、仲雍為完成其父願望，故讓賢於三弟季歷，而自奔到荊蠻，成就敬讓之美德。再如文王仁政德風，讓爭訟的虞、芮自慚以退。文王和武王敬德勤政，讓鄰國賢臣相繼棄商投奔於周。這些「先周文化」傳統，無疑對西周時期君王表現出，自覺地「敬德」以自我約束的行事，是起了直接而深遠之影響。

就禮樂制度方面來說，如先周文化中公劉時代，有類似殷見的宴會禮，即表示已有初步的禮儀規範出現。而古公亶父時代則在戰勝之後，會舉行殺死有罪戰俘的獻祭禮，以作為退嚇敵人的作用。此外當時亦有司空和司徒等官制禮的初步形成。又如在文王時代，在戰征之前和戰勝敵國之後，都會舉祭祀鬼神典禮。故而稍後西周時期的制禮作樂，將「禮」予以「體制化」、「理性化」、「規範化」等措施，實是有源自於「先周文化」傳統。

因此，總的來說，西周周人的「敬德」、「保民」以及「禮樂制度」的新思維新制度的出現，實導源於地域文化中的「先周文化」，所熏習而成的。

第三節　殷商甲骨卜辭與《易經》卦辭、爻辭「命」觀念思想的天論根據

中國文化在經歷前軸心期想思文化的突破，發生了重大轉折，而之中大傳統思想的轉折，所呈現的創新源自於先周文化的熏習。而這種重大轉折，表現出對以往巫覡文化的總結，因而熔煉出一種新的天人之學。而西周時期作為《易經》卦辭、爻辭裡命觀念的天論根據，其所呈現的樣貌是如何？而代表西周時期思想文化的《易經》卦辭、爻辭，其天論對殷商時期甲骨文又有何承續與發展？此是本節的所要討論的問題，以下進行分析。

一、殷商甲骨卜辭與《易經》卦辭、爻辭中的帝、天

（一）殷商甲骨卜辭中的帝、神

上古人們的意識中，對於統治者他們的自然力量，充滿著好奇與想象，於是相信宇宙間存有超自然奇妙的虛渺物。這是人們在大自然面前，遭到摧殘而無能為力情況下，所產生幻想式的反映。起初人們並沒有宗教，而是在生產力和社會發展到氏族制階段，宗教才應運而生。〔註148〕那時只是對雷風水火等自然的崇拜，之後生活條件較為改善，農牧業發達起來，遂有對圖騰崇拜。到了國家強盛以後，有了強大統治者出現，於是人們想象著天上亦有全能的上帝，在背後支配著許多自然現象。

不過對於「帝」的起源，學者們意見不一。其一，有學者主張甲骨文「𣏾」（帝）字象蒂字，即認為帝的字形，像「花蒂之形」，如像花之果從中而出。〔註149〕其二，亦有學者主張帝字形取象「積薪置架之形」，也就是像是將柴薪束綁起來而置於架上之形，引火柴天以祭天。〔註150〕其三，亦有學者認

〔註148〕〔蘇〕柯斯文著，張錫彤譯：《原始文化史綱》（北京：人民出版社，1955年），頁170。

〔註149〕此一說法草創於吳大澂，吳氏之說詳參見李孝定編述：《甲骨文字集釋》（台北：中央研究院歷史語言研究所，1970年），卷1，頁25～26。稍後學者如郭沫若、孫海波、商承祚等亦持引吳大澂之說法，詳參閱李孝定：《甲骨文字集釋》，卷1，頁25、29；古文字詁林編輯委員會編纂：《古文字詁林》（上海：上海教育出版社，1999年），冊1，頁48～49；季旭昇：《甲骨文字根研究》（台北：文史哲出版社，2003年），頁634。

〔註150〕葉玉森就是指這種看法，葉氏之說參見古文字詁林編輯委員會編纂：《古文字詁林》，冊1，頁48。此外明義士、徐中舒等人亦從葉氏之說，詳參閱古文字詁林編輯委員會編纂：《古文字詁林》，冊1，頁49；徐中舒：《甲骨文字典》

為殷代上帝是部落的宗神。〔註151〕其四，亦有認為殷商上帝是超越宗神的普遍存在。〔註152〕

以上各家說法皆有理據，不過目前學界普遍是認同第四種說法，殷代的帝，乃是一種超祖宗神的至上神存在。而這樣的說法似乎是綜合前三種而來的，就第一種說法，帝字字形象花蒂之形，而花蒂乃是整朵花之主「心蕊」，所以又有象徵人之主，而有主宰之意涵。就第二種說法，帝字形象積薪於架上，以柴火來祭天，其主要儀式是一種火祭，而這種火祭是對天神的敬畏祭禮，而之所以用火，乃以熊熊「火光」來象徵天神之威靈。就第三種說法，上帝是部落宗神，所謂部落宗神即是各個部落民族所崇拜的特殊宗神，而上帝就各部落宗神。第四種說法，則似乎綜合前三說。因為人們最初的崇拜，是對日月山川等具體物的崇拜，故對於花亦會加以聯想，認為花之心蕊象徵人之主，有主宰意義而加以崇拜。後來人們隨著思維提升，故從具體崇拜轉成為抽象崇拜，所以認為帝字象積薪於架上外，又引申認為薪火燃燒之火光，象徵天神威靈，故以予崇拜。而最後由低階神靈轉向高階神靈發展，崇拜對象由宗神上升為上帝，於是上帝就成為超宗神的至上神。

而這樣殷代的上帝稱號，在甲骨卜辭中屢見不鮮，但卜辭中大都稱作「帝」而少稱作「上帝」，其中僅有一些卜辭稱作「上帝」。〔註153〕然不論卜辭中稱作帝或上帝，祂都是商代神靈中的至上神。而其角色地位甲骨卜辭亦談及，然而學者理解卻不太一致。如有學者認為從豐富甲骨卜辭中看來，商朝武丁時代人們相信有一位統一的神，高居在天上，並主宰者人世間，而這個主至上神具有人格意志，其名為帝或上帝。〔註154〕與此相反，而有學者主張商代的上帝，是一位自然界主宰者，並沒有具備人格特質。〔註155〕顯然兩造說法，一致認為上帝是具有主宰自然界與人世間命運的強大能力。

（成都：四川辭書出版社，1998年），頁7。

〔註151〕參見傅斯年：《性命古訓辨證》，收入歐陽哲生主編：《傅斯年全集（第2卷）》（長沙：湖南教育出版社，2003年），頁569～570、573。

〔註152〕丁山：《古代神話與民族》（北京：商務印書館，2005年），頁59。

〔註153〕郭沫若指出：「卜辭中也有稱『上帝』的，惜乎上下的文字殘缺，整個的辭句不明，但由字跡上看來，是帝乙時代的東西，大抵殷代對於至上神的稱號，到晚年來，在『帝』上是加了一個『上』字的。」參見氏著：《青銅時代》，《中國古代社會研究（外二種）》，頁248。卜辭中稱作上帝，如：「☒祝☒上帝☒出☒。」（《合集》24979）；「☒卜，爭：☒上帝☒降☒莫。」（《合集》10166）。

〔註154〕胡厚宣：《殷商史》（上海：上海人民出版社，2003年），頁516。

〔註155〕陳夢家：《殷墟卜辭綜述》（北京：中華書局，2004年），頁646。

而兩造看法些稍不同處，在於對上帝是否為「人格神」？這一認知有所出入。其實從上帝主宰自然界與人世間的過程中，就已顯示出上帝是一位人格神。因為祂若不是人格性質之神，那麼祂就不會來管人類的事務。而上帝既然主宰者人世間，則祂就是一位具有人格性質之神，否則若祂不具有人格性質，則要如何能了解人世間並進而主宰著人世間呢。觀看甲骨卜辭的中，上帝的管轄：（1）農耕與收成；（2）戰爭；（3）城市建築；（4）與國君王之作為。從上帝能管轄諸多人世之事務來看，上帝應是一位具有人格性質的至上神。

　　而就甲骨卜辭來看，商代人們所相信的神，有上帝、自然神、祖先神，而三者之間具有上下之關係。就上帝與自然神的關係，甲骨卜辭中的自然神為風雨雷電雲。而墨子曾將鬼神分三類，即天鬼、山水鬼神、人鬼。〔註156〕而卜辭中的自然現象，即屬於天鬼亦即是天神系統。卜辭中有四方和四方風神：

> 東方曰析，風曰劦。
>
> 南方曰因，風曰凱。
>
> 西方曰夷，風曰彝。
>
> 〔北方曰〕伏，風曰殳。（《合集》14294）

卜辭因祭祀四方之神，而也及於祭祀四方之風神。此四方風神即是劦、凱、彝、殳，此四方風神也代表著春夏秋冬四季的意義。〔註157〕這類自然神其位階，是在上帝之下，而需尊從於上帝，如卜辭「于帝史風，二犬」（《合集》14225），可看見風神是作為上帝的使者，聽命於上帝的指揮。

　　就上帝與祖先神關係，卜辭說：

> 貞：咸賓于帝。
>
> 貞：大〔甲〕賓于帝。
>
> 下乙〔賓〕于上帝。
>
> 貞：大甲賓于咸。

〔註156〕〔春秋〕墨翟撰，〔清〕孫詒讓著，孫以楷點校：《墨子閒詁》，卷8，頁224。

〔註157〕關於四方風神與四時之間，李學勤指出：「一年之中，隨著季候的推移，風向有所變化，晝夜的長短也有不同。四方之神及其來風，是當時人們科學知識和宇宙觀的一種結晶……，四方風刻辭的存在，正是商代有四時的最好證據。析、因、彝、伏四名本身，便蘊涵著四時的觀念。」參見氏著：〈商代的四風與四時〉，《中州學刊》1985年第5期，頁99～101。對此，宋鎮豪亦說：「四方神名和四方風神名，本身就內寓方位、地域和春夏秋冬四季的意義。」參見氏著：《夏商社會生活史》（北京：中國社會科學出版社，1994年），頁487。

　　　貞：下乙賓于〔咸〕（《合集》01402）

此片卜辭的主賓關係可分兩種，一種是咸、大甲、下乙賓於上帝，而另一種
是大甲、下乙賓於咸。所謂「咸」在《尚書・酒誥》即說：「自成湯咸，至
于帝乙。」〔註158〕咸則亦爲商湯的名字之一。另外卜辭亦有「己卯卜，方
貞：于上甲咸大丁。」（《合集》01242）列王的世次中，「咸」介於上甲和大
丁之間。因此，學者研究指出《合集》01402卜辭中的「咸」即是指「大乙
成湯」。〔註159〕至於「賓」字在《山海經・大荒西經》說：「啓上三嬪于天」；
又《逸周書・太子晉解》說：「上賓于帝所。」即是說啓賓配於上帝居所。
故於《合集》01402卜辭中的「賓」字其義可理解爲「配」。而從《合集》01402
卜辭中可窺知其神譜位階情形，就卜辭中大甲、下乙賓於咸來看，則顯示商
朝開國國君成湯位階高於大甲、下乙。就卜辭中咸、大甲、下乙賓於帝來看，
則表示成湯、大甲、下乙位階低於上帝。從商朝開國國君成湯位階低於上帝
來說，則商朝的祖先神群亦是位階低於上帝，因此上帝是高於商朝祖先神的
至上神。

（二）《易經》卦辭、爻辭中的帝、天

　　《易經》卦爻辭中，有「帝」字的出現共三次，然都出現在爻辭中，分
別是：

　　　〈泰䷊・六五爻辭〉：帝乙歸妹，以祉元吉。

　　　〈歸妹䷵・六二爻辭〉：帝乙歸妹。

　　　〈益䷩・六二爻辭〉：王用享于帝，吉。〔註160〕

上述〈泰䷊・六五爻辭〉和〈歸妹䷵・六二爻辭〉中所說的帝乙是人名，
即是指商朝晚期君王帝乙。而〈益䷩・六二爻辭〉說：「王用享于帝，吉。」
對此《周易程傳》則解釋說：「王用享于帝吉，如二之虛中而能永貞，用以
享上帝，猶當獲吉。」〔註161〕至於李漢三（1904～1972）則說：「占筮遇本
爻，乃天賜大寶之象，永恆保持著常態，是吉利的。王則宜於享祭上帝，那

〔註158〕〔西漢〕孔安國傳，〔唐〕孔穎達正義：《尚書正義》，卷14，頁209。

〔註159〕詳參閱胡厚宣：〈殷卜辭中的上帝和王帝（下）〉，《歷史研究》1959年第10
　　　　期，頁89～110。

〔註160〕以上參見〔魏〕王弼、〔晉〕韓康伯注，〔唐〕孔穎達正義：《周易正義》（台
　　　　北：藝文印書館，1997年《十三經注疏》本），頁43；119；97。

〔註161〕參見黃忠天註評：《周易程傳註評》（高雄：高雄復文出版社，2006年），頁
　　　　368。

樣作，也是吉利的。」〔註162〕而高亨解釋說：「享于帝，享祀上帝也。……王者享祀上帝亦吉，故曰『王用享于帝，吉』。」〔註163〕諸說皆認爲〈益䷩·六二爻辭〉中的帝字是指上帝。不僅卦爻辭有帝字，在屬於西周時期的《詩經·周頌·臣工》說：「明昭上帝，迄用康年」；《詩經·大雅·文王》說：「皇矣上帝，臨下有赫。監觀四方，求民之莫。」文中的上帝，即具有神威力量，能賜佑豐年，又能高居臨下來監視著人間，可說《詩經》中與卦爻辭同時期的《周頌》、《大雅》，也都有上帝主宰的思想出現。

　　這樣在《易經》裡就有如同甲骨卜辭所說的上帝。就〈益䷩·六二爻辭〉中的上帝看來，她應是如同卜辭中的上帝，具有神力且主宰人間福禍。這從爻辭內容所述，君王向上帝舉行祭祀典禮，〔註164〕並進行占筮，而獲得吉祥，即表示往後能受上帝之福佑，即可看出上帝能降福於人王身上。

　　首先對「天」作具體分類的爲馮友蘭（1895～1990），他將「天」分爲五類：物質之天，即與地相對之天；主宰之天，亦即人格天，即所謂皇天上帝，有人格的天、帝；運命之天，即指人生中吾人所無可奈何者；自然之天，乃指自然之運行；義理之天，乃謂宇宙最高原理。〔註165〕其次，熊十力（1885～1968），則將「天」分爲四類〔註166〕：第一類是具有人格神的主宰天。第二類是指「天」以日月食等變，爲天之警戒人君，具有天人感應的內涵，寓含人格神的意養。第三類是渾天說，熊氏此所謂的渾天，已具有義理天的內涵。

〔註162〕李漢三：《周易卦爻辭釋義》（台北：中華叢書編審委員會，1969年），頁369。

〔註163〕高亨：《周易古經今注》，《高亨著作集林》（北京：清華大學出版社，2004年），第1卷，頁336。此外，對於「享」字，高亨說：「亨、享實一字也。……亨即享祀之享者，……是享本獻物以祭之義。……古人祭祀，必問諸卜筮以定可否，殷墟卜辭多記卜祭，即其明驗。故凡《周易》中單言『亨』者，古人舉行享祭也；言『元亨』者，古人舉行大享之祭也；言『小亨』者，古人舉小享之祭也。此乃《周易》享字之初義也。」以上高亨之說，參見同上註，第1卷，頁132～133。

〔註164〕有關「祭祀」方面的卦爻辭，除〈益·六二爻辭〉外，亦有不少之例，如〈同人·六二爻辭〉：「同人于宗，吝。」〈同人·上九爻辭〉：「同人于郊，无悔。」〈隨·上九爻辭〉：「王用亨于西山。」〈萃·卦辭〉：「亨，王假有廟，利見大人。亨，利貞。用大牲，吉。利有攸往。」〈升·六四爻辭〉：「王用亨于岐山，吉。无咎。」〈困·九二爻辭〉：「利用享祀，征凶，无咎。」〈豐·卦辭〉：「亨，王假之，勿憂。宜日中。」……等等。以上引文參見〔魏〕王弼、〔晉〕韓康伯注，〔唐〕孔穎達正義：《周易正義》，頁45、57、105、107、108、126。

〔註165〕馮友蘭之說，參見氏著：《中國哲學史》（上海：華東師範大學出版社，2006年），上冊，頁35。

〔註166〕熊十力之說，參見氏著：《原儒》（台北：明倫出版社，1972年），下卷，頁2。

第四類是自然之天。再如勞思光，對天亦提出四種分類〔註167〕：其一是與地相對之天，即是物質天。其二是最高主宰或人格天，此即具有神秘性之主宰天。其三是表命運或必然性之天，即同於主宰天。其四是形上天，表示超經驗的某種規律，即是義理天。對此，張立文綜合提出：

> 綜觀中國哲學中的天，約有三義：其一，指人們頭頂上蒼蒼然的天空。這個天，便是天空之天，天地之天，天然之天，屬於自然之天。其二，指超自然的至高無上的人格神，它是有意志能創造萬物、主宰一切的上帝，也稱為帝。天本為上帝或帝等神的處所，即天堂的觀念。後便以天代替帝，天能創造萬物，主宰世界。而這個天，便是皇天之天，天命之天，屬於主宰之天。其三，指理而言。有以理為事物的客觀規律，有以理為精神實體或倫常義理。這個天，便是天道之天，天理之天，屬於義理之天。〔註168〕

因此可說天兼有三含義，亦即是自然之義的天（天空之天、天地之天、天然之天）、主宰之義的天（皇天之天、天命之天）、義理之義的天（天道之天、天理之天），而本文對於各哲人們的「天」所作之論述分析，即採此種分類。

卦爻辭中除有上帝外，還有出現「天」字，而天字共出現八次，但卦辭沒有出現，都出現在爻辭。而若推究「天」字的出現，其實在甲骨卜辭中，即已出現。甲骨文「天」字在第一期寫作「𡗜」（《合集》04407），第一期晚期寫作「𡗗」（《合集》14197）、「𡗜」（《合集》22054），第五期寫作「𡗜」（《合集》41758）。對此羅振玉認為卜辭的天字：「二即上字，大象人形，人所戴為天。」王國維則以為：「古文天字，天本謂人顛頂。……卜辭之『𡗜』字，所以獨墳其首，正特著其所象之處。卜辭又作『𡗗』，則別以一畫記其所象之處。」〔註169〕陳柱（柱尊，1890～1944）則說：「天為人頂，故龜甲文之『𡗜』，皆象人形，……天字所重在頂，故首形特大也。」〔註170〕以上羅先生、王先生、陳先生等人之說，實接續許慎《說文解字》：「天，顛也。」的說法而再詳細分說。就字形而言，甲骨文天字的下半部字形都是大字形，而

〔註167〕勞思光之說，參見氏著：《新編中國哲學史》（台北：三民書局，2005 年），卷1，頁388。

〔註168〕張立文：《中國哲學範疇發展史（天道篇）》（台北：五南圖書出版公司，1996年），頁68。

〔註169〕羅氏、王氏之說參見李孝定編述：《甲骨文字集釋》，卷1，頁13。

〔註170〕參見古文字詁林編輯委員會編纂：《古文字詁林》，冊1，頁20。

上半部字形，有○、一、二、□等不同，代表象人正面站立而特大其頂，或在人正立之象上面加畫短橫，來標明人頭頂之所在處。雖然字形略微不同，但天字的本義應是指顛頂，即是頭頂之義。卜辭中就有此用法，如「庚辰☐王弗疾朕天」（《合集》20975），于省吾就指出此為卜問商王的顛頂有無疾病之意思。〔註171〕

而隨著後語言思維發展，天從頭頂的本義被引申為蒼穹之天，又再引申成為含有至高意上之義的天。誠如趙中偉（1950～）所指出：「吾人在闡釋自身最高之世界觀點時，自會依據其本義，作創造性的詮釋及推衍。」〔註172〕天字所被引申成蒼穹之天，乃因天體是圓的，且在人體之上，故從顛頂之義，可再引申成蒼穹之天。而從蒼穹之天所居乃是至高無上之處，可再引申為至高無上之天，也就是主宰天。所以到了周代的天，就有神格意味的主宰天，例如西周初期青銅器大盂鼎之金文說：「不（丕）顯玟（文）王，受天有（佑）大令。」（《集成》02837）此是說英明偉大的文王，受天之佑而承接大命來開創事業，而金文中的天就是主宰天。關於金文天字的字形，西周早期大盂鼎金文寫作「𡗜」（《集成》02837），稍後西周中期走馬休盤金文寫作「𡗜」（《集成》10170），之後西周晚期頌壺金文寫作「天」（《集成》09731），由字形演變發展看來，西周時期金文字形筆畫較之甲骨文，逐漸呈現簡筆趨勢，尤其在西周晚期金文，已較能清楚辨識出是天的字形。

現在回過來觀看卦爻辭中的「天」字，在卦爻辭中有主宰天，例如：

〈大有䷍・上九爻辭〉：自天祐之，吉无不利。

〈姤䷫・九五爻辭〉：以杞包瓜，含章，有隕自天。〔註173〕

上述大〈大有䷍・上九爻辭〉中所說的「吉无不利」，乃是得自於上天助祐，而所得的好結果。此即因為〈大有䷍〉的上九有陽剛之德，並居大有卦之終，能安然處順，如同獲得天祐而長保富有，所以吉祥。若再觀看〈繫辭上傳・第十二章〉則更加明瞭此意：「《易》曰：『自天祐之，吉无不利。』子曰：『祐者，助也。天之所助者，順也；人之所助者，信也，履信思乎順，

〔註171〕參見同上註，冊1，頁25。

〔註172〕趙中偉：〈乾元用九，乃見天則──《周易》「天」之思想的創造性詮釋〉，《哲學與文化》第34卷第10期（2007年10月），頁23。

〔註173〕以上參見〔魏〕王弼、〔晉〕韓康伯注，〔唐〕孔穎達正義：《周易正義》，頁47；105。

又以尚賢也。是以『自天祐之，吉无不利』也。」〔註174〕人若能處世吉無不利，是每個人都要有的況態，因此「吉无不利」在〈繫辭傳〉多處被提及。「天」所要幫助的對象，是能夠順應天之人；人所要幫助的對象，是誠心履信之人，能順天履信且又尚賢之人，如此，則上天才會保祐之，使其吉祥而無所不利。因此，這樣能祐助人的天，應當是具有人格神意味的「主宰天」。

而〈姤䷫・九五爻辭〉的「以杞包瓜」，其中「杞」字，虞翻（仲翔，164～233）解說：「杞，杞柳，木名也。」〔註175〕至於「瓜」字，程頤指出甜美而居下處，以此來比喻賢者。〔註176〕即是說九五尊位者欲求賢才，當有屈己謙下以求賢之德，猶如高大杞樹以樹葉蔽護包覆地下的甜瓜。含章，即是指含藏章美不顯於外。「隕」字，降也。而九五剛中居正，內含美德，尊位者以此求賢，則必有賢者如同「從天而降」般來與之應合。而對於〈姤䷫〉卦所言相遇之理，林文欽師（1948～）指出：「姤卦在闡明事物『相遇』的道理，主張『相遇』的道理必須合『禮』守『正』，而不應失節。」〔註177〕而〈姤䷫〉九五所說的明君和賢臣相遇之理，也即是合禮守正之表現。至於會有如此巧妙之遇合，也就是說有賢者從天而降般，來與九五尊位者相遇合，爻辭認爲此種遇合，就如同是上天所降的安排，而這種能安排明君和賢臣相遇而合的天，應是一種具有神祕能力的「主宰天」。

關於卦爻辭中的主宰天，亦出現在同樣西周時期的青銅器毛公鼎，其金文說：

> 緐（肆）皇天亡昊（斁），臨保我有周，不（丕）巩（鞏）先王配命，啟（旻）天疾畏（威），司余小子弗彶，邦蒝（將）害（曷）吉。（《集成》02841）

金文中說到，因爲先輩大臣能奉尊天命詩經，盡心輔佐周王，故皇天在上面護佑著周朝，使周朝能鞏固著天命而不墜。但是現在上天卻發怒，而是將對周朝產生不吉利。由此可知天除能護佑人間，也能予以奪除，使人產生敬畏之心。而這樣的天，也應是主宰天。其它如《詩經・小雅・小明》說：「明明上天，照臨下土」；《詩經・大雅・抑》說：「取譬不遠，昊天不忒」等等，

〔註174〕同上註，頁 157。

〔註175〕〔唐〕李鼎祚：《周易集解》（台北：台灣商務印書館，2004 年），卷 9，頁 220。

〔註176〕參見黃忠天註評：《周易程傳註評》，頁 388。

〔註177〕林文欽師：《周易時義研究》（台北：鼎文書局，2002 年），頁 21。

〔註178〕即是說昭明的上天臨照觀視著人間，賞罰不因遠近而有所偏差，此所指的天也是主宰天。

卦爻辭中的天字，還有指自然天，例如：

〈乾☰☰・九五爻辭〉：飛龍在天，利見大人。

〈明夷☰☰・上六爻辭〉：初登于天，後入于地。

〈中孚☰☰・上九爻辭〉：翰音登于天，貞凶。〔註179〕

〈乾☰☰・九五爻辭〉中的天，〔註180〕是以喻龍所飛行的天，是用天來喻指九五爻所居處之位置。所以此天就是指高高在上，覆蓋宇宙萬物的穹蒼，即是「自然天」。此與《詩經・大雅・棫樸》所說的「倬彼雲漢，爲章于天」文中的天是同義。〈明夷☰☰・上六爻辭〉的「初登于天」，即是描述上六爻的位置，如同在天上一般，而後入於地的地，即與前面的天相對爲說，所以上六爻辭中的天亦是指「自然天」。「翰音」，即是指飛鳥鳴叫之聲。翰音登於天，就是說鳥鳴之聲，虛升於天上，而實不從之，居中孚卦之上爻，誠信虛中，華美外揚，徒有虛名遠傳而無實，而應守持正固以防範凶險，由此可知〈中孚☰☰・上九爻辭〉中之天亦爲「自然天」。

由上所述，可知爻辭中的天，是以主宰天、自然天爲主要且是較明顯的含義。而其它爻辭雖有指天子亦即君上之義；或有指天衢亦即天之道路；或有指人天且劓亦即受到割鼻刑罰，等三個爻辭。〔註181〕這三個爻辭雖都有特定的指陳之義，然都較不如上文所述之爻辭，有明顯而可歸納爲主宰天或自然天的含義。

〔註178〕〔西漢〕毛公傳、〔東漢〕鄭玄箋，〔唐〕孔穎達正義：《毛詩正義》，卷13，頁445；卷18，頁644。

〔註179〕以上參見〔魏〕王弼、〔晉〕韓康伯注，〔唐〕孔穎達正義：《周易正義》，頁10；89；134。

〔註180〕關於〈乾☰☰〉的九五，黃慶萱解釋說：「在乾卦六爻中，初九、九三得位而非中；九二居中卻失位；九四、上九既非中又失位；居中得位，唯有九五。又乾爲天，九五更是居中得位而近人的天爻。在乾卦中，是最主要的一爻。」以上參見氏著：《新釋乾坤經傳通釋》（台北：三民書局，2009年），頁157。

〔註181〕如〈大有☰☰・九三爻辭〉說：「公用亨于天子，小人害也。」〈大畜☰☰・上九爻辭〉說：「何天之衢，亨。」〈睽☰☰・六三爻辭〉說：「其人天且劓。」以上參見〔魏〕王弼、〔晉〕韓康伯注，〔唐〕孔穎達正義：《周易正義》，頁46；69；91。

二、殷商甲骨卜辭與《易經》卦辭、爻辭中的天人關係

（一）主宰／祈求：殷商甲骨卜辭的被動式天人關係

商代人們對於對自然界的變化，有時感到束手無措，因爲在他們看來自然界變化是上帝所掌管，文獻中的《尚書》記載商代上帝就有「惟上帝不常，作善降之百祥，作不善降之百殃」，〔註182〕此即說明上帝不僅支配自然界，且亦有降福降災於人間之主控權。在卜辭中上帝也具有強大神威，所以卜辭中稱祂爲宗帝，如《合集》說：「☑帝宗正，王受有祐」（《合集》38230），所謂「正」即祭名，此即貞問用正祭來祭宗帝，而王是否能得護佑。

此外，上帝周圍還有一群佐臣，如卜辭有「帝史」（《合集》35931）、「帝臣」（《合集》00217）、「帝五臣」（《合集》30391）等，至於帝之五位佐臣爲何？卜辭中有「帝史風」（《合集》14226）；「帝雲」（《合集》14227）。而《淮南子・天文訓》說：「日月者，天之使也。」〔註183〕由卜辭與文獻所記歸納看來，帝之五臣或許可能是指日月風雲雷一類的神而言。然由上帝與帝佐臣所組成的天神系統，可看出上帝是居至上神地位，而有著自然神一類的佐臣聽命於祂。這樣的上下主臣關係，好像是人世間官僚系統，在天上的投影一般。

而上帝這樣的至上神，其統治力量是如何？祂可以命令風神，如《合集》00672 說「貞：翌癸卯帝其令風」。除此之外，上帝還支配其它神靈，如卜辭中有：

　　辛亥，內貞：今一月帝令雨。（《合集》14295）

　　辛未卜，爭貞：生八月帝令多雨。（《合集》10976）

卜辭中問是否現在一月上帝會命令下雨。生八月是指下個月八月，〔註184〕即卜問下個月八月是否上帝會命令下雨。這些都表明雨神是受上帝所支配，而上帝能控制降雨與否。殷人亦認爲有閃雷電，也是上帝所作的：

　　☑帝其于生一月令雷。（《合集》14127）

〔註182〕〔西漢〕孔安國傳，〔唐〕孔穎達正義：《尚書正義》，卷8，頁115。

〔註183〕〔西漢〕劉安撰，劉文典集解，馮逸、喬華點校：《淮南鴻烈集解》，卷3，頁84。

〔註184〕甲骨卜辭中所謂的「生月」是指下個月的意思。參見陳夢家：《殷墟卜辭綜述》（北京：中華書局，2004年），頁117～118；亦可參閱蔡哲茂：〈卜辭生字再探〉，《歷史語言研究所集刊》第64本第4分（1993年12月），頁1047～1076。

癸未卜，爭貞：生一月帝其**弘**令雷。(《合集》14128)

貞：及今二月雷。(《合集》14129)

一月、二月約當在春季，殷人春季農耕盼望有雨，而雷是下雨的先聲，故希望上帝打雷。所謂「**弘**」字，王襄（綸閣，1876～1965）認爲疑是弘字。〔註185〕于省吾（思泊，1896～1984）認爲「弘」字應訓解爲大之義，〔註186〕也就是說上帝祂大令雷。從卜辭中亦可看出上帝統領雷神。對於鄰國侵擾與來襲，殷人亦認爲是上帝所命令而致，卜辭有「貞：方**戋**征，惟帝今作我**囚**。三月。」(《合集》39912)卜辭中「方」字是指方國。「**戋**」字，《說文解字》解釋爲：「傷也。」至於「**囚**」字，胡厚宣（1911～1995）認爲是「禍」之義。〔註187〕即說周邊方國出兵攻伐我國，乃是上帝之命令而作禍我國，使我國如同受囚困般的坎陷之情狀。又如天氣若久不下雨，則將缺水，殷人認爲是上帝要降災，如卜辭有：

☑丑卜，貞：不雨，帝惟**堇**我。(《合集》10164)

庚戌卜，貞：帝其降**堇**。(《合集》10168)

戊申卜，爭貞：帝其降我**堇**，一月。(《合集》10171)

所謂「**堇**」字，于省吾以爲**堇**讀爲艱，有災咎之義；依據唐蘭（1901～1979）的解釋，**堇**讀如嘆，其義指的是「旱」的意思；而李孝定（1918～1997）認爲**堇**讀爲饉，有饑饉之義。〔註188〕其實文獻中《詩·小雅·雨無止》說：「降喪饑饉。」毛公傳解說：「穀不熟曰饑，蔬不熟曰饉。」〔註189〕以此來對照上列卜辭，天上不雨，則百姓無法農耕，而這是上帝所降下饑饉之荒，上下文句通順。由此看來李先生之說法是可採信。

〔註185〕于省吾主編：《甲骨文字詁林》（北京：中華書局，1996年），冊3，頁2621。

〔註186〕于省吾：《甲骨文字釋林》（北京：中華書局，1979年），頁11。

〔註187〕胡厚宣之說，參見氏著：《殷商史》，頁466。對此，陳夢家認爲「禍」作「拎」，而所降之禍，常常成爲天災。沈建華則進一步指出，卜辭中「亡拎」的出現，是在祭祀先王先公，和占卜疾病時的慣用語，即是指無災禍的意思。從學者的說法看來，也都認爲「拎」字，是指「禍」的意思。以上詳參見于省吾主編：《甲骨文字詁林》，冊3，頁2164、2167。

〔註188〕于省吾之說，參見氏主編：《甲骨文字詁林》，冊1，頁289；唐蘭之說，參見氏著：《殷墟文字記》（北京：中華書局，1981年），頁85；李孝定之說，參見氏編述：《甲骨文字集釋》，卷13，頁4017～4018。

〔註189〕〔西漢〕毛公傳、〔東漢〕鄭玄箋，〔唐〕孔穎達正義：《毛詩正義》，卷12，頁409。

　　從以上文獻和甲骨卜辭看來，上帝職權能力相當廣泛，不論自然界亦或是人世社會，都是受祂所管轄支配掌控。可知上帝已全面具備先公先王所擁有的神通力量。〔註190〕這從上帝能支配風神、雨神、雷神，又能降下饑饉禍亂，便可知曉。故上帝之威力不是其它神靈可比擬。

　　說「殷人尊神」是對商代宗教之準確描述。在文獻記載中，殷人對至上神之崇敬更勝於夏朝，如《尚書・湯誓》所說：「有夏多罪，天命殛之。……夏氏有罪，予畏上帝，深於夏代。」〔註191〕此即是表示商湯不敢抗拒上帝之命，故替天討伐罪孽身重的夏末桀王。又如《尚書・盤庚》說到：「先王有服，恪謹天命，……天其永我命于茲新邑。」〔註192〕即是說商王盤庚遵照天命以行事，而遷都殷之過程是不可違抗的天命。

　　上帝因有強大力量，所以殷人行事便有通占卜以探求神意的習慣。之所以要探求神意，是為了符合神意來行事，畢竟在殷人看來，所有大小事都與上帝的支配有著關聯性。故而必需祈求於上帝，以降福或佑助人們。不過殷人的祈禱對象，不是直接向上帝來祈告，而是向先祖來進行。這是因為殷人認為先祖亡後，可賓配於帝，如卜辭說：「大甲賓于帝。」（《合集》01402）殷商先祖大甲死後可賓配於上帝左右。所以在世的殷王向上帝祈求降福或年豐時，是先向已故先祖請求，而先祖才再直接晉謁於上帝，以轉達人間殷王之請求。而殷王祈求時，必舉行祈福的祭祖禮儀，其中真正享用祭品的是先祖，而不是上帝。也就是如果殷人出征討伐方國，遇有事要禱求，多先向先祖祭求，不是直接向上帝禱求。由此可知，先祖變成為人間殷王與上帝之間的中介，而殷王成了上帝旨意執貫徹者。不過這樣的天人之間的神聖之職，並非殷王可獨立完成，而是有一套神職機構所共同來完成此一重責。

　　大略來說，殷王朝的神職人員廣義上稱作巫覡。若按職掌可分為祝、宗、卜、史等；而若按階級屬性則可分為官巫和俗巫。而官巫不只有商王朝之官巫，就連地方方國亦有官巫。〔註193〕神職人員中的祝宗卜史，可說是商王

〔註190〕鄭慧生：《甲骨卜辭研究》（開封：河南大學出版社，1998年），頁53。
〔註191〕〔西漢〕孔安國傳，〔唐〕孔穎達正義：《尚書正義》，頁108。
〔註192〕同上註，頁126～127。
〔註193〕李雪山對商代方國進行研究後指出：「處於鼎盛時期的商王朝的政治疆域，西起今陝西的歧山，東到山東半島，北及北京附近，南達今河南的信陽地區。正是在這個廣闊的範圍內，形成了多個方國和封國環繞大邑商（即王畿）分布的格局。作者還考證商代封國和方國的具體數字，其封國達285個，方國有85個，合計有370個之多。」參見氏著：《商代分封制度研究》（北京：中

朝具體從事神的神巫。而其具體工作活動，就「祝」來說，他是祭祀典禮主持禱告之人，如同甲骨文祝字寫作「祝」（《合集》30398）一樣，其字形就像是一個人跪在禱告於神的樣子。〔註194〕就「宗」來說，是在祭禮中掌管禮儀之人，照《周禮》所記，宗又分大宗伯、小宗伯，其中大宗伯全面負責祭禮中的事務，而小宗伯是負責工作進度的運作。就「卜」來說，他是進行燒灼龜甲，並審視卜兆之象的吉凶，之占龜卜官。又可稱他爲貞人。在卜辭中常見「干支卜，某貞」之例，「辛丑卜，殼貞：翌乙巳王勿步。」（《合集》00180）其中在卜與貞之間的「殼」等字，原先學者不解其意，後來董作賓的貞人說之提出，大家才知就是指貞人（卜人）之名，而殼其實就是武丁時代著名的貞人。而有時候國之長，亦偶兼任貞人之職。〔註195〕就「史」來說，他是主要是掌管典冊之官，陳夢家研究指出，殷商史官可分爲御史類、大史類、卿史類，而這三種類大概也參與祭祀之事。〔註196〕這從卜辭「庚子卜，史其延于。」就可看出史與宗教祭禮一類活動是有關的。

就殷商時期的神職相較於政職，神職地位是更崇高的。因爲當時高層輔佐大臣本身是兼神職與政職，此如《尚書・君奭》所說：「在太戊，時則有若伊陟、臣扈，格于上帝，巫咸乂王家；在祖乙，時則有巫賢；在武丁，時則有若甘盤。率惟茲有陳，保乂有殷。」〔註197〕商代輔佐大臣既格於上帝，又保衛殷王室，可見其政教合一的身份，並且以神職爲重。商代神職人員巫覡，被認爲是溝通天地鬼神人的媒介者，〔註198〕他們能傳達下界殷王的訊息，進

國社會科學出版社，2004年），頁312。雖眞實數量並不一定如此，商代的方國之多，是由此可知見。而近年來商代許多方國遺址中，出土相當多有關巫覡的資料器物，亦證實巫覡遍佈於各方國之中，則由此亦可推知，巫覡存在於商代方國的數量是相當多。

〔註194〕有關「祝」的詳細說明，可參閱王恆餘：〈說祝〉，《中央研究院歷史語言研究所集刊》1961年第32期，頁99～118。

〔註195〕丁山：《商周史料考證》（北京：中華書局，1988年），頁153。而有關商代貞人集團，亦可參閱〔日〕伊藤道治著，江藍生譯：《中國古代王朝的形成》，頁63～92。此外，陳夢家將商王武丁到商王帝辛之間的卜人，分別加以斷代，得出武丁時期共有卜人42名，武丁晚期共有卜人31名，祖庚時期共有卜人6名，祖甲時期共有卜人16名，廩辛時期共有卜人18名，武乙時期共同卜人1人，帝乙、帝辛時期共有卜人6名，一共是120名卜人。而此處所舉是董作賓所列卜人的4倍之多。參見陳夢家：《殷墟卜辭綜述》，頁173～206。

〔註196〕陳夢家：《殷墟卜辭綜述》，頁520～521。

〔註197〕〔西漢〕孔安國傳，〔唐〕孔穎達正義：《尚書正義》，頁245。

〔註198〕張光直曾說到：「中國古代文明中的一個重大觀念，是把世界分成不同的層

而通天與天神溝通意見，並傳達上界旨意給下界的凡人，既上達民情，又下宣神旨。也因他們有如此重大作用，故其地位才會那麼樣地崇高。

由上述討論可知，商代上帝具有無比權威力量，主控著自然界與人世間大小事。而人們面對這樣的強大力量，只能「被動地」透過祈求上帝，並且配合上帝旨意，期能讓行事更加順利，因此是一種被動式天人關係。

（二）啟示／效法：《易經》卦辭、爻辭中的雙向互動式天人關係

生活在宇宙的人們，隨時都與外在世界接觸，因面臨事物的不同，也就作出不一樣回應動作。而就在作出回應的同時，人們發現事情有時會如己願順利進行；也有可能遇到挫折而遭逢困境。這樣人們就開始認為事情有時不全是順利的，於是有尋求占筮以解疑的情形產生。在西周時期周人便是透過占筮，來探尋天意，以作為行事之參考，這在卦爻辭中就可看見，例如：

〈蒙䷃·卦辭〉：蒙，亨，匪我求童蒙，童蒙求我。初筮告，再三瀆，瀆則不告。利貞。

〈比䷇·卦辭〉：比，吉。原筮，元永貞，无咎。不寧方來，後夫凶。〔註199〕

〈蒙䷃〉卦辭中的「蒙」字，《周易集解》引干寶（令升，？～336）說：「蒙，為物之穉；施之人，則童蒙也。」而瀆字，《周易經傳白話解》解說為瀆慢、褻瀆之義。〔註200〕對於占筮應有態度，〈蒙䷃〉卦作出簡明述論，認為學童初次有所求問於師者，則師者應為其解疑教誨之，但是對同一性質之事不能舉一反三，且又一而再，再而三的濫問，則變成瀆慢學務，瀆慢也就不再給予施教。〔註201〕這是以學童和老師之間，的求問與應答，來比喻人們

次，其中主要的便是『天』和『地』不同層次之間的關係，不是嚴密隔絕不相往來的。中國古代許多儀式、宗教思想和行為的很重要的人物，就是在這種世界的不同層次之間進行溝通。進行溝通的人物就是中國古代的巫、覡。」參見氏著：《考古學專題六講》（北京：文物出版社，1986年），頁6。

〔註199〕以上參見〔魏〕王弼、〔晉〕韓康伯注，〔唐〕孔穎達正義：《周易正義》，頁23：36～37。

〔註200〕以上參見〔唐〕李鼎祚：《周易集解》，卷2，頁43；劉大鈞、林忠軍：《周易經傳白話解》（上海：上海古籍出版社，2006年），頁35。

〔註201〕經由對〈蒙䷃〉卦辭的解釋，徐芹庭從中體會出教育的成功要注意三件事：「（一）學生要有尊師重道和自動自發的精神。（二）養成思考、推理、舉一反三、學以致用的精神。（三）教育要利於正常化──教以『正道』。」以上參見氏著：《細說易經六十四卦》（北京：中國書店，2006年），頁74。

占問天與天回應人們之間的情況。當人們占筮某一件事，而得到某卦爻辭，卦爻辭代表是占筮的結果，也是天的回應。對於占筮結果要仔細去了解並從中體會其義，以作為行事指導方針。而若是對於占筮結果不去細心多體會，反而接二連三對於同性質之事，一直反覆占筮，那麼就可能瀆慢天，也就是如俞談所說的「瀆神」的意思，〔註202〕一旦瀆慢天，則不再予以告示回應。卦辭會出現這種警惕之語，乃是因為占筮所占求的對象——天，是具有權威性，所以進行占筮的占問者，對天要保持著尊重之心態。

而〈比䷇〉卦辭則提出「原筮」觀點，對於原筮，孔穎達《周易正義》解說為：「『原』窮其情，『筮』決其意。」〔註203〕即是說對於自己所欲親比的對象，要原究其是否為「有道之人」，若是則可親比，但若不是有道之人，而親比之則有咎害；而占筮結果是告訴說「比，吉」，也就是說可以親比並且為吉，因此在推原探究親比的道理，再加上參考占筮的吉祥結果，決定前往親比。這樣慎重其事，乃是所親比的對象須有「元永貞」，亦即有尊長之德，永久不變，並且能守持正固，所以親比這樣的對象，則可獲無咎。從〈蒙䷃〉卦和〈比䷇〉卦的卦辭對於占筮的態度之慎重，隱約可見對占筮過程和天對人們的「啟示」，都是相當重視，也亦即是對天的敬尊。

對於天的敬尊亦呈現在人們的祭祀活動中，不過在祭祀中，祭品的豐盛與不豐盛，似乎不是天最重視，天所重視好像是人們虔誠的心，在〈既濟䷾・九五爻辭〉有所描述說：「東鄰殺牛，不如西鄰之禴祭，實受其福。」對此王弼注說：「牛，祭之盛者也；禴，祭之薄者也。」〔註204〕東鄰殺牛來豐盛的祭祀天神，卻不如西鄰用簡薄祭品而可獲得福佑，這是為何呢？潘士藻（去華，1537～1600）說：「夫祭，時為大，時苟得矣，則明德馨而黍稷可薦，明信昭而沼毛可羞。是以『東鄰殺牛，不如西鄰之擒祭，實受其福』。在於合時，不在物豐也。」〔註205〕故可知祭祀不在於祭品的豐或薄，因為就算用黍稷與沼毛等微薄祭品來祭天神，然若是獻祭者有著美德與誠信，那麼天神還是會受福予此人。而這種現象在史籍亦有所述，如《尚書・多方》說：「罔不明德慎罰……享天之命」；又《尚書・多士》說：「罔不明德恤祀」等

〔註202〕俞琰之說參見〔清〕李光地：《周易折中》（成都：巴蜀書社，2006年），卷1，頁46。

〔註203〕參見〔魏〕王弼、〔晉〕韓康伯注，〔唐〕孔穎達正義：《周易正義》，頁37。

〔註204〕參見同上註，頁137。

〔註205〕參見〔清〕李光地：《周易折中》，卷8，頁320。

等，〔註206〕也都說明保有美德者，才能受天所佑。如此說來《易經》卦爻辭所述說的祭祀過也蘊含天的啓示，天命雖由天的意識所決定，然天所欲決定的標準卻是人之道德，這樣看來天雖然有主權受佑與不受佑予人，但卻隱含著似乎人本身的行爲操守，才是影響天作出決定佑助與否的最重因素。

由此可知《易經》卦爻辭雖表現出對「天」，保持著敬尊的態度，但最終還是將目光落在「人」的身上，企圖透過天的規律性來指導人們。卦爻辭大多伴隨著占筮而隨之出現的產物，就其內容看來，或由一小段歷史故事組成，或由某些具體形象與事件描述辭，再加上一些吉凶占斷語所構成，而這些卦爻辭大多與人事吉凶有著密切關聯性。《繫辭上傳・第二章》說：「聖人設卦觀象，繫辭焉而明吉凶，剛柔相推而生變化。……是故君子居則觀其象而玩其辭，動則觀其變而玩其占。是以自天祐之，吉无不利。」〔註207〕《易經》卦爻辭中所表述的天人關係，是說明人與自然的「本質屬性」，存有某種共通相似之處，而人們透過占筮獲得某卦，從卦爻辭中加以細心體會，便可領悟出卦爻辭中，透顯出自然界事物中的某些特質與規律，於是人們就可對此「效法」，以作爲人事行動之參考指南，從中獲得最後良好之結果。

舉〈乾☰〉卦爲例來說，其卦象「天行健」因此「君子以自強不息」，對此孔穎達正義：「天以健爲用者，運行不息。應化无窮，此天之自然之理，故聖人當法此自然之象而施人事。」〔註208〕這就是說看到天的運行剛強勁健，君人效法健行之象，而以此立身行事，表現出圖強勉力，始終勤奮不止。推而論之，將天所啓示之象，加以效法而運用於人事上，這就把天的特質與人的品質，相互連繫在一起。若是人們能效法天的特質，以自強不息精神堅持不懈奮鬥，則終能會有一番成就。而這種對天的效法在《尚書・泰誓》也有說到：「惟天地萬物父母，惟人萬物之靈，亶聰明，作元后，元后作民父母。」〔註209〕天地是萬物的父母，人是萬物之靈，而聰明的君主要像天地

〔註206〕〔西漢〕孔安國傳，〔唐〕孔穎達正義：《尚書正義》，卷17，頁256；卷16，頁237。

〔註207〕〔魏〕王弼、〔晉〕韓康伯注，〔唐〕孔穎達正義：《周易正義》，頁144。朱熹在《周易本義・周易序》亦指出：「《易》之爲書，卦、爻、彖、象之義備，而天地萬物之情見。聖人之憂天下來世，其至矣！先天下而開其物，後天下而成其務，是故極其數以定天下之象，著其象以定天下之吉凶。」參見〔宋〕朱熹：《周易本義》（台北：大安出版社，1999年），頁1。

〔註208〕參見〔魏〕王弼、〔晉〕韓康伯注，〔唐〕孔穎達正義：《周易正義》，頁8、11。

〔註209〕〔西漢〕孔安國傳，〔唐〕孔穎達正義：《尚書正義》，卷，11，頁152。

載養萬物那樣，把自己當作是百姓的父母般，來照顧天下百姓。因為上天是保佑百姓，「天佑下民，作之君，作之師，惟其克相上帝，寵綏四方」，上天受立君主，是希望他能代天來佑護百姓，因此君主當承當起作父母的責任佑護百姓，以符合上天的期盼。

又例如〈坤䷁〉卦辭說：「坤：元，亨，利牝馬之貞。」對此來知德（瞿塘，1526～1604）《周易集注》說：「坤者，順也，陰之性也。」〔註210〕又干寶說：「行天者莫若龍，行地者莫若馬，故乾以龍緣，坤以馬象也。坤陰類，故稱利牝馬之貞矣。」即是說坤象徵地，地是順天而成的，是配合天而開創化生萬物，而使之亨通，故有著柔順特質。故坤卦卦辭接著說君子「安貞吉」，君子若效法地的柔順，也就是能安順守持正固，則便可得到吉祥。這也是將地的柔順特質與人的品質相連繫。

以上是就人與天地之間，具有某種同質性，因而人可依此同質加以效法。若是擴及一整個卦爻辭，在《易經》中亦指出從初爻到上爻，含有某個道理，而此道理又可與人事相通，因而構成人與自然的互詮互顯，例如〈需䷄〉卦：

〈需䷄・初九爻辭〉：需于郊，利用恒，无咎。

〈需䷄・九二爻辭〉：需于沙，小有言，終吉。

〈需䷄・九三爻辭〉：需于泥，致寇至。

〈需䷄・六四爻辭〉：需于血，出自穴。

〈需䷄・九五爻辭〉：需于酒食，貞吉。

〈需䷄・上六爻辭〉：入于穴，有不速之客三人來，敬之，終吉。

〔註211〕

〈需䷄〉卦「需」字，孔穎達正義說：「需者，待也。」朱熹說：「需，待也。以乾遇坎，乾健坎險，以剛遇險，而不遽進以陷於險，待之義也。」〔註212〕即是指需待、等待的意思。需卦各爻辭分別示現不同的情形，如郊外、沙灘、泥灘、血泊、酒食、入穴等，在這些不的情形環境下，都要用需待的道理來面對與處理，而最後都能化險為夷，或逢凶化吉。因此人們在人

〔註210〕〔明〕來知德：《周易集注》（北京：九州出版社，2004年），頁180。
〔註211〕〔魏〕王弼、〔晉〕韓康伯注，〔唐〕孔穎達正義：《周易正義》，頁32～33。
〔註212〕以上參見〔魏〕王弼、〔晉〕韓康伯注，〔唐〕孔穎達正義：《周易正義》，頁32；〔宋〕朱熹：《周易本義》，頁53。

生路途上所遇到的坎坷不順遂，就如同〈需☵☰〉卦各爻的情形，所以要效法之，面對坎坷之來要能需待並保持恆心不懈，需待並保持敬謹審慎，需待並保持正固恭敬，則最終也將能獲得吉祥。這就是表示人事與自然現象之間，存在某種相通的道理，人效法此道理以作爲行事參考依據，則也能如卦爻所示現的那樣，有著好的結果。

由上述所論可知，《易經》卦爻辭認爲自然現象對人事的成敗，具有一定的影響作用，並認爲自然環境現象與人事之間，有著同質相通性，有著道理相通性，誠如錢鍾書（1910～1998）所說：「《易》之有象，取譬明理也。」〔註213〕《易經》卦爻辭指出自然現象之變化道理，可作人們行事參考指南。此外，《郭店楚墓竹簡·語叢一》中有一段關於易經主旨的說明：「易，所以會天道、人道（者）也。」〔註214〕就也即可證知《易經》是講述會通天人之際的典籍。而越南儒者黎文敔（應和，1860～1934）在《周易究原》就說到：「然則吾道即《易》道也。」〔註215〕即表示人應效法易道，以達到天人合一的天人關係。

《易經》卦爻辭觀察自然現象的運行變化，並以之來推衍並揭示出人事成敗吉凶，故而可成爲人們效法和參考的處世依據。人們不斷地與其周圍環境進行接觸，也由於在接觸過程中，人們發現和瞭解到周圍世界的現象變化，的所然與所以然之道理。可說人們就是在這種與周圍世界的接觸與相處中，形成「雙向互動」的關係。即是天對人作出啓示，而人對於天的啓示加以效法，把從上天所獲得的啓示，轉化運用到人自身上，因而構成一種雙向互動式的天人關係。

三、《易經》卦辭、爻辭天論對殷商甲骨卜辭的續承和發展

（一）權威的淡化：《易經》卦辭、爻辭中的帝、天對殷商甲骨卜辭的續承和發展

殷商甲骨卜辭中的上帝，具有至高的權威力量，所以人世間諸多事項皆由上帝所主宰著，有關年收豐歉、建都興土、戰伐征討、官吏遷貶，都需祈

〔註213〕錢鍾書：《管錐編》（北京：中華書局，1979年），第1冊，頁12。
〔註214〕此段簡文見於荊門市博物館編：《郭店楚墓楚簡》，竹簡圖版第36～37簡，頁79～80；竹簡釋文，頁194。
〔註215〕〔越〕黎文敔：《周易究原·說文小引》（台北：台灣大學出版中心，2011年影印漢喃研究所藏抄本），頁66。

求上帝予以裁示可否。而神職人員雖然進一步可溝通上帝，但亦僅是負責傳達上帝的命令。可說上帝不僅主宰人間一切大小事，對於人間福禍也都是由上帝所指揮掌控著。而自然神雖有興風起雨神力，不過亦受上帝所支配，聽於上帝所指揮。至於商王死後雖可賓於帝側，但位階職權還是低於上帝。

而《易經》卦爻辭本是作為占筮，而其筮的對象為神靈，故卦爻中有「帝」的出現，其中〈益▤▤·六二爻辭〉：「王用享于帝，吉。」之中所指的帝，是具有主宰性的上帝，這樣顯是保有著殷商時的至上神上帝之意味，此即是《易經》卦爻辭對殷商甲骨卜辭的承續之處。除此之外，卦爻辭也有天的出現，其中〈大有▤▤·上九爻辭〉：「自天祐之，吉无不利。」；〈姤▤▤·九五爻辭〉：「以杞包瓜，含章，有隕自天。」爻辭中的天是能佑助人們，又天能降下安排好的會合之遇，故此天為主宰天。而卦爻辭這種天，具有意志性的表現，也是保有著同殷商甲骨卜辭中上帝之權威力量，此即是《易》卦爻辭天論對殷商甲骨卜辭的另一承續之處。

而這樣的承續過程中，亦可發現一個有趣現象，即是在殷商甲骨卜辭中具有主宰權力為「上帝」，而在《易經》卦爻辭中則為「天」。這其實也可從「天」字演進了解，天的本義是頭頂，而後引申成蒼穹之天，又引申為有至高無上主義的天，此於前文有所論。所以到《易經》卦爻辭就有出現至高無上的天，也就是主宰天。而在卦爻辭中的天，就是成了天與帝相互換，而且天出現取代帝的傾向。這在爻辭的天字出現次數高於帝字，也可看出端倪。

《易經》卦爻辭的主宰天，雖與殷商卜辭的上帝，都具有一股主宰神祕力量。卜辭中的上帝可發號司令，主控人間災祥。但是卦爻辭的主宰天雖有其神力，不過天是以「佑助」的方式，來呈現出其神祕力量，而不像殷商卜辭中的上帝，大都是以「命令」的方式來作出指揮。卦爻辭這種以佑助的方式來影響人事成敗吉凶，就比殷商卜辭上帝命令雨或不雨的方式，顯的較為貼近人們，也就稍加鬆動與舒緩上帝的主宰命令緊張氣氛，此即是《易》卦爻辭天論對殷商甲骨卜辭的發展之處。此外卦爻辭除主宰天外，還有出現自然天，這亦是對殷商甲骨卜辭的另一發展之處。

（二）模式的互動化：《易經》卦辭、爻辭天人關係對殷商甲骨卜辭的續承和發展

在殷商甲骨卜辭中，可觀察出人們還是震懾於其心目中眾神靈的權威下，人們的生存發展還是有依賴大自然眾神靈的降福。殷人於是事事順從上

帝及自然神靈，雖然可以透過人職人員來與於上帝進行交流溝通，但人們還是表出缺乏積極態度。殷人雖有祭祀於神靈，不過大都只是祈求其降福，因為上帝是主宰著人事一切的發令者。這樣殷人的生存好與壞，就控制在上帝手中，人們不以自身意識移轉生存情況，反到是要俯首聽命順從於上帝，生存才可能較順利。

殷人這樣聽命上帝，雖是有求於上帝而使然，但如此看來人們的價值，相對就比不上神靈的權威，人們在大自然中就顯得渺小。殷人的行事之前，要探求上帝旨意，只有得到上帝允應，並且遵照其旨意去做，才會好境遇。如此看來，就外在形體層面來說，卜辭中所呈現的殷人，是有從大自然的環境裡站起來，懂得開創新天地，建立新興王朝，組織社會制度。但是就內在精神層面來說，卜辭中的殷人，還尚未充分意識到自身力量之作用與價值。

在《易經》卦爻辭中，有帝的存在，也有具主宰力量的天，於是周人仍有認為天是天地宇宙間最高力量權威，也就是周人還是認為，天是神秘力量之人格神，所以周人依然保有對神祕力量的敬畏，亦即尊敬主宰天即可得其保佑，獲得天之保佑，則人可達到趨吉避凶之好結果，此種天人關係是對殷商甲骨卜辭的續承之處。

不過在卦爻辭的認知中，上天的主宰性形象，已逐漸轉化成較為人性化，且與人世間變化有著關聯。這是因為人們越多經驗的累積發現，不一定所有事皆由上天所主宰，人們漸漸意識發現自己在宇宙間之地位，在整體社會中自身的影響作用，並且意識到大自然的變化有一定的規律存在，而人們面對大自然環境是可以有所作為的，天不完全是主宰著人們。在卦爻辭中天變得較為慈愛些，祂關注著人們的事務，天之所願與人之所願連繫在協調一起，天人關係呈現為初步合一狀態。乾卦卦象為「天行健」即天啟示剛健的大自然氣象，人們意識到此大自然規律，所以效法之，則可如天行健一般，也能「自強不息」勤奮不已，終而獲得不錯的成就。而卦爻辭這種天人之間的相互有著連繫，相通合一的天人關係，即是對的殷商甲骨卜辭的發展之處。

殷商的卜問是神職人員透過龜甲或獸骨，來與上帝溝通，而溝通所得的內容是上帝的旨意，殷人所得知的乃是下雨或不下雨，年終豐收或不豐收等，有關降福或降災的回答。這樣人們沒有行事主導權，在獲得上帝旨意後，只能配合依照旨意行事。但在卦爻辭中，透過蓍草進行占筮，其所實現不僅是與上天溝通，也是在與大自然萬物相感相通著。透過占筮所得之內容結果，

除有上天的回應答覆示現外，更還有大部是示現然各種人事物的「所然與所以然」之道理，因而人們可從占筮示現的內容，明白當下自身處境，並可依此內容作為行事指導依據。這樣在行事過程，人們知道所然與所以然情形下，所以能運用發揮自身才能，來對所接觸外界事物，作出較妥當的回應，這些也都是卦爻辭天人關係對殷商甲骨卜辭的發展之處。

第四節　《易經》卦辭、爻辭「命」觀念思想及其對　　　　　殷商甲骨卜辭的承續與發展

　　當人類思維發展到一定水平，便會對生活周遭的事物問題，如天地宇宙的產生、生死存亡等，系列問題進行探索。但是先民和認職能力，在當時還無法理解問題的根源，故只能透過想象形式，來解答他們的問題。而當他們面臨自然界中的強大力量，始終是無能為力，因而透過想象，幻想出有神祕力量主宰著自然界，進而影響著人世間福禍。商代人們就將這些，原本口頭流傳的神祕感受，表現成文字形式，反映在甲骨卜辭文字中。故而在此節將探討，與人們切身相關的「命」觀念議題。也就是商代人們在面臨生活困頓時，其如何解決生命困境？而歷史進入西周時期，《易經》卦爻辭所呈現的「命」觀念思想是如何？而《易經》卦爻辭命觀念思想，在經歷「前軸心期」大傳統思想文化變革下，與甲骨卜辭中的命觀念有何不同？這些都是本節所要進行分析。

一、殷商甲骨卜辭中的「命」觀念

（一）無助／生存：「命」如何產生？

　　先民一方面處於外部自然壓迫，如毒蛇猛獸的攻擊，山洪暴發的水患，地震林火的侵襲；另一方面大自然賜予人們雨露和陽光，提供食住的資源，可說人們面對大自然是懷著敬畏又矛盾的心情。人們也曾努力思索受壓迫的原因，如暴雨的來臨，先前則有滿天烏雲罩頂徵兆；又如一年之中春夏秋冬交替順暢，則是當年食糧年收豐盛之徵兆。先民常遇到這些事，經由不斷累種經驗，故能在這些徵兆出現時，能知曉之後所要發生的事情。不過有時突如其來之事，超出常規之外，或是無法由先前經驗來判斷，眼前所發生的情形。他們提出問題，但不知道原因，為生存與發展的需要，只得靠自己去探

求自然之謎。他們常看見大自然千變萬化，山河萬川養育生物，而生禽走獸相互爭鬥求生存，但同草木花鳥一樣，終究生長與衰亡，其中的發生規律，人們無從掌握與了解。

於是人們便會感到焦慮不安，於是便將這一切歸之於神祕力量支配之結果。而先民在想象神祕力量，是以自身作爲類比來推想，而想象自然背後神祕物，也同人們一樣有思想與情感，也有各種靈魂的存在。他們認爲日月風雷是神靈，而天地山川水火之背後有神靈在主控著，各種自然活動皆受其支配。

在徵兆和神祕力量的結合下，先民便開始崇拜神靈，把某些事情所產生的徵兆，認爲是神祕力量強加於某事物的結果，而來告誡人們的徵兆。〔註216〕其中徵兆有兩種，其一是吉祥之兆，另一是凶惡之兆。在先民看來神靈示出吉凶之徵兆，不是要賞賜人民，就是要告誡人民。而對神祕力量的敬崇，發展到商朝，殷人普遍認爲自然界背後神祕力量，就是至上神——上帝。殷人爲了求生存發展，讓生命境遇可以更加順暢，於是就藉由占卜來預測吉凶。這種趨吉避凶的想法，促使他們不斷探討可以預測吉凶的方法。於是隨著歷史時間不斷的推演，人們運用來占卜的種類愈多，樣式不斷推陳出新。這些眾多的趨吉避凶方法，人們常常通稱這種活動爲占卜。而占卜的方式就中國各民族來看，可說眞是樣貌繁多，起初占卜工具沒有特定，有使用木棍、草葉，也有使用撿來的石頭進行占卜。後來漸漸有了較初步的專門占卜工具之使用，例如黎族用雞骨和石頭來占卜；彝族用木頭和雞骨來占卜；苗族用螺蛳來占卜；土家族用竹子來占卜；納西族則以羊、牛肩胛骨來占卜。〔註217〕可見占卜因時因地而有不同之種類方法，正如《史記·龜策列傳》說的：「蠻

〔註216〕文獻中有關徵兆的記載，較早是出現在《尚書·洪範》，其說：「八、庶徵：曰雨，曰暘，曰燠，曰寒，曰風，曰時。五者來備，各以其敘，庶草蕃廡。一極備凶，一極無凶。曰休徵：曰肅，時寒若；曰乂，時暘若；曰晢，時燠若；曰謀，時寒若；曰聖，時風若；曰咎徵：曰狂，恆雨若；曰僭，恆暘若；曰豫，恆燠若；曰急，恆寒若；曰蒙，恆風若。」孔穎達正義說：「庶，眾也，徵驗也。……曰雨，所以潤萬物也；曰暘，所以乾萬物也；曰燠，所以長萬物也；曰寒，所以成萬物也；曰風，所以動萬物也；此是五氣之名。曰時，言五者各以時來，所以爲眾事之驗也。」文中所謂庶徵，即是指徵兆的意思，在這裡先民將自然界徵兆，看作是上帝示現警告之兆。以上引文參見〔西漢〕孔安國傳，〔唐〕孔穎達正義：《尚書正義》，12 卷，頁 176～177。

〔註217〕宋兆麟：《中國風俗通史》（上海：上海文藝出版社，2001 年），原始社會卷，頁 438～439。

夷氐羌，雖無君臣之序，亦有決疑之卜，或以金石，或以草木，國不風俗。」〔註218〕地方民情的不同，決疑之卜的方式，也隨之變化不同。

我國古代占卜種類多，而卜法又有各種樣式，如《史記‧龜策列傳》所說：「三王不同龜，四夷各異卜，然各以決吉凶。」〔註219〕說明中國官方與民間占卜的不同方式。雖占卜採不同方式，不過在占卜時都需要有上達人意，下傳神旨，之溝通媒介物，則是各種卜法的共同點。而就商代來說，其占卜的媒介物，是以龜甲和牛肩胛骨為代表，其中又以龜甲為主要的占卜工具。殷人普遍認為各種自然界現象，是由上帝所主宰，在卜辭中就有明顯記載：

今庚子，☐于甲辰帝令雨。（《合集》00900）

己巳☐，古☐帝令雨。（《合集》14142）

貞：不惟帝令作我囚。（《合集》06746）

上帝令雨神降雨，亦可令作禍於人間。而在過去的徵兆可以經由經驗加以判知，而現在殷人可能因飢餓需外出打獵捕食，不過主宰自然界的上帝，卻沒有給予徵兆，以預告殷人此次打獵有無收獲，還有其它事項也可能沒有徵兆可尋。因此殷人為了求生存，為期能讓生命更加順利，於是想到祈求上帝能否有所提示，遂透過龜甲占卜祈求上帝示兆象，而殷人便可經由兆象，以判斷未來之事的吉或凶。

由此可知，殷人是在求生存，希望命的境遇更好情況下，透過占卜祈求上帝示兆，以從中得知吉凶的過程中，而形成了命的觀念。而這樣的命，又與上帝的令有關。因為上帝具有能命令雨神降雨的強大力量，因此殷人處在自然環境中，其自身命的生活遭遇，遂由上帝的主控著，殷人命的順與否，與是否能配合上帝旨意而行事有著密切關連性。

（二）無「命」字的「命」觀念——以「令」用為「命」

既然殷商時已有命觀念，那麼其內容為何？此或許可從甲骨文命字來探究，不過可惜的是，甲骨文中「沒有」命字。那不就無法談論了呢？非也，從殷人的命觀念與上帝的令，二者之間有著密切關係來看，應可從「令」字加以推敲。

〔註218〕〔西漢〕司馬遷撰，〔劉宋〕裴駰集解，〔唐〕司馬貞索隱，〔唐〕張守節正義：《新校本史記三家注并附編二種》，卷128，頁3223。

〔註219〕同上註，卷18，頁3225。

「令」字甲骨文作「𠆤」（《合集》14129），而羅振玉（雪堂，1866～1940）認爲「𠆤」字：「古文令从亼人，集眾人而命令之。……古文『𠂆』字象人跽形。即『人』字也。」〔註220〕此外徐中舒說：「𠆤字，……『亼』爲鐸身，其下之短橫爲鈴舌，古人振鐸以發號令。」〔註221〕因此甲骨文「𠆤」字，就是指發號令而眾人跪伏接受命令。所以可以知道殷商時期，沒有甲骨文命字，但已有命觀念形成，而這命觀念是表現在「令」字上。如上文所論殷人的命順與命不順，是與其配合或不配合上帝的命令有關連，因此殷人的命觀念是結合著帝令一起講，也就是說遵從配合帝令則人的命便順。這是殷人命觀念之說法。對照甲骨文令字，令字有發號令而人受命令之義，即「令」字有「命令」、「號令」、「受命」的命觀念含義，亦即甲骨文令字用於命觀念，用令字來表達出命觀念。故而孫海波（1911～1972）說甲骨文「𠆤字，『令』用爲『命』。」；〔註222〕吳大澂（止敬，1835～1902）認爲甲骨文「𠆤字，古文以爲命字。」〔註223〕徐中舒則說：「甲骨文『命』『令』一字」。〔註224〕學者們之所以說甲骨文「令」字用爲「命」，就是說殷人以「令」字來表達「命的觀念」，所以才會說「命」與「令」一字。

接下來則要探究，甲骨文以「令」用爲「命」，來表達命觀念的內容，到底是什麼？從卜辭中，可發現「令」字出見很多，如卜辭有說「帝令」的：

> 帝令雨正年。（《合集》10139）

> 帝其令雷。（《合集》14130）

> 帝其令風。（《合集》00672）

以上卜辭可見上帝命令指揮下雨、打雷、興風，這些都影響人間生活。如果下雨雨少則人間就會產生旱災，而人們的農作物便無法生長，則人們生活就困頓，其命就又不順遂。若是雷雨太大，則不僅可能山洪暴發，水患四溢，連帶人們辛苦耕種的農作物遭受破壞，導致年荒出現。由此看來帝令與殷人的命是相關係著，且帝令影響著殷人的命。另外卜辭也有「帝令伇」、「帝令囚」：

〔註220〕羅氏之說，參見李孝定編述：《甲骨文字集釋》，卷9，頁2867。
〔註221〕徐中舒：《甲骨文字典》，頁1000。
〔註222〕孫氏之說，參見于省吾主編：《甲骨文字詁林》，冊1，頁364。
〔註223〕吳氏之況，參見古文字詁林編輯委員會編纂：《古文字詁林》，冊8，頁105。
〔註224〕徐中舒：《甲骨文字典》，頁89。

惟帝令伀。（《合集》14157）

不惟帝令作我囚。（《合集》06746）

「伀」字，于省吾認爲是災咎的意思。〔註225〕也就是說上帝除命令風雨外，祂也能令人間產生災咎。前文已言囚字是指禍，所以災咎發生於人間，殷人就認爲是上帝作禍於人間，造成人們生活不適。卜辭又有「帝令降」之言：

☑帝令降☑。（《合集》14177）

降是指降下，上帝命令降下某種情況於人間。而降下的情況有許多種類，不過都與人們生活有關，如卜辭所言：

帝不降大莫，九月。（《合集》10167）

☑其降昌。（《合集》17312）

☑無降疾☑（《合集》18756）

上列卜辭中有說「帝降」，而也有單言「降」。雖說卜辭的降，不是全部指帝降，但然大體來說，還是以上帝所降之用法爲多。故卜辭中說降而沒有舉出主詞，則其主詞可能是指上帝的可能性居大。上帝降莫人間，莫字前文所論是指饑饉，上帝降下饑饉荒災。「昌」字，于省吾指出即退或敗字之初文，故甲骨文昌字應讀作敗。〔註226〕《說文解字》：「退，戤也。」；「戤，古文壞省。」；又「敗，毀也。」〔註227〕《爾雅・釋言》說：「敗，覆也。」《戰國策》說：「紛彊欲敗之」，高注說：「敗，害也。」〔註228〕故甲骨文「昌」字，有覆敗或災害之意。所以卜辭說降昌，即是指上帝降災害於人間。至於「疾」是指疾病，殷人有疾病發生，認爲是上帝所降的緣故。

　　上述所論可知，甲骨文「令」字用作「命」，即表示「令」字用以作「命的觀念」。而殷人的命觀念，是與帝令有著密切關連。卜辭中帝令、帝令降、帝降、降，都是由上帝所發號，由此人間有風、雨、莫、昌等不同狀況產生，而這些都影響著殷人的生活居處，因而連繫著命的順與不順。

〔註225〕參見于省吾主編：《甲骨文字詁林》，冊1，頁184。

〔註226〕于省吾：《甲骨文字釋林》，頁54。

〔註227〕以上參見〔東漢〕許慎著，〔清〕段玉裁注：《說文解字注》，頁74、698、126。

〔註228〕以上諸說，參見〔晉〕郭璞注，〔宋〕邢昺疏：《爾雅注疏》（台北：藝文印書館，1997年《十三經注疏》本），頁38；〔西漢〕劉向集錄：《戰國策》（上海：上海古籍出版社，1978年），卷7，頁273。

（三）如何改變「命」之方法？

1. 占卜問事以改變「命」

殷人認爲上帝在天上，且能降禍於人間。故卜辭中有「帝降若」：

☑我其巳宁作，帝降若。（《合集》06497）

☑卜，殷貞：我其巳宁作，帝降若。（《合集》06498）

古「若」與「諾」爲一字，而若字羅振玉、葉玉森皆訓爲順。〔註229〕所以卜辭中帝降若，則是指上帝降順於人間。卜辭又有說「帝缶王」：

帝弗缶于王。（《合集》14188）

☑申子☑缶我☑。（《合集》21861）

「缶」讀爲寶。《史記・樂書》：「天子之葆龜」，司馬貞索隱：「葆與寶同。」〔註230〕。寶同葆，而葆與保通。故缶即保，而有保之義。卜辭說「帝弗缶于王」即是「帝弗保於王」，王字是指商王武丁，缶字即是保佑。上帝不保佑商王武丁。卜辭這種用法在文獻上亦有所提及，如《韓非子・難勢》：「賢智未足以服眾，而勢位足以缶賢者也」，其中缶賢即是保賢。此外卜辭中也有帝作我孽：

其作我孽。（《合集》14184）

庚☑弗其孽王。（《合集》17338）

即是說上帝作孽於我商殷王。由此可知，上帝降順於人間，亦會作禍作孽於殷王。不僅上帝有此能力，在殷人看來祖先神亦有此番能力。殷人認爲祖先死後形體雖滅而靈魂還是存在，且還有其地位權勢，並且有著神祕力量而能保佑後代。如卜辭中就有祖先保佑時王之辭：

貞：大甲受王祐。（《合集》01463）

貞：祖乙若王不。（《合集》13604）

貞：咸允佐王。（《合集》00248）

祖先能保佑時王，也能順時王，亦能輔佐時王。此外，卜辭中亦有祖先作害後代的情形發生：

貞：惟父乙囚王。（《合集》00201）

〔註229〕卷6，頁2051～2052。

〔註230〕〔西漢〕司馬遷撰，〔劉宋〕裴駰集解，〔唐〕司馬貞索隱，〔唐〕張守節正義：《新校本史記三家注并附編二種》卷24，頁1201。

　　貞：祖辛孽王。(《合集》01655)

　　貞：上甲祟王。(《合集》06122)

祖先能作禍、作孽、作祟時王，使其不順遂。由上可知上帝與祖先皆能福禍
人間，其影響著人間生活順遂與否。所以殷人便想藉由占卜，來測度上帝與
祖先神的意志，以從中獲得生活種種困惑之事的解疑。

　　而古代占卜的系統，是相當多元與複雜性，根據李零(1948～)的研究，
可將占卜系統約略分為三大系統：「一個系統是與天文曆算有關的星占、式占
等術；一個系統是與動物之靈或植物之靈，有關的龜占、筮占；一個系統是
與人體生理、心理、疾病、鬼怪有關的占夢、厭劾、祠禳等術。」〔註231〕這
三種占卜系統皆很古老，但就商代而言，其中較盛行應是屬於第二種系統中
的龜占。殷人認為世間一切大小事情是由上帝、神靈主宰著，所以殷人便由
龜占來與上帝、神靈進行溝通。之所以選擇龜來進行占卜，其原因有幾種：
其一，乃因龜具有長壽的象徵意義，是一種長壽的靈物。〔註232〕其二，龜是
四靈之首，亦即龜、龍、麟、鳳等四靈之中，龜是至靈之物。〔註233〕其三，
龜是國寶，也是財富的象徵。〔註234〕因為龜有這些持殊性，故殷人才會常用

〔註231〕李零：《中國方術考》，頁88。

〔註232〕關於龜的歲壽，文獻有所記載，如《說文》：「龜，舊也。」段注：「即久字也。」；
　　　　《抱朴子》：「千歲靈龜，五色俱焉。」；《太平御覽》：「《博物志》曰：『龜三
　　　　千歲，游于卷耳之上，……故知吉凶。』」；《史記‧龜策列傳》：「龜者是天下
　　　　之寶也，……游三千歲，不出其域。安平靜正，動不用力。壽蔽天地，莫知
　　　　其極。」由上可知，龜是一種可壽至三千歲的靈龜。以上參見〔東漢〕許慎
　　　　著，〔清〕段玉裁注：《說文解字》，頁685；〔晉〕葛洪撰，王明校釋：《抱朴
　　　　子內篇校釋》(北京：中華書局，1985年)，卷11，頁182；〔宋〕李昉等編：
　　　　《太平御覽》(台北：台灣商務印書館，1975年)，卷728，頁3362；〔西漢〕
　　　　司馬遷撰，〔劉宋〕裴駰集解，〔唐〕司馬貞索隱，〔唐〕張守節正義：《新校
　　　　本史記三家注》，卷128，頁3230～3231。

〔註233〕有關四靈之物相關討論，亦可參閱劉玉建：《中國古代龜卜文化》(桂林：
　　　　廣西師範大學出版社，1993年)，頁12～18。

〔註234〕《尚書‧大誥》：「寧王遺我大寶龜，紹天明即命。」又《史記‧龜策列傳》
　　　　記曰：「能得名龜者，財物歸之，家必大富至千萬。」一曰「北斗龜」，二曰
　　　　「南辰龜」，三曰「五星龜」，四曰「八風龜」，五曰「二十八宿龜」，六曰「日
　　　　月龜」，七曰「九州龜」，八曰「玉龜」。凡八名龜。龜圖各有文在腹下，文云
　　　　云者，此某之龜也。略記其大指，不寫其圖。取此龜不必滿尺二寸，民人得
　　　　長七八寸，可寶矣。」以上參見〔西漢〕孔安國傳，〔唐〕孔穎達正義：《尚
　　　　書正義》，卷13，頁190；〔西漢〕司馬遷撰，〔劉宋〕裴駰集解，〔唐〕司馬
　　　　貞索隱，〔唐〕張守節正義：《新校本史記三家注并附編二種》，卷128，頁3226。

靈龜來進行占卜。

殷商占卜內容涉及相當廣泛，而所占問之事項，董作賓分爲十二類：分別是卜祭、卜告、卜敦、卜行止、卜四獵、卜征伐、卜年、卜雨、卜霽、卜瘳、卜旬、雜卜等。〔註235〕陳夢家認爲可分爲六類：第一類，祭祀－對祖先與自然神祇的祭祀與求告等；第二類，天時－風、雨、啓、水及天變等；第三類，年成－年成與農事等；第四類，征伐－與方國的戰爭、交涉等；第五類，王事－田獵、遊止、疾病、生子等；第六類，旬夕－對今夕來旬的卜問。〔註236〕從以上分類來看，大都以時王爲中心所作的占卜。

而對所要卜問之事項，其卜問的方式有「對貞卜問」，這種方式是殷王有時對某件事疑惑，採取正反兩方面來卜問。例如：

甲辰卜，**俕**貞：今日其雨。甲辰卜，**俕**貞：今日不其雨。（《合集》12051）

貞：翌丁未其雨。貞：翌丁未不其雨。（《合集》12051）

貞：翌乙酉其風。翌乙酉不其風。（《合集》13333）

殷人認爲上帝能命令雨神、風神，此前文已有論述。因此當人間有雨水缺乏時，便會影響耕作物的長生，也會影響耕作物的收成，於是就會卜問上帝是否會降甘霖，以解決缺水的問題。這種卜問方式大都在同一時間，對同一件事進行正反卜問，如卜辭中在甲辰日就卜問是否下雨，同時也卜問是否不下雨；在乙酉日卜問是否颳大風，同時也卜問是否不颳大風。

此外亦有單方面的「正面卜問」，這是從正面肯定語詞，就某事來詢問上帝、諸神，如卜辭有：

☑其雨，吉。（《合集》03696）

甲子卜，**殷**貞：我受黍年。（《合集》00303）

貞：呼伐舌方受有祐，五月。（《合集》06233）

〔註235〕參見董作賓：〈商代龜卜之推測〉，《董作賓全集》（台北：藝文印書館，1977年），甲編，第3冊，頁841。

〔註236〕陳夢家：《殷墟卜辭綜述》，頁42～43。此外，張先直也將卜辭占問內容歸納成四大類，即是：「（1）進一步的祭祀，如獻祭、求雨或祈求好天氣；（2）一段時間內（例如，一旬、一夕）商王的運氣如何；（3）對正在醞釀的活動將來有可能出現的結果進行占卜，如征伐、狩獵、遷徙、田游等；（4）對一獨立事件未來結果的解釋，如夢、自然災害、生育、疾病或者死亡等。」以上參見張光直：《商文明》（瀋陽：遼寧教育出版社，2002年），頁193。

甲辰卜，爭貞：我伐馬方，帝受我祐，一月。（《合集》06664）

雨量充足則不會缺水，故是吉慶。年終豐收更是每個殷人的最大收獲，因此時王關心百姓耕作物收成，卜問上帝、諸神今年會是豐收年嗎。對外征戰方國是國家重大事件，所以每當出征前，時王會卜問此次征伐上帝會保佑成功嗎。還有單方面的「反面卜問」，就是對某事情，用疑問語詞來卜問上帝、諸神，如卜辭說：

王固曰：不吉。（《合集》00716）

壬寅卜，古貞：王往于田無災，十月。（《合集》10529）

乙亥卜，行貞：王其尋舟于河無災。（《合集》24609）

固字，王襄認為是古占字；商承祚指出固字之意是指，殷王親自進行占卜，以別於太卜之占。〔註237〕商王親自卜某件事，卻得到不吉。此外商王亦會到宮外進行狩獵，這是常見之事。但商王狩獵過程是否有危險，則是至關要緊之事，故出外狩獵前會先進行卜問，問此次狩獵不會危險嗎。另外也會卜問商王，若在河尋舟不會有災害嗎。從上列卜辭看來，商王若認為有危險疑慮之事，便會從反面進行卜問，而不敢貿然行事，以免發生危險。

從上述討論來看，在卜問方式中，卜辭有「吉」字而沒有「凶」字。〔註238〕卜辭裡「吉」的表述語詞如「若」、「受」、「保」、「利」、「無災」、「受祐」等詞語。〔註239〕而卜辭裡「凶」的表述詞如「弗若」、「不受」、「有災」、「不祐」等等。〔註240〕這些吉或凶的表述詞都與上帝有關，因為上帝主宰人間大小事，故吉凶福禍主導權在上帝手中，而殷人面對生活上種種疑慮困惑之事，而處在生命不順遂情況，想要改變眼前不順的命，就想到要透過靈龜來卜問上帝，以獲得上帝提示，而卜問事項的結果中有吉或凶之表述詞，

〔註237〕于省吾主編：《甲骨文字詁林》，冊3，頁2174～2175。

〔註238〕參見李孝定編述：《甲骨文字集釋》，卷4，頁1474；胡厚宣：《殷商史》，頁358。

〔註239〕卜辭裡吉的表述詞之例，如：「乙酉卜，扗貞：大甲若王。（《合集》03216）」；「丙申卜，㲋貞：我受年。（《合集》00974）」；「☑卜，㝬貞：大甲保。（《合集》01370）」；「壬寅王卜，貞：余其伐☑白旅利。（《合集》36536）」；「戊寅卜，行貞：王其往于田無災，在十二月。（《合集》24492）」；「甲午卜，古貞：王伐舌方我受祐。（《合集》06223）」。

〔註240〕卜辭裡凶的表述詞之例，如：「辛卯卜，爭貞：我狩下乙弗若。（《合集》10608）」；「☑伐舌方不受我☑。（《合集》06208）」；「戊☑，貞：王其有災，九月。（《合集》17195）」；「婦好不祐。（《合集》02667）」。

殷人就可依據吉詞或凶詞的提示，達到趨向吉而避開凶。而在將自身原本不順的命，藉由卜問結果的吉凶詞提示下，導向趨向吉的方向，由此改變原本不順的命成為較順的命，因而改變了命，使其轉好。

2. 透過祭儀消災，以改變「命」

關於殷人的占卜是一種透過神祕交感方式，來測度上帝之意志。殷人對上帝的崇拜卻不代表祭祀的對象就是上帝，也就是說殷人的崇拜對象不一定就是祭祀對象。晁福林（1943～）就指出：「殷代的帝卻是一副超然世外，不食人間煙火的清高姿態。殷人只是向帝提出問題，如會不會刮風下雨，會不會降旱降災等，卻並不奉獻祭品。」[註241] 所以殷人的祭祀對象並不是上帝。而殷人所祭祀的對象，是自然神和祖先神。此外殷人對祭祀們態度相當謹慎，可說是近乎誠惶誠恐的地步。其所祭祀的項目眾多，還祭祀所用祭牲數量，多的難以計數，無怪乎許進雄（1941～）形容商王沒有一天不在跟神靈打交道，[註242] 言下之意是指商代的祭祀次數很頻繁。

殷人之所以要常常祭祀，有個重要目的，便是利用祭祀來求福佑。這也可從祭祀二字獲得了解。「祭」字，甲骨文作「𣏢」（《合集》22931），許進雄認為「𣏢」字像是手拿著一塊肉汁滴下來的肉，以表達用此祭祀供奉神靈之行為。後來覺得當造義不明顯，於是增加義符「示」，就變成「祭」字（《合集》36514），以此表明那位受祭祀的神靈具有神力，能給予獻供者福佑或除災。[註243] 故可知道甲骨文祭字，有表示以祭品祭奉神靈之意。至於「祀」字，姚孝遂認為用作祭祀之義，而常玉芝（1942～）也認為祀字確實是祭祀之義，不過也可用來表示時間的。[註244] 結合以上說法，可知甲骨文「祭祀」二字，表示祭拜者手持新鮮肉類牲品虔誠供奉神靈，以祈求神靈給予福佑或除災。

殷商時期的巫覡不但是宗教詮釋代表，亦是救災解難的幫助者。商代災難繁起，有自然之災亦有人間之禍，而這些災禍之源，在殷人看來是與神靈有關。因此一旦有災禍發生，殷人便將災禍解除的重責，托付於巫覡身上，而巫覡就是透過各種祭祀之儀，來幫助殷人脫離苦難。也因此在甲骨卜辭中，

[註241] 晁福林：《天命與彝倫：先秦社會思想探研》，頁32。相關討論亦可參閱陳夢家：《殷墟卜辭綜述》，頁352～361。
[註242] 許進雄：《中國古代社會》（台北：台灣商務印書館，1995年），頁567。
[註243] 參見同上註，頁565～566。
[註244] 姚氏、常氏之說，參見于省吾主編：《甲骨文字詁林》，冊2，頁1795～1796。

可見到祭祀占有重要地位。而如何透過祭儀來消除災禍呢？以下論之。

卜辭中有描述沒有雨水狀況，就以爲是有神靈作禍，如卜辭說：「壬寅卜，殼貞：不雨，惟茲商有作𡆥。」（《合集》00776）因爲沒有雨水，便會發生旱災，故而會舉行祭祀典禮，以求神靈福佑而能夠降下雨來，舒解缺水之困境，如卜辭有說：

> 癸巳貞，其燎十山，雨。（《合集》33233）

> 其有燎亳土，有雨。（《合集》28108）

> ☑月，燎于岳，雨。（《合集》14446）

> 壬午卜，于河奉雨，燎。（《合集》12853）

> 王有歲于帝五臣正，惟無雨。

> ☑奉侑于帝五臣，有大雨。（《合集》30391）

> 惟岳先酚，雨。（《合集》34221）

以上求雨的對象，有山川神、土地神等自然神，也有名爲河的祖先神。而帝五臣是指日月星辰和風雲雷雨一類的神靈。顯示缺水所帶來的影響，是會波及很多層面，故祭祀對象才會有諸神靈。祭祀儀式則以燎祭爲主而兼用酚祭。所謂燎字甲骨寫作「火」（合集 27499），像樹木有數小點之形，也就是像燃木有火焰上升的樣子，是爲本義。而用作祭名燎祭則是指燃燒柴木以祭。所謂酚字甲骨文寫作「𦈢」（合集 00190），羅振玉認爲像酒從酒杯中溢出之形，即是酒字，而卜辭中所載酒字皆是祭名。〔註245〕上述殷人求雨之祭，有用燎祭與酚祭來祭祀神靈。然因缺水常引起社會焦慮不安，於是求雨之祭每每成爲社會大眾整體的重要之事。此外，對於求雨之祭的牲品，其祭祀儀式種類，也頗多注重，如卜辭的：「☑子卜，☑貞：王令☑河，沈三牛燎三牛卯五牛。王固曰：丁其雨。九日丁酉允雨。」（《合集》12948）卜辭中所用的牛牲，就有沈、燎、卯等不同的祭祀儀式，所謂沈牛是指沈牛牲於水中來祭；所謂燎牛是指燃柴木以燒牛牲來祭；所謂卯祭是指剖開牛牲來祭。

除了上述的祭祀以求雨之外，還有一些特殊的求雨之祭。如卜辭說：「☑龍☑田有雨。」（《合集》27021）；「其乍龍于凡田，有雨。」（《合集》29990），

〔註245〕羅氏之說，參見李孝定編述：《甲骨文字集釋》，卷 14，頁 4396。

所謂乍龍是指作土龍以求雨，〔註246〕這在在文獻中亦有所記，《淮南子‧地形訓》：說：「土龍致雨」高誘注說：「湯遭旱，作土龍以像龍，雲從龍，故致雨也。」故卜辭中的制作土龍之祭以祈雨，算是一種古老所流傳的習俗。還有奏樂舞蹈以求雨的祭儀，如：「辛卯奏舞，雨。癸巳奏舞，雨。甲午奏舞，雨。」（《合集》12819）所謂奏是奏樂器，舞是舞蹈。祭祀從辛卯日進行到甲午日，共一連四天。在文獻中亦有記載此種祭儀，《詩經‧小雅‧甫田》：「琴瑟擊鼓，以御田祖，以祈甘雨。」是說演奏琴樂打擊鼓器以祭祀田祖地神，來祈求甘霖。這與卜辭所記，可相互參照。而這種祭儀有時商王也親自擔任巫覡，來祭祀求雨，如：「貞：王其舞，若。」（《合集》11006）；「王其呼戌霖盂，有雨。」（《合集》28180）霖字，卜辭第一期之舞字，第三期作霖字，舞、霖二字之義相同，是指祈雨之舞蹈。〔註247〕商王自任巫覡，跳著舞蹈求雨，這也符合前文所說，商王是群巫之長的說法。舞是一邊奏樂，一邊蹈舞來祈雨；霖是一邊跳舞，一邊呼叫祈求下雨。二者略有不同，然皆是求雨的舞祭祭儀。

　　當然雨水充足就不會有旱災，對於農作是有利的，但從播種秧苗到收成，還是有其它不可抗拒的自然氣候，如氣溫高低、陰晴不定等因素存在，故殷人希望辛苦的耕作有好的收種，於是就有求禾之祭，如卜辭有言：

　　　　壬申，貞：奉禾于夒，燎三牛，卯三牛。（《合集》33278）

　　　　辛未卜，燎于河受禾。（《合集》33272）

　　　　壬申，貞：奉禾于河，燎三牛，沈三牛。（《合集》33277）

　　　　丁未，貞奉禾于岳，燎小宰，卯三牛。（《合集》33296）

　　　　丁丑卜，宁貞：奉年于上甲，燎三小宰，卯三牛，一月。（《合集》10109）

奉禾常見於卜辭，姚孝遂（1926～1996）認為是指祈求年終豐收之義。〔註248〕受即是授給。年即是稔，就是穀物熟成之義。農耕是需要土地才能耕種，商王朝發展到中後期時，隨著疆土不斷擴張，土地空出愈多，因此商王便命令臣子率眾人，前去開墾拓荒，於是有更多可供種植的新農田。農田多則種植

〔註246〕參閱裘錫圭：〈說卜辭的焚巫尪與作土龍〉，收入胡厚宣主編：《甲骨文與殷商史》（上海：上海古籍出版社，1983年），頁21～35。

〔註247〕孫海波、屈萬里皆持此說，參見于省吾主編：《甲骨文字詁林》，冊1，頁255～256。

〔註248〕姚氏之說，參見同上註，冊2，頁1476。

量也隨著倍增，不過種植量增多不代表全部都會豐收，所以殷人就會有莽禾、受禾、莽年等求禾的祈求產生，以求能夠年終有好收成。如上述卜辭中求禾的祭祀對象有夔、河、岳、上甲等祖先神，而用燎、沈、卯等祭儀，並用牛和圈養的小羊爲牲品，以進行祭祀祖先神，來祈求農田耕作能得到好年收。

　　殷人除關心農作收成外，亦關心自身的身體健康。而當人有疾病就影響身體健康。卜辭中即有關疾病指占卜，如：「貞：其有疾。」（《合集》13784）；「貞：多婦無疾。」（《合集》22258）；「貞：多臣無疾」（《合集》22258》），卜辭中即是卜問婦、臣等人有無疾病。至於在甲骨文中可見到的疾病，據學者考證研究指出約有十五種。〔註249〕而殷人認爲疾的產生所造成人身不順遂的命之困境，歸咎是上帝諸神所爲。因此在得病時，便透過祭祀諸神，以祈求去病，在卜辭中有所言：

　　　　庚戌卜，朕耳鳴，有御于祖庚羊百。

　　　　庚戌卜，余自御。（《合集》22099）

　　　　貞御疾身于父乙。（《合集》13668）

　　　　御疾趾于父乙尊。（《合集》13688）

卜辭中朕、余即是指商王。余自御，是說商王親自「御祭」。〔註250〕他親自卜問。商王患了耳鳴疾病，親自採御祭並用百頭羊來祭祀祖先神，祈求耳鳴疾病能夠痊癒。而所謂御祭是祈求福佑之祭，即是指向誰祭祀就向誰祈求福佑。如卜辭中而身體有疾病，腳趾有疾病，殷人也都採用御祭來祭祀祖先神父乙，即是祈求祖先神父乙能夠讓自己身上的疾病痊癒。

　　綜合以上所論，當殷人處在不好的情況下，例如缺雨缺水、氣候不佳、身體有疾病時，就會覺得生命不順不好，而想要改變困境，希望變的好一些。於是殷人就透過祭祀來祈求諸神，祈望諸神賜祐幫助，故當缺水時，便用燎、沈、卯之祭或作土龍、奏樂舞蹈之祭，來祭祀自然神、祖先神，祈求降雨；

〔註249〕這十五種甲骨卜辭所常見的疾病，有疾首、疾目、疾耳、疾鼻、疾口、疾齒、疾舌、疾言、疾胸、疾腹、疾手、疾肘、疾脛、疾止、疾骨等。詳細可參閱孟世凱：《殷墟甲骨文簡述》（北京：文物出版社，1980年），頁112～115。

〔註250〕對此宋鎭豪指出：「甲骨文中有關疾病的占卜，近百分之九十六、七出現在武丁時期，武丁既能自己充當巫師御除病祟，又曾爲鬼巫驚毆疫鬼，還能關心眾多的朝臣、王妃、子息或其他貴族成員的病患，並爲他們判斷病象病因，析其病症，察其病情變化，進行巫術作醫。在當時社會，商王武丁算得上是一位體智慧力與病理藥理知識較爲厚實的出色政治家兼總巫師。」以上參見氏著：《夏商社會生活史》，頁430。

當氣候影響農作物時，就用燎、沈、卯等祭，祭祀祖先神以求農作物能好豐收；當身體有耳鳴、腳趾痛，採取御祭來祭祀祖先神，祈望能去病痊癒。而當其獲得天降甘霖、年終好收成、疾病痊癒時，則生命之不好的困境情況，頓時獲得改善轉變，因此命也獲得改變而變好。

二、《易經》卦辭、爻辭中的「命」觀念思想

（一）自力／他力：「命」產生之原因

人們生活於當下世界中，無時不對周圍現象，作出各種直觀感受。而這樣的直觀不是定點或是單一時間，作出的間隔感受，而是在面對世界事物，所作出臨場的連續直觀之過程。這種連續過程不斷積蓄在腦海中，逐漸轉化成為印象，而哲家稱之為再生想象。由再生想象與直觀感受二者間，不斷地進行內容比較，尋找出二者之間的共同或差異，這種過程稱作思維。哲學家們經由「直觀」到「想象」再到「思維」之間發展過程，於是形成其獨特的世界觀。

上古伏羲經由仰觀天象與俯察地理，並且遠取諸物與近取諸身，而後才畫出八卦。[註251] 他所呈現出的八卦，蘊含著宇宙萬物豐富的生命訊息，這是在「領悟」天地、萬物和人們「通貫的生命之理」，才有辦法將宇宙豐富訊息，而用簡單的八卦符號予呈現出來。胡塞爾（Edmund Husserl，1859～1938）認為單靠感性直觀，是無法達到本質直觀，從感性直觀變為本質直觀需要加入自由想象。而其所謂本質直觀，是指作為邏輯變項的普遍概念經過自由想象作用而轉化成 Eidos（本質）的任意個別化。[註252] 也就是說概念的產生，除需要直觀外，還需要透過想象的作用，才能完成。

顯然伏羲作八卦，他本身是經歷許多次的直觀，並且在直觀、想象和思

[註251] 關於伏羲始畫八卦，自疑古學風盛起後，便有人懷疑此說，然而高懷民指出：「直接史料對近古史自然可作為主要憑據，而對無法獲得直接史料的遠古，當從直接史料以外去判定，因為其『有史』，是必然的。」因而他提出二個假定和一項事實，其二個假定是：「一、歷史上傳留下來的八卦，必有其最初畫成的『人』。不然，何來此物？二、從八卦的整一性上，及其發展程序上，已及其所含之哲學思想上看，應為『一人』所畫成，難以想像是你畫一筆『—』，我又畫一筆『--』，雜湊而成。」而一項事實是：「三、歷史上傳說下來的畫卦的人，眾口一詞，只有伏羲氏一人，更無他人。」因此高先生肯定伏羲氏是有其人，並且伏羲有畫八卦之事。以上參見氏著：《先秦易學史》（桂林：廣西師範大學出版社，2007 年），頁 25。

[註252] 倪梁康選編：《胡塞爾選集》（上海：上海三聯書店，1997 年），頁 499。

維後，從中體會出大自然萬物之理，而始畫出八卦。對此，韓國儒者李滉（退溪，1501～1570）說：

> 昔者伏羲則圖以畫卦也，見河圖之數，陰陽具備，有太極之象焉。
> 分其奇偶以爲兩儀，又分之爲四象，又分之爲八卦，自本而末，由
> 幹而枝，脉絡分明。各有統屬，皆自然也。〔註253〕

可見李滉認爲伏羲也是在通曉大自然之理後，而畫出符合自然之理的八卦。但後人習慣於文字說理，認爲符號卦象是虛玄，而不知道伏羲是「用八卦符號當作文字」來使用，因當時還沒有文字的使用，所以他就對自然所體悟之道理，呈現包含在八卦之中。一般都說八卦是符號，但其實八卦也是伏羲在歸納與體會後所呈現的大自然之道。只不過常人眼中看到的八卦是符號，若是能與伏羲一樣，親身從直觀大自然到想象再到思維之體悟，則或許會認爲八卦除了是符號外，也是包含大自然之道。

在八卦的基礎上，於是有了《易經》卦爻辭之形成。而《易經》卦爻辭也蘊含先民不斷觀察自然，並想象與思考後，所獲取的生命過程之經驗。〔註254〕而其中的經驗是對當時人們日常生活、知識水平、政治制度和社會民情等，所作的觀察經驗心得，而用一套特殊文字和符號加以表達呈現。從中可看出當時人們對大自然有些問題亦不甚明瞭，於是也就認爲人世不明瞭之事物，有上天在支配著，此即是前文所說卦爻辭中的「主宰天」。上天會依據喜怒來決定人世的吉凶，而當時人們認爲如能獲得上天許可，則事情發展便可以較爲吉祥。因此《易經》作爲占筮之書，便有溝通天與人之作用存在。西周時人們出於想要趨吉避凶，而讓生命更加吉祥，所以就會去瞭解上天。然而想要去瞭解上天，但上天雖無處不在，卻也無蹤跡可找尋，於是人們想到透過《易經》的占筮，以從中獲得上天的啓示。

當時西周人們也發現生存離不開周圍世界，因爲想要超離現實的周圍世

〔註253〕李滉：《啓蒙傳義・本圖書》，收入成均館大學校大東文化研究院匯編：《韓國經學資料集成》第七、八輯《易經》（漢城：成均館大學校大東文化研究院，1996 年複印原典出版），第 2 冊。

〔註254〕成中英（1935～）也說到：「易的本體世界不是一個決然超越變化現實的神秘世界，因之也不是一個孤立絕緣的本質世界，甚至也不是一個純然對象化的對象，因爲它是與主體的人的心靈密切相關的天地人的共同根源。然而，人並不能用有限的靜態結構的概念理解與認知它，卻可以思考它，也可以用行爲或行動來參與本體之活動，這是由於人的行爲也能改變事物，故具有本體的意義。」參見氏著：《易學本體論》（北京：北京大學出版社，2006 年），頁 24。

界，而想去另一個新的世界中獲得自由，顯然是一種過於理想而又虛渺之想法，就有不切實際之幻想。不光是西周人們，就連佛教禪宗六祖惠能大師（638～713）在《六祖壇經‧無相頌》也說過：

> 法元在世間，於世出世間，勿離世間上，外求出世間。〔註255〕

意思是說一個人修行悟道，而想要成佛成菩薩，是離不開人世間。而此〈無相頌〉後世通行本又改作流傳為「佛法在世間，不離世間覺，離世覓菩提，恰如求兔角。」觀看佛陀出生在人世間、修行在人世間、悟道在人世間、渡化在人世間、成道在人世間，都離不開人世間、眾生，惠能知道佛陀修道證道之理，故說出此頌，因為若要離開人世間、眾生，而另外去尋求菩提，就好像是尋找兔子的角，那是不可能，也不切實際。所以，人們是不太可能脫離人世間，而獨自去生存，人既然生於此現實世界，也就應從周圍世界裡，去開拓生存的自由。

而要生存則需對周圍世界，作出適當之回應，人們就是在與世間相互認識相互回應的互動中，尋找「安頓生命」之道。但就是有時會遭遇之情況，是人們無法瞭解又無法作出適當回應的，也就是站在「自力」的角度，人們發現自身無力感，雖知道無力，卻又需對周遭所面臨環境的事物作出回應，舉個普通生活事件，例如今天要出門，不知天氣是晴朗或是下雨？因若是會下雨則帶雨具可遮擋，若是晴空萬里則帶雨具又多此一舉，這時對天氣陰晴與否，就不是自力所能作出回答。於是就產生仰賴占筮以決疑之傾向，以從中獲得上天的啟示，企望獲得生活行事方向指引。金谷治就說：「《易經》作為占筮即占卜之書，從其占筮的本質來說，自然與神秘聯繫在一起。筮是一個同神與人的媒介巫有關的字，由此也能說明這一點。對於一件事情，人不知做出什麼判斷，而企圖借助超人的力量去解決它，這就是占筮。」〔註256〕誠如金先生所說，人在生命過程中，就是於某件事處在不知道如何作出判斷，也就是無法由「自力」加以回應之情況下，會轉而求助於超人力量的占筮，以解決某事。《易經》卦爻辭對於生命無以為力之情形，透過占筮以解決人生命所遇到的難題，這樣的方式相對於「自力」來說，可稱之為藉助「他力」。

〔註255〕〔唐〕惠能：《六祖壇經》，收入劉堅，蔣紹愚主編：《近代漢語語法資料彙編‧唐五代卷》（北京：商務印書館，1990 年），頁 96。

〔註256〕〔日〕金谷治著，于時化譯：《易的占筮與義理》（濟南：齊魯書社，1990 年），頁 2～3。

大體來說，遇到疑惑之事乃人之常情，「不知疑者，只是不便實作，既實作，則須有疑。」〔註257〕人生沒有疑惑就不是眞實人生，沒有疑惑則說明他沒認眞的去生活，既是認眞生活，則生命中就會遇到疑惑的困難之處。而當尋求他力的占筮以解決疑惑後，人的命中難處獲得有效疏困。《易經》卦爻辭的「命」觀念，便在這種情形下產生。而之所以可得到有效疏困，乃因《易經》卦爻辭蘊含著無數先民從大自然中獲取的事物之理，故占筮的占斷所得吉凶均爲事理之常，依循事理之常，人便可突破生命當下所遇到無法靠自力解決之事，而渡過難關。

（二）「命」內容是什麼？

甲骨文及西周初期有「令」字，而沒有「命」字，這爲學者們所認同。到了西周開始在令字加上「口」，而成爲「命」字，故在西周時期令命相互通用沒有分別，所以林義光說：「說文云：『命，使也。』按諸彝器令命運用，蓋本同字。命，應命者也。」；又高田忠周也說：「令命古元一字，初有令後有命，而兩字音義皆同，故金文尚互通用也。」〔註258〕可知「令」字是在西周時，由「令」字轉變成「命」字，並且令、命二字在金文中義同而相互通用，故命有使命之義，有應命之義。不過本文要再追問的是，「命」字最早是在何時出現？

對此，傅斯年（孟眞，1896～1950）在《性命古訓辯證》研究後提出：「命之一字，作始於西周中葉，盛用於西周晚期」的看法。〔註259〕傅先生此說一出，學者們似乎也接著常常引用傅斯年的說法，而說成「命」字最早見於在「西周中期」。如項退結（1923～）說：「根據傅氏研究，甲骨文及早期金文中尚無命字，……約自西周中葉開始，金文中始出現『命』字。」〔註260〕楊澤波（1953～）則說：「傅斯年在前人的基礎上收集了大量甲骨文、金文以及先秦典籍的材料，做了深入細緻的探討，著有《性命古訓辨證》。他認爲：『令之一字自古有之，不知其朔。命之一字，作始於西周中葉，盛

〔註257〕〔宋〕朱熹、〔宋〕呂祖謙原著，古清美註譯：《近思錄今註今譯》（北京：台灣商務印書館，2000 年），頁 121。

〔註258〕林氏、高田忠周之說，參見周法高主編：《金文詁林》（香港：香港中文大學出版，1975 年），卷 2，頁 151。

〔註259〕參見傅斯年：《性命古訓辯證》，歐陽哲生主編：《傅斯年全集（第 2 卷）》，頁 510。

〔註260〕項退結：〈中國宗教意識的若干型態──由天命至吉凶之命〉，《孔孟學報》第 45 期（1983 年 4 月），頁 288。

用於西周晚期，與令字僅爲一文之異形。』這就是說，……『命』字始於西周中期。」〔註261〕又如丁爲祥（1957～）也引用傳氏之說，其說：「據傳斯年先生考證，『命』之一字，作始於西周中葉，盛用於西周晚期。與令字僅爲一文之異形。」〔註262〕以上諸學者們，具是引用傳先生之看法，將「命」字說是最早出現於「西周中期」。此外，張世超等撰著的《金文形義通解》也說：「西周中期始見於『令』形加『口』之『命』字。」〔註263〕其說也認爲命字始出現在西周中期，亦與上述學者看法同樣。

其實，傳斯年在《性命古訓辯證》中有說到：「以上各器（青銅器金文）用命字不用令字者，雖其時代多不可確知，然核其故實，論其字體，無一可指實爲穆王以前器者，而甚多屬屬宣之世。」不過文中又說到：「果此解不誤，則命字之起其在西周中葉耶？」〔註264〕從中可看出傳先生對於命字最早出現在西周中期的說法，也用了疑問句「命字之起其在西周中葉耶？」的說法，來提出其看法，或許是傳先生認爲往後可能會有新的看法再出現，故用此疑問句。

所以筆者就進行查證，果然發現「命」字在「西周早期」就已經出現，如西周早期命簋金文說：「隹（唯）十又一月初吉甲申，王才（在）華，王易（賜）命鹿，用乍（作）寶彝，命其永己（以）多友段飲。」（《集成》04112）其中金文命字寫作「🔯」；又如命作寶彝鼎金文說：「命乍（作）寶彝。」（《集成》00852）其中金文命字寫作「🔯」；又如西周早期夆伯鼎說：「夆白（伯）命乍（作）肇（旅）彝。」（《集成》00894）其中金文命字寫作「🔯」。〔註265〕以上這些青銅器其年代皆爲西周早期，並已出現命字，因此可這樣說：就目前資料看來「命」字最早可能出現在「西周早期」，而並非西周中

〔註261〕楊澤波：〈從德福關係看儒家的人文特質〉，《中國社會科學》，2010 年第 4 期，頁 50。

〔註262〕丁爲祥：〈命與天命：儒家天人關係的雙重視角〉，《中國哲學史》2007 年第 4 期，頁 11。

〔註263〕張世超、孫凌安、金國泰、馬如森撰著：《金文形義通解》（京都：中文出版社，1996 年），頁 162。

〔註264〕傅斯年：《性命古訓辯證》，歐陽哲生主編：《傳斯年全集（第 2 卷）》，頁 528、530。

〔註265〕以上青銅器的年代斷代，參考中國社會科學院考古研究所：《殷周金文集成釋文》（香港：香港中文大學出版社，2001），卷 1，頁 576、581；卷 2，頁 277；參考金文今譯類檢編寫組：《金文今譯類檢》（南寧：廣西教育出版社，2003 年），殷商西周卷，頁 52～53。

期。本文認為出土資料有可能會不斷問世，故在此僅用「就目前資料看來」的字眼來作出判斷。

　　接下來對《易經》卦爻辭「命」的內容進行討論。在卦辭中沒有命字的出現，而在爻辭中命字出現有七處。爻辭中出現屬於天命之義，有二處，例如：

　　　　〈否☷☰‧九四爻辭〉：「有命，无咎；疇離祉。」〔註266〕

對於有命无咎，朱熹《周易本義》說到：「九四以陽居陰，不極其剛，故其占為『有命無咎』，而疇類三陽，皆獲其福也。」至於命字，朱熹認為指的是「天命」；〔註267〕對此項安世則說：「《泰》九三于『無咎』之下言『有福』，《否》九四于『無咎』之下言『疇離祉』者，二爻當天命之變。」〔註268〕也認爻辭中命字，是指天命而言。然《周易程傳》則以為〈否☷☰‧九四爻辭〉中命字是指「君命」。〔註269〕觀看此爻辭，以上兩種說法於義，似皆可通順。〈泰☰☷〉卦雖是極其盛治，但若不幸而命走到亂無方寸之地步，隨之也會轉為〈否☷☰〉卦。此外〈否☷☰〉卦雖處於堅困混亂中，但若如九四爻辭說的「有命」，即是有「扭轉否道的天命」，那樣也就無咎，可獲福祉。由此可見，世間的治亂造因於人君，而天命之有無，就看人君之治與亂。而另一處天命之義的爻辭即是：

　　　　〈革☱☲‧九四爻辭〉：「悔亡，有孚，改命，吉。」〔註270〕

所謂「革」是指天命賦予君王改朝換代，程頤即說：「推革之道，極乎天地變易，時運終始也。……王者之興，受命於天，故易世謂之革命。湯武之王，上順天命，下應人心，順乎天而應乎人也。」〔註271〕桀、紂行事不順天亦不應人，則湯、武把握機會，推行革命改朝換代，這是上順「天命」，下應人心，因此新王承受天命，改朝換代建立新王朝。因此，革九四爻辭中的命，是指「天命」而言。而這種天命之義，在其它同時期典籍，也有似類說法，如《尚書‧大誥》：「爾亦不知，天命不易。」；《尚書‧康誥》：「亦惟助王，宅天命，

〔註266〕〔魏〕王弼、〔晉〕韓康伯注，〔唐〕孔穎達正義：《周易正義》，頁43。
〔註267〕〔宋〕朱熹：《周易本義》，卷1，頁76。
〔註268〕項氏之說，參見〔清〕李光地：《周易折中》，卷2，頁87。
〔註269〕黃忠天註評：《周易程傳註評》，卷2，頁118。
〔註270〕〔魏〕王弼、〔晉〕韓康伯注，〔唐〕孔穎達正義：《周易正義》，頁112。
〔註271〕黃忠天註評：《周易程傳註評》，卷5，頁429。

作新民。」;《逸周書‧祭公解》說:「用應受天命,敷文在下。」〔註272〕其中所說的或是國祚或是帝位,皆受之於天命。

而有關屬於君命之義,爻辭出現二處,例如:

〈師☷☵‧九二爻辭〉:「在師中,吉,无咎,王三錫命。」〔註273〕

「王」是指師六五爻位的君王。「王三錫命」,王弼注說:「行師得吉,莫善懷邦。邦懷眾服,錫莫重焉,故乃得成命。」孔穎達正義說:「王三錫命者,以其有功,故王三加錫命。」〔註274〕就是指師中主帥,承寵於「君命」。而有關三命之賜,《周禮‧春官‧大宗伯》現:「以九儀之命,正邦國之位。壹命受職,再命受服,三命受位。」〔註275〕也就是說君王三賜,乃是重賞之意。由此可見,九二主帥受九五君王,寵信之深。而對照同時期作品,如《詩經‧小雅‧采菽》:「天子命之。」;《詩經‧周頌‧臣工》:「命我眾人。」〔註276〕以上皆是指君命,同於師九二爻辭之說。

另一處是〈師☷☵‧上六爻辭〉:「大君有命,開國承家,小人勿用。」〔註277〕大君是指天子。有命的命,是指天子的賞賜之命或封爵之命,也就是指「君命」。開國承家皆為有功者,但分封賞賜有別,開國是封為諸侯,承家是列為卿大夫。而小人雖有功勞,但不可重用封爵位,而可以金帛賜賞之。君命的賜賞,在金文中亦有所載,例如西周中期青銅器君夫簋蓋金文有說:「唯正月初吉乙亥,王才(在)康宮大室,王命君夫。」(《集成》04178)此即是君王在康宮大室,對君夫宣達任命。而之所以在祖廟舉行任命廷禮,是因為當時人們認為,在祖廟有神明臨鑒為證,具有莊嚴隆重之形式,也有以神作為見證的用意,以加強表示君命之威信。

〔註272〕以上參見〔西漢〕孔安國傳,〔唐〕孔穎達正義:《尚書正義》,卷13,頁194;卷14,頁202。以及參見黃懷信:《逸周書校補注譯》,頁365。此外,姜昆武闡述到:「《尚書》中凡言國祚、帝位、政事、征戰、災異、禍福、壽夭、刑賞等等人所不能預測者,皆稱天之所命。……天命最原始意義為受命於天之國祚帝位,乃改朝換代之特用成詞。」參見氏著:《詩書成詞考釋》(濟南:齊魯書社,1989年),頁49。

〔註273〕〔魏〕王弼、〔晉〕韓康伯注,〔唐〕孔穎達正義:《周易正義》,頁36。

〔註274〕同上註,頁36。

〔註275〕〔東漢〕鄭玄注,〔唐〕賈公彥疏:《周禮注疏》(台北:藝文印書館,1997年《十三經注疏》本),卷18,頁278~279。

〔註276〕〔西漢〕毛公傳、〔東漢〕鄭玄箋,〔唐〕孔穎達正義:《毛詩正義》,卷,15,頁501:卷,19,頁723。

〔註277〕〔魏〕王弼、〔晉〕韓康伯注,〔唐〕孔穎達正義:《周易正義》,頁36。

此外，有指告命，例如〈泰䷊・上六爻辭〉：「城復于隍，勿用師，自邑告命。貞吝。」〔註278〕爻辭中的邑字，尚秉和（節之，1870～1950）《周易尚氏學》認爲：「邑，挹之省文，挹，損也。」〔註279〕即是減損的意思。而「告命」，李道平（遵王，1788～1844）《周易集解纂疏》引《九家易》說：「告命者，謂下爲巽，宣布君之命令也。」〔註280〕即宣告君王的行政命令。因此，所謂自邑告命，就是《周易正義》所說的：「於自己之邑而施告命。」〔註281〕也就是說從君王自己居處的都城，發佈自我檢討的行政告命。〔註282〕此於西周晚期青銅器毛公鼎金文亦有相似用法：「雩之庶出入事于外，專（敷）命專（敷）政。」（《集成》02841）其中命字，是指政令、法令，亦即是用作行政告命。

至於〈旅䷷・六五爻辭〉：「射雉，一矢亡，終以譽命。」〔註283〕爻辭的譽字，指的是聲名之美譽。命字，《周易集解纂疏》認爲是指「爵命」。〔註284〕旅六五之所以有爵命，乃是因六五之位，有文明之德，而行爲舉止都能符合文明之道所致。因此《周易本義》現：「此爻者，爲射雉之象，雖不亡失之費，而所喪不多，終有譽命也。」〔註285〕即是指行旅在外，雖然有所略失，如射雉亡失一矢，但因有文明之德，而終能獲得人君所授的美好名聲的爵命。

有關〈訟䷅・九四爻辭〉：「不克訟，復即命，渝，安貞，吉。」〔註286〕「即」字，是「就」的意思；「命」字，是正理的意思；「渝」字，是「變」的意思。〔註287〕如能克制內在忿怒而欲起爭訟之心，轉爲復就正理，改變其躁動的心而成爲平順之心，安處於正理之象，故能獲吉。故可知爻辭中的命，是指理命而言。

〔註278〕同上註，頁43。

〔註279〕尚秉和：《周易尚氏學》（北京：九州出版社，2005年），卷，4，頁112。

〔註280〕〔清〕李道平：《周易集解纂疏》（北京：中華書局，2006年），卷3，頁172。

〔註281〕〔魏〕王弼、〔晉〕韓康伯注，〔唐〕孔穎達正義：《周易正義》，頁43。

〔註282〕黃慶萱：《周易讀本・周易泰否釋義》（台北：三民書局，1992年），頁171。

〔註283〕〔魏〕王弼、〔晉〕韓康伯注，〔唐〕孔穎達正義：《周易正義》，頁128。

〔註284〕〔清〕李道平：《周易集解纂疏》，卷7，頁493。

〔註285〕〔宋〕朱熹：《周易本義》，卷2，頁208。

〔註286〕〔魏〕王弼、〔晉〕韓康伯注，〔唐〕孔穎達正義：《周易正義》，頁34。

〔註287〕朱熹：《周易本義》，卷1，頁58。

（三）改命之方法

以上論述卦爻命的內容，現在將著重討論如何改變命，就其方法層面進行闡述。首先將說明事情的原因與結果之關係。其次論述改變命之方法。以下逐一進行分析：

1. 原因／結果

每件事情總有其開始，中間是過程，最後是結果。而人們總是希望在結果時能得到滿意的收穫，這是大家所衷心期盼的，也是大家非常樂意看見的。可是往往事情卻不完全是如此，結果好像不是每個人都能獲得滿意的收穫，也就是爲何不是每件事，都有讓人滿意的收穫？這是值得探究的問題。

越南儒者黎文敔（應和，1860～1934）在其《周易究原‧序》曾說到：「作《易》之原、圖書之數，一切指爲自然而未嘗推出其『所以然』，遂使傳心之要典，幾成口授之虛，文湮晦至今而易經廢講，誠可悲而可惜已。」〔註288〕也就是說對於《易經》一般只是將其看作自然之作品，而未能深入推究其中所蘊含的「所以然」之理。以致於後人將《易經》當成玄虛之書，甚爲可惜。黎文敔點出研讀《易經》，不光要知道其「所然」，而且還要明瞭其中的「所以然」。這樣就表示《易經》不只講述事情結果，也推論事情的原因，亦即是推其所以然，例如：

〈師䷆‧九二爻辭〉：「在師中，吉，无咎，王三錫命。」

〈師䷆〉卦地中有水，表示養精蓄銳，容民護眾。和平是人們所嚮往的，但有時敵寇踏侵，奮起抗敵是不得已的舉動。爲保衛家國率眾出師戰爭，是積極的作爲，然出師征討必講究師道。其主帥應「在師中」，以確保能在現場，作出即時的指揮號令。只要利於軍事勝利，有時對於君王三令五申，可不必有所接受，因爲不能爲了等待君王指令，而錯失戰勝時機。所以「在師中」的「中」可以理解爲主帥與君王之間的關係。主帥在外征戰必要時，則需專制以利戰爭勝利，但過度專制又有所失處下之位，所以主帥在師專制又能處中道行事，故能無咎吉祥。因無咎吉祥，而獲得成功勝利，主帥於是得到君命的再三賞賜。可知九二爻辭「在師中」是整個事情的好原因，所以能獲得「吉，无咎，王三錫命」的好結果。

又如〈泰䷊‧初九爻辭〉：「拔茅茹，以其彙，征吉。」王弼注說：「茹，

〔註288〕〔越〕黎文敔：《周易究原》，頁 13～14。

相牽引之貌也」；孔穎達正義說：「彙，類也」，〔註289〕所以拔茅茹，以其彙，是說將茅草拔起，而根系相連，亦即同質類彙聚而並出。初九爲陽剛居下，欲往行於上，與九二、九三都有上行之志，則三爻同爲志在向上，故一陽動而三陽動，依此進取以行事則能通達，征行而得吉。由此可知，「拔茅茹，以其彙」是整件事的好原因，所以有「征吉」的好結果。

　　不過並非每件都有好的結果，也是有壞的結果，例如：

　　　〈豫䷏·初六爻辭〉：「鳴豫，凶。」〔註290〕

豫是指歡樂，鳴是指自鳴得意。〈豫䷏〉下坤上震，鄭玄說：「坤，順也，震，動也。順其性而動者，莫不得其所，故謂之豫。豫，喜逸悅樂之貌也。」〔註291〕由此可知〈豫䷏〉卦是歡樂的卦象，可爲何初六爻辭說是「凶」呢？這是因爲初六處在〈豫䷏〉卦的最初始之位，而逸樂過甚，《周易全解》進一步說：「逸豫是好事，處理不好便是壞事。荒於逸豫是壞事，開始便荒於逸豫而又不知戒懼，尤其是壞事。」〔註292〕這表示在豫之初六時即鳴，甚至逸樂過頭，過頭則顯示荒縱逸樂，而不知自處，卻獨於其樂，所以產生凶。可得知「鳴豫」是整件事的壞原因，於是產生「凶」的壞結果。

　　又例如〈履䷉·六三爻辭〉：「眇能視，跛能履，履虎尾，咥人，凶。」〔註293〕目盲而要強看，跛走卻要強行，依此而行，就如同履虎之尾般，有遭虎咬之險，所以是凶。六三無視自己能力，而卻要妄行六五之狀志，此乃是六三的致命點。而亦說明六三專意肆爲的愚頑，以此而行者，凶是必然的。因此有「眇能視，跛能履」的壞原因，所以有「咥人，凶」的壞結果之出現。

　　經由上討論可得知，事情發展是：好原因 → 好結果；壞原因 → 壞結果。從上述各爻辭所述，是可以得知這種事情之發展規律。

2. 改命之法，在於「有孚」

　　事情之所以需要變革，乃是不得已而爲之，有現實必要性故不可不革之。但是變革需是勢在必行之際，才可以行動。而此一必行之際如何掌握？林文欽師指出：「革命時機必發生在盛極而衰，將重新開始之『時』，也就是

〔註289〕以上參見〔魏〕王弼、〔晉〕韓康伯注，〔唐〕孔穎達正義：《周易正義》，頁42。

〔註290〕同上註，頁49。

〔註291〕參見〔唐〕李鼎祚：《周易集解》，卷4，頁96。

〔註292〕金景芳、呂紹綱：《周易全解》，增訂本（上海：上海古籍出版社，2006年），頁156。

〔註293〕〔魏〕王弼、〔晉〕韓康伯注，〔唐〕孔穎達正義：《周易正義》，頁41。

說要能明時變秩序，順從時變秩序而與時代精神需求共同前進。」〔註294〕也就是變革需在「盛極而衰」之時，此是因為得其道、得其所，如此進行改革才會順暢光明。〈革☲☱·卦辭〉：「巳日乃孚。」〔註295〕因為變革要得到人們信服，這需要一段時間，就是說等待時機成熟才可推行變革，而巳日則是象徵轉變的時機。可見變革要順天，也就是順應自然，如春生、夏榮、秋收、冬藏，都要符合時序發展。此亦即符合卦爻辭中的自然天，換言之，順天順時則能得昌。

然而變革之初，百姓一時之間不能適應，不知改革的必要性，而遇改革困難，故〈革☲☱·初九爻辭〉才說：「鞏用黃牛之革。」在革之初始，革道未成，而未能應變，此當守常不宜妄為，如用牛皮以自固般，不敢造次來從事變革。等到可變革時，則可有所作為，故「巳日乃革之，征吉」即是在當進行變革的時間，斷然推行變革，可獲吉祥。不過變革過程中，也不過於躁進，〈革☲☱·九三爻辭〉：「征凶，貞厲。」變革若是急於求進則有凶險，應守持正固並撫慰人心，則可防止危險。

九三「征凶」乃因不信任產生疑惑所致，故不可妄作激進變革，那要如何才能成功變革？爻辭指出：

〈革☲☱·九四爻辭〉：「悔亡，有孚，改命，吉。」

所謂「孚」字，〔註296〕《說文解字》說：「孚，卵即孚也。從爪子。一曰信也。」〔註297〕認為孚字，為信的意思。〈中孚☴☱·卦辭〉說：「中孚：豚魚吉，利涉大川，利貞。」所謂「中孚：豚魚吉」，對此《周易正義》解說：「信

〔註294〕林文欽師：《周易時義研究》，頁36。

〔註295〕〔魏〕王弼、〔晉〕韓康伯注，〔唐〕孔穎達正義：《周易正義》，頁111。此外「巳日乃孚」的「巳」，有作「已」，或作「己」，而對帛書作「巳」。各家說法不一，約可歸為三類六說：（一）作「巳日」說，是將「巳」當作祭祀講，也就是指祭祀之日；或將「巳」當作等待時機的意思，也就是指俟日。（二）作「已日」說，是將「已」當作已終了之日的意思；或將「已」當作已到革命之日的意思；或將「已」當作決日講。（三）作「己日」說，是將「己」當作十天干的己來解。以上可詳閱林文欽師：《周易時義研究》，頁37～40。

〔註296〕關於「孚」首見於〈需·卦辭〉，其卦辭說：「需：有孚，光亨貞吉，利涉大川。」所謂「需，有孚」，孔穎達《周易正義》解說：「需者，待也。物初蒙稚，待養而成。无信即不立，所待唯信也，故云『需，有孚』。言『需』之為體，唯有信也。」以上參見〔魏〕王弼、〔晉〕韓康伯注，〔唐〕孔穎達正義：《周易正義》，頁32。

〔註297〕〔東漢〕許慎著，〔清〕段玉裁注：《說文解字注》，頁114。

發於中，謂之中孚。魚者，蟲之幽隱；豚者，獸之微賤。人主內有誠信，則雖微隱之物，信皆及矣。」〔註298〕對待豬魚之物，也能以誠相見，故以此種心推而待人，自然也能童叟無欺的誠信待人。而〈雜卦傳〉也說：「中孚，信也。」；朱熹亦說：「孚，信之在中者也」；程頤則說：「誠信充實於中，中實，有孚也。」〔註299〕此外，〈益䷩‧九五爻辭〉說：「有孚惠心，勿問元吉：有孚惠我德。」〔註300〕即君子以誠信而施恩惠於天下，則人們感受恩澤後，自然也會真實誠信地回報君子恩德，這樣當然是吉祥。又如〈比䷇‧初六爻辭〉說：「有孚盈缶，終來有它，吉。」〔註301〕即君王的誠信若有如同裝滿美酒的酒缸般，則就會招來四方賢達之士歸附親比。由上所論，可知「孚」字即是指「誠信」之義。加上參照前文所論「先周文化」的傳統中，周人從先祖以來對德信即相當重視，所以卦爻辭中的孚字，有誠信之義，自是理所當然的。再來觀看〈革䷰〉九四爻處在上澤之下，即在水火相會處，是變革之始。此時處下的百姓不再猜疑，且理解變革之需要，所以爻辭說「悔亡」，此悔亡乃相對於六三的「征凶」而說，即上位者以誠信之心推行變革，故百姓感受上位者之誠信，而悔已亡失不再猜疑，所以接著說「有孚，改命」，終而獲得吉祥。〔註302〕

　　由此可觀察到，從〈革䷰〉九三爻到〈革䷰〉九四爻，是從凶命之情境轉變成吉命之情境的轉折，這個轉變過程可表述成：征凶 → 悔 → 有孚 → 悔亡 → 改命 → 吉。而這裡的「改命」關鍵，則是「有孚」。原本是征凶有悔，後來因「有孚」，而悔亡，於是改命獲得吉祥。因此，可知「有孚」是「改變命」的有效方法。

　　而在其它《易經》卦爻辭中，亦有因「有孚」而「改變命」者，例如〈隨䷐‧九四爻辭〉說：「隨有獲，貞凶；有孚在道，以明，何咎。」〔註303〕

〔註298〕〔魏〕王弼、〔晉〕韓康伯注，〔唐〕孔穎達正義：《周易正義》，頁133。

〔註299〕以上參見〔魏〕王弼、〔晉〕韓康伯注，〔唐〕孔穎達正義：《周易正義》，頁189；〔宋〕朱熹：《周易本義》，卷1，頁53；黃忠天註評：《周易程傳註評》，卷1，頁56。

〔註300〕〔魏〕王弼、〔晉〕韓康伯注，〔唐〕孔穎達正義：《周易正義》，頁97。

〔註301〕同上註，頁37。

〔註302〕對此，鍾啟祿說到：「我們就革卦內含的原則，去向改革所提出的建議。其中的上下有孚，上說下順的感應原則，與合乎德的正名原則，不但是改革的座右銘，而且可作為一切事業，及社會行為準則。」參見〔美〕鍾啟祿：《易經十六講》（北京：中國華僑出版社，1991年），頁171～172。

〔註303〕〔魏〕王弼、〔晉〕韓康伯注，〔唐〕孔穎達正義：《周易正義》，頁57。

九四被六三隨從故說有獲，但九四被多數人所隨從，則聲望有可能超越九五的君王，這種處境很危險，若守不變則雖正亦是凶。那麼如何改變此不好的凶命情況？其方法爻辭說是「有孚在道」即是思考與行為都要能誠信並符合正道，以明哲處之，必具有君子之德，而不作非分之想，體現出光明磊落美德，自然也就沒有咎害。

又如〈坎☵·卦辭〉說：「習坎，有孚，維心亨，行有尚。」〔註304〕坎卦即是處在凶險之命的情況中，那麼要如何改變凶險之命？爻辭提出「有孚」之方法，也就是處在凶險情況下，只要胸懷誠信，就能使內心亨通，依此前行努力奮發會得到成功。由此可見雖遇行險之凶境，但只要不失誠信，保有不撓的信念，持之以恆的努力前行，就會脫離凶險之境，邁向成功之坦途。

綜上所論，人們身處險境，生命遭逢困頓，其改變命之方法，就是保持「有孚」之心，韓國儒者李炳憲（眞菴，1870～1940）就曾指出：「即《易》之為用，專在感應之道，感應之妙，在於誠，……《易》之道，在其人之誠否耳」，〔註305〕《易經》卦爻辭就是告訴人們，面對困難還是要懷有誠信之心，依此便可渡過險境，轉危為安。

3. 返「理」變「命」，安貞之吉

〈訟☴〉天上水下，象徵背道而馳，也即表示人們因觀念不同或利益不均遂發生衝突。人們為了生存資源，為了既得利益，於是勾心鬥角你爭我奪。文明社會就是會有競爭出現，良性競爭可推動進步，但惡性爭奪或無理取鬧，恐非有益於世。面對爭論的出現，〈訟☴〉卦是傾向無訟的理想，如其爻辭說：

〈訟☴·九四爻辭〉：「不克訟，復即命，渝，安貞吉。」

「不克訟」王弼注說：「初辯明也。」；孔穎達正義說：「九四既非理陵犯於初，初能分辯道理，故九四訟不勝也。」〔註306〕九四以不合理陵犯於初六，故以此爭訟，當然是「不克訟」的不勝局面。那九四如何改變此時不好的生命情境？九四爻辭認為應當要「復即命」，所謂復字反也；即字就也；命字正理也。〔註307〕意思就是「回復就於正理」，爻辭所指之正理即是「原本不爭之理」，

〔註304〕同上註，頁71～72。
〔註305〕李炳憲：《經說·易說》，《李炳憲全集》，下冊，頁23。
〔註306〕〔魏〕王弼、〔晉〕韓康伯注，〔唐〕孔穎達正義：《周易正義》，頁34。
〔註307〕參見〔宋〕朱熹：《周易本義》，卷1，頁58；〔魏〕王弼、〔晉〕韓康伯注，〔唐〕

九四要能返回原本不與初六相爭的無訟之理。九四如果能夠自「渝變」與初六相爭訟之命，亦即「改變」先前爭訟不好之命，返回原本不爭訟之正理，休息不與初六相爭訟，即得獲安居貞吉。

可知〈訟䷅・九四爻辭〉揭示從不好的「命」，經過改變，成為好的「命」之過程方法，此過程即可表述成：不克訟 → 復即命 → 渝命 → 安貞吉。而這其中指出改變命的關鍵，應該是「復即命」，也就是說遇到命不好時，其改變方法，即是「回復就於正理」，則可渝變不好的「命」，而成為好的「命」。

此外卦爻辭中，也有以「趾」為喻，說明「回復就於正理」之重要，例如〈大壯䷡・初九爻辭〉說：「壯于趾，征凶。」〔註308〕初九處在陽剛之始，有所壯於前行，故以「壯于趾」作為比喻象徵。但是初九陽剛在下，當壯之始有壯於進之舉，以此行之，有凶險之道。一樣是以趾為喻的，還有〈艮䷳・初六爻辭〉說：「艮其趾，无咎，利永貞。」〔註309〕在腳趾剛要邁出步伐前，先行抑止住，則無咎害，且利永貞。在行動之前，要止住是較容易；相反地，在行動之後，要止住則是較困難。事件在開始之前，之所以要止住，是防止邪念妄生，行動之前先阻止邪念妄生，則不失其正，爻辭說常保守正，故能無所咎害。由此可見，「壯于趾」因為「失於正理」，所以征凶；而「艮其趾」因為「就於正理」，所以無咎而有利於守持正固。

此外〈損䷨〉卦是象徵「減損」，既是減損則可能有不好的意思，所以九二有「征凶」的不好斷語出現。雖然減損是不好的，但若是「損之有理」，則就會從不好的情況，轉變好的情況，如〈損䷨・六五爻辭〉說：「或益之十朋之龜，弗克違，元吉。」〔註310〕到六五卻變成「元吉」，這是為什麼？因為六五君位者，能夠「減損」自己的享受，而用心去照顧一般百姓，使得國家富強，人民安和樂利。也就是六五雖居尊位，卻能「以損守之」，居尊而自抑，以天下安危與蒼生福祉為念，自損其享而「造福群眾」，則天下莫不感念而歸附益之，這如同有人進獻十朋的大寶龜，無法違背辭謝，所以是大吉利。而〈損䷨・上六爻辭〉更進一步說：「貞吉，利有攸往，得臣无家。」〔註311〕上六居損之終，故不損反而有益，且受到廣大臣民歸附，得臣民則天下為一，

孔穎達正義：《周易正義》，頁34。

〔註308〕〔魏〕王弼、〔晉〕韓康伯注，〔唐〕孔穎達正義：《周易正義》，頁86。

〔註309〕同上註，頁116。

〔註310〕同上註，頁96。

〔註311〕同上註，頁96。

所得的臣民不限於一家,故說得臣無家。而韓國儒者李炳憲對「得臣无家」
進一步解釋說:「夫君子損其忿慾疑疾,以至得臣無家,則漸趨於天下爲公之
域矣,倡社會主義者,亦不可不知也。」﹝註312﹞此將「無家」理解爲〈禮運
篇〉中的「天下爲公」的意思,即亦點出國家發展到最後的大同理想境域。

可知,起初雖是減損而征凶,似乎是不好的情境,雖然居於自損之情況,
然而持著自損以利大眾之「正理」前進,因而改變原本減損之生命情境,轉
爲如獲致十朋之龜,與得臣无家的的大吉利生命情境。

無怪乎有學者認爲《易經》是宇宙的「縮影」,﹝註313﹞也就說宇宙間的
各種事物之正理,都蘊含在卦爻辭之中。而韓國儒者鄭夢周(圃隱,1337～
1392)的詩作〈讀易寄子安大臨兩先生有感世道故云〉說:

> 紛紛邪說誤生靈,首唱何人爲喚醒,聞道君家梅欲動,相從更讀洗
> 心經。﹝註314﹞

所謂梅欲動,說的就是早春之時節。至於洗心經,這在〈繫辭上傳〉第十一

﹝註312﹞ 李炳憲:《易經今文考・下卷・損卦》,收入成均館大學校大東文化研究院匯
編:《韓國經學資料集成》(漢城:成均館大學校大東文化研究院,1996 年複
印原典出版),易經第 33 冊。而關於韓國《易》學研究,賴貴三經考察後發
現:「海內外學者對於韓國儒學研究成果頗爲豐碩,但相對於《易》學研究成
果則相對較少,仍有許多探討研究的可能空間;尤其,韓國朝鮮李氏王朝(1392
～1910)重要經學傳世文獻,幾乎都已搜羅完備於成均館大學校大東文化研
究院匯編出版之《韓國經學資料集成》叢書,其中第七、八輯《易經》有關
《易》學者,計有總 37 大冊,或爲手稿或爲刊本,且都以傳統漢文書寫,閱
讀研究毫無問題。」以上參見氏著:〈韓國朝鮮李氏王朝(1392～1910)《易》
學研究〉,《東海中文學報》第 25 期(2013 年 6 月),頁 3～4。有關韓國易學
的整理,亦可參閱黃沛榮:〈韓國漢文《易》學著作的整理與研究〉完整報告,
行政院國家科學委員會補助專題研究計畫,計畫編號:NSC94-2411-H-034-
001,2007 年 6 月 30 日,頁 1～53。

﹝註313﹞ 凱文・德拉圖爾、西蒙娜・德拉圖爾,張文智譯:〈《易經》:早期儒家的形上
學與意識進化學〉,《周易研究》2006 年第 1 期,頁 46。此外,程石泉進一步
指出:「民國年來國內學人接受膚淺科學之知,不承認科學導源於初民創造性
智慧(creative intelligence),該項智慧表之於原始神話,經逐步演變,而爲
分殊科學,於是斥《易經》爲迷信之書,毫無科學價值。」又說:「做學問眞
是不易,就連這個簡單的課題『卜筮之用』,我們不能因爲那些對於西洋科學
只有一知半解的人說是迷信,便輕易的『人云亦云』。」其說法頗值得吾人認
眞思考與體會。以上參見氏著:《易學新探》(上海:上海古籍出版社,2003
年),頁 25;〈自序一〉,頁 2。

﹝註314﹞ 〔韓〕鄭夢周:〈讀易寄子安大臨兩先生有感世道故云〉,收入魏常海編:《韓
國哲學思想資料選輯》(北京:國際文化出版社公司,2000 年),頁 318。

章就有提到：「聖人以此洗心，退藏於密。」由此可推知詩中的洗心經，所指的便是《易經》而言。人世間有各種不正確之「誤說」，皆可從《易經》文本中，獲得「洗滌」心靈之「正理」，此如早春時節的欣欣向榮，心靈經過《易經》「正理」之導正，而如重獲新生般，生命充滿無限的生機。

由上述可得知，《易經》卦爻辭強調「回復就於正理」，是人事物發展的正向規律，若能就正理則可獲吉祥。這也是因為事物發展之初，若有偏向「不正」之途於初始，則可由經「正理」導之，使其回復「正途」，若有不正於初期，則可由「正理」導之以回復「正途」，正如《晉書・陶潛傳》所載〈歸去來辭〉中寫到：「實迷途其未遠，覺今是而昨非。」〔註315〕一時之間偏離「正途」，若能及時覺察，其迷途之初始還未及太遠，故反省自己的錯誤，轉而依循《易經》卦爻辭所揭示的「正理」，來予以「導正」之。則人們當下不好的「命」之情況，或許可由此轉變成較好的「命」。

三、《易經》卦辭、爻辭中的「命」觀念對殷商甲骨卜辭的承續與發展

（一）《易經》卦辭、爻辭中的「命」觀念對殷商甲骨卜辭的承續

殷商人們在為求生存，讓自身的命能更順遂，於是有卜問的產生，而卜問後的殷商甲骨卜辭，其完整結構可分為：第一，前辭，也可稱作敘辭，其中包含日期干支、卜人的名稱等；第二，問辭，也可稱作命辭，也就是指欲卜問的事項；第三，占辭，即是卜問時所出現的判斷語；第四，驗辭，這是記述卜問之後，事情的應驗狀況。完整的卜辭，如：「癸巳卜，殼貞：旬無田。王固曰：有祟，其有來婎。迄至五日丁酉，允有來婎自西，沚馘告曰：土方征于我東鄙，𢦔二邑，舌方亦侵我西鄙田。」（《合集》06057）卜辭中的卜問日期「癸巳」，卜人為「殼」，兩者是前辭。而「旬無田」是問最近一旬有沒有事端發生，此為問辭。「王固曰：有祟，其有來婎。」是說觀兆判斷有禍端將要發生，這是占辭。至於「迄至」以下卜辭，說到了第五天，就有土方征伐我國東邊疆域的報告，及舌方侵擾我國西邊疆域的報告，此是驗辭。不過卜辭一般都不是很完整，而卜辭多數是僅具有前辭與問辭為常見。

而《易經》在占筮後所得的卦爻辭，亦有類似於殷商卜辭。卦爻辭中各

〔註315〕〔清〕湯球輯：《九家舊晉書輯本》（北京：中華書局，1985年），卷94，頁2461。

卦的稱號，以及各爻的初六、初九之類，有類似於卜辭「前辭」的日期，至於占筮之官則略而不著。而像是〈師☲☷・九二爻辭〉：「在師中，吉，无咎，王三錫命。」好像是一個較完整類似於卜辭結構，其中「師・九二」類似卜辭「前辭」的日期；「在師中」問說主帥在師中如何，此類似卜辭的「問辭」；「吉，无咎」是說吉祥無咎害，此類似卜辭的「占辭」；「王三錫命」是說後來主帥，眞的受到君王再三賞賜之命，此類似於卜辭的「驗辭」。不過在卦爻辭裡，這類占筮辭不是很多。〔註316〕而是具有類似卜辭的前辭、問辭、占辭等結構，較爲普遍，如〈明夷☷☲・六五爻辭〉：「箕子之明夷，利貞。」其中〈明夷・六五〉類似卜辭「前辭」的日期；「箕子之明夷」則問說箕子的光明殞傷，自佯爲狂如何，此類似卜辭的「問辭」；「利貞」是說箕子佯狂以避昏君紂王，此舉是利於守持正固，此類似卜辭的「占辭」。

就殷商甲骨卜辭的卜問與《易經》卦爻辭的占筮兩相對看，可發現卜辭兆紋呈現左右相對，卜辭刻辭則是左右對貞，例如：「戊子卜，翌己丑不雨。（左）；戊子卜，翌己丑其雨。（右）」；「己丑卜，翌庚寅不雨。（左）；己丑卜，翌庚寅其雨。（右）」（《全集》06057）而翻開《易經》卦爻辭，也可發現到在六十四卦，其中就有五十六卦的排列，是採用「反對」爲序的兩相排列，例如〈師☲☷〉卦倒轉過來即是〈比☷☵〉卦，而〈損☶☱〉卦轉過來即是〈益☳☴〉卦。可見《易經》占筮辭編排有承於殷商卜辭之左右對貞。

《易經》占筮是某種超自然的表現，此在於人們藉此向神靈探問，而所探問是關於生命中的吉凶休咎難題。解答這些難題就是透過具有靈氣的蓍草，作爲中間媒介。難怪有學者會認爲，要對《易經》深入了解，就不能不對占筮入手，去探究占筮的潛在意義。〔註317〕從進一步說，即人們將所占之難事，透過蓍草轉知給神靈，神靈又將可行的解答，透過蓍草預示出卦爻，提供人們面對艱困事情之對應策略。

在西周時期「思想文化」中，有著崇敬天命的思想，西周人們認爲天命決定歷史的走向，亦即神的意識左右著朝代的方面，在位者因而對其敬畏不

〔註316〕其它像是〈大壯☳☰・九三爻辭〉：「小人用壯，君子用罔；貞厲。羝羊觸藩，羸其角。」其中「大壯・九三」類似卜辭「前辭」的日期；「小人用壯，君子用罔」此類似卜辭的「問辭」；「貞厲」此類似卜辭的「占辭」；「羝羊觸藩，羸其角」此類似於卜辭的「驗辭」。

〔註317〕〔美〕史華茲著，程鋼譯：《古代中國的思想世界》（南京：江蘇人民出版社，2004年），頁404。

已。西周人們敬畏上天的心態，可說是有「承續」著殷商思想文化裡，對於上帝的崇拜而聽於帝命之遺續。而殷商卜辭與神靈溝通方式，是將靈龜作爲與上帝神靈溝通之橋樑，人們的生命未知遭遇，透過靈龜而將上帝神靈的指示或命令，示現在爆裂的兆紋上。將此對照《易經》中的占筮，可發現雖然卜辭是用龜或骨來卜問，而《易經》是用蓍草來占筮，但二者卻都是求問於超自然神靈，這一點是雷同的。從中即可看出，《易經》作者占筮於神靈的方式，有承於卜辭作者卜問於上帝神靈之方式。而《易經》作者的這種命觀念思想的承續性，可說是與當時西周天命思想，承續殷商上帝崇拜之思想文化，的時代發展進程，是「相符合」的。

在王家台秦簡《歸藏》易之中，似乎就有卜辭的遺緒，如《歸藏》節卦的簡文說：「節曰：昔者武王卜伐殷而攴占老考老考占曰吉□。」〔註318〕此即是記錄武王卜討伐商紂之事。對於秦簡用卜之事，林忠軍（1960～）就曾推測：「（王家台秦簡）《歸藏》用『卜』字，說明《歸藏》卦辭帶有卜辭的痕跡，有的可能因襲了卜辭，即把當時或以前記錄下來一些的應驗的、典型的龜卜例子變爲《歸藏》之辭，用於筮占。」〔註319〕即是說《歸藏》易的占辭，有源自於龜卜的卜辭之可能性。若再觀看阜陽漢簡《周易》則更明顯，簡文含有《易經》卦爻辭，且爻辭間用圓點予以隔開，辭後接有卜問之事項，〔註320〕如簡文〈小畜〉的九五：「有復攣如，不富以其鄰。卜家。」、〈大有〉的卦辭：「元亨。卜雨不雨。」；其它有「卜星不星」、「齊（霽）不齊（霽）」等。〔註321〕從上簡文可見卦爻辭之後，又緊接有卜問家、卜問下雨與否、有無星或霽等生命中各種情形，這即表示在阜陽漢簡《周易》中，卦爻辭與卜辭是相連並用，且二者關係密切。而這似乎也就印證上文說的，《易經》卦爻辭命觀念有承於殷商甲骨卜辭。

〔註318〕荊州地區博物館：〈江陵王家台15號秦墓〉，《文物》1995年第1期，頁41。
〔註319〕林忠軍：〈王家台秦簡《歸藏》出土的易學價值〉，《周易研究》2001年第2期，頁11。
〔註320〕相關內容亦可參閱李學勤：《周易溯源》（成都：巴蜀書社，2006年），頁296～297。此外，祁潤興亦說到：「從義理蘊涵看，阜陽漢簡《周易》全是實用性的筮卜之事。」參見氏著：《周易義理學》（上海：上海古籍出版社，2007年），頁251。
〔註321〕以上參見韓自強：《阜陽漢簡《周易》研究》（上海：上海古籍出版社，2004年），頁50、53；頁81。

（二）《易經》卦辭、爻辭中的「命」觀念對殷商甲骨卜辭的發展

殷商甲骨文辭中，上帝是最高權威力量，殷人的命多數掌握在上帝手中。而上帝具有降災降福之神力，故殷人之命，若有不如意時，就有祈問上帝之龜卜產生。殷人則對於龜卜中的上帝命令，表現出臣伏聽令的況態，當然這是出於對上帝敬畏所作之表現，也是想要改變命的一種方式。不過到了《易經》卦爻中，卜辭中的上帝權威，逐漸受到人間力量的衝擊，人們生命的好與壞，不再完全受制於上帝之支配。《易經》對於命中吉凶的解釋，雖也有占筮的行為，但在努力改變自身之命，則是蘊含更多人們自身的觀察，認識到人在生活中所累積的經驗，是可用予解決生命中的難處。也就是說在改變命之過程中，人們凸顯了對自身力量的覺醒，如〈乾☰☰・九三爻辭〉：「君子終日乾乾。」君子整天振奮努力不懈，到晚上又能謹慎檢討自己一天中有無過失，依此而行，雖是處危險環境，也能夠轉變險境而成為無咎之境。然而初有名聲則過於貪圖逸樂，則有凶之情況，如〈豫☷☳・初六爻辭〉所說：「鳴豫，凶。」可見態度的不同，隨之而有不一樣的結果，人之命的好壞，加入自身的努力因素，此即表示《易經》作者認為，造成命的好壞之因素，不完全是天意，而更多時候似取決人為因素。此則不同於殷商卜辭中，人們一味聽令於上帝。

在《易經》看來，人們認識自然的過程中，也即是人類的自我逐漸認識。因而提出人與自然之關係，更由此推及人與社會群眾之關係，這種關係以「有孚」誠信至為重要，如〈中孚☴☱・九五爻辭〉：「有孚攣如，无咎」；若相反地，就如〈中孚☴☱・上九爻辭〉：「翰音登于天，貞凶。」〔註322〕二者爻辭一無咎而一有凶。這是因九五有誠信之心普及大眾，所以無所咎害。但上九卻是虛名遠播，外在華美而內在不誠信，故有凶象。所以前文才說「有孚」是改變命的一種方法，因為有孚則吉隨之。這種對誠信的重視，亦即是某種對有德之人的贊揚。

前文有所論述，在西周初的思想文化中，統治者認為要能久治安，則需「世德作求」，亦即要能以德自我約束，並以此傳世於後。而《易經》重視「有孚」的改變命之方法，可說是與當時殷周之際思想文化轉變下，於西周初提出的「德禮」思想是「相呼應」。故除上述對誠信的重視外，《易經》亦重謙德，無論是謙虛而有名聲的「鳴謙」；還是勞奮努力而又謙虛的「勞謙」等等，

〔註322〕〔魏〕王弼、〔晉〕韓康伯注，〔唐〕孔穎達正義：《周易正義》，頁134。

也都是因爲懷有謙德，而後獲得吉祥。

　　另外殷商龜卜是根據灼龜成兆，以觀看吉或凶。龜兆吉的指示，通常使用若、受、受祐、無災等等詞語表達。相反就爲凶，但卜辭中沒有凶字，其通常使用不若、不受、弗祐、有災等等詞語描述。而在知道卜問事項後的指示，殷人便用祭祀以獻諸神，來祈求降福，藉此以改變自身之命。不同於《易經》的占筮，是占筮後所得卦爻辭，加以論斷吉或凶。在卦爻辭所呈現的，若是吉象則是「依理」而說吉；若是凶象則依理而說凶。也就是卦爻辭裡有充足之理內蘊其中，人們也就需要運用理性加以研判吉凶，因卦爻辭不僅有所然表述，又有「所以然」的說明，故人們若不用理性觀看卦爻，則就無法較充分明瞭之中的含義。故而當卦爻講述如何改變命時，就一再強調「回復就於正理」的重要。由此看來卦爻辭所具有理性，不是卜辭所能比擬的。

　　而卦爻辭上述的特點，表示著含有人類無數智慧累積，和大量的理性思想在其中。所以《易經》雖有部分神祕因子，但在具體的占筮判斷，對自身力量的重視，以及改變命需依循正理的理性傾向，都是對殷商卜辭的發展。

第五節　小　結

　　在傳世文獻中，與出土文獻的甲骨卜辭中，表明殷商人認爲上帝具有超自然力量，而祖先神、自然神與日常生活關係很密切，可說殷商人崇拜信仰是意識形態，認爲這些自然力統治主宰著他們。殷商時所崇拜的神靈有上帝、自然神、祖先神，而以上帝爲較高的至上神，上帝是被祈求的對象，認爲祂具有無上至高地位，因此人們對祂相當敬畏。這樣的崇信到了周初，周人「不敢閉于天降威用」還保有其崇信上天的心態，也就是說周人也承續著殷商時所崇拜的帝命、天神等觀念。商紂的無德致使天命轉移到有德周人身上，朝代交替，權位易主。就這一層面來看，周人的天命轉移說的權力性，是承續著殷商上帝至高權力而來的思想文化，因爲二者都是受制於神祕力量所支配著。

　　雖說周人天命觀對殷商有所承續，不過在對於天命的完整理解上，還是有所區別。也就是說周人雖認爲承受天命，是上天的意識之決定，但是周人不是像殷人那樣一味地崇拜至上神，也不是只一味祈求上帝保佑自己，他們是考察而歷史興衰轉變，開始自覺地從中把握歷史發展脈絡，得出某種因果關係，來建立其天命轉移之理論。周人是對天命的接受中，亦強調對歷史經

驗的借鑑，並認眞地看待自身人事上的努力。

此外，關於天命的含意上，殷商人對上帝諸神的崇拜，並無明顯的道德內容在其中。而周人對於天或天命的理解，已有了道德內涵在之中，可說周人的天命說，其神性意義稍減，而人的地位稍加提升。因此總的來看，周人的天命觀是對殷商思想文化的承續中，又帶有發展意味在其中。

商代巫的宗教儀式，表現的是努力透過獻祭等溫和方式，來祈求神靈以保佑人民。且祭祀權與王權緊密結合，商王室也以祭奉鬼神爲重要任務，「率民以事神，先鬼而後禮」，其實也是藉由率民事神，來達成上位者對百姓及其它方國的有效統御。商王對宗教握有主導權，他的權力被認爲是神所授與，人民服從於商。商代神權由君王所掌握，也成了政治的工具；而神靈的權威則確保國家穩定。所以形成商代宗教與政治的同構合一。君權理論到了西周時期，在論證其權力合法性過程，也曾運用天神的權威。另一方面也透過天神權威力量，來約制君王的行爲與施政。這樣使君王不至權力泛濫，而對君王起了規範效用。而這種君王權力源於上天所賜予，並且透過上天來約束指導君王，都有承續殷商思想文化。

不過當西周君王在治理國家時，更加自覺履行應盡責任，盡到「敬德保民」的責任。周人敬德的落實就是表現爲宜民措施上，上位者應盡力保民安和，不要貪圖逸樂，方是治國保民之正道。這是不同於殷商君王，他是王權神權一手在握，上帝對其沒有客觀化的行爲準則要求。故而西周這種君王自覺承擔應盡責任的思想，是周人首次提出的。

商代祭祀禮儀有一定基礎，到了西周周公將殷商祭祖禮儀、溝通天神儀式，進一步整理而全面的予以體制化、理性化。殷商這些巫硯活動、祭祀儀式中的禮文化成份，被周公所凝結承續並加以「制度化」，而逐步將禮樂制度文化全面完備起來。但是，西周禮樂制度不僅是簡單將禮俗制度化，「禮」的體系雖保有一些殷商時宗教性質，但就整體上看來，亦包含有道德規範的功能，西周的禮樂思想文化，已不再完全是殷商祭祀文化，那種濃厚的宗教性質，而是神聖性質與人文性質的相融合系統，此爲西周禮樂文化的發展之處。

此外，周人的祭祀之禮，也不全同於殷商。殷商的祭禮之禮儀，是僅奉獻牲禮爲達到致福而作，不在禮儀和禮觀念的觀注。而西周已漸脫離商朝宗教性的祭禮，而在禮之中增加「人倫秩序」的意識，而這樣的禮樂文化開始重視理性因素，其整體上是較注視「人間性」的秩序維持，而不是只在宗教

上的求福佑，此又是西周思想文化發展之處。

　　因此，對於殷周之際的大傳統思想文化，以同觀之可說是有某種連續的傾向，以異視之可說是有某種斷裂的傾向，但若更完整的說，或許可視作兩者文化是同中有異，也就是西周思想文化對於殷商思想文化，是在承續中，又帶有發展的衍進關係。

　　然而殷商之際的思想文化轉變，周人會有敬德保民以及禮樂制度的新思維新制度出現，是與「先周文化」有著密切關係。

　　就保民思維方面來說，公劉時代，遷都到「豳」之過程中，充分顯示公劉「愛護人民」。季歷征服程地，收復邠國，讓國民有安心生存空間；征服鬼方，讓中原有保障的居住環境。文王討伐蠻橫的密須國，收服霸道的崇國，表現出保民之心。由此可知西周時期認為君王應有「保民責任」之新思維，實則導源於「先周文化」傳統。就敬德態度方面來說，古公亶父仁者風範。太伯、仲雍的敬讓之美德。文王武王敬德勤政。這些「先周文化」傳統，無疑對西周時期君王「敬德」的行事，起了直接影響。就禮樂制度方面來說，公劉時代的宴會禮；古公亶父時代的獻祭禮，道有司空和司徒等官制禮；文王時代舉祭祀鬼神典禮。可知西周時期的制禮作樂，實是源於「先周文化」傳統。

　　因此，總的來說，西周周人的「敬德」、「保民」以及「禮樂制度」的新思維新制度的出現，實導源於地域文化中的「先周文化」，所熏習而成的。

　　《易經》卦爻辭中有「帝」的出現，〈益䷩・六二爻辭〉說：「王用享于帝，吉。」之中的帝，是具有主宰性的，顯是承續保有著殷商時的至上神上帝之意味。此外，〈大有䷍・上九爻辭〉：「自天祐之，吉无不利。」〈姤䷫・九五爻辭〉：「以杞包瓜，含章，有隕自天。」爻辭中的天為主宰天，具有意志性的表現，也是承續保有著同殷商甲骨卜辭中上帝之權威力量。

　　卦爻辭的主宰天雖有其神力，不過天是以「佑助」的方式，來呈現出其神祕力量。而不像殷商卜辭中的上帝，大都是以「命令」的方式來作出指揮。卦爻辭這種以佑助的方式，顯的較為貼近人們，也就稍加鬆動與舒緩上帝的主宰命令緊張氣氛，此即是《易》卦爻辭天論對殷商甲骨卜辭的發展。

　　在殷商甲骨卜辭中，人們的生存發展還是有依賴大自然眾神靈的降福。殷人於是事事順從上帝及自然神靈，表現出缺乏積極態度。殷人的生存好與壞，就控制在上帝手中，人們不以自身意識移轉生存情況，反到是要俯首聽

命順從於上帝，生存才可能較順利。卜辭中的殷人，還尚未充分意識到自身力量之作用與價值。而在《易經》卦爻辭中，周人也仍有認為天是天地宇宙間最高力量權威，所以周人敬尊主宰天，如此即可得其保佑，達到趨吉避凶，的這種天人關係是對殷商甲骨卜辭的續承。

不過在卦爻辭的認知中，人們漸漸意識發現自己在宇宙間之地位，在整體社會中自身的影響作用，面對大自然環境是可以有所作為的。在卦爻辭的天變得較為慈愛些，祂關注著人們的事務，天之所願與人之所願連繫在協調一起，天人關係呈現為互動合一狀態，此即是對的殷商甲骨卜辭的發展。

此外，殷商透過龜甲或獸骨與上帝溝通，人們沒有行事主導權，只能配合依照上帝旨意行事。但卦爻辭透過占筮所得之結果，示現然各種人事物的「所然與所以然」之道理，因而人們可運用發揮自身才能，來對所接觸外界事物，作出較妥當的回應，這亦是卦爻辭天人關係對殷商甲骨卜辭的發展。

本文將《易經》卦辭、爻辭中的「命」觀念，放在「前軸心期」思想文化背景中予以考察，可看出《易經》所呈現的進展，是和當時思想文化脈動「相回應」。

《易經》在占筮後所得的卦爻辭，亦有類似於殷商卜辭。卦爻辭中各卦的稱號，以及各爻的初六、初九之類，類似於卜辭「前辭」的日期，至於占筮之官則略而不著。而像是〈師䷆·九二爻辭〉中的「師·九二」類似卜辭「前辭」的日期；「在師中」類似卜辭的「問辭」；「吉，无咎」類似卜辭的「占辭」；「王三錫命」是說後來主帥，真的受到君王再三賞賜之命，此類似於卜辭的「驗辭」。不過在卦爻辭裡，這類占筮辭不是很多。而是具有類似卜辭的前辭、問辭、占辭等結構，較為普遍。

就殷商甲骨卜辭的卜問與《易經》卦爻辭的占筮兩相對看，可發現卜辭兆紋呈現左右相對，卜辭刻辭則是左右對貞。而翻開《易經》卦爻辭，也可發現到在六十四卦，其中就有五十六卦的排列，是採用「反對」為序的兩相排列，可見《易經》占筮辭編排有承於殷商卜辭之左右對貞。與神靈溝通方式，在殷商人們是透過靈龜，而將上帝神靈的指示或命令，示現在爆裂的兆紋上。將此對照《易經》是用蓍草來占筮，但二者卻都是求問於超自然神靈。故可說《易經》作者占筮於神靈的方式，是有承於卜辭作者卜問於上帝神靈之方式。

從中可看出當時西周人們對大自然有些問題亦不甚明瞭，於是也就認為

人世不明瞭之事物，有上天在支配著，此即是卦爻辭中的「主宰天」。上天會依據喜怒來決定人世的吉凶，而當時人們認為如能獲得上天許可，則事情發展便可以較為吉祥。

在西周時期「思想文化」中，有著崇敬天命的思想，西周人們認為天命決定歷史的走向，亦即神的意識左右著朝代的方面，在位者因而對其敬畏不已。西周人們敬畏上天的心態，可說是有「承續」著殷商思想文化裡，對於上帝的崇拜而聽於帝命之遺續。而殷商卜辭與神靈溝通方式，是將靈龜作為與上帝神靈溝通之橋樑，人們的生命未知遭遇，透過靈龜而將上帝神靈的指示或命令，示現在爆裂的兆紋上。將此對照《易經》中的占筮，可發現雖然卜辭是用龜或骨來卜問，而《易經》是用蓍草來占筮，但二者卻都是求問於超自然神靈，這一點是雷同的。從中即可看出，《易經》作者占筮於神靈的方式，有承於卜辭作者卜問於上帝神靈之方式。而《易經》作者的這種命觀念思想的承續性，可說是與當時西周天命思想，承續殷商上帝崇拜之思想文化，的時代發展進程，是「相符合」的。

殷商甲骨文辭中，上帝是最高權威力量，殷人的命多數掌握在上帝手中。不過到了《易經》卦爻中，對於命中吉凶的解釋，雖也有占筮的行為，但在努力改變自身之命之過程中，凸顯了對人們自身力量的覺醒，如〈乾☰☰·九三爻辭〉：「君子終日乾乾。」與〈豫☷☳·初六爻辭〉說：「鳴豫，凶。」可見態度的不同，隨之而有命的好壞。造成命的好壞之因素，不無完是天意，而更多取決人為因素。此則不同於卜辭中，人們一味聽令於上帝。

而在《易經》看來，人們認識自然的過程中，也即是人類的自我逐漸認識。因而提出「互動式」天人關係，更由此推及人與社會群眾之關係，因此《易經》作為占筮之書，便有溝通天與人之作用存在。西周時人們出於想要趨吉避凶，而讓生命更加吉祥，所以就會去瞭解上天。然而想要去瞭解上天，但上天雖無處不在，卻也無蹤跡可找尋，於是人們想到透過《易經》的占筮，以從中獲得上天的啟示。而這種關係以「有孚」誠信至為重要，故《易經》認為「有孚」是改變命的一種方法，因為有孚則吉隨之。〈革☲☱〉卦從九三爻到九四爻，是從凶命之情境轉變成吉命之情境的轉折，這個轉變過程可表述成：征凶→悔→有孚→悔亡→改命→吉。而這裡的「改命」關鍵，則是「有孚」。這種對誠信的重視，亦即是某種對有德之人的讚揚。在西周初的思想文化中，統治者認為要能久治安，則需「世德作求」，亦即要能以德自我約束，

並以此傳世於後。而《易經》重視「有孚」的改變命之方法，可說是與當時殷周之際思想文化轉變下，於西周初提出的「德禮」思想是「相呼應」。

另外殷商龜卜是根據灼龜成兆，以觀看吉或凶。而在卦爻辭所呈現的，若是吉象則是「依理」而說吉；若是凶象則依理而說凶。也就是卦爻辭裡有充足之理內蘊其中，故而當卦爻講述如何改變命時，就一再強調「回復就於正理」的重要。〈訟☰☵‧九四爻辭〉即揭示從不好的命，經過改變，成為好的命之過程方法，此過程即可表述成：不克訟 → 復即命 → 渝命 → 安貞吉。而這其中指出改變命的關鍵，應該是「復即命」，也就是說遇到命不好時，其改變方法，即是「回復就於正理」，則可渝變不好的命，而成為好的命。由此看來卦爻辭依循正理的傾向，相對於殷商卜辭而言是有所發展。

第三章　孔子的「命」觀念思想及改命方法

第一節　前　言

　　在「前軸心期」的哲學突破後，的又一次突破，就是在春秋戰國時期。此時期的舊制度文化，已不太能適應時代發展，於是產生突破舊制度的新力量，也就形成如前文雅斯培所說的「軸心期」之盛況場景。他認為在西元前800年到西元前200年，幾個大文明國度中的主要代表人物，不約而同注意到人類命運走向，以及相關的善惡議題，並進行一連串深思與討論，而後給予新的普遍義涵，他們是中國的孔子、老子，印度的佛陀（Buddha），伊朗的瑣羅亞士德（Zarathustra），巴勒斯坦的以利亞（Elijah）、以賽亞（Isaiah），希臘的荷馬（Homer）、巴門尼德（Parmenides）、柏拉圖（Plato，427～347B.C.）等等，而雅斯培指出這是人類思想有重要突破的時期。〔註1〕

　　而關於中國思想文化梁漱溟（1893～1988）則說：「中國數千年風教文化之所由形成，周孔之力最大。」他又將中國幾千年來之深遠文化特色，概括為「周孔教化」。〔註2〕取用梁先生的「周孔教化」一詞，周即是周公，孔

〔註1〕〔德〕雅斯培著，魏楚雄、俞新天譯：《歷史的起源與目標》（北京：華夏出版社，1989年），頁8。

〔註2〕梁漱溟：《中國文化要義》（上海，學林出版社，1997年），頁102。另外楊向奎也有同樣的看法，他說：「魯遵守西周傳統，周禮在魯，是宗周禮樂文明的嫡傳，……，道，也就是宗周的禮樂文明，以德、禮為主的周公之道，世代相傳，春秋末期遂有孔子以仁、禮為內容的儒家思想。宗周到春秋；周公到

即是孔子，一位是西周哲人，一位是春秋哲人，即是指西周春秋時期是中國思想文化的重要代表時期。不過對於春秋戰國時期，所發生的變動，姜國柱（1938～）則說：「『春秋』介於西周和戰國之間，它打破了西周時期的停滯局面，使社會經濟、政治、思想各個領域開始動蕩、發展起來，但又不如戰國時期那樣喧鬧沸騰、變化劇烈。」〔註3〕就姜先生的說法看來，其認為春秋時期與戰國時期，是兩個不太相同的思想文化階段，也就是雅斯培所說的「軸心期」，也就似乎可細分為軸心期前期與軸心期後期。而其中的「軸心期前期」可以西周春秋時期為代表，而這之中的分水嶺，則是西周末期到春秋初期之「轉變點」。

在西周時期上位者淡化天命的同時，又格外強調人事之重要性，這因為當周人目睹商、周之際改朝換代時「皇天上帝改厥元子」；「惟命不于常」對此孔穎達正義：「汝小子封，當念天命之不於常也。惟行善則得之，行惡則失之，汝念此無常哉。」〔註4〕亦即發現天命存亡，與自身行為善惡有關。此外又發現天命的存亡，是與民心之向背有關，「天畏棐忱，民情大可見」，〔註5〕可知周人對天的權威已漸淡化，反而認為朝代興亡，人民的力量才是決定關鍵。這種思維化作行動，就是敬德保民之思想制度，周人的德治，對於上位者的權力，起了限制作用，讓上位者不敢過度貪婪與獨權。

西周幽王死，宣告西周覆滅，稍後的東周平王則東遷雒邑（今河南洛陽）。東周平王的權力，不再像過去西周那樣崇高，對於諸侯制約力量也漸退。此時擁有較強國力的諸侯，不斷侵併臨近小國，面對這種競相吞併的行為，周天子卻無力干涉調解，左右全國權力漸落入各方霸主手中。周天子權力的衰退，連帶影響其財政賦稅，因朝貢明顯減少，於是發生天子要傾賴諸侯的困境產生，周桓王、周頃王就曾派使者向諸侯國求賻、求車、求金之事。更有甚者，還有周天子曾低聲下氣地「請盟」於諸侯之情況發生。故可從中看出，春秋時期是進入到一個動亂的時代環境，矛盾事件不斷上演中。

孔子生長在這樣的時代背景下，他對於「命」發表過其觀點：「道之將行

孔子，構成三千年來儒家思想之完整體系。」以上楊先生之說，參見氏著：《宗周社會與禮樂文明》（北京：人民出版社，1992年），頁279。
〔註3〕姜國柱：《中國歷代思想史（先秦卷）》（台北：文津出版社，1994年），頁34。
〔註4〕〔西漢〕孔安國傳，〔唐〕孔穎達正義：《尚書正義》（台北：藝文印書館，1997年《十三經注疏》本），卷15，頁220；卷14，頁206。
〔註5〕同上註，卷14，頁202。

也與，命也；道之將廢也與，命也。公伯寮其如命何！」﹝註6﹞孔子所指的道，是以仁義禮智爲核心的修己治人之道，亦是可將之運用於治理天下的大道。然而正確的理念是否能推行與實現，則取決於命，並不是因人爲的力量所控制的。孔子本身相信其主張的正確性，然而正確的主張能否實現於世，仍然受制於命。而在此孔子所表述的「命」觀念與上述軸心期轉變有何關聯？又與其所處的地域性魯思想文化有何連繫？而孔子的「命」觀念在回應時代課題下，較之《易經》卦爻辭有何詮釋上的變化？

對此，筆者本文將從三個面向來對上述問題進行探究，第一「大傳統與小傳統：孔子的「命」觀念思想的雙重歷史性」，此在討論孔子「命」觀念形成的時代性因素，文中分別討論軸心期大傳統思想文化轉變，以及小傳統文化中的魯文化，藉此來尋找可能影響孔子「命」觀念的外部成素。第二「孔子『命』的天論和人性論之理論根據」，此著重探述天論，並討論孔子初步的人性論，因其命觀念導源於二者，故需先行探討。第三「孔子『命』觀念思想及其對《易經》卦爻辭的承續和創造」，在於分析孔子「命」觀念的形成、內容與改命方法，並論述其命觀念對於《易經》卦爻辭有何承續與創造，而這種承續創造和軸心期大傳統思想文化轉變以及地域文化中的魯文化，又有何種關係影響，亦將予以討論。本文討論分析如下。

第二節　大傳統與小傳統：孔子「命」觀念思想的雙重歷史性

西周的盛世文化傳統，發展到周幽王時期，邊患日極，內亂頻起，可說天災人禍並至。時序推移，東周平王國都東遷，原有的文化典範已漸改變，周天子似不再像西周時的光耀，權力與約束力日減。因此有學者提到：「當時（東周）的爭奪，無論從規模、頻率儒或深度看，在人類歷史上很難找到相近的例子，而且，當時的紛爭和衝突都在制度化的渠道之外進行，大家不按牌理出牌，是失範社會（anomic society）的典型。」﹝註7﹞而這種失範的情形又是如何，也就是從西周時期到春秋時期思想文化有何轉變發展？另外，孔

﹝註6﹞〔魏〕何晏等注，〔宋〕邢昺疏：《論語注疏》（台北：藝文印書館，1997年《十三經注疏》本），卷14，頁129。

﹝註7﹞張德勝：《儒家倫理與社會秩序——社會學的詮釋》（上海：上海人民出版社，2008年），頁4。

子身處地域性魯思想文化，又是何種樣貌？對此以下將依序討論。

一、大傳統：軸心期前期思想文化的轉變

（一）崇禮／失禮：從禮樂文化到秩序的解體

在西周建國之初，對於有功子弟進行分封，其用意在藉由親親的宗法體系，來對全國發揮有效的調控。這種體系有學者稱之爲「寶塔式」的社會結構。〔註8〕而這樣的說法也是有文獻依據，如《左傳・桓公二年》說：「天子建國，諸侯立家，卿置側室，大夫有貳宗，士有隸子弟，庶人、工商，各有分親，皆有等衰。」〔註9〕由天子到士人再到庶人，分親等級，有條不紊，關係之中含有尊卑之禮與親情之和。

不過時間進轉至於春秋時期，原本的血緣親疏等級已無法維繫尊卑等級，而變成你爭我奪的局面。宗法制度思想已被棄置在利益之後，政治的鬥爭日漸浮上檯面，有關選立君主本應立嫡、立長的制度，〔註10〕已不再被嚴格執行。而有時是憑任諸侯的喜好決定人選，如春秋時的晉獻公就摻雜個人喜好，選立太子。〔註11〕又如齊桓公生前雖已事先選立太子，不過桓公死後「五公子皆求立」，〔註12〕公子們爲爭奪王位，最後竟擱置桓公的喪葬大事不顧。

上位者的權力，影響著其制約下位者的能力。尊卑的等級得以維繫，端賴上位者的有效公權力之伸張，「天下有道，則禮樂征伐自天子出。」〔註13〕就是指權力能有效發揮之情形。假如權力得不到彰顯，則尊卑之禮就難以爲綱紀。隨著周室衰微，周天子地位也日漸式微，之中除本身財力與武力的缺乏，諸侯對禮制的破壞亦是原因。東周平王遷都後，西周禮儀制度已發生結

〔註8〕 參見張蔭麟：《中國史綱》（北京：三聯書店，1962年），頁26。

〔註9〕 〔晉〕杜預注，〔唐〕孔穎達等正義：《春秋左傳正義》（台北：藝文印書館，1997年《十三經注疏》本），頁97。

〔註10〕 王國維的〈殷周制度論〉認爲這立嫡的做法，是爲保證統治的長久安定，而可避免不必要的紛爭，他說：「蓋天下之大利莫如定，其大害莫如爭，任天者定，任人者爭。定之以天，爭乃不生。」以上王國維：〈殷周制度論〉，《觀堂集林》（北京：中華書局，1959年），卷10。

〔註11〕 如晉獻公說：「立太子之道三：身鈞以年，年同以愛，愛疑決之以卜、筮。」參見〔春秋〕左丘明著，〔三國〕韋昭注，上海師範大學古籍整理組點校：《國語》（上海：上海古籍出版社，1978年），卷7，頁279。

〔註12〕 〔晉〕杜預注，〔唐〕孔穎達等正義：《春秋左傳正義》，頁237。

〔註13〕 〔宋〕朱熹：《四書章句集注》（北京：中華書局，2003年），卷8，頁171。

構變化，平王無能力有效重新恢復西周時期的封建等級結構，在春秋初期勉強依賴幾個強大諸侯國，而維持天下共主的地位。不過就在「周鄭交質」之後，周天子地位降到與諸侯國君同等級，甚者再楚子觀兵周疆之後，其天子嚴面更是遭受重大打擊。此時等級制度已無實際意義，若以《詩經‧小雅‧十月之交》所謂：「爗爗震電，不寧不令。百川沸騰，山冢崒崩。高岸爲谷，深谷爲陵。」〔註14〕來形容春秋時期等級結構中，高低等級遭破壞後所發生的變化，似乎恰可作爲比擬。

　　禮樂制度的維持，雖是依照名分，但是其背後力量實際爲權力來支配。而就西周分封來看，可說是權力和利益之分配。〔註15〕在分封過程中，姬姓子弟較爲多些，「昔武王克商，光有天下，其兄弟之國者十有五人，姬姓之國者四十人」，〔註16〕這是因爲周人克商，姬姓之族出力甚多，故分封賞國亦相對爲多。可見西周初的分封與血緣是相互關連在一起。天子與諸侯關係，既是君臣關係，又同時是父兄叔伯的關係，而周天子本身則是大宗和宗主。而這種分配雖有軍事政治考慮，不過還是依循尊尊、親親原則爲核心來進行。

　　到了春秋時期，所強調的行爲規範有部分是承續西周，如衛大夫石碏說：「且夫賤妨貴，少陵長，遠間親，新間舊，小加大，淫破義，所謂六逆也。君義臣行，父慈子孝，兄愛弟敬，所謂六順也。去順效逆，所以速禍也。」；又如魯大夫季文子說：「孝敬忠信爲吉德，盜賊藏姦爲凶德。」〔註17〕以上這些道德思想，是從西周宗法制度所派生出來的，一種宗法道德義涵。

　　不過春秋時，原有的分封已不能滿足各諸侯國之需求，故彼間進行大規模爭奪土地之戰。春秋五霸不再以天子爲天子。春秋時戰爭雖不一定爲現實利益而戰，但爲了土地、財物而攻伐異國，卻是很明顯的事實。戰爭愈是頻繁，諸侯的地位愈是上漲，名聲愈是遠播，影響之下自是周天子尊威日益下

〔註14〕　〔西漢〕毛公傳、〔東漢〕鄭玄箋，〔唐〕孔穎達正義：《毛詩正義》（台北：藝文印書館，1997 年《十三經注疏》本），卷 12，頁 407。

〔註15〕　對此姜廣輝則說到：「武王、周公作爲偉大的政治家實行分封制，充分利用血緣姻親的默契關係對廣大疆域實行控制和統治。分封制的社會背景是氏族制，血緣關係成爲天然的政治紐帶，這種關係的內部有一種自然的和諧，所謂『同姓則同德，同德則同心，同心則同志』，所謂『非我族類，其心必異』。」而以上所述也是周初行分封的重要原因。參見姜廣輝主編：《中國經學思想史》（北京：中國社會科學出版社，2003 年），第 1 卷，頁 86。

〔註16〕　〔晉〕杜預注，〔唐〕孔穎達等正義：《春秋左傳正義》，卷 15，頁 256。

〔註17〕　同上註，卷 3，頁 54；卷 20，頁 352。

滑。雖然其間亦有諸侯高舉周天子旗子，以示尊敬王室。但是實質上，掌握軍事主導權力，已不再是周天子，而滑動移至霸主們手中。

當春秋時之霸主高舉周天子招牌，表面上天子受敬重，但卻是在提升霸主地位，如看齊桓公（？～643B.C.）在攻打楚國之際，管仲（約725～645B.C.）作出的聲明內容：「昔召康公命我先君大公曰『五侯九伯，女實征之，以夾輔周室。』賜我先君履，東至于海，西至于河，南至于穆陵，北至於無棣。爾貢包茅不入，王祭不共，無以縮酒，寡人是徵。昭王南征而不復，寡人是問。」〔註18〕內容是對周天子尊奉，看似周室王權得到無上尊榮，其實不然。齊桓公在攻打楚國之後，真正地位與名勢隆升的，卻不是周天子。齊桓公是尊奉周天子「女實征之，以來輔周室」的旨意，去攻打楚國，以維護全國軍事的統一，和周天子共主的地位。不過藉周天子之旨意以為號令，主要是出師要有名有令，然實際上卻是周天子成為霸主手中用來揮舞利用的政治招牌。其結果齊桓公打著天子旗子，在出師擊潰南方楚國，與擊敗北方戎狄時，其霸主地位跟著水漲船高，氣勢已凌駕於周天子之上。又如「葵丘之會」的場景，尊周天子之盟會，實表徵者周室王權又再衰降，因盟會主導權已落於霸主手中，輝煌的是霸主本身而非周天子。如許倬雲（1930～）說：「由於舊的秩序已經瓦解而新的秩序尚未建立，缺乏解決爭端與保持和諧關係的統一標準，生活於其間的人們因此陷入了迷惑之中。連續不斷的戰鬥是唯一被證實了的生存之道，因此大家都認為戰爭是正當的。」〔註19〕當戰爭成為生存的要件之一，則彼此間的爭戰，也能被視為理所當然。不過齊國霸主桓公，又將「正當」轉為「合法」，而其合法的途徑，是透過尊周天子為共主，來行其霸業之實，有著周天子的賦予征伐的合法性，則其它諸侯也就不敢有二話，實是有謀略之霸主。

在這樣現實利益趨使下，禮樂文化隨之而崩，在西周時期「禮樂征伐自天子出」，時過境遷來到春秋時期，則衍為「禮樂征伐自諸侯出」，天子已不像西周時的權力集中，西周之禮講究是「尊尊親親」，這是維護政治禮樂制度之支柱，到了春秋時期，因生存而需戰爭，為利益遂發生爭奪，君臣之禮義文化出現動搖潰散，觀看史籍所描繪的場景：「春秋之中，弒君三十六，亡國五十二，諸侯奔走不得保其社稷者不可勝數。」〔註20〕由史家筆中描的弒君、

〔註18〕同上註，卷12，頁202。
〔註19〕許倬雲：《中國古代會史論》（桂林：廣西師範大學出版社，2006年），頁63。
〔註20〕〔西漢〕司馬遷撰，〔劉宋〕裴駰集解，〔唐〕司馬貞索隱，〔唐〕張守節正義：

亡國、諸侯奔走的歷史事件，不難想見當時是一個失禮的的時代。

除上述弒逆的失禮現象，在禮制方面亦起了變化。周禮原是為：「以五禮防萬民之偽，而教之中。」鄭玄注：「禮，所以節止民之侈偽，使其行得中。鄭司農云：五禮，謂吉、凶、賓、軍、嘉。」〔註21〕正常情形下周禮可發揮其維持秩序作用，可是在春秋諸侯身上，卻發生僭禮情形，如《左傳・襄公二十九年》載：「夏四月，葬楚康王。公及陳侯、鄭伯、許男送葬，至于西門之外。諸侯之大夫皆至于墓。」〔註22〕依照周禮文化，假如是天子駕崩時，諸侯國君按禮需前往弔喪致哀，以表尊重。而如今是楚諸侯去世，竟是公、侯、伯都前去送葬，此規格乃是天子的等級才會之隆重其事，春秋禮制失秩由此可見。無怪乎有學者提及：「禮壞樂崩，不是形容儀節的失落，也不是政治權威的衰落，而更意指文化秩序的解體。」〔註23〕而這種解體秩序也發生在樂制，用樂之儀在西周本有規範，時至春秋竟有公卿大夫用起天子之樂，「周衰，禮廢樂壞，大小相逾」，其事如《左傳・襄公十一年》所載記：「鄭人賂晉侯以師悝、師觸、師蠲，廣車、軘車，淳十五乘，甲兵備，凡兵車百乘，歌鍾二肆，及其鎛磬，女樂二八。」〔註24〕文中所述皆是表明樂制在春秋之時，遭到僭越和破壞。

總之，原本西周的禮樂思想文化，在周王室的衰弱情形下，跟著宗法、等級、分封、禮制、樂制等，在春秋時期也隨之遭到破壞，其間或有某些諸侯與賢臣，力圖振興西周傳統文化，因此可看見春秋時對西周禮樂文化，的某種層度之承續處。不過由上文所述看來，禮樂文化在春秋時期，是轉變態勢較濃厚些。是也就是說在春秋紛亂下，親親宗法立嫡制，轉變成諸侯隨喜選立制；政權本由天子出，轉變成由諸侯霸主出；禮樂之制由遵循崇敬，轉變成僭越隨意，因此可說是逐漸由「崇禮」走向「失禮」的傾向。

（二）敬天／淡天：從天命神權到天道思想

在《尚書・大誥》有言：「不敢替上帝命。天休于寧王，興我小邦周。」

　　《新校本史記三家注并附編二種》（台北：鼎文書局，1981 年），卷 130，頁 3297。
〔註21〕〔東漢〕鄭玄注，〔唐〕賈公彥疏：《周禮注疏》（台北：藝文印書館，1997年《十三經注疏》本），卷 10，頁 162。
〔註22〕〔晉〕杜預注，〔唐〕孔穎達等正義：《春秋左傳正義》，卷 39，頁 655。
〔註23〕許倬雲：《萬古江河》（上海：上海文藝出版社，2006 年），頁 207。
〔註24〕以上參見〔西漢〕司馬遷撰，〔劉宋〕裴駰集解，〔唐〕司馬貞索隱，〔唐〕張守節正義：《新校本史記三家注并附編二種》卷 23，頁 1159；〔晉〕杜預注，〔唐〕孔穎達等正義：《春秋左傳正義》，卷 31，頁 546～547。

此話的指向非在殷人，而是在對周人及其盟友的作的誥語，又如〈康誥〉亦言：「天乃大命文王，殪戎殷。」文中雖說到殷商會滅亡乃天之命，而文王是受天之命而起兵伐殷商，而這話是對當時被新分封到衛國的康叔所說。與此結合上面〈大誥〉所呈現的話語意向一起來觀照，可窺知周人還是保有對天帝的敬畏之心。

　　雖然召公、周公有過「天難諶」、「天不可信」一類的話，〔註25〕但仔細了解文中之意，可知不是他們並非不信天命，而是強調「不敢寧于上帝命」，就是說天命不可一味仰仗，而略乎勤於政事，也即是說不敢因爲今日得到天降命於周，而自恃仰賴天命，而對於人事上的努力疏而不勤。基於這一層次的考量，才會有上述「天不可信」的說法，周人當然認爲自身是有得天之命，故能代商而起，然召周二公擔心，後世不知先王之歷經苦難，且累德多世，方得天之垂降大命於周人，故以訓勉的用意，才說出「天難諶」一類之話語。思之，似也在告誡應該「時我」，即對自我時時鞭策以進，要靠自身勤政與教德，來得到上天繼續垂命，以保住先王之大業。也即是要「我道惟寧王德延，天不庸釋于文王受命」，〔註26〕能發揮文王所遺留之德業，並加以光大，則上天便不會將文王所受之命予以剝除，而永保天命垂於周朝。由此可知在西周初期，周人仍是保留有相信天命之傳統。

　　西周的這種天命學說，顯然將天與人的行爲聯繫，而統治者便與上天合成某種榮生與共的緊密關係。〔註27〕統治者感到要長久得天之祐，則需保民以安，也就是運用權力維持人民安和樂利，而這樣舉措是得天意，「民之所欲，天必從之」〔註28〕，就是有這樣的意指。不過隨著時間推移，周王室到共王時期，已開始出現國勢衰化之兆。到了周懿王時，外患便不斷入侵，《漢

〔註25〕《尚書‧君奭》說：「嗚呼！君已曰：時我，我亦不敢寧于上帝命，弗永遠念天威越我民；罔尤違，惟人。在我后嗣子孫，大弗克恭上下，遏佚前人光在家，不知天命不易，天難諶，乃其墜命，弗克經歷。嗣前人，恭明德，在今。」以上〔西漢〕孔安國傳，〔唐〕孔穎達正義：《尚書正義》，卷16，頁244～245。而文中所言，有學者認爲是召公所說的，亦有學者認爲是周公所說的，然不管是誰說的，這都是代表西周初年周人之看法。

〔註26〕同上註，卷16，頁245。

〔註27〕日本漢學家溝口雄三指出：「將自然界的現象與政治連繫起來的思維模式，濫觴於殷周革命之際形成的天命說。後來，如我們在《詩經》、《書經》裡看到的那樣。」〔日〕溝口雄三著，趙士林譯：《中國的思想》（北京：中國社會科學出版社，1995年），頁4～5。

〔註28〕同上註，卷11，頁152。

書·匈奴傳》:「懿王時,王室遂衰,戎狄交侵,暴虐中國。」〔註29〕且其中兩軍交戰,周王室又卻無幾場勝戰可言。而後厲王外事之侵擾亦多,如《後漢書·西羌傳》說:「厲王無道,戎狄寇掠,乃入犬丘,殺秦仲之族,王命伐戎,不克。」又如《後漢書·東夷傳》說:「厲王無道,淮夷入寇,王命虢仲征之,不克。」〔註30〕從上述文獻記載來看,厲王因本身無道,加統統治不佳,遇有外敵寇至,只能勉強派兵防守,然因戰力較弱,大都以挫敗局面收場,可見周王室衰落景象更嚴重。此外,在金文中也記載類似場景,如周厲王時期的〈敔簋〉金文說:

> 南淮尸(夷)遷殳,內伐溟、昴、參泉、裕敏、陰陽洛,王令敔追卸
> (襲)于上洛㥁谷,至于伊、班。(《集成》04323)

又如同是周厲王時期的〈多友鼎〉金文說:

> 唯十月用嚴(獫)鈇(狁)放(方)瘣(興),賓(廣)伐京自(師),
> 告追于王。命武公遣乃元士,羞追于京自(師),武公命多友逵(率)
> 公車羞追于京自(師)。(《集成》02835)

從〈敔簋〉、〈多友鼎〉金文所記內容,可知淮夷入侵伊水、洛水一帶,而嚴狁入侵之地,已逼迫到當時周王室所在的鎬京周圍地區,對周王室構成一定的威脅,可見因王室聲旺和威勢,已大不如從前,故外敵才敢作出進逼朝廷之軍事舉動。對此亦有學者解讀是因為對執政者的不滿,造成人心恐慌,於是爆發反叛激烈侵略行為。〔註31〕此外,松丸道雄(1934~)則從西周後期青銅器〈曶鼎銘〉中所記的「百㝵失蹤案」的訴訟案,加以研究後指出,會發生類似統治貴族與地主階級之爭訟,即表示西周後期統治者在宗周的地位,已處在經濟崩潰的狀態中,統治者因經濟上日益窘困,所以產生焦慮感,於是不當使用權力,欲壓迫基層地主,遂有上下之間相互爭訟之情形產生。〔註32〕由此也可窺見西周後期社會發生變動的另一個側面。而以上這些情況

〔註29〕〔西漢〕司馬遷撰,〔劉宋〕裴駰集解,〔唐〕司馬貞索隱,〔唐〕張守節正義:《新校本史記三家注并附編二種》,卷94,頁3744。

〔註30〕〔南朝宋〕范曄撰,〔唐〕李賢等注,《新校本後漢書》(北京:中華書局,1981年),卷87,頁2871;卷85,頁2808。

〔註31〕〔日〕白川靜著,溫天河、蔡哲茂合譯:《金文的世界:殷周社會史》(台北:聯經出版社,1989年),頁194。

〔註32〕參見〔日〕松丸道雄:〈西周後期社會所見的變革萌芽——曶鼎銘解釋問題的初步解決〉,收入於劉俊文主編黃金山、孔繁敏等譯:《日本學者研究中國史論著選譯》(北京:中華書局,1993年),頁153~166、177。

都在在顯示，周王室權勢已發生嚴重動搖，國家動盪不安，而逐步向崩潰之路下滑走去。

在此時代中，原本西周初期統治者憂患意識下的天命理論，頓時成為諷刺的對象。因為天眷有德者之天命，如今不管當下百姓置身水深火熱中，無助又怨恨的怒氣衝被忍耐底線，遂演變成懷疑上天、責難上天的怒言，天本降喪於殷，現在是有可能降喪於周，這樣的怒火在《詩經・大雅・桑柔》說到：「天降喪亂，滅我立王。降此蟊賊，稼穡卒痒。哀恫中國，具贅卒荒。靡有旅力，以念穹蒼。」〔註33〕文中百姓怨恨上天，何以忍心降災到人間，使得良善之民姓，無力以安心生活下去。更有甚者發出往昔與今日，差異甚大之慨嘆：「昊天疾威，天篤降喪，瘨我饑饉，民卒流亡。……維昔之富，不如時；維今之疚，不如茲。彼疏斯粺，胡不自替。……昔先王受命，有如召公，日辟國百里。今也日蹙國百里。於乎哀哉！維今之人，不尚有舊！」昔日文武王以德治國，有召公賢臣輔政在側，百姓生活安康富麗，此時富貴之人，具有良善美德，而能澤被群倫。然當下生活在此中的富有權貴之人，是如此貪婪暴虐，以致災亂叢生，百姓飢餓流亡，居處其間的有德之人，何以要受到粗苦貧困之生活，而那些貧暴富貴之人，卻是衣食無缺地奢靡揮霍，上天難到都不知到百姓極度貧苦嗎？在《詩經》中所發出的憂悶之詩，可看見原先神性之天，已漸退消，而人們的思想已轉化為斥責之對象，不再一味敬畏，而是有苦直言對天發聲，這樣的舉動，亦凸顯人們已有理性思考，並表達自我的心聲，也可算是一種初步的理性表現。

而在周末幽王的暴政之下，隨之也發生強烈地震，如《國語・周語上》所記：「幽王二年，西周三川皆震，……三川竭，岐山崩。」韋注：「西周，謂鎬京也。三川，涇、渭、洛。」〔註34〕在周朝心藏地區大規模地震，其影響是很大，如學者所指出「古人對於天災極為畏懼，總認為天災是上帝對下民的懲罰。天災在心理上所造成的打擊，往往比實際的經濟效果更為沉重。」〔註35〕在內憂與外患的夾攻，又有天災的降禍，百姓人心惶惶，國勢已陷入危傾邊緣，終在犬戎攻破鎬京之時，西周王朝滅亡。

〔註33〕〔西漢〕毛公傳、〔東漢〕鄭玄箋，〔唐〕孔穎達正義：《毛詩正義》，卷18，頁655。

〔註34〕〔春秋〕左丘明著，〔三國〕韋昭注，上海師範大學古籍整理組點校：《國語》，卷1，頁26～27。

〔註35〕許倬雲：《西周史》（北京：生活・讀書・新知三聯書店，2001年），頁315。

　　對天的思維，進入春秋時期，有將天視爲宗教命運式之理解，如《國語·越語上》有記載說：「昔天以越予吳，而吳不受。今天以吳予越，越可以無聽天之命，而聽君之令乎？」〔註36〕這是說吳王夫差兵敗後，想要與越王勾踐談和，不過勾踐卻以不可不聽「天之命」以予回答。此即認爲越國消滅吳國，乃是天命之意，如同西周武王伐紂，周興代商一樣，而不可違逆天命。在秦晉韓原之戰的戰役中，秦穆公認爲若勝戰則需有天的幫助，故說：「若無天乎？若有天，吾必勝之。」〔註37〕上述兩則征戰之例，其中有關天的說法，皆認爲天是作爲一種有能力安排人事的對象。

　　對於自然現象變化的觀察，也促使春秋人們對天朝向自然主義方向來理解。人們認爲天在預示吉凶中，含有民事優先之原則在其中，例如《左傳·僖公十六年》敘述周內史叔興對於觀見隕石，〔註38〕與六鷁退飛的現象之解說：

　　　　春，隕石于宋五，隕星也。六鷁退飛，過宋都，風也。周內史叔興
　　　　聘于宋，宋襄公問焉，曰：「是何祥也？吉凶焉在？」對曰：「今茲
　　　　魯多大喪，明年齊有亂，君將得諸侯而不終。」退而告人曰：「君失
　　　　問。是陰陽之事，非吉凶所生也。吉凶由人。吾不敢逆君故也。」

　　　　〔註39〕

由叔興說法看來，是力圖依照自然規象本質，去看待事物之變化。而這也就割斷天與人事之間過度神祕幻想，是從宗教迷沈中，開出一道理性曙光。而《國語·越語下》有描述范蠡的天道思想，他說：「天道皇皇，日月以爲常。明者以爲法，微者則是行。陽至而陰，陰至而陽。日困而還，月盈而匡。」〔註40〕此即以爲日月的更迭，與四時的輪替轉進所代表的，就是天道。在

〔註36〕〔春秋〕左丘明著，〔三國〕韋昭注，上海師範大學古籍整理組點校：《國語》，卷20，頁639。

〔註37〕同上註，卷9，頁326。

〔註38〕關於春秋之內史一職，有學者指出：「春秋時代的諸侯國中，有一支小小的專業隊伍發展起來了，……許多雖不顯赫卻又是必不可缺的職務，這就是太史、內史和具有許多下屬（卜、巫、史、祝、宰等）的負責先祖事務的官員、爲國王個人服務的內廷官吏：御馬官、御車的仆夫、負責戰車的人、主膳官，……正式擔任這些職務的人出自於一個其祭祀地位和經濟狀態要遠遠低於大夫與卿之家族人的階級」。以上參見〔法〕謝和耐著，耿昇譯：《中國社會史》（南京：江蘇人民出版社，1995年），頁57。

〔註39〕〔晉〕杜預注，〔唐〕孔穎達等正義：《春秋左傳正義》，卷14，頁236。

〔註40〕同上註，卷21，頁653。

范蠡理解天道,是與天神不相關係一起,而是一種當時人們所累積的自然天象知識。這種天道觀剔除了天神意味,而表現出自然現象之規律。〔註41〕不過這些言論,關於自然規律之理解,還是較零碎些,故可說是天道思想進程,之初步階段範圍。

春秋時人們對於天的了解,也有傾向道德意味的趨勢走向,鄭國大夫裨諶認為,子產所施行的政策方向是符合天命:「善之代不善,天命也,其焉辟子產?舉不踰等,則位班也。擇善而從,則世隆也。……天禍鄭久矣,其必使子產息之,乃猶可以戾。不然,將亡矣。」〔註42〕雖其說的天與天命,有某些神性意味,不過他是在強調此種天命即是以道德為主導原則,亦即天是一種義理天。再如范文子所論:「君幼弱,諸臣不佞,吾何福以及此!吾聞之:『天道無親,唯德是授。』」〔註43〕其所形容的天,是一種有德之天,此天體現出道德意義之法則。

經由上述所論,春秋時期思想表現出,逐漸將天神支配中解除開來之傾向。誠如翦伯贊(1898~1968)所說:「春秋時期天道觀的動搖,並不即是神權政治的消滅,而只是說明一件事實,即對上帝的信仰,已經隨著天子的卑微而逐漸減低。」〔註44〕這種對天神信仰的減低是逐漸地,所以也就不免有部分的遺續,如勾踐在與夫差論述朝代轉替時,拉出「天之命」的話,以表明越國取代吳國是合於天命,而這就有承續西周天命神學之傳統。又如裨諶的「善之代不善,天命也」,雖是強調道德的主導原則,不過亦有某部分西周天命說,之餘留在其中。

但是春秋所認知的天,還是有其創造性發展的地方。有關天命神學在西周時,其中有主宰天意味,天命可說是宗教莊嚴之範疇,有關國家興亡之大事或社會秩序維持,都認為有受天命所影響著,顯示出天神對人事的安排成素在其中,且只有天子才可祭於天神,才有資格承受天命。一般大眾是不太可能去直接接受祂。因此天命還是一個令人足以敬畏之對象。不過到春秋時期,叔興、范蠡等咸以自然天之含義,來理解天象異常和人事變化,將自然

〔註41〕參見余敦康:《中國宗教與中國文化:宗教、哲學與倫理》(北京:中國社會科學出版社,2005年),頁131。

〔註42〕〔晉〕杜預注,〔唐〕孔穎達等正義:《春秋左傳正義》,卷39,頁674。

〔註43〕〔春秋〕左丘明著,〔三國〕韋昭注,,上海師範大學古籍整理組點校:《國語》,卷12,頁421。

〔註44〕翦伯贊:《先秦史》(台北:知書房出版社,2003年),頁414。

天作為規律與秩序原則。又裨諶、范文子則以義理天，作為秩序原則，而這些天道思想表現出，較為理性傾向，淡化或力圖排除主宰天的人格神含義，是思想的發展之處。

另外，西周時期統治者講求相信天命，因天具有能賞善罰惡，雖其也有天視自我民視的尊重，不過相較之下，所敬重者在天神。隨著春秋之時周天子地位權勢的沒落，於是天也跟褪去其神聖性質，從高不可攀的位階，降落為一般社會的習稱語，可說在春秋時民神關係中，較受重視者為民，而非是天神。這就使春秋人們思想獲得一定的解放，而將他們所累積的自然和社會哲學知識，用於天道意義的理解上。故總體上而言，春秋的天道思想呈現出對西周天命神學的一種「哲學突破」，這在思想史上具有重要意義。

（三）風起雲湧：理性文化的興出

有關鬼神方面的祭禮，在西周時更加完整貝備，不過政治的體系中，已不具有主導地位。在政治運作過程中，其實踐中心指導逐漸轉向人事的行為努力。盛行於西周的禮樂文化，已不再完全是接受神的指示下的他律，而是建築人們所共同遵守的禮儀規範下的他律。禮樂是圍繞人的生命活動的各事項而開展，因而這些規範體現某種人文主義的氣息。禮樂文化相對於殷商，其神性意味已淡化，相對是人文氣息有較顯著些，不過也不算是全面性，頂多算是萌芽的開端，但這也為後來的春秋人文思潮興起，立下一個不錯的基礎。

在春秋時天下紛擾，諸侯彼此戰爭侵略，安祥之日幾成最佳美夢，在爭權戰鬥過程中，一些弱小國家隨之被消滅，有些國雖暫時保全，然也因內部派系鬥爭奪權，處於焦慮不安的緊張氣氛中。外在疲憊於抗戰，內在憂心於政爭，面對國家內外憂患，國家存亡有能一夕驟變。人們從觀察與分析各國成功與失敗的原因，希望獲得有效生存之道，也即是能避免走向失敗，而能爭取獲勝利之法則。對些有些人希冀從天命神學去探求根由，以能求得上天垂命。不過較多有識之士，企圖回到現實層面，尋求解答，於是在諸多方面的探求後，發現較為一致的看法，「民之向背」是國家存亡的成敗主因。

國家勝敗肇因於民之向背，可從當時雙方國家對戰中，看出端倪。如起初晉國發生饑荒，求助於秦國，然秦國大臣有一方主張反對派出援助，另一方主張派出救援。對此子桑分析說到：「重施而報，君將何求。重施而不報，

其民必攜，攜而討焉，無眾必敗。」〔註45〕子桑認為晉國有難，身為鄰國的
秦，應盡道義來支援晉國，先施恩於晉國子民，取得晉國民心之認同，先播
下施恩之種子，待時成熟自可有所回報。於是秦伯便下令載運穀粟，援助晉
國之民渡過饑荒。《左傳・僖公十四年》則記載秦國也鬧饑荒，求助於晉國，
豈料此時晉國不念前恩，反恩將仇報，拒絕援秦之困。到了僖公十五年時，
秦晉交戰，秦師上下一心奮勇抗敵，而晉軍因忘恩負義，心有所愧，故最後
晉慘敗於秦師之下。由此可見，施恩於民，則民心向之，相反地，忘恩而不
義於民，則民亦離其心。這樣以「民之向背」，作為統治者的施政思想方針，
確實可說是人文理性的一大進展。

　　此外，對於君民之關係，在春秋也有所轉變。當時有些諸侯國君，因殘
暴虐民，於是被推翻政權趕下臺。發生這種政變現象，統治集團多是站在反
對立場，不過這是就「既得利益」者角度立說。另外一些開明思想之士，則
認為之中有其「合理性」，如慶鄭就指出：「背施幸災，民所棄也。」又如楚
國尹戌談及梁之所以被推翻，乃因「民棄其上，不亡何侍？」〔註46〕從當時
這些開明言論，可知民之抗君上，是有合理之處，此亦是先前之所罕見的立論。

　　再如衛國趕走其君一事，晉侯與師曠之對談，尤其更具分量的說法，晉
悼公說：「衛人出其君，不亦甚乎？」師曠回覆認為：「或者其君實甚，良君
將賞善而刑淫，養民如子，蓋之如天，容之如地，……其可出乎，夫君，神
之主也，民之望也。」言下意即良君愛民如子，當不可去之。但若是「困民
之主，匱神乏祀，百姓絕望，社稷無主，將安用之，弗去何為。」〔註47〕文
中點出「困民之主」以讓百姓絕望，所以可以趕他下臺，因若讓這等國君繼
續在位「豈其使一人肆於民上，以從其淫，而棄天地之性」，則百姓將永無安
和樂利的生活空間，因此必需將他推翻，百姓才有正常的好日子可以過活。
由上師曠言論立意，並非鼓吹人民造次作亂以犯上，而是指出若是暴君橫行

〔註45〕〔晉〕杜預注，〔唐〕孔穎達等正義：《春秋左傳正義》，卷13，頁223。
〔註46〕以上參見同上註，卷13，頁225；卷50，頁879。
〔註47〕以上參見同上註，卷32，頁562。《左傳・昭公二十三年》也說到：「古者天
　　　　子守在四夷，天子卑，守在諸侯，諸侯守在四鄰，諸侯卑，守在四竟，慎其
　　　　四竟，結其四援，民狎其野，三務成功，民無內憂，而又無外懼，國焉用城。
　　　　……夫正其疆場，脩其土田，險其走集，親其民人，明其伍候，信其鄰國，
　　　　慎其官守，守其交禮，不僭不貪，不懦不耆，完其守備，以待不虞，又何畏
　　　　矣。」參見同上註，卷50，頁879～880。若一國是君能作到上述的施政法
　　　　則，則又何須害怕政權守護不住呢？此值得統治者思深。

無道，專權獨樂其事，不管百姓死活，面對這等困民的上位者，人民起來推翻政權是有其合理，也是合於天理，對此學者亦指出：「人文精神尤其強調人在對天道認識的基礎上，充分發揮自身的主觀能動性，對進退、存亡、死生、榮辱做出正確的價值判斷，從而進行取捨和追求，以美化人的生活，實現人的價值。」〔註48〕故而君主肆虐終將自絕其路，受到應有之懲治。此即顯示出「民本」的人文理性思想，已興起於春秋時代，更證明得民心者昌順，失民心者敗亡之道理。

　　處在這種紛雜環境之下，禮樂文化已失去應有之約束力，它不再能適應春秋的變動環境。於是身處此種時空氛圍中的思想家，也力圖在新的歷史發展下，提出處理如何治理國家社會，以及安頓人的生命等議題。面臨舊文化不能處理當前之困頓，思想家展開他們的思考與探索，在社會危機與文化衰微之際，進行重整文化之工作，提出不同的方法路徑，也產不同之學說。

　　從自然規律中，去探求方法者為道家。其認為人生處於世間，受到許多外在束縛，例如聲色享樂，利祿名位，生死存亡，等眾多羈絆牽制著，老子說：「失道而後德，失德而後仁，失仁而後義，失義而後禮。夫禮者，忠信之薄，而亂之首。」〔註49〕認為社會定了禮制愈多，表示社會愈是混亂，才需制定許多禮來約束規範。那老子認為何不超然於一切，超越這些人生之束縛，而回歸於「道」的自然境地。即是強調從個體價值層面，去喚醒人性之歸根，這種歸根的人性，表現為回復到人之生命本真之境地。〔註50〕此也有其工夫修養在其中，所以有學者指出，先秦諸子：「論實際問題之語，誠較空談玄理者為多。」〔註51〕從老子言談，可看出其說，亦是欲對當時世道人

〔註48〕羅熾、蕭漢明：《易學與人文》（北京：中國書店，2004年），頁35。

〔註49〕朱謙之校釋：《老子校釋》（北京：中華書局，1984年），頁152。對此，王鈞林提出自然人與文明人的有意思之說法：「『自然人』見素抱樸，少私寡欲，不為禮樂所拘，不為外物所惑，一任性情之自然，看似愚實則大智，看似拙實則大巧，看似訥實則大辯，看似屈實則大直，看似虛實則大盈，看似不爭實則善勝，看似無為實則無不為。總之，『自然人』撕去了那層禮樂文明的包裝，天然去雕飾，外表上顯得愚、拙、訥等等，其實他的素質並沒有降低，反而有所提高。『文明人』則不然，那層禮樂文明的包裝，妨礙了他的心智的正常發揮，因而總是不得『大道』的要領。」以上參見氏著：《中國儒學史（先秦卷）》（廣州：廣東教育出版社，1998年），頁25～26。

〔註50〕龔書鐸主編：《中國社會通史（先秦卷）》（太原：山西教育出版社，1996年），頁550。

〔註51〕呂思勉：《先秦學術概論》（北京：中國大百科全書出版社，1985年），頁11。

心紛擾，給予提出疏解之道，而他所採取的途徑是避開人世紛擾，躲開人世之中所暗藏的危險。但這並不表示老子本身，是完全否定「禮」的價值，而是在「失禮」狀況的社會中，運用一種「超然」的態度，來面對「適應」人世的紛爭。

另外也有從類似宗教的博愛平等觀念，提出其回覆新時代課題之躬行理論，此即是墨家。〔註52〕其它諸子也是從各種不同的角度和層面，爲著能夠力挽當時衰微社會，重新回復其生機。可謂是「天下同歸而殊途，一致而百慮」，〔註53〕各種的學術角度路徑雖不盡相同，如上述道家力圖讓人們從束縛中超脫，而使心靈獲得疏解，是某種自由主義之特質。而墨家頗有宗教家之熱情，則像是神祕主義的宗教特色，儘管他們的論述內容不太一致，然其方向大都放在社會人生的問題之解決上，由此即可看出，各思想家在表達自身理論過程中，綻放著人文理性之光輝。

由上述討論可知，春秋的人文理性是有承續著西周文化而來的發展，充滿著理性的思考，對於生存世界的解釋愈來愈重視，且逐漸忽略傳統宗教之仰賴。誠如林啓屏師所指出：「我們並不否認在道術將爲天下裂來臨之後的世代，有產生了新的自覺意識，人與人的關係產生變化，但我們也不因此而忽略了古文化傳統的遺留，仍然在後世起著作用。」〔註54〕可說在西周以來內

〔註52〕 例如：「子墨子言曰：『以兼相愛交相利之法易之。』然則兼相愛交相利之法將奈何哉？子墨子言：「視人之國若視其國，視人之家若視其家，視人之身若視其身。是故諸侯相愛則不野戰，家主相愛則不相篡，人與人相愛則不相賊，君臣相愛則惠忠，父子相愛則慈孝，兄弟相愛則和調。天下之人皆相愛，強不執弱，眾不劫寡，富不侮貧，貴不敖賤，詐不欺愚。凡天下禍篡怨恨可使毋起者，以相愛生也，是以仁者譽之。」以上參見〔清〕孫詒讓著，孫以楷點校：《墨子閒詁》（台北：華正書局，1987年），頁94～94。此是墨家欲用兼愛，來治理天下的理想主張。

〔註53〕 〔魏〕王弼、〔晉〕韓康伯注，〔唐〕孔穎達正義：《周易正義》（台北：藝文印書館，1997年《十三經注疏》本），頁169。對此，英國漢學家葛瑞漢曾指出，先秦諸子：「他們全部思考的是對曾經稱爲『天』的權威的道德和政治秩序之瓦解的回應，而且，對於他們所有人來說，關鍵問題並不是西方哲學的所謂『真理是什麼』，而是『道在哪裡』的問題，這是規範國家與指導個人生活的道。從至少願意傾聽實用學說的君王們的觀點看，他們是對時代變遷中如何治理國家的問題給出新的解答的人；而這個問題確實是他們的核心問題。」以上參見氏著，張海晏譯：《論道者——中國古代哲學論辯》（北京：中國社會科學出版社，2003年），頁4。

〔註54〕 林啓屏師：《儒家思想中的具體性思維》（台北：台灣學生書局，2004年），頁16。

部原有的初步理性基礎，在春秋時期明顯地積累與成長。

不過相較於西周，春秋時之理性發展，還是有其突破之處。春秋的人文理性表現為禮樂文化之轉化，開明之士將「形式化」的禮儀，轉變為「理性的政治」思考方向，故對於暴君被推翻政權，不囿於西周傳統君臣之禮與尊卑之秩，而是給予以「合理性」的思考，認為國君若是「困民之主」，則人民是可以趕他下臺。此外面對新時代環境，傳統制度無法滿足時代需求，故思想家推陳出新，提各種新的對策以適應和解決時代問題，如道家開出具有自由主義特色理論，墨家提出類似宗教的博愛精神，之實踐理論。從中可見到春秋時期思想文化，在各方面都可看見人文理性的活躍萌動。

二、小傳統：地域性的魯思想文化

（一）文化匯合：禮義之邦傳統的形成

魯國居當時東部的中心地帶，而此地創始統治者則是周人。在周公長子伯禽就任魯國時，就將「周文化」定位為主導政策。故有「啓以商政，疆以周索」的指導政策，〔註55〕並且將原先的「殷民六族」加以管束，使他們能「帥其宗氏，輯其分族，將其丑類。以法則周公。……，以昭周公之明德。」〔註56〕如此便於在周文化的熏習調整，逐步達於統一管理的目標。

因為魯國曲阜為殷商奄之故地，所以伯禽在魯國推行「變其俗，革其禮」之政策，花費三年時間改革才算初步有成效，正如有學者說到：「伯禽在魯，為了強化統治，花費了很大氣力改變當地人的風俗，力圖把周人的文化傳統推廣到魯地。」〔註57〕而其成效直到春秋時期，更佳有所成果，如在祭祀禮儀中，有關祭祀對象選擇上，魯國大夫柳下惠（720～621B.C.）曾說到：「社稷山川之神，皆有功烈於民者也，及前哲令德之人，所以為明質也；及天之三辰，民之所瞻仰也；及地之五行，所以生殖也；及九州名山川澤，所以出財用也。非是，不在祀典。」〔註58〕可見魯國的祭祀對象與周王室基本相同，都要祭祀社稷、山川、星辰，而這些受祀對象都是有「功烈」於百姓，因此柳下惠認為人們祭祀時，應尊從聖王之典則，祭祀乃是國家大事而不可無故

〔註55〕〔晉〕杜預注，〔唐〕孔穎達等正義：《春秋左傳正義》，卷54，頁948。
〔註56〕參見同上註卷54，頁947。
〔註57〕參見郭克煜等：《魯國史》（北京：人民出版社，1994年），頁225。
〔註58〕〔春秋〕左丘明著，〔三國〕韋昭注，上海師範大學古籍整理組點校：《國語》，卷4，頁170。

加典。從中已見到「周文化」已落實到魯國的思想制度上。

　　但當地還有土著居住者，此即殷人與東夷人，在《詩經・小雅・大東》中記載著東部與西來周人，兩者之不同差異情形，其說：「東人之子，職勞不來；西人之子，粲粲衣服。」〔註 59〕東部子民較爲專主並盡心工作，卻不受應有之賞；西周京師子民則穿戴華麗，且悠遊自得其樂。可見在殷人與東夷人的認知上，有覺受到不平之對待。但儘管如此，他們還是保有其原先文化尊嚴。

　　殷人之文化在魯推行周文化過程中，還是影響著魯國，直到春秋末期依然有其蹤跡可尋見，如季氏家臣陽虎爆發政變時，曾經有過「盟公及三桓于周社，盟國人于亳社，詛于五父之衢」之舉，〔註 60〕所謂周社，即爲周人貴族之社。而「亳社」應是殷人之祭祀場所，因爲殷人興起於亳之地。季氏之臣要盟國人於「亳社」之舉動，顯示殷文化及勢力，在當時乃有其影響作用存在。伯禽努力推行周文化於魯國，不是完全強壓的執行，而是在周文化主導下，企圖融入於當地風俗民情中，時至春秋更現融合態勢，如《禮記・檀弓》記說：「殷人殯于兩楹之間，……而丘也，殷人也。予疇昔之夜，夢坐奠于兩楹之間，……予殆將死也。」〔註 61〕文中所說的「殯于兩楹之間」是殷之喪禮，而魯人孔子是很重視禮的，其說的喪禮是用殷禮，這都說明魯國吸收「殷文化」，而融入到自身文化之中。

　　魯國國人除的遺民外，還有小邾國、濫國、故邾國，即一般所謂三邾之土著居住者，這些都屬於東夷人。東夷之人性格溫和敦厚，崇仁尚義，也講究禮節。《後漢書・東夷傳》說：「《王制》云：『東方曰夷』。夷者，柢也。言仁而好生，萬物柢地而生。故天性柔順，易以道御，至有君子、不死之國焉。」〔註 62〕樹木的主根稱爲柢，而「夷者，柢也」即是用來比喻說，東夷人有崇仁好生之德，如同萬物也是依地底而順上而生，仁德即是人之根源，故東夷人柔順而有君子國之美稱。此外《說文解字》指出：「夷，東方之人也。」〔註 63〕又段玉裁注說：「唯東夷從大。大，人也。夷俗仁，仁者壽，

〔註59〕〔西漢〕毛公傳、〔東漢〕鄭玄箋，〔唐〕孔穎達正義：《毛詩正義》，卷 13，頁 439。

〔註60〕參見同上註，卷 55，頁 961。

〔註61〕〔東漢〕鄭玄注，〔唐〕孔穎達疏：《禮記注疏》（台北：藝文印書館，1997 年《十三經注疏》本），卷 7，頁 130～131。

〔註62〕〔南朝宋〕范曄撰，〔唐〕李賢等注，《新校本後漢書》，卷 85，頁 2807。

〔註63〕〔東漢〕許慎《說文解字》（北京：中華書局，1978 年），頁 213。

有君子，不死之國。」〔註64〕說明東夷之人是「夷俗仁」，也就是風俗好仁，因此「仁者壽」仁人都可較長壽，此當亦是柔和好養生之結果。

　　除此之外，魯國地理環境也是造就其思想文化的土壤。自然環境是人類生存活動的空間，因著地理空間的變化不同，隨居處其中的人們，所表現行為舉措也就不同，也因此各地區產生出不一樣的思想文化特色。

　　我國較早的地理著作，在《尚書‧禹貢》中有分析兗州之地理，其說：「濟河惟兗州，九河既道，雷夏既澤，灉沮會同。桑土既蠶，是降丘宅土。厥土黑墳，厥草惟繇，厥木惟條。厥田惟中下，厥賦貞。」〔註65〕兗州的範圍包括後來的魯國，這裡有「厥草惟繇，厥木惟條」草冒出新芽，樹木不斷長出新條枝，可見草木茂盛，由此可說魯國是屬於大陸型的地域，並以農業為主要發展項目，所以《史記‧貨殖列傳》才說：「鄒魯濱洙泗，猶有周公遺風，俗好儒，備于禮，故其民齪齪。頗有桑麻之業，無林澤之饒。」又如《漢書‧地理志第八下》提到魯地是：「民眾。頗有桑麻之業，亡林澤之饒。」〔註66〕二者文中皆指出魯地有「桑麻之業」，可說是充分運用地理自然資源，來發展農業所呈現的結果。而至於說「無林澤之饒」，並不是說魯地缺乏山木河川的資源，而是上位者可能較重視農業，所以傾向發展農業，而偏重開發種植五穀桑麻的農業經濟。

　　故而魯國在發展農業經濟趨勢下，相對地商品經濟就不甚活絡。〔註67〕而在魯國可說是「宜五穀桑麻六畜，地小人眾，數被水旱之害，民好畜藏，

〔註64〕　〔清〕段玉裁：《說文解字注》，收入丁福保編纂：《說文解字詁林》（北京：中華書局，1988 年），頁 10109。又如《山海經‧海外東經》也說到：「君子國在其北，衣冠帶劍，食獸，使二大虎在旁，其人好讓不爭。有薰華草，朝生夕死。一曰在肝榆之尸北。」參見〔晉〕郭璞注，袁珂校注：《山海經校注》（上海：上海古籍出版社，1983 年），卷 4，頁 254。《山海經》其說雖帶有奇幻想像成分，不過對對於所謂「君子國」的處事作風描述，也講說是「好讓不爭」，顯示古代是有其君子國的存在，而被流傳著而後記載於《山海經》中，故也可旁證《後漢書》說的東夷為君子國，是有其實的。

〔註65〕　〔西漢〕孔安國傳，〔唐〕孔穎達正義：《尚書正義》，卷 6，頁 79～80。

〔註66〕　以上參見〔西漢〕司馬遷撰，〔劉宋〕裴駰集解，〔唐〕司馬貞索隱，〔唐〕張守節正義：《新校本史記三家注并附編二種》，卷 129，頁 3266；〔東漢〕班固撰，〔唐〕顏師古注：《新校本漢書》（北京：中華書局，1981 年），卷 28，頁 1663。

〔註67〕　楊朝明即說到：「伯禽在變更商奄之人的舊禮時，當也在引導他們從事農桑生產，改變原來事商習俗的同時，取消其禮俗中的商業性質，使之更適合於農耕生產方式。」參見氏著：〈魯國的經濟特點與儒家的重農思想〉，收入於劉增德主編：《儒學傳播研究》（北京：中華書局，2003 年），頁 57。

……好農而重民」〔註68〕魯地好於農作，並且也願意選擇土地較貧瘠之地，進行耕種，之所以不避貧土，乃是在魯人看來「沃土之民不材，逸也，瘠土之民莫不嚮義，勞也」，〔註69〕耕作貧土可養成熱愛活動之勤奮性格，相對地，若是都在沃土耕種，會流於輕鬆而趨於安逸，漸漸地養成怠慢之心。

綜上所述可以這樣來說，魯國思想文化是一種融合型的文化，魯國開國君伯禽在周文化的主導下，對這塊農耕地方進行開墾，又融入當地的殷文化與東夷文化，並在適應當地自然地理條件，開展農業經濟。而匯注以上成素，也就形成魯國特有的思想文化。

（二）特殊／殊別：地域性魯國思想文化

人類創造其自身文化，與其人文社會與自然環境之影響有關，也由此造就出不同地域之文化。當周初分封時，不被分封到不同的地方，也就有不同的文化產生。對於魯國的思想文化之成素，上文已討論過，接下來將討論其思想文化樣是何種樣貌。

關於魯國之始封君是誰？文獻記載有不同說法，《史記·周本紀》說：「封弟周公旦於曲阜，曰『魯』。」〔註70〕此說明周公是始封於魯。可是在《詩經·魯頌·閟宮》則說：「王曰叔父，建爾元子，俾侯于魯，大啓爾宇，爲周室輔。」〔註71〕則是說周公之長子伯禽才是始封於魯。那麼到底周公、伯禽誰才是始封於魯？這個問題可說在《史記·魯世家》是有所解答，其說：「周公不就封，留佐成王。……而使其子伯禽代就封于魯。」〔註72〕這裡說周公爲留佐成王，所以不就封於魯，有「不就封」之舉功，就是有「受封」之名在先，只是爲周公輔佐成王，故而派其長子伯禽「代就封」於魯。因此可說周公是有始封於魯之「名」，而伯禽是有始封於魯之「實」，故與前述〈周本紀〉所記也不矛盾。就周公而言是名爲始受封於魯，而就伯禽而言是實際

〔註68〕 參見〔西漢〕司馬遷撰，〔劉宋〕裴駰集解，〔唐〕司馬貞索隱，〔唐〕張守節正義：《新校本史記三家注并附編二種》，卷129，頁3270。

〔註69〕 〔春秋〕左丘明著，〔三國〕韋昭注，上海師範大學古籍整理組點校：《國語》，卷5，頁205。

〔註70〕 〔西漢〕司馬遷撰，〔劉宋〕裴駰集解，〔唐〕司馬貞索隱，〔唐〕張守節正義：《新校本史記三家注并附編二種》，卷4，頁127。

〔註71〕 〔西漢〕毛公傳、〔東漢〕鄭玄箋，〔唐〕孔穎達正義：《毛詩正義》，卷20，頁776。

〔註72〕 〔西漢〕司馬遷撰，〔劉宋〕裴駰集解，〔唐〕司馬貞索隱，〔唐〕張守節正義：《新校本史記三家注并附編二種》，卷33，頁1515～1518。

就任於魯，因伯禽是實際就任於魯之君，所以才有後來伯禽「三年而後，報政周公」一事產生，因此魯國實際就任的始封君是伯禽。

周初之所以行分封，某種層度來說，也是因爲當時周王對全國還沒有完全統一，而所作出某種調控性政治策略。〔註73〕而眾多封國之中的魯國，就是有與周公、伯禽的這層淵源密切關係，所以有其特殊性。〔註74〕因周公是輔佐武王擊敗紂王之大功臣，故而其封地魯國在政治有一定之特殊地位。又周公有顯赫功勳和制禮作樂的政績，因而其封地魯國就有高一等的待遇，直到春秋時期依然有其榮光，〔註75〕如魯國有「魯之班長」之美聲，表示魯國在眾諸侯之中，其班次居於首長之位。故而晉文公成爲霸主時，舉行「踐土之盟」的典禮，就將魯國典禮位次安排在盟主晉王之後的第一個，而在其它強大諸侯齊、楚則排在魯國之後。可見魯國在春秋時，依然有其殊榮之位存在。

此外魯國受封之爵位爲公爵，其爵位僅次於周王，而當時的楚國其領土已有千里之廣，還是只封爲在魯國之後的子爵。不過魯國都城曲阜在早先時代已是東方政經重要之地，早在約6000年前此處已有大汶口文化的存在，又在約4000年前此地亦有黑陶文化的產生。而文獻資料上，如《史記》張守節正義說：「帝王世紀云：『炎帝自陳營都於魯曲阜。黃帝自窮桑登帝位，后徙曲阜。少昊邑於窮桑，以登帝位，都曲阜。顓頊始都窮桑，徙商丘。』窮桑在魯北，或云窮桑即曲阜也。又爲大庭氏之故國，又是商奄之地。」〔註76〕由此可見古代帝王炎帝、黃帝、少昊、顓頊都曾建都於曲阜城，所以在考古資料與文獻資料都證明，魯國曲阜城早在伯禽就任之前，已是政治文化頗發一達之地方。且就官制上，因魯可以依照周王室之例來安排官職，故而重要

〔註73〕蕭公權：《中國政治思想史（一）》（瀋陽：遼寧教育出版社，2001年），頁17。

〔註74〕對此楊朝明亦說：「周公、太公在周初的地位自不待言，由於他們的原因，齊、魯兩國當然被視爲周室最可靠的力量，因而被封於戰略重地。由此，齊、魯兩國也享有一些特權。」參見楊朝明：《周公事跡研究》（鄭州：中州古籍出版社，2002年），頁154。

〔註75〕這也可從春秋時魯國之疆域，略知一二：「疆城所包，略有今山東省南部小半省，兼涉蘇北一隅之地。大致東到今沂水之東，南到今魯、蘇兩省交界之處，西到今鄆城、鉅野、城武、單諸縣境，北到泰山及汶水之北，以泰山山脈及汶水北岸地與齊爲界，廣約二三百里之間。」以上童書業：《春秋史》（濟南：山東大學出版社，1987年），頁102。

〔註76〕〔西漢〕司馬遷撰，〔劉宋〕裴駰集解，〔唐〕司馬貞索隱，〔唐〕張守節正義：《新校本史記三家注并附編二種》，卷4，頁127。

典禮中，可見其使用與周王室同等級的樂舞。

　　重視禮樂的講習與傳授，使得魯國成爲當時的「禮樂文化」重鎮。禮樂文化之所以在魯國廣泛流傳，〔註77〕乃是因爲魯國人對於禮樂之功能，有正確地的認知。他們意識到禮樂對於政治起到維持與安定的作用，上位者依禮行政，百姓則樂於奉公守法，因此西周至春秋前期，魯國政治大致上算是穩定，其中禮樂的重視與推行，是其中一項重要因素。由此禮在本質上可以協調人心，如上位統治內部之間，可防止矛盾衝突的發生，對各部門之權力運作也有約束作用。而對百姓來說，周禮又可有懾服之威儀，也可發揮收服人心之效用。故而《禮記・禮運》說：「壞國、喪家、亡人，必先去其禮。」〔註78〕禮如果維持著正常運作，則國家不會滅亡，那些會滅亡的國家，必定是已失去禮制，則豈不禮亂而國危。

　　因此魯國人知曉此道理，普遍認知道禮是具有「經國家，定社稷，序人民，利後嗣」之維繫能力，〔註79〕所以人們知道禮的這種作用力，故而「服於有禮」也就能讓社稷處於在有秩的狀態中，人們也願意去保衛住這樣國家，則國豈有不可保衛之情形。但若是國家失去禮制，上位者失禮則肆意妄爲，百姓失禮則暴動作亂，上下失秩則走向「無禮必亡」之絕境。由此可見「禮」關係著國泰民安與否，而魯國人就是明白禮之重要，因此對於周禮有著極大之熱忱，周禮於魯國政治之維繫起到穩定的作用。

　　魯國重視禮，當然也包括「樂」在內，因爲禮典施行時會配合樂舞，魯國是周公之後，所以得有周宮廷之樂儀規格。而在東周平王東遷之前，在烽火戰亂中，大量重要典籍遭祝融之災，加以東遷之後王室日益微。形成去王官失守，學在四夷之情況，魯國因保有較傳統之周禮，故此成爲春秋時全中國之文化中心。〔註80〕魯國對於祭祀太廟所用爲周宮廷之樂，有時也演奏於接待鄰國之君主或特使，而其奏聲清趣沉穩，音律速度緩慢而綿長，又帶有舞蹈與扮演的成分，增添表演的隆盛美感。無怪乎晉國韓起（？～514B.C.）特派入訪魯國，在訪問魯國各項制度與典籍後，有感而發道出「周禮盡在魯

〔註77〕有學者指出：「禮樂文化並不等於禮樂制度，禮樂文化的外延較禮樂制度更寬泛一些。游離於禮樂制度之外的禮樂文化多表現爲人們自覺的循禮行爲，積久而成爲風俗，即『禮俗』。」以上參見楊朝明、于孔寶：《齊魯文化通史》（北京：中華書局，2004年），春秋戰國卷，頁68。
〔註78〕〔東漢〕鄭玄注，〔唐〕孔穎達疏：《禮記注疏》，卷22，頁439。
〔註79〕〔晉〕杜預注，〔唐〕孔穎達等正義：《春秋左傳正義》，卷4，頁81。
〔註80〕黃松：《齊魯文化》（瀋陽：遼寧教育出版社，1995年），頁11。

矣」之歎語。又如春秋吳國季札在遍訪各諸侯國之後，來到魯國觀賞樂師為他所演奏多種樂舞，更是讚不絕口：「觀止矣！若有他樂，吾不敢請已。」〔註81〕由此便知禮樂在魯國，可說是相當隆盛。

　　魯國思想文化特點，在其立國之初已有周文化主導之傾向，故在魯人之間，其相互連繫之紐帶，就有表現出以宗法情感為依據橋樑。尊尊乃是尊敬有身分或有地位之人，親親就是說親近血緣與自己相近之人。在宗法制度中「尊尊」和「親親」是兩大主要原則，《禮記‧曲禮上》說到：「君臣、上下、父子、兄弟，非禮不定。」又如《禮記‧哀公問》也說到：「非禮，無以辨君臣、上下、長幼之位。」〔註82〕這些都表示魯人對於尊尊而親親之法則，有相當之認知與遵守。與此相配合的，乃是對「孝」的重視。如有的魯國其名字中，有一孝字，例如魯孝公就是代表，又有的貴族以孝字入名，例如施孝叔便是以孝字命名。這某部分可顯示魯國的崇尚孝道之習。另也有記載有關孝道的行為，例如有大臣就在周宣王面前大讚魯孝公：「魯侯孝！王曰：『何以知之？』對曰：『肅恭明神而敬事耆老。』」〔註83〕這就表示說從魯孝公對已過世的祖先與年長者都能以示恭敬之心來待之，就可知其對孝道之奉行與重視。

　　魯國在封國之初，也受到周王室以特權，贈予許多珍重的文物與典籍，也對於魯國發佈一些重要文誥。此外從《左傳》、《國語》的言記載中，也可得知到春秋時魯國存有許多書籍與誥文。魯國不但保存典籍，更重視典籍的收藏與維護，如魯哀公三年魯宮發生火災，南宮敬叔先到來，就命令眾人要將國君著的典策，搶救出來，不然就受罰處死。季桓子後來趕到，也命令眾人將文獻搶救收起來，並說到「舊章不可亡也」一類的話。可見魯國君臣對於典籍的保護，是比其它物器來得格外重視的。

　　在先秦時代因各諸侯國的地理環境不同，又施行的治國方針有所區別，也就造就各自不一樣的思想文化，而魯國思想文化就是代表之一。魯國思想文化在尊重與維護傳統是其表現出的特色，也因此保持了自身獨特與獨立發展，營造出一股繁榮發達之思想文化；不過在了強兵富國裕民表現方面，則

〔註81〕　〔晉〕杜預注，〔唐〕孔穎達等正義：《春秋左傳正義》，卷39，頁672～673。
〔註82〕　以上參見〔東漢〕鄭玄注，〔唐〕孔穎達疏：《禮記注疏》，卷1，頁14；卷50，頁848。
〔註83〕　〔春秋〕左丘明著，〔三國〕韋昭注，上海師範大學古籍整理組點校：《國語》，卷1，頁23。

是相對地較沒有重大的建樹，不可否認在前一方面，魯國是取得較為豐碩成功，此或可謂失之東隅而收之桑榆。

第三節　孔子「命」觀念思想的天論與心性論之理論根據

任何思想體系的形成，都會有其出發點的立基，或者說是其理論根據。古代的思想家們，通常都會選擇天或神，作為自身論說之理論依據。因人生處在自然之中，對於自然界，總會想要有所去理解它，宗教的崇拜神靈，也可說是一種對自然界的理解。那麼孔子也是會對自然界，有其自己的體會與理解，而其所理解的天論為何？還有一個人在接觸自然界後，返回到自身的觀照，而觀照後的理解，也會落在心性層面去作某種迴光返照式的思索，那麼孔子的心性論又是如何？以下依序討論分析。

一、孔子的天論

天在西周已有主宰天的含義，而西周的主宰天，可說從殷商的上帝過渡而來的。〔註84〕主宰天對人間大小事皆有掌控能力，大至國家興滅，小至個人的福禍，都是其管轄範圍。而關於天的理解，《論語》中亦有所談論，如《論語・八佾》說：「天下之無道也久矣，天將以夫子為木鐸。」〔註85〕此是說明上天對當時人間無道的情形，也有所關注，因此派遣孔子以為「木鐸」，作為喚醒無道人世中，一位正道使者以供世人標竿與追隨。這類示出上天用一種關注角度來干涉著人事。

此外，天還是人們訴說祈禱的對象，如「王孫賈問曰：『與其媚於奧，寧媚於竈，何謂也？子曰：「不然，獲罪於天，無所禱也。」〔註86〕因為王孫賈是衛靈公（540～493B.C.）的近臣，他想勸孔子做官要循捷徑，即親比近臣就

〔註84〕參見拙著：《甲骨卜辭與《周易》經傳吉凶觀念思想研究》（台北：國立政治大學中文研究所碩士論文，呂凱先生指導，2008 年），頁87～91。
〔註85〕〔魏〕何晏等注，〔宋〕邢昺疏：《論語注疏》，卷3，頁31。在孔子所處之時代，關於祈禱之事乃是人們之習慣，其如《論語》也記載：子疾病，子路請禱。子曰：「有諸？」子路對曰：「有之。〈誄〉曰：『禱爾于上下神祇。』」子曰：「丘之禱久矣。」以上引文參見〔魏〕何晏等注，〔宋〕邢昺疏：《論語注疏》，卷7，頁65。
〔註86〕同上註，卷3，頁28。

可以，但不好明著講，於是藉用當時俗語之說，與其敬奉尊貴的奧神，不如敬奉親近日常人們且有實權的灶神，來暗示孔子。然而孔子聽了便知其用意，也就不以爲然地回答說，這樣的做法是「獲罪於天」，而無法祈求之事。當然上述王孫賈的話是在譏嘲孔子，不過也說明人們可欺騙他人，但瞞騙不了「天」，人們就算使盡各種技倆而瞞騙全世界，然卻躲不過「天」的公正「明鑒」，因此孔子說：「吾誰欺，欺天乎？」〔註87〕此而表示孔子對天有著虔誠，主張天人之間有所互相感通，因此認爲若是有違於禮之事，就是欺瞞於天，此乃天所不容許的，而這種具有明鑒能力之天顯然是一種「主宰天」。

又孔子想一展政治抱負，故屈己去見衛靈公夫人南子，談論有關政治之道，孔子主要是在想藉此施展其政治理想，但子路似頗不諒解孔子之用心，於是對孔子發出有所不悅之言舉，孔子爲明其志，乃說到：「予所否者，天厭之，天厭之！」〔註88〕即我此行若不是爲治道，則上天就厭棄我吧！以天爲誓是最重之誓言，此非一般兒戲之語，顯示出孔子對之敬畏與篤誠，以天爲誓則人們不再有所責難。孔子這種對天的態度，顯示對出西周時期主宰天之遺續，此如〈大有䷍·上九爻辭〉的：「自天祐之，吉无不利。」其中的天即是具有佑助能力之主宰天。而孔子上述所言明的主宰天，也可說是對於西周《易經》中的主宰天之遺留。故而羅光（1911～2004）也說到：「孔子，本人具有古傳的上天信仰，以自身、國家，和天地間的事，都歸於上天，謹愼嚴愼畏懼天命。」〔註89〕當然孔子以天作爲誓言，無疑是認爲是肯定天對惡人惡行有所反應，這種天與西周時主宰天所作出啓示，是相去不遠。然而在孔子毋寧是更加關注，天對人類世界如何將之引向理想情境，這一問題的解決。

若是君王能夠效法天之道，而運用到其治國方策，則他成爲具有才德與負責的統治者，對此《論語·泰伯》說：「子曰：『大哉，堯之爲君也。巍巍

〔註87〕同上註，卷9，頁79。

〔註88〕同上註，卷6，頁55。

〔註89〕羅光：《儒家哲學的體系續編》（台北：台灣學生書局，1989年），頁20。李申也說到：「當時的先進人物，包括孔子，已不再像以前那樣，至少不再像商代的人們那樣，事事都要請教、聽命於鬼神，並不能說明孔子根本不信鬼神。而且，從世界其他宗教以及中國此後儒佛道三教的情況看來，宗教思想家反對某些鬼神或迷信現象，倒正是爲了維護本宗教信仰的高尚純潔。」參見氏著：《儒學與儒教》（成都：四川大學出版社，2005年），頁93。

乎，唯天爲大，唯堯則之。』」〔註90〕將天稱作「大」，又說堯法則於天，此天不是比喻之詞，而是傳統主宰天信仰之意味。孔子盛贊古帝堯之偉大，堯造就崇高功業，又立了禮儀規範，他之所以有如此成就，乃是他順從天命。在孔子看來天是至高無上，只有堯這樣高位又有德之君，才可說是奉行天命。由此亦可見孔子是信天的，故宇野哲人（澄江，1875～1974）指出，孔子的信天，有將事情任之天意，而無所悔恨，此一信念可說是宗教思想之特質。〔註91〕因此，孔子認爲對天要有敬畏，也要對大人和聖人之言，保持敬畏之態度。

從上述所論的例子看出孔子所說的天，與西周時期天具有審判性的主宰天相去不遠，也就是說他並沒有對傳統天命神學完全去除，而是在批判中有所繼承。

可是孔子對於天，也非只有放在主宰性的討論，他亦有包含其它看法，如其說：「天何言哉？四時行焉，百物生焉，天何言哉？」〔註92〕此句話之背景乃是孔子說「予欲無言」，其想要像天一樣無言，以天作爲榜樣，因爲天看似無言而實有爲。孔子天不在於是否有言無言，他所關注的焦點在於天到底作了什麼，而「四時行焉」似乎是天的眞實作爲，它暗示人們，天是載行者。在此不需以人格神或非人神來看待這一情形，因此處天所呈現爲，載行萬物的根本動力源。但這樣的天，也不侷限在自然界，它亦與人類生活有著某種依存關係存在。孔子是希望像天那樣不說什麼，但天不說什麼四季春秋秋冬，依然一如往常交替循環不止，萬的也生生不息的生活下去。這種無言之天，實可說是「自然天」，天具有自然性質，此爲孔子所表達與肯定的。

但是孔子所說的天，並沒產生人格神與自然秩序之間的衝突緊張，他說的「天何言哉」的自然天，是對於人事有所關心，又是自然秩序的維護者。

〔註90〕〔魏〕何晏等注，〔宋〕邢昺疏：《論語注疏》，卷8，頁72。對此《尚書》孔穎達正義亦說到：「堯能名聞廣遠，由其委任賢哲。故復陳之言堯之爲君也，能尊明俊德之士，使之助己施化，以此賢臣之化，先令親其九族之親，九族蒙化已親睦矣，又使之和協顯明於百官之族姓，百姓蒙化皆有禮儀，昭然而明顯矣。又使之合會調和天下之萬國，其萬國之眾人於是變化從上，是以風俗大和，能使九族敦睦，百姓顯明，萬邦和睦，是安天下之當安者也。」以上參見〔西漢〕孔安國傳，〔唐〕孔穎達正義：《尚書正義》，卷2，頁20。

〔註91〕〔日〕宇野哲人著，陳彬龢譯：《孔子》（上海：商務印書館，1933年），頁88。

〔註92〕〔魏〕何晏等注，〔宋〕邢昺疏：《論語注疏》，卷17，頁157。

而有學者提到，作爲自然秩序之天，與作爲宇宙主宰之天，彼此間是從沒有形成剛性對立情形發生。〔註93〕是的，此乃兩種天是分屬不同性質，又彼此間有某種依賴關係，故不會發生太強烈之對立衝突。

又如孔子說：「迅雷風烈必變。」〔註94〕此即說忽然遇到很強烈的雷電作響，又吹起大風暴，看見天象如此劇變，他臉色隨之變顏色，由然生出某種敬心。從中可見，孔子以爲迅雷烈風，乃屬大自然界發生之不太尋常現象，但孔子還是有所應對，其應對在朱熹看來是「所以敬天之怒」的回應，這種解說確實是很合乎情理的說明。當然這種在其它古籍，也略有所述，如《禮記·玉藻》記載：「君子，……若有疾風，迅雷，甚雨，則必變，雖夜必興，衣服冠而坐。」由此孔子的敬天之怒的回應，也是合乎常理的態度。從上述所述可知孔子也有將天看作是自然之天，對此溝口雄三指出：「將天理解爲自然法則的天觀，較之理解爲主宰的、擬人的天觀，肯定是一種思想史的進步。」〔註95〕的確，孔子雖有承續西周思想傳統，但在人文理性思潮帶動下，亦有將天從主宰天過渡到自然天理性人文思想之表現。

對於周王朝孔子曾表示欣賞，故說到：「周監於二代，郁郁乎文哉！吾從周。」〔註96〕認爲周王朝能總結前朝的歷史經驗，汲取其中興衰教訓，從而建立起新興王期的新制度秩序。可是經過幾百年後，王朝榮景不再，秩序逐漸面臨崩壞，天下秩序從原先「有道」轉變成「無道」之狀態，周朝文武濱臨墜地，而有誰能挺身維護與重建燦爛的美好嶄新時代文化？

於是孔子說：「文王既沒，文不在茲乎？天之將喪斯文也，後死者不得與於斯文也；天之未喪斯文也，匡人其如予何？」〔註97〕孔子路過匡地而身被拘禁，但他認爲身負傳承周文化，宏揚中華文化之重任，匡人又豈能奈我何！進一步說，從西周以來的文化遺產，亦即文武之道的「斯文」，就孔子立場看來，若是天將喪「斯文」，則後人將無法享受「斯文」的熏習，若天不喪失「斯文」的話，則匡人再怎樣也是無法加害於我。孔子這裡所講述的天即是「義理天」，而他就是憑藉著這種「義理天」，所以對他人之加害於

〔註93〕〔美〕史華茲：《古代中國的思想世界》（南京：江蘇人民出版社，2004年），頁123。
〔註94〕〔魏〕何晏等注，〔宋〕邢昺疏：《論語注疏》，卷10，頁91。
〔註95〕〔日〕溝口雄三著，趙士林譯：《中國的思想》，頁7。
〔註96〕〔魏〕何晏等注，〔宋〕邢昺疏：《論語注疏》，卷3，頁28。
〔註97〕同上註，卷9，頁77。

己之行動，能保持著無所畏怯的自信態度。另外從天的立場來看，天對於「斯文」有喪斯文或未喪斯的可能性，天若要喪斯文，則不會留斯文之道讓孔子學習接觸到，所以從道德層次說天要喪斯文，是不太可能，於是就只有天不喪斯文之可能較為合理，也因此孔子由自身的立場，加上對天之不喪斯文立場之考量下，故而產生一種無畏他人迫害之道德自信心。

孔子相信他的德是天所給予，此如其說「天生德於予，桓魋其如予何！」〔註98〕一般是這樣解說，即孔子認為自己高尚品德是源自於天，因此桓魋又豈能把我怎麼樣。而這樣解說僅是從字面上解釋，較沒有詮解出孔子本人之用意，其用意是說天賦予我美好的品德，是要我一定要活下去，來承擔起重要的使命，故你桓魋是不能把我怎樣的。在這裡的天，仍然是上述所說的「義理天」，且也可說是人間善行之根源。不惟中國有此天，就連東亞文化圈的日本也存有類似說法，如溝口雄三就指出：「在日本的天道中也存在道義、公正等觀念，這與中國的道德、理法的天有相通之處。」此外，而美國漢學家顧立雅（Herrlee G. Creel，1905～1994）則稱此義理天，為某種人之道德意識的形上副本與保證；不僅如此，德國哲學家韋伯（Max Weber，1864～1920）還指出，當人具有「道德」在身，就連巫術亦無法奈你何，其說：「巫術對於道德無能為力，古樸方正的人無需懼怕鬼神，只有（大逆）不道者才會魔念纏身。」〔註99〕此處雖談及宗教力量的巫術，不過他是在強調有道德之人，是無需害怕各種迫害，因為道德本身就是一種正向的「強大力量」。

綜上所述，孔子所說的天還有遺留著西周時期天命神學中的主宰天。不過他已有開始將天轉為形上普遍含義，但應還不至於如有學者所認為的，孔子的天已完全不存在西周傳統天命權威，〔註100〕而是孔子雖有承續西周天命神之主宰天，又從自身的思想體系之考量上，賦予天有了新的時代人文理性意義內涵。因此孔子也肯定自然之天，主張法天之自然運行。又以天為道德

〔註98〕同上註，卷7，頁63。對於「天生德於予」有學者指出，這裡的德是孔子異於他人所具有的獨特性質。參見傅佩榮：《儒道天論發微》（台北：台灣學生書局，1985年），頁111。

〔註99〕以上溝口雄三的說法，參見〔日〕溝口雄三著，趙士林譯：《中國的思想》，頁8；顧立雅的說法，參見〔美〕顧立雅著，高專誠譯：《孔子與中國之道》（鄭州：大象出版社，2000年），頁141；韋伯的說法，參見〔德〕馬克斯·韋伯撰，王容芬譯：《儒教與道教》（北京：商務印書館，1999年），頁205～206。

〔註100〕韋政通：《中國思想史》（台北：水牛圖書出版事業有限公司，1999年），上冊，頁69。

的形上根源，肯定義理之天，人因有此道德信念故能仗義而行，無所畏懼。

二、性近／習遠：孔子的人性論

有關人性的看法，〔註101〕在孔子的言談之中，沒有得到較爲明確解釋與疏理。孔子不是完全沒提到，只是他非常簡略地談及二次，雖是簡述，然而這也是討論其人性時，分析的根據線索。其中一次乃是子路對老師孔子學說內容之看法，《論語・公冶長》說：

> 夫子之文章，可得而聞也；夫子之言性與天道，不可得而聞也。
> 〔註102〕

至於另一次，則是孔子談及有關人性之內容，《論語・陽貨》說：

> 子曰：性相近也，習相遠也。〔註103〕

上列二處引文，是學界討論孔子人性論，最常引述的篇章。有關「夫子之言性與天道，不可得而聞也」中的聞字，大多理解爲「聽聞」，而整句話的意思：關於老師的文章，是可以聽聞得到；而至於老師談論性與天道的言論，則我們聽聞不到。〔註104〕不過也有學者提出不同之看法，如徐復觀認爲，依「夫子之言性與天道」的「言」字來看，就可以判斷出孔子曾經談論過性與天道，只不過其內容子貢與其他學生不是很能了解，所以「聞」字應是指「了解」的意思。〔註105〕若就徐先生的理解，則孔子應曾言「性與天道」一類，只是其內容在學生聽聞後，也不是很能了解其意。

〔註101〕關於人性的「性」字，其最初是由「生」字演進而來，對此，生、性二字之關係唐君毅說到：「溯中國文字中『性』之一字之原始，乃原爲『生』字。近人傳斯年性命古訓辯證，嘗逾遍舉西周之金文，以爲之證。昔賢亦素多以生釋性之言。生字初指草木之生，繼指萬物之生，而於人或物之具體生命，亦可徑指爲生，如學生、先生、眾生是也。一具體之生命在生長變化發展中，而其生長變化發展，必有所向。此所向之所在，即其生命之性之所在，此蓋即中國古代之生字所以能涵具性之義，而進一步更有單獨之性字之原始。既有性字，而中國後之學者，乃多喜即生以言性。」以上參見氏著：《中國哲學原論——原性篇》（北京：中國社會科學出版社，2005年），頁6。

〔註102〕〔魏〕何晏等注，〔宋〕邢昺疏：《論語注疏》，卷5，頁43。

〔註103〕同上註，卷17，頁154。

〔註104〕楊伯峻：《論語譯注》（北京：中華書局，1980年），頁46。此外，邢昺亦說到：「『不可得而聞也者』，言人稟自然之性及天之自然之道，皆不知所以然而然，是其理深微，故不可得而聞也。」〔魏〕何晏等注，〔宋〕邢昺疏：《論語注疏》，卷5，頁44。

〔註105〕徐復觀：《中國人性論史（先秦篇）》（上海：上海三聯書店，2001年），頁97。

　　對於上述孔子所言「性與天道」此句話，林義正（1946～）亦指出：「子貢謂『夫子之言性與天道，不可得而聞也』，此章之記錄當是有人問子貢有關孔子談論性與天道的見解而來，……當是孔子晚年進入極高明的思想階段，對人性之來源與天人的關係所做的解論，只是子貢以爲非凡人所能領會，故不能肯定爲孔子所不談。」〔註106〕對此，蒙培元（1938～）則指出：「子貢明明說『夫子之言性與天道』，這就決不是一個『虛設』，它是以肯定孔子有『性與天道』之說爲前提的。就子貢的表述而言，問題不在於孔子有沒有言，而在於弟子得聞、不得聞，就是說，這是一個言說方式的問題。」〔註107〕以上林先生與蒙先生所論，則從不同角度表明，有關於性與天道一類問題，孔子是曾經談論過。

　　由上所述，孔子並沒有不談性與天道的議題，那麼孔子所言「人性」內容含義到底是什麼？對於這一問題，就要從孔子所說「性相近也，習相遠也」來論起。由於孔子對於人性爲何，也沒有很明確加以論述，因此，留給後人解釋與發展之空間。

　　就人性來說，孔子認爲人性本來是相近的，且較沒有太多差異。而人們之所以有賢愚善惡之別，則是後天「習染」所造成的。人類作爲萬靈之首，其異於飛禽走獸，乃是人類是具有智慧之生靈。也可說人類相對於飛禽走獸來講，其人性是近似的。所謂「性相近」是對人們內在特性之描述，對這種內在人性之特質，是人們修養工夫的內在根據，故而如杜維明（1940～）所說：

> 儘管我們現在還不是我們之「應是」，但是我們經過修身是能夠達到人性的這種最高境界的。學習充分地成爲一個人就是去成聖，只有聖人才是純正的人，則自我轉化的目標就不在於超離人性，而是去盡可能完整地「體現」人性。〔註108〕

既然成聖賢不是超離人性，而是要完整體現人性，那麼孔子的人性，就其關鍵來看，顯然不在於實然之描述，而在於「應然」人性之討論，也就是人性應當如何的存在之討論。孔子所言「性相近也，習相遠也」，也沒有明確雖表示出性善。孔子只是說我欲仁而仁即至，而仁者就是心中安於仁，仁在於人

〔註106〕林義正：《孔子學說探微》（台北：東大圖書股份有限公司，1987年），頁148。
〔註107〕蒙培元：《蒙培元講孔子》（北京：北京大學出版社，2005年），頁38～44。
〔註108〕參見杜維明：《論儒學的宗教性——對《中庸》的現代詮釋》（武漢：武漢大學出版社，1999年），頁107。

心，於是可進一步推說此仁心即人性的善之所在。

孔子沒有明確表示人性即是仁，而只是指出人性應該朝向仁的方向靠近，並培養仁的精神，「我欲仁，斯仁至矣」，仁存在於人的性分之中。不過人並不是一開始就能呈現仁，它是一種潛在在的特質，需透過後天培養方能漸漸成形。劉寶楠《論語正義》說：「《論語》言性相近，意在於警人慎習。非因論性而發，故不必直斷以善與。」在性與習的關係，先天之本性雖然重要，不過後天之習染教養也不容忽視。因為人性具有可塑的傾向，當人性習染善則往善之方向，而習染惡則往惡之方向，也因此孔子很重視「習」之作用。對此張岱年（1909～2004）亦有一段中肯的說明：「孔子所謂性，乃與習相對的。孔子不以善惡講性，只認為人的天性都是相近的，所謂的相異，皆由於習。」〔註109〕由性、習相對而講，可見孔子對二者都很注重，其人性看法，不僅認為人性是先天秉賦，而也注意後天之塑造，並強調人只要肯於行仁，則仁將會與人們愈靠愈近。

既然每個人都有成仁之可能，孔子何不說性相同就好，而卻說性相近？對此，孔子則解釋說此乃：「唯上知（智）與下愚不移。」〔註110〕這是因為在現實層面，人還存在著上智與下愚之因子，也即是人因材質不同，故有不太一樣之人性，所以說人性是相近而非相同。孔子面對各層面的學生與社會人士，觀察到由於各人所從事之職業不同，又所居處環境不一，致使人的品質有相遼遠之別，所以他得出「習相遠」之看法。

而對於上智與下愚之認知，有指出是人生來具有的善與人生來具有的惡。然依孔子當時環境與文義脈絡，則似乎可能指的是「智慧」之差別而言。關於此二者之差別，《漢書·古今人表》對「上智」、「下愚」解說為：「堯舜，禹、稷、卨與之為善則行，鯀、讙兜欲與為惡則誅。可與為善，不可與為惡，是謂『上智』。桀紂，龍逢、比干欲與之為善則誅，于莘、崇侯與之為惡則行。可與為惡，不可與為善，是謂『下愚』。」〔註111〕若以此來觀之於孔子，則孔子對於上智因其智慧高，而可說其有善的意思；而下愚因其智慧較低，且材

〔註109〕張岱年：《中國哲學史綱》（北京：中國社會科學出版社，1982年），頁183。此外，唐君毅亦說到：「今若就孔子之將『性相近』與『習相遠』對舉之旨以觀，則其所重者，蓋不在克就人性之自身而論其為何，而要在以習相遠為對照，以言人性雖相近，而由其學習之所成者，則相距懸殊。」參見氏著：《中國哲學原論——原性篇》，頁8～9。

〔註110〕〔魏〕何晏等注，〔宋〕邢昺疏：《論語注疏》，卷17，頁154。

〔註111〕〔東漢〕班固撰，〔唐〕顏師古注：《新校本漢書》，卷20，頁861。

質較劣，因而可說是較不善且含有惡之成份。故在孔子看來，上智者智慧高而不太可能移其志節，下愚者智慧低而不太可能轉化其頓質，所以孔子又進一步強調：「中人以上，可以語上也；中人以下，不可以語上也。」〔註112〕中人以上可說是上智，中人以下則是屬於下愚，這兩種人乃是社會上少數人群。孔子會有這樣看法，此是因為當時的文化在社會上層較發達，而下層社會則相對普遍落後愚昧之態勢，他看不到此種情形有快速明顯改變之可能，所以才有此話。但是在此可看見孔子智慧之處，他將社會中的個別現象，加以提升與提出較為普遍的結論，這也可說是某種哲學思維活動。而其用意是要加強對可能塑造的中人，對其施與習教使他們可以明道，透過學習讓「中人」可以成為仁德君子。

孔子闡明若是人們能夠學習禮的觀念，並知曉仁之思想，且能將禮、仁貫徹於實際生活的行為中，依此以行，久而久之便可達成道德高尚之君子。雖人性是與生俱來的，然而人們卻可以透後學習培養出道德精神，這其中的重點在於「習」。由於為個所習之不同，可以習善成君子，也可以習惡成小人，這君子與小人的形成，端在於個人之所習的善或惡內容而定。不過孔子是希望人能善加學習正確典範，進而養成良好的習慣，此即如傅佩榮（1950～）所說：「孔子心中所了解的人性是『向善的』。」〔註113〕所以孔子勉勵人們要努力學禮、學道，做到「篤信好學」進而能「守死善道」，希望人們能在學習後，成為仁人君子，而能對於社會、國家乃至全人類有所貢獻。

此外孔子有關性與習之關係，認為人性是自然生命中的一部分，此自然生命則受到天命所支配；而習行是人的作用力量之行為表現。就人性而言，本是相近，可是因為個人習的不同，造成行為也不同，於是在道德上也就不盡一樣，有時可能相差甚遠。然而道德的形成，一方面以人所具有之性為根據，另一方面又要配合後天的習行培養，使人性能健康的發展，進而從自然生命狀態中走向仁德之路，成為仁德之人。教育本身重在理性之啟發，通過教育人們可以成就德性，而在人性與習行配合教育下，德性一步步的型塑成形，此中也體現理性原則與人道原則之交融。而也強調德性之形成，人們後天的習行是居於重要因素，於是在成德過程中，人們對自身力量之掌握則更顯信心。

〔註112〕〔魏〕何晏等注，〔宋〕邢昺疏：《論語注疏》，卷6，頁54。
〔註113〕傅佩榮：《儒家哲學新論》（台北：聯經出版事業有限公司，2010年），頁70。

對於「性近／習遠」的思想，也可與出土竹簡材料，相互對照來理解，
如郭店楚墓竹簡〈性自命出〉中有說：「習也者，又（有）以習亓（其）眚（性）
也」、「羕（養）眚（性）者，習也」等，〔註114〕從簡文所述可知，對於德性
之形成，也是重視後天之習的培養。又如郭店楚墓竹簡〈成之聞之〉，簡文對
於性之含義亦有提及：

> 聖人之眚（性）與中人之眚（性），亓（其）生而未又（有）非之。
> 節於而也，則猷（猶）是也。唯（雖）亓（其）於善道也，亦非又
> （有）譯（懌）婁（數）以多也。及亓（其）尃（博）長而厚大也，
> 則聖人不可由（猶）與（豫）墠（憚）之。此以民皆又（有）眚（性）
> 而聖人不可莫（慕）也。〔註115〕

簡文指出聖人之性與中人之性，二者最初沒有明顯分別，就是以善道而言，
也沒有太大差別足以分判二者。不過當各自的性發展之後，二者之性就有差
別，中人要像聖人那樣是不太可能。所以說民性有其定數，聖人是不可模仿
而速成的。

學者也注意到上述簡文的性論，與孔子所言「性相近」，彼此間有所關聯，
並且與《論語》「唯上知與下愚不移」相觀看，進而指出孔子所言的性是「中
人」之性。〔註116〕也因此孔子所言聖人和中人之間，並非起初其性就不同，
而是肇因於「習」而才相邈遠。此處的性除了含有先天之天賦外，也應包括
後天的學習和充實。有關先天之性與後天之實踐二者是不一樣的，因此有學
者認為後天之實踐，是說人實際做了什麼，換句話說，即是人不管起初的其
性多相近，可是其後天習行卻是不相同的。〔註117〕若不是對天賦本性有深刻

〔註114〕荊門市博物館：《郭店楚墓竹簡》（北京：文物出版社，1998 年），竹簡圖版
　　　　第 11～12 簡，頁 61；竹簡釋文，頁 179。竹簡圖版第 13～14 簡，頁 62；竹
　　　　簡釋文，頁 179。

〔註115〕同上註，竹簡圖版第 26～28 簡，頁 51；竹簡釋文，頁 168。

〔註116〕對此，郭沂進一步指出：「孔子『唯上知與下愚不移』的思想反映在本章裡，
　　　　就是『民皆有性，聖人不可慕也』。民之性與聖人之性不但不同，且各有一定，
　　　　不可習，不可移。本章的『中人之性』亦來自孔子，孔子說：『中人以上，可
　　　　以語上也，中人以下，不可以語上。』揣摩孔子此意，此處之『中人』乃就
　　　　性而言也。」以上參見氏著：〈郭店楚簡〈天降大常〉（〈成之聞之〉）篇疏證〉，
　　　　《孔子研究》1998 年第 3 期，頁 65；此外，相關議題之討論亦可參見李學勤：
　　　　〈試說郭店簡〈成之聞之〉兩章〉，《煙台大學學報（哲學社會科學版）》2000
　　　　年第 4 期。

〔註117〕〔美〕艾蘭著，張海晏譯：《水之道與德之端：中國早期哲學思想的本喻》（上

觀察與了解，以及對社會中個人之材質與智力的差異有深入洞察，則孔子不太可能對「習相遠」課題，保有如此謹慎態度來看待之。

總而言之，就是因為人們之天賦本性相近，故彼此間有可以溝通交流之可能性，由此以達理解彼此。然而孔子認為人類的生活世界，並非簡單是由性相近之同質化所組成的，社會上各種人物乃是某種「性近／習遠」之存在。也即是因為人們的性近／習遠的雙重特質，故而形成社會人們的不同性格，更造成社會人事的錯綜複雜之情形。

第四節　孔子的「命」觀念思想

上一節對於孔子的天論與人性論之議題，已予以分析。在此節將著力在探討，與人們生存有密切關係的「命」觀念思想。亦即是觀看與討論孔子「命」觀念思想究是何種樣式？當孔子在遭逢人生不順遂，其如何排解與突破生命之困頓？而當他在經歷「軸心期」大傳統思想文化之轉變後，與處在地域性魯思想文化中，其回應時代潮流所呈現出「命」觀念，與《易經》卦爻辭「命」觀念又有何不同？這些都是本節所要進行分析。

一、限制：為何有「命」？

在殷商宗教神學裡，上帝被視為具有主宰力量的至上神，祂主宰人間一切，包括個人生活遭遇，乃至社會事務與國家興廢大事，如《尚書‧湯誓》說：「夏氏有罪，予畏上帝，不敢不正。」〔註118〕上帝在此即被當作天人之間主宰與被主宰的表述用法，祂的能力可以斷絕國運，也可以保佑國家永久昌盛，可見其能力之威顯。時至西周還存有崇高的天，也即是讓人敬畏的人格天，故而天也是人們誠恐敬畏的對象，也因此人們對天命持有恪遵之態度。

而孔子思想中也還存有西周天命神學，即認為天對個人遭遇和國家興衰具有其影響作用力量。故孔子對於自身無法掌握之事，如生死、夭壽、貴賤之問題，認為都與天之主宰有關。而孔子為何對天會存著敬畏之態度？此可從其鬼神論來說起。

敬祭鬼神在孔子看來，是要怎麼對待之？其基本態度認為：「子之所慎：

海：上海人民出版社，2002年），頁148。
〔註118〕〔西漢〕孔安國傳，〔唐〕孔穎達正義：《尚書正義》，卷8，頁108。

齋、戰、疾。」〔註119〕將齋祭與戰爭、疾病等同看待，是因爲這些都與民生有著密切關係之大事。對齋祭的重視，也因它是孔子禮治思想之成分。禮的重要在於維持宗法社會秩序，而作爲禮的外在展現形式，祭禮當然不容忽視。由此可見慎重齋祀的重要點，不完全在於那縹緲的神靈，而是在於祭禮過程中所含蘊的內在重要意義。此意義何在？即在於孔子所說：「祭如在，祭神如神在」之祭祀要求。〔註120〕祭祀首要在於誠而已，因此當你祭神時，不論神在或不在，只要誠心去祭祀就「如神在」，此是因爲躬行的祭禮，是用誠心去祭祀，既然誠敬祭祀之心「如在」，跟著祭神的「意義」也就有存在，則祭神之時就「如神在」一樣地莊嚴又隆盛。孔子也重視祭祀之態度虔誠：故說「吾不與祭，如不祭。」〔註121〕可知孔子都是親自參與祭儀，而不假他人代勞。在祭祀時如祖先、鬼神在面前，因此要保持莊敬之儀態，心誠無欺，並要依禮而行。此外，還指出：「非其鬼而祭之，諂也。」〔註122〕不是該去祭祀的鬼神，而去祭祀祂，則是一種媚獻的行爲。可說孔子對於鬼神採取禮制來祭祀之，並保有「誠敬」之心而躬行其祭。故孔子沒有排斥鬼神，也沒有否定鬼神之存在。因爲誠敬祭祀的「前提」是承認有鬼神的存在，否則孔子何來「敬」之心的產生。要先有其受敬之對象存在，而後才有「敬」之行爲表現，只不過孔子是透過祭儀來表達其內心之崇敬。

至於爲何如此恭敬於鬼神？孔子是想藉由對鬼神之存敬，來運用於教化之中，孔子弟子曾參就說到：「慎終追遠，民德歸厚矣。」〔註123〕之所以要祭祀祖先死後而成之鬼神，其目的要讓人民保有篤實德厚之精神，也可說是某種後來所說的神道設教。將神道設教作爲控制人們行爲之精神準則，顯然也是理性化之表現。因而孔子的祭祀鬼神本身，也可說是一種理性之表現。

對於鬼神的重視，連帶地孔子對於天之主宰力量，亦不敢輕忽。某些事情發生時，他本人也會感到無法理解，尤其是生死大事，例如弟子冉伯牛有次生大病，孔子前去探病，而隔窗握著伯牛的手說到：「亡之，命矣夫！斯人也，而有斯疾也！斯人也，而有斯疾也！」〔註124〕看見學生患重病，孔子有

〔註119〕〔魏〕何晏等集解，〔宋〕邢昺疏：《論語注疏》，卷7，頁61。
〔註120〕同上註，卷3，頁28。
〔註121〕同上註，卷3，頁28。
〔註122〕同上註，卷2，頁20。
〔註123〕同上註，卷1，頁7。
〔註124〕同上註，卷6，頁52。

股莫名之難過，對於伯牛可能有性命損亡之憂，孔子認為這是上天之命運安排，但面對如此情形除悲傷外，也十分感慨地說出「這樣的人會有這樣的病」之嘆傷。在死亡問題，如好人患有重疾將死，孔子的感慨也如一般人，並將無法理解之事歸結於神祕力量的安排。

此外，對於推行大道一事，孔子說：「道之將行也與？命也。道之將廢也與？命也。公伯寮其如命何！」〔註125〕有關「道」的推行或無法推行，是有受制於主宰天，但雖知有主宰天之因素存在，不過孔子還表現出盡己之力來行道。可知在生死問題上，從孔子言說中可看出，此如常人一樣還是無法理解，因而將生死歸於主宰天之命運安排。不過在實際行動上，雖有窮達之限制，不過他不因此放棄行道，也即說主宰天有安排命運之力，然而這並不影響其行道的活動。

由此孔子就是在人事的無可奈何中，深刻體會到命的生死不定，如上述的「斯人也，而有斯疾」。也能體會到在努力過程中，有一些是自身無法掌握之事，如上述的道之「行」與「不行」的無法確定性，故而孔子對於「命」觀念，可說是在於人事有所「限制」之感觸後，而體知有「命運」的存在。

二、「命」的內容？

以上約略談分析「命」是如何產生的，而現在將進一步來討論，孔子的「命」內容到底為何。

孔子除了認為生死夭壽由天所決定外，也宣稱家庭成員多寡與貧富差別亦是由天所安排好了，如《論語・顏淵》記載司馬牛憂愁自己沒有兄弟，偏偏別人都有兄弟，子夏聽聞安慰他而說：「商聞之矣，死生有命，富貴在天。」〔註126〕子夏說生死之事，乃命運之安排，而富貴與否由天所注定，一切人事遭遇是命該如此。因此自己有無兄弟的事，當然也是天所決定之問題。這和大多數人一樣，將個人窮通、富貴都歸之於神祕不可違的天，所主宰掌握著。不過值得注意，此處子夏會有這樣看法是聽聞來的，子夏是孔子高足之一，其所聞應是來自於孔子，而子夏之說與孔子言說亦相符合，故應當可作為孔子之看法。

人的智力也由天所注定，智力差別在孔子看來是天生的，可略分為「生

〔註125〕同上註，卷14，頁129。
〔註126〕同上註，卷12，頁106。

而知之」、「學而知之」、「困而學之」和「困而不學」等四種類型人，而天就注定此四種人之智力，於是人就有不同之學習上的差異。孔子自謙不是「生而知之」類型，而是屬於勤勉好學而已。因爲孔子認爲天控制注定人之智愚、福禍等命運，故而一旦有不幸之事產生，又無法理解之時，則天往往成爲他藉以訴苦之對象。這種典型例子是魯哀公與孔子之對話，魯哀公問孔子有關學生中誰最好學？孔子說：「有顏回者好學，不遷怒，不貳過。不幸短命死矣。」〔註127〕作爲孔子最得意之學生，顏回卓越超群，學識與品德出類拔萃，可是其命運卻不佳，因爲他窮居陋巷，飲食粗簡，最可惜是英年早逝。孔子回憶顏回之生活遭遇過程，話語中可感受其對命運之無奈嘆息。

　　總之，孔子相信個人的夭壽、貧富、貴踐，都操之在上天的安排，人事的不解都歸之於命中注定的。個人受時運之限制，也產生對命之慨嘆，而孔子此種心情，在出土文獻資料亦可得到印證，如上海博物館藏戰國楚竹書中的〈孔子詩論〉就有提及：

　　　　〈棣（樛）木〉之𣥠（時），……害（曷）？曰：「童（動）而皆臤（賢）於丌（其）初者也。

　　　　〈棣（樛）木〉之𣥠（時），則㠯（以）丌（其）彔（祿）也。

　　　　〈棣（樛）木〉，福斯才（在）君子，不〔亦□時乎！〕〔註128〕

以上簡文意思說，〈棣（樛）木〉詩說到有關時運，是說後面結果會比最初好。有了時運君子就有爵祿。君子有爵祿乃是時運所致。而簡文這些看法，也正好體現遵奉上天所安排之態度，故也印證上文孔子對於時命之看法。在這裡也需知道，孔子對於人事的安排歸之於天，但他似乎也無從說出其中安排規律情形，而只能道出生死貧賤都是命。「知命」的意思，就是知道命中這些事不可求得到，知道不可求就不去妄求，也不花心思去妄想它。就先天層面本來看，孔子認爲生死富貴不可求乃因爲是上天所注定。不過他並不否定後天人爲的努力，以及其應行之義務。以上乃論述孔子關於「知命」之看法。

　　在孔子的天命觀念中，要去揭出它的神祕外衣，去探究其內核。而此內

〔註127〕同上註，卷6，頁51。
〔註128〕參見馬承源主編：《上海博物館藏戰國楚竹書（一）》（上海：上海古籍出版社，2001年），竹簡圖版第10簡，頁22；竹簡釋文，頁139。竹簡圖版第11簡，頁23；竹簡釋文，頁141。竹簡圖版第12簡，頁24；竹簡釋文，頁142。

核可分為兩部分所組成,其一是對於歷史經驗給予尊重,對傳統神學保持尊敬,此即是一種「天命的主宰義」;其二是對於傳續文武之道的使命勇於承擔,此即是一種「天命的賦予義」。對於此兩種天命之內容,應該加以分析之。

「死生有命,富貴在天」可能是子夏聽於孔子所說,而這樣的說法,其實自古就有類似之說出現,人們也就保持相信態度,如《尚書‧高宗肜日》:「降年有永有不永。非天夭民,民中絕命。」〔註129〕天子臨於百姓之上,富甲天下,極其富貴,而天子有此帝位與國祚,乃繫於人民之向背,而人民之向背則影響天子是否能保有天命與否。又如《尚書‧甘誓》:「有扈氏威侮五行,怠棄三正,天命剿絕其命。」〔註130〕;《康誥》:「天乃大命文王殪戎殷,誕受厥命。」〔註131〕這些也都指出天命主控著國之興亡大權。而說孔子承續保有部分傳統天命觀念,也是事實,孔子認為天命說的起源是王位創立者,對於之後繼位者的訓勉,告誡繼位者要了解人民的需求,並給予適當生活品質。故孔子不用「致孝乎鬼神」與否來要求上位者,而是要求上位者能否到注意「四海困窮」之問題,〔註132〕並予以改善,依此來作為上位者的天命可否續存之準則。

在孔子看來,恭行君子之道的人,認為其所行之事皆需正當,故不會做出不正當之事。君子懂得修養自身品德,並以正當方式去從事人間各項職務,且在遇到生存困境時,也不敢違背正當原則。而之能如此的表現,乃是出於對「天命」的敬畏,故而孔子指出:「君子有三畏:畏天命,畏大人,畏聖人之言。小人不知天命而不畏也,狎大人,侮聖人之言。」〔註133〕天命代表至高權威力量,大人能夠代天以行政治權力,而聖人是代天立言行事的楷模。故不可如小人般不知畏敬天命,而行為無所忌憚,甚至輕視大人,侮慢聖人之言論。君子雖身處困窮之境,亦遵守規範不做背義之事;小人遇到困難,便不顧行為之後的不良反應,無所顧及的妄為而在所不惜。

「天命」決定個人之機遇與時運,孔子此種命觀念,也可結合郭店楚墓

〔註129〕〔西漢〕孔安國傳,〔唐〕孔穎達正義:《尚書正義》,卷10,頁143。
〔註130〕同上註,卷7,頁98。
〔註131〕同上註,卷14,頁201。
〔註132〕《論語》上有說到:「堯曰:『咨!爾舜!天之厤(曆)數在爾躬,允執其中,四海困窮,天祿永終。』舜亦以命禹。」參見〔魏〕何晏等集解,〔宋〕邢昺疏:《論語注疏》,卷20,頁178。這段話的前面沒有子曰二字,可能是一個古代歷史上的傳說,孔子曾引用過這段話原話。
〔註133〕〔魏〕何晏等集解,〔宋〕邢昺疏:《論語注疏》,卷16,頁149。

竹簡中的〈窮達以時〉來參照對看，此篇楚簡根據整理者的說法，認為此篇現存有 15 枚竹簡，而內容所記述的是與傳世文獻的《荀子‧宥坐》、《孔子家語‧在厄》、《韓詩外傳》卷七、《說苑‧雜言》等記述孔子困於陳蔡時師生問答相接近。〔註 134〕竹簡文中舉例說明舜遇堯、傳說遇武丁、呂望遇周文王、管仲遇齊桓公等古代事例，藉以指出一般人原本默默無聞而後能事功卓越，其中的關鍵在於是否能遇到聖王之賞賜提攜，而為何能遇到聖王？簡文強調「偶（遇）不堰（遇），天也」。能否遇到聖王而受其提攜乃是取決於天之定，也就是取決於「天命」。因為天命是人事所無法掌握的，故而〈窮達以時〉簡文說：

> 又（有）天又（有）人，天人又（有）分。察天人之分，而智（知）所行矣。又（有）亓（其）人，亡亓（其）殜（世），唯（雖）臤（賢）弗行矣。句（苟）又（有）亓（其）殜（世），可（何）懂〈慬（難）〉之又（有）才（哉）。〔註 135〕

簡文中所說的「世」是指時世而言，個人在社會環境過程之際遇，乃是天命所主控著。應要明瞭天人之分，即是要明白天與人有各自的名分，因而恪遵天命不作僭越之妄想。簡文所說的由天命所規定的個人際遇命運，與孔子對於天命的主宰義說法，是一致的，故而證明孔子本人對天命之態度，是保有敬畏之心。

再來考察孔子「天命的賦予義」，他的這個觀點的理論基礎是義理之天。義理之天表現為具有道理的天，而天命因具有賦予義，所以它就比天命的主宰義，顯得前進了一步。而孔子就是勉勵自己要能承擔起傳續文武之道的歷史使命，並以此來建立起新朝代氣象而付出努力。

孔子認為人作為自然界的某部分，應從自然概念中超脫出來，以成為文化概念之人。而當人要是成文化代表時，他將會超脫人的自然本性。孔子從西周傳統文化中，去承續某部分天命論思想，就孔子而言，其認為天是一種比人更崇高與神聖性之存在，因而他敬畏天、敬畏聖君，並以之為效法的對象，故其說：「唯天為大，唯堯則之。」〔註 136〕不過在孔子看來，天不僅是聖君天子之神，祂也還是與每人的道德稟賦有關係著，如其說：「文王既沒，

〔註 134〕參見荊門市博物館：《郭店楚墓竹簡》，頁 145。
〔註 135〕此段簡文見於荊門市博物館編：《郭店楚墓竹簡》，竹簡圖版第 1～2 簡，頁 27；竹簡釋文，頁 145。
〔註 136〕〔魏〕何晏等集解，〔宋〕邢昺疏：《論語注疏》，卷 8，頁 72。

文不在茲乎？天之將喪斯文也，後死者不得與斯文也，天之未喪斯文也，匡人其如予何？」；「天生德於予，桓魋其如予何？」〔註137〕之中所說的天或天命，除表達個人的人生信仰外，也述說天或天命是孔子從傳統宗教信仰中所借助之形上依據。就在這樣的借助援引過程中，孔子將作爲統治者之神性天的天命，轉化爲興復斯文與追求道義的天命，此即是孔子所說的「天命的賦予義」。於此武內義雄（1886～1966）即強調說：「孔子說『五十而知天命』，所謂天命，是天對人的命令，這從人的方面說，是人由天所享受的德。德者得也，意思是『所享受的東西』。」又如蒙培元也說：「『五十而知天命』是最關鍵的一個階段，……這裡的『天命』只能理解成最高的價值法則、道德法則，面且內在於心面存在。」〔註138〕這也正是處在政治衰敗社會混亂之世的孔子，才會將天視爲唯一的知己，並自信地認爲「天生德於予」和「知我者其天乎」。他所在乎的是天命與正道斯文之興廢問題，也即是關於整個人類的前途，因爲了興復斯文的人間大業，故孔子對道義之追求過程才能夠展現無畏的勇氣，並坦然面對自身所遭遇之不幸挫折。

　　由上所論孔子在承續傳統的天命觀念的同時，又根據其思想體系之需要出發，而賦予它以新的內涵，這就如趙沛霖（1938～）所說的：「孔子在天命論的體系框架中，充實進而閃爍著理性光輝的思想，在超驗神秘宗教觀念中，融入了現實的人文因素。」〔註139〕換言之，孔子對於人生命運之態度，雖有採取聽其自然之態勢，但在《論語》中若是提到有關「天命」的賦予義時，則表現出敬畏、承當的精神態度。因爲就孔子看來，這種道德法則，不僅僅是外在的抽象而漠然之存在，而還是有其眞實意義之價值所在。

　　孔子認爲，人的生死、貧富、貴賤，雖有受制主宰性的天命所決定，而此情形即前文所說的「命限」。然而就人而言，其尚可充分盡己之力，去從事自己所認爲應當做的事務，而不管其成功或失敗，孔子認爲可能知道事情不

〔註137〕同上註，卷9，頁77；卷7，頁63。
〔註138〕以上參見〔日〕武內義雄：《儒教之精神》（上海：太平書局，1942年），頁11；蒙培元：《人與自然——中國哲學生態觀》（北京：人民出版社，2004年），頁100。又李澤厚則認爲：「與當時人一樣，孔子大概仍是相信上帝鬼神的。只是採取，存而不論的態度，即不用理性去解說神的存在，而是將某種理解，例如對宇宙的存在及其規律的領悟沉入情感中，造成某種心理情態。」參見氏著：《論語今讀》（合肥：安徽文藝出版社，1998年），頁97。
〔註139〕趙沛霖：〈信仰的開禁，觀念的解放——孔子天命觀新說〉，《天津社會科學》1995年第2期，頁104。

能成功，但只要合乎「道義」他就認為「應該做」，而且還要「努力去做」，即是要盡其「義」。因此孔子認為「義」與「命」（命限）要區分開來，而勞思光稱此為「義命分立」。〔註140〕他強調人的理性自覺與能動性，提倡在人事應保持有為之態度，重視人的倫理實踐，孔子此種特質就如美國哲學家芬格萊特（Herbert Fingarette，1921～）所指出：「《論語》體現著現世的、務實的人文主義色彩。」〔註141〕孔子所呈現的人文精神與實踐作為，在當時的人們看來，似乎是在從事某種「知其不可而為之」的艱困行動。對此困難的行動，林啟屏師則指出：

> 所以「命」使行道者如孔丘困於陳蔡，以致弟子們認為似乎「命」
> 總是扮演打擊者的角色，從不給予君子方便，因而有了怨懟的情緒。
> 但孔子則認為君子在如此困頓的挫折裡，反而更應持守著是非價值
> 的立場，不可鬆動。這實在是反映出孔子對於「人」立場的堅持。
> 〔註142〕

的確如此，行道過程之困頓，有時是會打擊人們的信念，但若不是經過艱難考驗，怎可得知平時所學之道德知識，有否吸收消化入於內在「信念」中。因此當經歷困頓而能堅持是非立場而不動搖，則能反映其所學之道義有入於內，並且能夠表現於行動之中。因此當孔子推行其理想而受挫，孔子的學生子路就替他說明到：「君子之仕也，行其義也。道之不行，已知之矣。」〔註143〕此即說，孔子想要出仕，是為了實現「君臣之義」。而關於他所說的道可能在當時不易實行，他也已經知道了，但為了道義還是堅持去做，這就是「知其不可而為之」。此亦可說是義、命區分之下的「行義」。

　　對於人的道德品質，孔子則認為，這是取決於個人自身之努力。他說：「仁遠乎哉？我欲仁，斯仁至矣。」〔註144〕又說：「行仁由己，而由人乎哉？」〔註145〕孔子認為，仁這種東西並非遙不可及，你如果要它，它即來至。仁是人的最高道德價值，要擁有它不是靠別人，而是需靠自己去做為仁之舉。

〔註140〕勞思光：《新編中國哲學史（一）》（台北：三民書局，2005年），頁131。
〔註141〕〔美〕芬格萊特：《孔子：即凡而聖》（南京：江蘇人民出版社，2002年），頁9。
〔註142〕林啟屏師：《從古典到正典：中國古代儒學意識之形成》（台北：國立臺灣大學出版中心，2007年），頁275。
〔註143〕〔魏〕何晏等集解，〔宋〕邢昺疏：《論語注疏》，卷18，頁166。
〔註144〕同上註，卷7，頁64。
〔註145〕同上註，卷12，頁106。

孔子有位學生向他述說到：「非不說（悅）子之道，力不足也。」〔註146〕此學生說到，他並非不喜歡孔子所說的道，但因自己能力不足以去行道。對此孔子說：「今女（汝）畫。」即指出是你畫一道線，將自身限制住，而不是能力不足的問題。此外關於「義」，孔子則強調指出：「不義而富且貴，於我如浮雲。」；「君子有九思，……見得思義。」〔註147〕對於不義而卻能富貴之事，孔子將其視若浮雲般而不為所動。因其事是不正當或不合理，故不為之。而對於所想要獲得之事物，一般人都是有所欲求，不過在獲取它的過程中，應該重視是否合於「義」，合於義即是說要「正當」與「合理」。

除此之外，孔子又指出：「見義不為，無勇也。」〔註148〕一個人若是面對「理所當為」的正當之事，卻反而逃避責任，對之棄而不為，此即是無勇的顯示。「君子義以為上」，故而合於義則行之，乃是君子之勇。而這種正當合義合理之勇，可說是「義勇」。義也可說是「理」，而君子之所以成為君子，〔註149〕就是看他行為是否具有「理義」之實質，來作為衡量其可否成為君子之標準。因此孔子才會說君子是「見利思義，見危授命」。〔註150〕面對當前的理義之事，君子不在利上去較量，而是由理義為優先考量。人能夠忘利而行理義，推之於國家大事，自然也可以「見危」而「授命」。對於國家危難之際，其能奮勇獻身，此正是見義忘利的「盡義」的最高節操表現。

孔子以道德來作為天與人溝通之中介，並企圖使之相互融合。所謂「知者樂水，仁者樂山，知者動，仁者靜」〔註151〕，即便是藉由自然山水景物表徵，以作為象徵人的道德品質。智者與仁者體認到山水景物與己身道德的相

〔註146〕同上註，卷6，頁53。

〔註147〕同上註，卷7，頁62；同上註，卷16，頁149。

〔註148〕同上註，卷2，頁20。

〔註149〕余英時指出：「以西方 nobility 和 gentleman 的例證，我們有充足的理由相信『君子』最初是專指社會上居高位的人，後來才逐漸轉化為道德名稱的，最初是少數王侯貴族的專號，後來才慢慢變成上下人等都可用的通稱的。」余英時：《現代儒學的回顧與展望》（北京：生活・讀書・新知三聯書店，2004年），頁273。

〔註150〕〔魏〕何晏等集解，〔宋〕邢昺疏：《論語注疏》，卷14，頁125。「就『義』而言，自然『道之行』合乎『義』，『道之廢』則不合乎『義』。但道之『應行』是一事；道之能否『行』，或將『廢』，則是事實問題，乃受客觀限制所決定，……道之『行』或『不行』，是成敗問題，道之『應行』，則是價值是非問題。人所能負責者，只在於『是非問題』，而非成敗問題也。」以上參見勞思光：《新編中國哲學史（一）》，頁132。

〔註151〕〔魏〕何晏等集解，〔宋〕邢昺疏：《論語注疏》，卷6，頁54。

似性，於是將自己與自然山水連結在一起，並進而達到與山水融合的樂山樂水之境地。此也可稱作是種比德說，即是屬於自然美學理論。由此實際上，也表示出孔子是透過賦予天以某種道德涵意屬性，力圖要將「義理天」與人之道德行為作一相互融合。而這種融合可說體現在人之道德行義表現，人之行義即顯示出義理天中所含蘊的天道之理。

三、改變命的方法

孔子有關「命」之內容，在上文已經討論，現在將就「方法」層面，分析孔子如何改變命之方法，以下分二方面進行討論，其一，就「人道層次」來論述孔子改變命之方法，以及改變命之後，所呈現的樣貌；其二，就「天道層次」來論述孔子改變命之方法，及其改變命之後，所表現出的舉止樣態。對此下文逐一分析之。

（一）人道層次：改變命之方法

《尚書》所出現有關命字之篇章，大多認為命是由天所定，如《尚書‧召誥》說：「若生子，罔不在厥初生，自貽哲命。今天其命哲，命吉凶，命歷年。」〔註152〕這即是說人的哲愚，亦即人的資質有聰明或愚笨；人的吉凶，亦即人出生到富貴之家而得吉，出生到貧苦之家而得凶；人的永年或不永年，亦即人若身心發展卻很健全，即是年永，若不是則是年不永。而以上的情形全都是天之所命，且與生俱來。而「今天其命哲，命吉凶，命歷年」乃是召公對周成王的告誡之言，其中表明人之所以有哲愚、吉凶、歷年，皆天所命而造成的不同情形，而這些也是人之命的主要情況。此外，在《詩經》中也有命字之篇章，也大多作為天命之用法，如《詩經‧召南‧小星》說：「實命不同」、「實命不猶」，這些命字，即指天命而言，是說天對人的命有主宰作用，因而人的命有所限制，此可說是命限。

而孔子亦認為人的智力、才華和品性是天所注定的，即天生的。天在人的初生時，就初步將人分類成「生而知之」、「學而知之」、「困而學之」和「困而不學」四種等別，所以人才會有不同的才華高下品性優劣。孔子則謙虛地指出自己非「生而知之」的人，而不過是個敏而好學之人。而如何突破個人與生具有的，在才質上的「命限」？還有個人的壽夭、生死，也都是主宰天

〔註152〕〔西漢〕孔安國傳，〔唐〕孔穎達正義：《尚書正義》，卷15，頁223。

所安排好的，而如何突破此限制？孔子認爲可先從「下學」的工夫著手。

所謂「下學」是相對於「上達」來說的，而何謂學？即是《論語・爲政》：「十有五而志于學」的學，〔註153〕孔子屢屢說到顏回之好學，他爲學能夠「不遷怒，不貳過」，〔註154〕此即將學作爲生命體之中心，從一般灑掃進退的節儀，到見聞多識的博學，都是將其所學的知識，融入於生命個體之中，進而轉化成個人生命內涵之德性。

在當時各諸侯國彼此爭戰不休，人民飽受戰亂之困苦，於是孔子爲著人類前途命運設想，而思索社會能永久安和的良策，認爲必須確立理性秩序與公正之信念，方可達至和階社會之實現。而如此就可從根本去導正扭曲的社會亂象與人性頹喪，但是，正確的價值理要去何處找尋呢？孔子觀察到從上古流傳下來的德、禮、仁傳統觀念，在當時混亂社會嚴重衝擊下，人們的內心並未完全遺棄這些傳統觀念。所以孔子就重新溫習與詮釋傳統典籍，加以弘揚傳統人文價值。故而其重視「學」的態度，實有受其大傳統時代背景之影響。

孔子的學習態度從小就培養起，他青少年時爲能維持生計，當過管理牛羊和管理倉庫的職務，從事這些事務而學會一些本領，故《論語・子罕》說：「吾少也賤，故多能鄙事。」〔註155〕一般人處在艱困環境下，會有心生不悅之情緒表現。然而孔子卻能在困苦中，去熱愛生命中各種處境，從中獲取生活所需之各項技能。而有關孔子年少求學之過程，傳世文獻材料所記都是少許的。孔子說的：「吾十有五而志于學」，其中的「志」字，皇侃《論語義疏》解釋爲「在心」的意思，這樣的解說有其道理，他說：「十五是成童之歲，識慮堅明，故始此年而志學也。」〔註156〕對此，朱熹《四書章句集注》則將「學」字解釋成「大學之道」，這也有其依據的道理，他說：「志乎此，則念念在此而爲之不厭矣。」〔註157〕即是說孔子自十五歲起，就確立邁向大學之道的學習志向。而孔子並非僅爲了生活謀生而才去學習，而是超功利地運用各種機會，來廣泛地學習各項學識。例如「子入太廟，每事問。」〔註158〕

〔註153〕〔魏〕何晏等集解，〔宋〕邢昺疏：《論語注疏》，卷2，頁16。

〔註154〕同上註，卷6，頁51。

〔註155〕〔魏〕何晏等集解，〔宋〕邢昺疏：《論語注疏》，卷9，頁78。

〔註156〕參見程樹德：《論語集釋》（北京：中華書局，1990年），頁71。

〔註157〕朱熹：《四書章句集注》（北京：中華書局，1983年），頁54。

〔註158〕同上註，卷3，頁28。

對太廟祭祀禮節遇有不懂之事，便請教祭祀之人員。又如《左傳·昭公十七年》記載郯子來朝之時，孔子就把握機會請教他，有關少昊氏時期的一些官制，在請教過後孔子由感而發說出：「吾聞之，天子失官，學在四夷。」〔註159〕再如《史記·孔子世家》、《孔子家語》也記載孔子曾學琴於魯國樂官師襄，以及記載孔子到過東都洛邑而「問禮於老聃」。以上都說明了，孔子是個不放棄任何可學機會之人。對此現象有學者認爲孔子這種學習態度，像是一種調查研究之方法。〔註160〕不過關於孔子是否曾問禮於老子，以及其確切時間點，尚存有不同之說法，然孔子對於學習傳統文化之熱衷態度，則是無庸置疑的。

孔子在當時雖然有著博學之名，而顯揚於世，然而他主要之意圖，並非完完是要恃才以求仕宦之聞達。荻生徂徠（1666～1728）在《論語徵》中說到：

> 蓋先王之道，安民之道也。學者，學之也。學優則仕，以行其道。
> 子路曰：「不仕無義，君臣之義，如之何其廢之？」孔子時議論如此。
> 故人不知而不仕，其心有所怫鬱，士子之常也。樂《詩》、《書》，以
> 忘憂，儒者之事也。孔子以此自處，亦以勸人。〔註161〕

孔子學風是很踏實而又平易，其學問都是述說如何做人的道理。郝大郝和安樂哲認爲孔子是反對成爲只有多學而識的學究之人，主張衡量學識之價值，應以其是否運用學識去服務人們。所謂學乃是獲得傳統文化學識，而以獲取學識之基礎與他人進行溝通交流，進而在相互影響中達到某種共同的世界。〔註162〕由此看來，美國學者是更加重視學習對於生命意義，所起到的重要作用。此外，達巷黨人對孔子贊說：「大哉孔子！博學而無所成名。」〔註163〕孔子卻反而解釋說到：「吾何執？執御乎？執射乎？」也就是反對將學問工具化，而其所追求著重乃在於人格之完善。

而孔子的好學，可說與地域性的魯思想文化有關。魯國對於典籍之收藏

〔註159〕〔晉〕杜預注，〔唐〕孔穎達等正義：《春秋左傳正義》，卷48，頁838。
〔註160〕匡亞明：《孔子評傳》（南京：南京大學出版社，1990年），頁31。
〔註161〕荻生徂徠：《論語徵》，收入〔日〕關儀一郎編：《日本名家四書註釋全書》（東京：鳳出版，1973年），頁8。
〔註162〕〔美〕郝大維，安樂哲著，何金俐譯：《通過孔子而思》（北京：北京大學出版社，2005年），頁49。
〔註163〕〔魏〕何晏等集解，〔宋〕邢昺疏：《論語注疏》，卷9，頁77。

相當重視，魯國人對傳統文物典籍很珍惜、愛護。公元前 492 年，魯國公宮發生一起火災。南宮敬叔來到現場，先是命令搶救出「御書」典籍；隨後子服景伯也趕來，即指揮要搶救出「禮書」。可見在火災當前，魯國人首先想到的是文物典籍，而不是奇珍異寶，可知在他們心目中，傳統典籍是居於重要之地位。而孔子即是一位好學之人，《論語》記載他是學無常師，曾問禮學於老聃，學琴藝於師襄，訪樂理於萇弘。孔子也曾說過「三人行，必有我師焉。」又說：「十室之邑，必有忠信如丘者焉，不如丘之好學也。」〔註164〕可以說，孔子的好學態度是有繼承了小傳統魯國的文化傳統的。

由上述可見，孔子注重學習承遞傳統文化，不僅在學習知識內容本身，而是藉由學習來體認傳統文化中，所含蘊的道德永恆之價值，以體認到生命的意義所在，進而走向正確的人生態度。

不過，孔子並沒有停留在繼承傳統文化上，而是在繼承過程中，也對舊有文化進行改造發展，讓舊文化體系有新的意義價值，這在孔子關於「禮」的思想，表現得更加明顯。

「禮」所呈現出的雖然是外在的儀態，但是禮所表達的不只是人的外在儀表，而內在於人之精神，也可說是一種心理態度。孔子說：「禮云禮云，玉帛云乎哉？樂云爾云，鍾鼓云乎哉？」〔註165〕禮難道就只能充當是禮器而已嗎？樂難道只能充當是樂器而已嗎？禮並不只有外在的規則形式，而是要透過外在「形式」來傳達出其內在的「精神」，也就是表達出人的「內在」心理態度。所以，孔子才會說：「禮，與其奢也，寧儉；喪，與其易也，寧戚。」〔註166〕這是因為禮所強調的是，透過外在形式來傳達內在之心理態度，所以往往有著內在禮敬之心，才是重要的。

禮可作為行為之準則，也提供審視行為之標準。孔子說：「恭而無禮則勞，慎而無禮則葸，勇而無禮則亂，直而無禮則絞。」〔註167〕人的行為會有脫序出現，是因其不遵守禮之規範。禮是作為衡量尺度，可調節人的各項行為，使社會各階層人士按禮行事，依此便可保障彼此和睦與社會和諧。

面對像是顏回之死，孔子雖也表現悲慟萬分之情緒，更發出「天喪予」的極度感傷。然而，他卻不同意弟子要厚葬顏回的舉措，可見孔子著重禮之

〔註164〕參見同上註，卷7，頁63；卷5，頁46。

〔註165〕〔魏〕何晏等集解，〔宋〕邢昺疏：《論語注疏》，卷17，頁156。

〔註166〕同上註，卷3，頁26。

〔註167〕同上註，，卷8，頁70。

本質，至於具體的禮儀，則是可以依據不同的需要進行損、益，如孔子曾說：「仁者，人也，親親爲大；義者，宜也，尊賢爲大。親親之殺，尊賢之等，禮所生也。」〔註 168〕即在親親、尊賢的基礎下，隨著新時代發展而「禮儀」也會不斷更新，但有關禮的尊卑之等，則始終不會改變的，有學者也指出：「孔子所談『變』與『不變』之間的關係，從本質上講，正是認識到禮儀枝節雖每代有變，而其實質內容永遠不會變的規律。」〔註 169〕而這就是孔子所說的，百世而可知的理論依據。

　　孔子認爲君子：「質勝文則野，文勝質則史。文質彬彬，然後君子。」〔註 170〕此處所說的文字，大約相當於現今所說一個人的文化教養。但也應是包括了學習六藝之文。至於質字則可說是樸實本性而言。人若依著樸實本性而行事，雖不至於有大過，但是人若不接受文化教育則可能略顯粗野。文者雖有文化外表卻缺乏內涵；質者雖有內在樸實卻適當之形式表現，應而孔子認爲君子要能在文質之間，相互配合與調節才能成爲眞正之君子。

　　由於好學是魯國傳統文化，且禮樂之學風氣盛行，因而當他們聽聞周大夫原伯魯「可以無學，無學不害」之說法，感到十分驚詫地說：「夫學，殖也。不學將落，原氏其亡乎！」〔註 171〕學習就像培植草木一樣，要時常去學習，並且要花心思了解學習的內容，在魯國人看來，如此才能通曉禮樂之實質內涵，而成爲「文之以禮樂」的博雅文人。否則，就將如枯萎草木般，其枝葉枯乾落地，而後淪於喪亡。孔子說：「博學於文，約之以禮，亦可以弗畔矣夫！」換言之，人如果不學禮，就不懂得用禮來約束行爲，於是就會「有畔」而犯上作亂之行爲發生，終導致身敗名裂之情形。魯國有濃厚且完整之禮樂傳統文化，這種傳統文化造就孔子的喜好禮樂之學風，因而孔子禮學自然有著地域性魯國思想文化的特徵在其中。

　　孔子早年較注重禮的，而後來著重仁學，而跟著就以仁、禮相互並談。孔子自幼就接觸且喜歡學習禮，於是很快便成爲一位禮樂有成的儒者。他的學問是依靠學禮、講禮而逐漸成名。起初孔子較爲重視「禮」，不過後來考量到想要平治天下，還是需要以「仁」來配合「禮」，以達相互補充彼此的不足。

〔註 168〕〔東漢〕鄭玄注，〔唐〕孔穎達疏：《禮記注疏》，卷 52，頁 887。

〔註 169〕楊朝明：〈禮制「損益」與「百世可知」——孔廟釋典禮儀時代性問題省察〉，《濟南大學學報》2009 年第 5 期，頁 3。

〔註 170〕〔魏〕何晏等集解，〔宋〕邢昺疏：《論語注疏》，卷 6，頁 54。

〔註 171〕〔晉〕杜預注，〔唐〕孔穎達等正義：《春秋左傳正義》，卷 48，頁 842。

他認爲只講禮而不融入仁，則禮也無法成就其爲禮。

若是沒有「仁」的加入，「禮」就不會有什麼重要特徵，因此想要興復「禮」，自然要從「仁」字開始。所以孔子就發揮創造性的解釋，用「仁」來解釋「禮」，他認爲禮的本源，是來自於人內在的仁愛心，而禮的形式是要呈現出人的仁愛之心，故「人而不仁，如禮何？人而不仁，如樂何？」〔註172〕士人講求修德，就是想去尋求一種可安身之道，而「仁心」的覺醒作用，顯示出士人在人道思想開拓上，的重要發現。因而李申（1946～）指出：

> 禮，在古代社會中，不僅是揖讓進退這些有形可見的人的行爲規範，
> 其實質，乃是一種社會關係，是人與人之間上下尊卑的等級關係。
> 禮儀的規定，乃是體現這種關係的物質外殼。〔註173〕

仁是相對於人的內在人格之要求。仁是透過禮的規範而顯現出的高尚品德。仁的作用力是「一種內在的寧靜、淡泊」，它是依著個人修養而存在，但又是透過實踐而體現在君子行爲舉止上，並且成爲君子行事之內在核心根據。

孔子最得意之學生乃是顏回，孔子說：「回也，其心三月不違仁，其餘則日月至焉而已矣。」〔註174〕顏回能維持三個月時間，不做出違背仁的事情，然而一般人只能在幾天內不去做出違背仁的事。做出一件有關仁的事情是不難，但是若要一般人從不做出違背仁的事情，這就很困難了。〔註175〕正因如此，對於「仁」而言孔子是不輕意將它許人。修己自能敬己，相似於「仁者安仁」，仁者自在而能安於仁，此是「人能弘道」的內在人性根據，也是「士志於道」的自覺體證，也是「天下有道」的理論源頭。修己敬己和仁者安仁，皆是能自安身的情形，而人要安於何處，就是要能安於「仁心」。因此士人安

〔註172〕〔魏〕何晏等集解，〔宋〕邢昺疏：《論語注疏》，卷3，頁26。

〔註173〕參見李申：《儒學與儒教》（成都：四川大學出版社，2005年），頁193。芬格萊特也說到在孔子思想中：「正是以禮儀爲媒介，我們生命特有的人性成分，才得以有鮮活的表現。」芬格萊特充分闡述的是禮儀與人性的密切關係。參見〔美〕芬格萊特著，彭國翔、張華譯：《孔子：即凡而聖》（南京：江蘇人民出版社，2002年），頁11。

〔註174〕〔魏〕何晏等集解，〔宋〕邢昺疏：《論語注疏》，卷6，頁52。

〔註175〕「禮依賴於具體環境中人發揮自己的道德判斷，把義作爲禮的最終源泉，作爲禮延續下去的工具，以及作爲新奇性的源泉。……人並非通過簡單的尊重以及模仿先存的秩序來取得整體的整合。……人應具有積極的、參與的方面。他不只是追隨聽從規定的律法，在律法的創制上也有責任；他不只是簡單地沿著大道走，而是有責任去打掃它。」以上參見〔美〕郝大維、安樂哲著，蔣弋爲、李志林譯：《孔子哲學思微》（南京：江蘇人民出版社，2012年），頁175。

身之道，其根本在於安此仁心。而孔子所說的道德要成爲可能，就在於「仁心」能隨時不斷朗現，且能自覺地隨處「自做」主宰。

「仁遠乎哉！我欲仁，斯仁至矣。」〔註176〕仁心的呈現，就如同生命個體的覺醒。楊儒賓（1956～）即說：「人格最根源的神祕在於它具有不可化約的主體性、個體性，這個因素不管是否需要受到外在的師、禮之扶持，它總有當事者本身才能知曉的獨特質性。」〔註177〕而人格的這種獨特性，可說是仁的自覺。但問題在於仁心也可能被隱沒，因此又陷入昏睡之中，生命體就時常在自覺與昏睡的兩端不斷搖擺著。故而當人在明覺之時，要常自我警惕，以常保持清醒的狀態。「我欲仁」的「我」字，是指人的道德主體，也就是指仁心而言，心能常自覺仁心，即是自覺之表現，如此人的道德必然性才能成爲可能。

魯國有濃厚傳統文化氛圍，又是一個典型的宗法社會結構，故而魯人尊奉禮制，維持宗法等第，而這對孔子學說思想是有很大的影響。孔子回顧以前堯、舜、禹、湯、文、武、周公的行政統治經驗，將其融入到本身的學理之中，構成具有系統完整的學說主張。換言之，他統理出從前優良文化遺產，在深入探究歷史與現實之間的平衡點，從中察覺到政治文化問題，從而運用仁禮爲核心之策略方針，進行多角度的思索。於是重新審視「人生」之價值，遂主張道德修養與完善個人之獨立人格，並重視「仁者愛人」。所以孔子學說有著積極精神，與關注社會民生問題，想要達到社會相互和諧之理想，可說是有受到地域性魯思想文化之影響。

就禮與仁來講，其本來是兩個領域，而孔子則將兩者相融合，指出仁是裡而禮是外，然內外要相融。「樊遲問仁，子曰：『居處恭，執事敬，與人忠。』」〔註178〕恭、敬本來就是禮的表現，但在恭、敬的背後實有「隱含」著仁愛之心，以及關懷他人之心，所以這樣來講又可說是仁。君臣、父子之道，本來也是禮之表現，但它所「體現」出來是君正、臣忠、父慈、子孝之倫理意義，所以又可說是仁。因此禮是以仁作爲根本，禮是仁的外在形式，仁以禮作爲其形式表現，亦是禮的內含本質。

《論語・顏淵》說：「克己復禮爲仁。一日克己復禮，天下歸仁焉。爲

〔註176〕同上註，卷7，頁64。
〔註177〕楊儒賓：《儒家身體觀》（台北：中央研究院中國文哲研究所，2002年），頁22。
〔註178〕同上註，卷13，頁118。

仁由己，而由人乎哉！」〔註179〕人本身不是不能有欲望，只是「欲望」不能「逾越禮制」，因而人的「欲望」要能「遵守禮制」。那種「遵守禮制的欲望」不僅可去追求，而且還要培植鼓勵它。至於這種遵守禮制的欲望到底是什麼？答案，就是求「仁」。「仁」是關於行為品德，若是人們想要去追求它，那他一定可以得到的，這即是孔子所說的「為仁由己」、「我欲仁，斯仁至矣」。〔註180〕對此，韓國儒者李滉的政治倫理思想亦強調以仁為主綱，他指出：「然則所謂道者，何待乎他求哉？即忠恕而盡其理，則忠恕即道；即仁義禮智而盡其理，則仁義禮智即道。今以忠恕則云未盡於道，以仁義禮智則難名於道，乃欲別求他物以為道，此則尤非淺陋所及也。」〔註181〕由此可見，李滉的核心價值觀念，亦是指向仁而立說。

「由己」與「克己」，所指涉有些微不同，由己的「己」，所強調是一種人文之心，而克己的「己」，是指人的自然欲望之物。所以「為仁由己」，是說「仁」從本身內在而來，可自己去決定行為，同時又可以約束自己的行為。換言之，乃是良知的自己立定法則，又同時是自己遵循法則，故而道德既是法則規範，又是自由法則，此時人之道德，不是來自於外在教條法則，而是來自於內在「仁心」的朗現，故此時人呈現出一種「為仁由己」的「自由」狀態。亦即是說，人的視、聽、言、動之一切思想行為，都要與「非禮」的事務作出「隔離」，而保持在「守禮」的狀態之中，這就是所謂「復禮」，也即是「仁」。人若能仁心自覺地隨時依禮而行，則一切皆是為仁，一切也皆是處在「為仁由己」的自由狀態，而此時仁心便從人的形氣物欲的限制中超脫出來，因而超脫原本的「命限」，而變成自由而「命不受限」之狀態，因此改變了「命」。

（二）天道層次：改變命之方法

《論語》記載冉伯牛患得不治之重疾，但是依冉伯牛之賢德，按理來說，

〔註179〕〔魏〕何晏等集解，〔宋〕邢昺疏：《論語注疏》，卷12，頁106。

〔註180〕同上註，卷7，頁64。

〔註181〕李滉：〈答金思倫希禹〉，張立文主編：《退溪書節要》（北京：中國人民大學出版社，1989年），頁301。山崎闇齋強調孔子仁學，其在〈仁說問答序〉中說：「蓋求仁首先在於理解名義，體認其意義意味，其次在敬、恕上下工夫、致力於克己復禮，則可得矣。……讀《論語》、《孟子》書並反復熟讀，則仁之慈味親切意思精微處誠可領會也。」參考〔日〕岡田武彥：《山崎闇齋》（台北：東大圖書公司，1987年），頁49。

自應不會患有奇病之現象，對此《白虎通・德論》說到：「伯牛危言正行，而遭惡疾。」述說著無可奈何之嘆息！似不會患奇病而卻患得，眞是只能委於天命之不齊，而存有著無法理解之情形。孔子探病執握其手，嘆說與「命矣夫」，此是師生之情而又是傷疼不已。《四書集注》則進一步解釋：「言此人不應有此疾，今乃有之，是乃天之所命也。然則非其不能謹疾有以致之，亦可見矣。」人如果不謹愼而導致患不治之疾，此是人自身不知照顧身體乃咎由自取，這不能謂之爲命；與此相反，人能夠謹愼防疾，而卻依然罹患惡疾，這種情形就非人力所能自主，依此來看可說是「命限」了。

子夏據司馬牛之憂而說到死生有命，富貴在天。就是從死生、富貴的人生遭遇角度來說解命。其實人處在現實生活之中，關於死生、富貴等之問題，總不免有其命限之嘆，此乃是這等情事超出人之自主範圍。然而一般人遇到此問題，還是想要求生而惡死，更是想要富貴而遠離貧賤。對此，孔子在經歷各種人事的過程中，深切體會生死不定之無奈，如「斯人也，而有斯疾」。也能體會到在人事努力奮鬥中，還是有些事是無法完全掌握，如道之將「行」與「不行」的無法確定性，面對這種外在於人力無法自主的情況，而造成之「命限」困境，又當該如何有效突破與改變？這可從孔子的「五十知天命」來說起。

孔子的「三十而立，四十而不惑」，是經由禮而步入到仁。仁道的體說，是孔子「人道」思想的成熟展現，在孔子爲學進程路上，算是到了一個大階段。往前邁步「五十而知天命」，則進入到更高深的境地，宇野哲人就說：「然子貢謂夫子之言性與天道不可得而聞，是則許多弟子只知孔子之道爲仁，而不知其根本即在『天』也。」〔註182〕《論語》中孔子又曾說「五十以學易，可以無大過矣」。此一言說，與知天命之年約爲同時，由是可知二者是相關著。也可說，到了五十歲時，孔子由於學易的領悟，〔註183〕使他已經成熟的「人道」思想，轉而向上開展成爲「天道」思想。此外，牟宗三亦指出主體的人與客體的天之間是如何地相契，其說：

〔註182〕〔日〕宇野哲人著，陳彬龢譯：《孔子》，頁 89。羅光亦說：「仁的根源，便是源自上天。孔子的一貫之道的仁，不是盲目自然的表現，盲目自然應該稱爲不仁，孔子的仁，乃是上天好生之德。」以上參見氏著：《儒家哲學的體系續編》（台北：台灣學生書局，1989 年），頁 28。

〔註183〕錢穆：《論語新解》（北京：三聯書店，2005 年），頁 180；林存光、郭沂：《曠世大儒─孔子》（石家莊：河北人民出版社，2000 年），頁 158。

由超越的遙契發展爲內在的遙契，是一個極其自然的進程。前者把天道推遠一點，以保存天道的超越性；後者把天道拉進人心，使之「內在化」，（Innerize），不再爲敬畏的對象，而轉化爲一形而上的實體。這兩種遙契的產生先後次序與其過渡，都十分容易了解。……超越的遙契著重客體性（Objectivity），內在的遙契則重主體性（Subjectivity）。由客觀性的著重過渡到主體性的著重，是人對天和合了解的一個大轉進。而且，經此一轉進，主體性與客觀性取得一個「眞實的統一」（Real Unification），成爲一個「眞實的統一體」（Real Unity）。〔註184〕

孔子由禮到仁的生命進程，是經由外在而向內在的「平面」通達，然其思想尚局限在「人道」範圍；而經由人道到天道是自下而上推的「立體」之通達，思想進於此境，則可達至天人無礙。所以孔子的五十知天命，是重要的一大突破。而所謂「上達」是指上達於天德，也就是自然界中含蘊的生生之德，其具有道德意義和價值。不過「天道、天德」是需要靠「人」予以實現，這也即是「人能弘道」的眞正意義。天道「生」出人物，此屬自然之過程。但是天在生出人物之時，便將德性賦予到人身之中，這是一種天命的賦予義。在這一層意思，天命是從價值意義角度來說的。孔子很強調君子要能夠「知命」。君子是一種道德指稱，而只有能知命者，才可成爲一位君子，也才能夠進入仁者境地。「不知命，無以爲君子也。」所說的「知命」，就是體悟到天所授予之德，而人能成此德性，將德予以實現出來，換言之，即是自覺到人之爲人的使命。若能夠做到這樣，則就是眞正道德之君子。

　　孔子所謂的「知天命」是與他在 50 歲左右，有著行道用世的心境直接相關的話，那麼所謂的「知天命」即表示孔子對自己所要擔負的人生當然之道

〔註184〕牟宗三：《中國哲學的特質》（台北：台灣學生書局，1998 年），頁 54～55。楊儒賓亦指出：「我們可以說：如果學者探討的是柏格森、馬賽爾、梅露龐帝等人的身體觀，那麼，『體驗』、『實踐』的警語是可以不用提的。我們不是說他們沒有體驗或實踐，但不管他們怎麼談，他們大概都談不出中國那種足以導致性天相通的質變的『體驗』。」以上參見氏著：《儒家身體觀》（台北：中央研究院中國文哲研究所，2002 年），頁 23。唐君毅亦說：「其自求其仁，自求其志之事，凡彼之所以自期而自命者，亦即其外之境遇之全體或天之全體所以命之者。其精神之依義而奮發者不可已，亦即天所命義，日益昭露流行於其心者之不可已。此處『義』之所在如是如是，亦『天命』之如是如是，義無可逃，即命無可逃，而義命皆無絲毫之不善。」參見氏著：《中國哲學原論：導論篇》（北京：中國社會科學出版社，2005 年），頁 333。

義與職責，有一種自覺的體認。因為有這樣的自覺，所以孔子才能發願決心捨身用世以行其道義，而並不憚乎遭遇艱苦困難。在這層意義上，所謂的「知天命」，可以說是決心力行君子之道的孔子，對所擔負的道義與職責，實擁有一種「天職」般的自覺意識與積極精神。

因為孔子認為其學說根源於「天」，故而對自己學說持著信心，並相信有一種「天命」降臨賦予於他。因而他才說出：「文王既沒，文不在茲乎？天之將喪斯文也，後死者不得與於斯文也。天之未喪斯文也，匡人其如予何？」〔註185〕；「道之將行也與，命也；道之將廢也與，命也。公伯寮其如命何？」〔註186〕；「天生德於予，桓魋其如予何！」〔註187〕

這項使命之重要性，又可見於孔子「知其不可而為之」的行為表現。孔子努力行其道義的理由之一，可以說是知曉天命。子路說：「不仕無義。長幼之節，不可廢也；君臣之義，如之何其廢之？欲潔其身，而亂大倫。君子之仕也，行其義也。道之不行，已知之矣。」〔註188〕此為子路傳達孔子之意，以告訴荷篠丈人。君子成己而且成物，志在康濟天下為己任，因此有機會能出仕，適能實現其淑世濟民之責任的最好途徑。

「義」乃是事理的當然之理，也是人所應當做的事。所謂事理之當然，亦即是說理當如此之意思，此義必不容懷疑而能當下肯定之。譬如對於國家的忠貞，對於父母的孝順，都是事理之當然表現，是天理合當且又合情合理，亦即對良知當下作出肯定。對於這一類當然之理，實應多加予以討論，就是關於如何盡忠，以及如何盡孝，亦即對於人「所當為」之事，去盡力設想要「如何為」，以能盡到正當之職責。杜維明（1940～）即指出：「超越要扣緊其內在，其倫理必須拓展到形而上的超越層面才能最後完成。倫理最高的完成是天人合一，但它最高的天，一定要落實到具體的人倫世界。既要超越出來，又要深入進去，有這樣一個張力，中間的聯繫是不斷的。」〔註189〕古代

〔註185〕〔魏〕何晏等集解，〔宋〕邢昺疏：《論語注疏》，卷9，頁77。

〔註186〕同上註，卷14，頁129。

〔註187〕同上註，卷7，頁63。

〔註188〕同上註，卷18，頁166。

〔註189〕杜維明：《儒學第三期發展的前景問題》（台化：聯經出版事業公司，1989年），頁180。又李明輝也說到：「儒家思想有一項顯著的特色，即是：它除了超越性之外，同時還具有內在性。當代的儒家學者常將儒家思想底這種特色稱為『超越而內在』或『內在超越性』以與西方文化（尤其是宗教）中『超越而外在』或『外在超越性』底基本模式相對比。儒家思想之內在性表現於它與

思想家們不是一開始就有其獨特思維，他們往往經由實踐問題，而後逐漸上升到關於思辨問題領域。

孔子力圖將在天命和人事之間作出聯繫，而強調在人事中體認到天命。因此，他主張人事要有為，在人事上不要消極以待。在當時有人譏諷他在做「知其不可而為之」之事，這也符合當時情形。如《論語》載說：「子貢曰：『何為其莫知子也？』子曰：『不怨天，不尤人，下學而上達，知我者，其天乎？』」〔註190〕表現出個人努力從事各項行道工作，下學進而能上達，可與天相溝通，並且能以人事努力為主。這說明孔子相信天命之賦予義，不過貫徹天命所賦予之行道使命，則需經由人為之努力來完成，這種主張在人事積極有為，是能激發出人們的奮發進取精神。子貢說：「夫子之文章，可得而聞也，夫子之言性與天道，不可得而聞也。」〔註191〕這可能是說孔子並不多言天道，也可能是孔子說的天道較深奧而難明瞭，但是孔子雖然相信天命，然其實更鼓勵在人事應當有為而行。有人解釋說，孔子講述的文章或許能從別處聽得，但孔子關於性與天道的闡說，就只孔子這家，而人們沒能聽到有講得更好的，有如杜甫在〈贈花卿〉所說：「此曲只應天上有，人間能得幾回聞。」之含義。

在生活處世中，自身的道德行為是可由自己所控制。身處在革命時代中，革命家的行為，也是某種道德之行為。雖說他的革命可能成功或是失敗。但若是失敗也不損其行為的「道德價值」，相反地卻可增加其行為的道德價值。孔子將文化傳承能否流芳於後世，維繫於獨立公正之天命，他以天命的獨立公正，作為面臨危難之際的依托根據，他視天為知己之對象，孔子所依據的天是人的最高權威者。它不是一個人們可輕視消解的幻影，而是具有自主性意志的獨立者，也就是在這樣存心敬畏於天的過程中，造就孔子成為偉大的人文學者。在孔子的認識中，「天命」作為一種支配力量，而對君子的行動構成某種限制，從而君子敬畏之。但在孔子看來，道之行與不行，雖然有取決「命」。不過行道的「為不為」是掌握在自己，所以奔波遊說於各諸侯國後，雖不能「得君而行道義」，也明知「道之不行」之情形下，還是不願避世放棄

現實生活和現實世界之間的本質性聯繫中，因此，它不能只足一套抽象的理論，而必須是一種『實踐之學』。」李明輝：〈導論——當代儒學之自我轉化〉，收入氏著：《當代儒學之自我轉化》（台北：中央研究院文哲研究所籌備處，1994年），頁11～12。
〔註190〕〔魏〕何晏等集解，〔宋〕邢昺疏：《論語注疏》，卷14，頁129。
〔註191〕同上註，卷5，頁43。

而依然努力要實踐其理想抱負。

　　而就在周遊列國外在困境中，孔子有了耳順之工夫境界。錢穆對「耳順」之義解釋為：「外界一切相異相反之意見與言論，一切違逆不順之反應與刺激，既由能立不惑，又知天命而有以處之，不為所搖撼所迷惑，於是更進而有耳順之境界。耳順者，一切聽入於耳，不復感其於我有不順，於道有不順。當知外界一切相反相異，違逆不順，亦莫不各有其所以然」。〔註192〕因而孔子遊歷南方楚國之地，遇到許多隱者對他作出批評和譏諷，雖然這些隱者不是那麼願意與孔子相互交流，但孔子還是想跟這些隱者進行交談，想了解他們對世事有何看法，在傾聽他們對自己譏刺之言後，孔子也不生氣，但也不太在意，因為孔子認為「道不同，不相為謀。」〔註193〕雖然不能確知孔子說出這話的確切時間點，但可以肯定的是，能說出這樣的話之人，若不是洞徹「道」的多元性，是無法明白道出的。孔子所嚮往的「道」，遇到難以推行之實現困境，而他也有所明確而充分地自覺，但孔子並未因此而動搖自己對大道推行的信念。因此，可看見此時的孔子是達到「順天命」境界之風範。

　　若是人的生命實踐進程，而能夠達至「知天命」之境界，已可說是高級的工夫修養成就，而此之所成乃由生命主體層層上達所致。但是人處於世間之中，同時也是相互交流感通，因而不太可能孤往而獨行，而是時時須與人物相溝通。故而世間種種流行的觀念思想、學說看法，都會不斷地「灌入吾耳」。但耳自必有所聽聞，聽聞則不可不知，而其知則不能有所偏差，所以必須修養「耳順」之工夫。而達至「耳順」境界，則是生命能豁達的關鍵。所謂「聲入心通」，是說明世間之言談會灌入我耳，而由耳至我心，心則即能通曉而分辨之，而無所不通。因而能知其為是則是之，知其為非則之，是與非都各得其宜。「五十而知天命」境界是人與天能相通為一，而「六十而耳順」境界則是我與人物能內外相通為一。經由知天命再加上耳順之工夫，孔子生命才能達於融通之境界，如果只停在「知天命」，而沒有達至「耳順」，就能說是縱向的上達，而缺少橫向的涵容。因有著橫向之涵容，才能「通眾人之心，類萬物之情」，而發揮「民胞物與」的仁者風範。

　　孔子從五十一歲開始，當了「中都宰」的地方官職，而後做到「大司寇」的朝廷官職，進而「攝相事」，更參「與聞國政」，政績顯赫之際，卻遭受讒

〔註192〕錢穆：《論語新解》（北京：三聯書店，2005年），頁28。
〔註193〕〔魏〕何晏等集解，〔宋〕邢昺疏：《論語注疏》，卷15，頁141。

言所迫，職官處於高峰的時候，忽然又從高峰跌下來，於是去國流浪，飽受譏諷，可說是歷經苦難。但又有一批願意獻身以赴正道的熱誠弟子一路追隨，心中也真是百感交集。而孔子這趟近二十年的拔涉旅途（約從五十一歲出任中都宰之始，到六十八歲回到魯國之際），可說途中各種險難，將他磨煉到真正「通達」地步，因此他才會說出：「六十而耳順」，何謂「耳順」？即在知天命之後，進入到人天相通，以天道之知，來反照於人道之中，於是天人相合而相契，是以所聞者皆能順達。於此之時，天道即是我，我即是天道，我之動靜能合於「道」之狀態。

而此種天人融通狀態，推而論之就是指「七十而從心所欲不踰矩」。一般人若隨人心之所欲而發動，其中多少包含感性之欲求。不過實然層的感性欲求，不一定依循應然的理性去行動，所以也就會有「踰矩」而「不合禮」的情況發生。然孔子說他能「從心所欲」而「不踰矩」，這境界是很不容易達到的。因其能夠，「心」與「道」合一。從內在存心動念到外在視聽言動，皆能合於禮義規矩。生命境界至此，可說是到了道德境界，亦可說是天地境界。

「七十而從心所欲不踰矩」，他在這時雖仍然是，非禮勿視，非禮勿聽，非禮勿言，非禮勿動，表面上看他似乎像是青壯年那個樣子，不過仔細看完全不一樣。因為經過「知天命」、順天命之「耳修」的「天道層次」的工夫階段後，他的循規蹈矩是出於心的「自然」表現，而不是勉強造作之為。到此境界即可稱作為聖人，聖人任己心之所欲，隨己心之所為，不受檢點管束，而一切都能合於「規矩法度」。此乃聖人內心「自由」之極致，而表現出能與外在一切「規矩法度」自然相互融洽。生命學問達至此種境界，「己心」所思所為皆是「道義」，「人心」與「天道」內外相融為一。我之所行所為，皆合於天命之極則。這種境界亦即是後來儒家所謂「從容中道，聖人也」。

孔子所說「五十而知天命」，是指由上天所賦予自己所當肩負的興復周禮、以及仁道救世的神聖使命，具有充分的自覺體認。處在「魯自大夫以下皆僭離於正道」的混亂狀況日益嚴重，孔子有感而發地想要興復周道，這是一種強烈人生目標追求之心聲。希冀能正式參與魯國政務，而實踐理想的政治事業。但在其遭遇政治挫敗後，孔子不因此放棄追求理想目標，反而是選擇踏上周遊列國之征旅，然而在周遊列國卻遭遇執政者的不信用而疏遠之，和世人因為不能理解而讒害之，以及受到來自隱者的嘲諷諸多不幸。但是面對此等處境，孔子所展現出的是「天生德於予」之自信，處於絕糧陳蔡之困

境，依然講誦弦歌保有曠達之胸懷。能有這般自信曠達乃源自內心的道德修養，以及他對天命的敬畏與信仰之認知。因為在孔子看來，是通過自身的努力與實踐，方能完成仁德之成就，不過，修養仁德並不是全為了獲得福祿的回報而去修行，且也不因此就完全能脫離主宰天對人命運之某種限制。因為在人世紛擾社會中，因著道不同、習相遠的人類種種狀況，遂造成種種不同的外在環境，而構成了仁德修養與行道履義的限制條件。不過，關鍵在於仁德修養與行道履義之追求程過，其中就存在著「道德價值」之意義，此種價值並不因受外在環境限制阻礙，或是未能達成預期的目標，或是得不到福祿之回報，就喪失其應有之價值意義。換言之，就在從事「仁德修養」和「行道履義」之過程本身，已足以使孔子心中有著「自我人生價值」得以實現的「滿足」，乃至於散發出樂觀的「自由」人格魅力，這種自由境界即是「從心所欲不踰矩」的最高境界。在此之際則由原先受「限制」的命，轉變為自由而「不受限制」的命，人的「命」因此而改變了。

四、孔子對《易經》卦爻辭「命」觀念的承續與發展

在傳世典籍中，記載孔子曾經研習《易經》的內容並不多見。迄今關於孔子與《易》之關係，記載最為明確是在《論語・述而》所載說：「子曰：『加我數年，五十以學《易》，可以無大過矣。』」〔註 194〕從內容所記，可見將孔子應是學過《易經》。對此一問題，劉大鈞也提出其看法而明白指出：「在《論語・子路》中，孔子曾引用過《周易》之《恒》卦九三爻辭的『不恒其德，或承之羞』，並說：『不占而已矣！』據此，我們可以肯定：孔子是研究過《周易》的。而『不占而已矣！』也正可以說明孔子曾經『占』過。」又指出：「像孔子這樣的人，特別是到了晚年，在周游列國，四處碰壁之後，潛心於《周易》……，這也是合乎情理的事。」〔註 195〕由劉先生之推論，顯示出孔子應是學過《易經》，不然為何他會懂得《易經》之占筮。

在出土文獻中，馬王堆《帛書易傳・要》的出土問世，對於孔子學《易》之問題，提供更加直接的有利證據，使得解決此一問題有了明朗化。在《帛書易傳・要》中記載說：「夫子老而好《易》，居則在席，行則在橐。」之說，文中所說的夫子即是孔子。而且又記子貢說到：「夫子它日教此弟子曰：『德

〔註 194〕〔魏〕何晏等集解，〔宋〕邢昺疏：《論語注疏》，卷 7，頁 62。
〔註 195〕劉大鈞：《周易概論》（濟南：齊魯書社，1986 年），頁 148。

行亡者，神靈之趨；智謀遠者，卜筮之繁（繁）。』賜以爲然矣，以此言取之，賜繙行之爲也。夫子何以老而好之乎？」〔註196〕是就表示孔子在早年不那麼喜好《易》，而是漸漸在晚年才喜好上《易》。對此，孔子還爲年老而喜好《易》的現象解釋說到：「《易》，我後其祝卜矣，我觀其德義耳也。」從以上出土文獻內容跡象看來，〈要〉篇所載當是可信的文獻資料，由〈要〉篇所載孔子老年而好《易》的情形，正與《論語》所言「五十以學《易》」之說，相互證明。對此，楊慶中提出看法亦認爲：「帛《易》的出土，已使《魯論》、《古論》之「加我數年」章的異文，顯得並不那麼重要了，孔子曾經讀易，已經是不爭的史事。」〔註197〕

此外廖名春又從郭店楚簡文獻中，來討論儒家與《易經》之關係，而其研究後指出：「從郭店楚簡、馬王堆帛書、《莊子》、《禮記》、《史記》等一系列出土文獻和傳統文獻的記載看，早在先秦時代，《周易》就已經『入經』，而且儒家的學者已展開了對它的研究，這應是不爭的事實。」〔註198〕

故而孔子確實學過《易經》，那麼孔子「命」觀念與《易經》卦爻辭「命」觀念二者之間，又有何關係？

在《易經》爻辭中有屬於天命之義，有二處，例如〈否☷☰·九四爻辭〉：「有命，无咎；疇離祉。」所謂「有命无咎」的「命」是指「天命」；對此項安世則說：「《泰》九三于『無咎』之下言『有福』，《否》九四于『無咎』之下言『疇離祉』者，二爻當天命之變。」也認爻辭中命字，是指「天命」而言。〈否☷☰〉卦雖處於堅困混亂中，但若如九四爻辭說的「有命」，即是有「扭轉否道的天命」，那樣也就無咎，可獲福祉。由此可見，世間的治亂造因於人君，而天命之有無，就看人君之治與亂。而另一處天命之義的爻辭即是〈革☱☲·九四爻辭〉：「悔亡，有孚，改命，吉。」所謂「革」是指天命賦予君王改朝換代，桀、紂行事不順天亦不應人，則湯、武把握機會，推

〔註196〕廖名春：〈帛書《要》釋文〉，《帛書《周易》論集》（上海：上海古籍出版社，2008年），頁388。

〔註197〕詳參楊慶中：《周易經傳研究》（北京：商務印書館，2005年），頁162～163。

〔註198〕廖名春：《周易經傳與易學史新論》（濟南：齊魯書社，2004年），頁235。廖名春又說：「對郭店楚簡的討論可以看出，傳統文獻和以馬王堆帛書《要》爲代表的出土文獻關於孔子與《周易》關係的記載是不能推翻的；至少在戰國中期偏晚時，先秦儒家就已經將《周易》與《詩》、《書》、《禮》、《樂》、《春秋》並列，歸入群經之中，並對其義理作過深入的探討；孔子弟子商瞿、子夏、子張等成都曾從孔子治《易》。」以上參見同上註，頁240。

行革命改朝換代，這是上順「天命」，下應人心，因此新王承受天命，改朝換代建立新王朝。因此，革九四爻辭中的命，是指「天命」而言。

而孔子有所謂的三畏：「畏天命，畏大人，畏聖人之言。」天命、大人和聖人之言，都是屬於某種外在的權威力量。若是大人代表政治權威，聖人之言代表思想權威的話，那麼具有主宰性之天命，則應是屬於高過大人與聖人之言的至上權威力量。主宰性之天命權威可說無處不在，但又無從捉不顯露。無其事則感覺不到祂的存在，有其事則隨時都能感受其無所不能的力量存在。無論關於降災亦或賜福，天命若是屬意於某人，此人就算想推辭也無法逃避開來。當孔子弟子冉伯牛生病時，孔子前去探病，握其手而嘆說：「亡之，命矣夫！斯人也而有斯疾也！」將伯牛之患重疾，歸因於主宰性之天命所造成的命。此外，還有一次孔子處在病危中，子路傷心地要為其料理後事，吩咐要讓門人當臣子來敬哀孔子，然按照名分來說，孔子之位是不該有臣子來哀敬，所以在孔子病情緩解一些時，就語帶責難說出：「久矣哉，由之行詐也！無臣而為有臣。吾誰欺，欺天乎！」顯然，在孔子看來，明鑑的上天是無法蒙蔽的。以上是表明，孔子對主宰性之天命是持著相信與敬畏態度，而孔子上述的天命內容，是承認有某種超越且能決定人命之力量存在，顯然是與《易經》的天命有某種觀念上的聯繫，而亦或可說是對《易經》卦爻辭天命內容之承續。

《易經》六十四卦的卦義，乃用來象徵數十種人事物的狀況或發展，也可說是數十種事件時態，一卦有六個爻就表示六種時態。如〈乾䷀〉卦卦義就是象徵健盛的時態，而至於〈乾䷀〉卦六爻，都各自表述各種不同之時態變化。初九的「潛龍勿用」，說明時機未到，其人雖有盛德才能，無奈也不能有所作為，只可韜光養晦，居於潛藏以待時機的成熟。〈乾䷀・九二爻辭〉：「見龍在田，利見大人」，此刻時機成熟，又能得到大人提擢，則可以出離潛藏，脫穎而有所發展。時至〈乾䷀・九五爻辭〉：「飛龍在天，利見大人。」能在天空飛騰，意味著君子能夠實現夙願的條件完全成熟，因而能大展長才，發揮己身的聰明才智，開創出轟轟烈烈的偉大事業，所以才會說是「利見大人」。從〈乾䷀〉卦初九發展到九五，均能審視實際時勢之變化，從中作出進退的正確選擇，所以能適時而處安，故一切皆得順利。然而〈乾䷀・上九爻辭〉則是亢龍有悔，而與之先前相比較，因對於形勢發生誤判，不能及時察覺進取條件已失，而卻仍奮力向前不已，致使遭受挫折遂

被迫退失。因此，朱熹才會強調：「『亢龍有悔』，若占得此爻，必須以亢滿爲戒。如這般處，最是《易》之大義。《易》之爲書，大抵於盛滿時致戒。蓋陽氣正長，必有消退之漸，自是理勢如此。」〔註199〕所以〈乾▆〉卦六爻乃揭示事物發展之理則，若能因時而處事得當，就能得吉而無禍。

　　孔子的學說內容，實有不朽之價值內涵，其中之一就是「時」的思想。其強調君子立身處事，貴在動靜皆適時而行之，孔子即表示：「道千乘之國，敬事而信，節用而愛人，使民以時。」這表明政治思想就該當，依時而發出行政措施。又如：「學而時習之，不亦說乎！」說明治學態度也該時時勤勉溫習之。此外，「時」還要能順時而通變得宜，《論語·子罕》即說：「可與共學，未可與適道；可與適道，未可與立；可與立，未可與權。」君子從事進德修業，學問進程當循道以進之，然而或有人循歧路而行，則就不能與之論道；雖可能循道而進，卻不一定有所建立；有所建立，然因客觀環境隨時變動，人生際遇亦隨之無常不定，故君子行事就要順時採取變通法則，才不會有違於立身處境。孔子懷有政治理想目標，想要匡世以救民，無奈身處之外在形勢無法配合，在周遊列國之後，道也不見能推行於天下。在體知窮之有命、通之有時之時勢，故退而進行編修典籍，推行教育文化事業，此是孔子知「時」之行爲體現。「可以速而速，可以久而久，可以處而處，可以仕而仕，孔子也。……孔子，聖之時者也。」孔子能順時作出變通，但其「變通」之行爲，基本上是不去違反「立身之本」。以上皆可證明，他對於生命處在窮通之境中，都能有「時變」之心態來作出適時之調整，而這亦是對《易經》卦「時」義之承續。

　　在孔子看來，天雖是處於無言的形態，但天又確實賦予人以「德」，而他就是認爲人之德源自於天，故有「天生德於予，桓魋其如予何？」之說法。天除了賦予人以德之外，並且賦予人某種使命任務。在周遊列國路上，當他被匡人無端圍困時，也能毫不畏懼地說出：「文王既沒，文不在茲乎？天之將喪斯文也，後死者不得與於斯文也；天之未喪斯文也，匡人其如予何！」他認爲上天將「斯文」傳承使命交付於己，要讓他發揚光大斯文，所以孔子還未完成這重要使命之前，任誰也奈何不了他。斯文雖然交付於孔子身上，至於要如何完成此項使命，則需仰賴孔子本人去努力執行。然而天所以賦予人

〔註199〕〔宋〕朱熹著，〔宋〕黎靖德編，王星賢點校：《朱子語類》（北京：中華書局，1986年），頁885。

以德，以及某種使命，其間不曾有過明示，而是要藉由個人體認而得知。於是孔子運用「知天命」的說法，表示說在五十歲左右才體知到天命。知天命之所以重要，在於天命一旦將德以及使命一類賦予人時，便不再表示什麼，而一切全靠自身去努力。由此，在天命面前，人應不是無所作為，相反地是大有可為。人不應將一切都交付於天命，而是要奮發建功立業，爭取成功的未來。

此外，人在擔當的歷史重任時，也須意識到上天所賦予之本身，是種無上「光榮」的職責，要能完成這一歷史重任，則需有百折不撓而奮鬥精神，其過程或許艱苦卓絕，也可能歷盡諸多磨難，但這只是暫時的，要有「知其不可而為之」的精神，決不發生動搖，或放棄信念，「桓魋其如予何」、「匡人其如予何」。要能隨時保有樂觀進取之精神，秉持著「艱難困苦，玉汝於成」，則一切困難處境不僅不會壓垮一個人，而恰好是能夠「成就」一個人。

由此可以知道孔子「賦予義之天命」的提出，是其天命觀念中的新因素，是孔子對《易經》天命說的創新發展之處。

身處在特定時代環境中，若沒有較為敏銳的生命主體，去對這種特定環境作出獨有體驗，並以此為基礎來反思時代，就不可能有「哲學突破」之產生於世。而孔子就是這種特殊生命主體，故而居於現實與歷史之重要對話中介，在對傳統文化的述說中，提出新的價值規範，可說是思想家群體中的代表。若就孔子對待傳統文化的努力上來講，可說是創造歷史的新闡釋。

這也是因為孔子身處周王室衰微而禮樂廢傾之時。禮樂崩壞，即是舊有的社會倫理秩序發生解體，在當時士大夫階層都是可以強烈地感受到的。春秋時期的士大夫們認為，若是道德修養遺失，其後果便是禮制被違逆，終而導致王室卑微且社會倫理秩序大亂。因此力圖從新復禮與立德，遂成為當時士大夫階層內心強烈的呼喚。孔子「命」觀念思想可說是處在這時代背景而產生。從《論語》的記載可得知，孔子不斷試圖遏止住禮樂崩潰之形勢，他也表示若是「天下有道，丘不與易也」，但時人卻說他是「知其不可而為之」。然實際上，孔子在感受著時局無道的痛苦，在無可奈何下歸於「道之將廢，命也」。這表明他所努力追求的，乃是周禮某種超越性永久性之東西，此即是道德價值精神。

《論語・子路》：「子曰：南人有言曰：『人而無恆，不可以作巫醫。』善

夫！『不恒其德，或承之羞。』子曰：『不占而已矣。』」〔註200〕可見對於占筮，孔子並非持否定態度，而是更加關注於品德修養上。對此，在《帛書易傳・要》也表示說：「《易》，我後其祝卜矣，我觀其德義耳也。幽贊而達乎數，明數而達乎德，又仁〔守〕者而義行之耳。贊而不達於數，則其爲之巫；數而不達於德，則其爲之史。史巫之筮，鄉之而未也，好之而非也。後世之士疑丘者，或以《易》乎？吾求其德而已，吾與史巫同途而殊歸者也。君子德行焉求福，故祭祀而寡也；仁義焉求吉，故卜筮而希也。」〔註201〕孔子表明對於《易》之態度，是與巫史不相同，巫雖能幽贊而卻無法達於數，而史能達於數，卻無法達於德。孔子則能夠幽贊且又可以達於數，能夠由數進而推之達於德，並從中觀得出內含之德義。

在孔子發明《易》所含的「德義」之後，在《易》不再只是單純的卜筮之書，而是一種具有「德義」內涵之典籍，對此看法廖名春也強調說明：「『五十以學易，可以無大過矣』，這樣的『學』，決非初學，亦決非一般性的學，因爲一般性的學，看到的只是吉凶悔吝，決不會看出《周易》是寡過之書。」〔註202〕孔子對祭祀、卜筮一類，不是完全排斥它，而只是更強調求福之根本，乃在於修養自身的道德、品行，這就是「不占而已矣」的眞正意思，而這也是孔子對於《易經》命觀念，所作出的創新發展。

孔子認爲天命的主宰性，只在關於自然生命領域，發生其支配之作用現象。如「死生有命，富貴在天」，即說明人之生死無常，是人的自然生命現象，富貴與否也是與自然生命有所聯繫，而生死富貴之現象乃歸於天命所支配著，即表示天命之主宰性在人的自然生命領域中，居於主要的支配力量。不過在自然生命領域以外，有關道德和社會理想之領域，才是孔子所更加關注。他認爲這些領域不是完全受到天命所主控，他認爲道德行爲乃是出自個人能力之體現。因「爲仁由己」可說是在道德領域中，對於人本身之力量，具有高度的自信心。而且「人能弘道」使得道德可予以發揚光大，人是可以創造實踐出社會理想。正因有如是之信念，所以孔子就算遭遇挫折而阻礙了理想之推行，也仍然是「不怨天，不尤人」，始終努力不懈而貫徹其理想。孔子強調人的能動自主性，用道德行爲來弘揚社會理想，進而創造新的思想價值，而這一切都需以理性自覺爲基礎，這也是人之本質力量的最佳表現。

〔註200〕〔魏〕何晏等集解，〔宋〕邢昺疏：《論語注疏》，卷13，頁119。
〔註201〕廖名春：〈帛書《要》釋文〉，《帛書《周易》論集》，頁389。
〔註202〕廖名春：〈帛書《要》與《論語》「五十以學」章〉，《帛書《周易》論集》，頁142。

第五節　小　結

在春秋時期所出現的理性思潮，是經過一個長時間積蓄而形成思想文化上的局面。但春秋思想上並不因此就將西周天命神學拋棄，而是批判地來承續它。所以跟著身處時代潮流的孔子，其思想體系中，也就多少還遺留西周天命神學的某些思想成分。春秋時期即是中國的軸心期前期，其時代的思想風潮，亦有著許多原創性之學說。不過，中國式的哲學突破，是一種對傳統文化具有承續性之再突破。在對中國古代的哲學突破進行特點分析時，余英時就指出：「由於中國古代哲學突破是以王官之學為其背景，而突破的方式又復極為溫和，因此，諸家論道皆強調其歷史性，即與以往的文化傳統之間的密切關係。」〔註203〕可說春秋思想文化，是承續與創造相互共存時期，也可視為宗教與哲學兼融並蓄的時期，春秋時期的天道思想，轉化與代替了西周天命神學，而成為當時思想文化的主流風潮。但是西周傳統宗教理念，在不同領域之中，依然保有其思想基礎，而發揮著不同層度之影響作用，因此在歷史舞台上還未完全消失。所以對於新時期的思想家來說，他們一方面固然改造轉化了天命神學，而提出新的理論思維，以符合適應新時代的思想文化氛圍，另一方面他們在某種層度上，還是保留傳統宗教中的某些文化，並通過對傳統宗教之重新解釋，以便為自己的學說理論服務，以此來開創出春秋思想文化之新風潮。

天在西周已有主宰天的含義，而西周的主宰天，可說從殷商的上帝過渡而來的。主宰天對人間大小事皆有掌控能力，大至國家興滅，小至個人的福禍，都是其管轄範圍。而關於天的理解，《論語》中亦有所談論，孔子為明其志，乃說到：「予所否者，天厭之，天厭之！」以天為誓是最重之誓言，此非一般兒戲之語，顯示出孔子對天的敬畏與篤誠。也就是說他並沒有對西周傳統天命神學完全去除，而是在批判中有所繼承。孔子雖有承續西周天命神之主宰天，又從自身的思想體系之考量上，賦予天有了新的時代人文理性意義內涵。因此孔子也肯定自然之天，主張法天之自然運行。又以天為道德的形上根源，肯定義理之天。

身處在特定時代環境中，有著敏銳的生命主體，才能對這種特定環境作出獨有之體驗，並以此為基礎來反思時代，於是有了「哲學突破」之產生。而孔子就是這種特殊生命主體，故而居於現實與歷史之重要對話中介，在對

〔註203〕余英時：《士與中國文化》（上海：上海人民出版社，1988年），頁45～51。

傳統文化的述說中，提出新的價值規範，可說是思想家群體中的代表。

孔子就是在人事的無可奈何中，深刻體會到命的生死不定，如「斯人也，而有斯疾」。也能體會到在努力過程中，有一些是自身無法掌握之事，如道之「行」與「不行」的無法確定性，故而孔子對於「命」觀念，可說是在於人事有所「限制」之感觸後，而體知有「命運」的存在。

其實，孔子學說與魯思想文化關係，既有著魯國思想文化對孔子學說的熏習，也有著孔子學說對魯思想文化的吸收與再創發。在二者互動過程中，儒學逐漸成為孔門弟子之文化精髓代表。魯國因有濃厚的禮樂傳統文化，這種傳統文化也就成為早期儒家的重要學說思想來源，而孔子「命」觀念思想，相對也就帶有地域性魯國文化之特徵。

而孔子的好學，可說與地域性的魯思想文化有關。魯國對於典籍之收藏相當重視，魯國人對傳統文物典籍很珍惜、愛護。在火災當前，魯國人首先想到的是文物典籍，而不是奇珍異寶，可知在他們心目中，傳統典籍是居於重要之地位。而《論語》記載孔子是學無常師，曾問禮學於老聃，學琴藝於師襄，訪樂理於萇弘。孔子也曾說過「三人行，必有我師焉。」又說：「十室之邑，必有忠信如丘者焉，不如丘之好學也。」可以說，孔子的好學態度是有繼承了小傳統魯國的文化傳統。孔子不僅在學習知識內容本身，且是藉由學習來體認傳統文化中，所含蘊的道德永恆之價值，以體認到生命的意義所在，進而走向正確的人生態度。

由於好學是魯國傳統文化，且禮樂之學風氣盛行，因而當他們聽聞周大夫原伯魯「可以無學，無學不害」之說法，感到十分驚詫地說：「夫學，殖也。不學將落，原氏其亡乎！」學習就像培植草木一樣，要時常去學習，並且要花心思了解學習的內容，在魯國人看來，如此才能通曉禮樂之實質內涵，而成為「文之以禮樂」的博雅文人。孔子說：「博學於文，約之以禮，亦可以弗畔矣夫！」換言之，人如果不學禮，就不懂得用禮來約束行為，於是就會「有畔」而犯上作亂之行為發生，終導致身敗名裂之情形。

魯國有濃厚傳統文化氛圍，又是一個典型的宗法社會結構，故而魯人尊奉禮制，維持宗法等第。孔子統理出從前優良文化遺產，在深入探究歷史與現實之間的平衡點，從中察覺到政治文化問題，從而運用仁禮為核心之策略方針，進行多角度的思索。於是重新審視「人生」之價值，遂主張道德修養與完善個人之獨立人格，並重視「仁者愛人」。所以孔子學說有著積極精神，與關注社會民生問題，想要達到社會相互和諧之理想，可說是有受到地域性

魯思想文化之影響。

　　「爲仁由己」，是說「仁」從本身內在而來，可自己去決定行爲，同時又可以約束自己的行爲。此時人之道德，不是來自於外在教條法則，而是來自於內在「仁心」的朗現，人呈現出一種「爲仁由己」的「自由」狀態。亦即是說，人的視、聽、言、動之一切思想行爲，都要與「非禮」的事務作出「隔離」，而保持在「守禮」的狀態之中，這就是所謂「復禮」，也即是「仁」。人若能仁心自覺地隨時依禮而行，則一切皆是爲仁，一切也皆是處在「爲仁由己」的自由狀態，而此時仁心便從人的形氣物欲的限制中超脫出來，因而超脫原本的「命限」，而變成自由而「命不受限」之狀態，因此改變了「命」。

　　此外，孔子宣稱上天注定人的命運，並根據上天的各種特質，於是提出不同待天之方。在孔子看來，人的先天命運軌跡已經由天所注定，但是藉由天人相合之過程中，亦可從中找尋出一套安身立命方法。進而言之，孔子的天命論和「改變命」之方法，是強調讓人以德來配天，通過對道德之完善修爲而來安身立命。在這個意義上，人與天合一的過程裡，就是道德修養與完善之過程。進而凝聚出改變命的處世哲學，由此孔子的思想哲學終而成爲一種道德哲學。

　　孔子力圖將在天命和人事之間作出聯繫，而強調在人事中體認到天命。因此，他主張人事要有爲，在人事上不要消極以待。「五十而知天命」境界是人與天能相通爲一，而「六十而耳順」境界則是我與人物能內外相通爲一。經由知天命再加上耳順之工夫，孔子生命才能達於融通之境界，如果只停在「知天命」，而沒有達至「耳順」，就能說是縱向的上達，而缺少橫向的涵容。因有著橫向之涵容，才能「通眾人之心，類萬物之情」，而發揮「民胞物與」的仁者風範。

　　孔子說他能「七十而從心所欲」而「不踰矩」，這境界是很不容易達到的。因其能夠，「心」與「道」合一。從內在存心動念到外在視聽言動，皆能合於禮義規矩。因爲經過「知天命」、順天命之「耳修」的「天道層次」的工夫階段後，他的循規蹈矩是出於心的「自然」表現，而不是勉強造作之爲。到此境界即可稱作爲聖人，聖人任己心之所欲，隨己心之所爲，不受檢點管束，而一切都能合於「規矩法度」。此乃聖人內心「自由」之極致，而表現出能與外在一切「規矩法度」自然相互融洽。換言之，就在從事「仁德修養」和「行道履義」之過程本身，已足以使孔子心中有著「自我人生價值」得以實現的

「滿足」，乃至於散發出樂觀的「自由」人格魅力，這種自由境界即是「從心所欲不踰矩」的最高境界。在此之際則由原先受「限制」的命，轉變爲自由而「不受限制」的命，人的「命」因此而改變了。

　　孔子似乎並非完全述而不作，他更多時候像是從「述」而「作」，即藉由傳統的東西作外衣，而將自己的新思想灌入其中。由此可見，孔子的述而不作，實可稱作是一種詮釋行爲，是經由傳統典籍之詮釋程過以闡發出其學說思想。孔子「命」觀念思想的形成，亦大類於此，亦即是通過從述而作的詮釋方式，來構建起思想。因爲「人之思想，不能無所憑藉，有新事物至，必本諸舊有之思想，以求解釋之道，而謀處置之方，勢也。」〔註204〕孔子「命」觀念思想的形成，就是在本諸舊有之敬德思維的基礎上，通過對《易經》命觀念進行詮釋，並賦予其道德仁義之價值，即舊有之傳統與新發之思想的溝通實現。

〔註204〕呂思勉：《先秦學術概論》（上海：東方出版中心，2008 年），頁 7。